Georg Krücken

Risikotransformation

AF151726

Studien zur Sozialwissenschaft

Band 190

Georg Krücken

Risikotransformation

Die politische Regulierung
technisch-ökologischer Gefahren
in der Risikogesellschaft

Westdeutscher Verlag

Die Deutsche Bibliothek – CIP-Einheitsaufnahme

Krücken, Georg:
Risikotransformation: die politische Regulierung technisch-ökologischer
Gefahren in der Risikogesellschaft / Georg Krücken. – Opladen: Westdt. Verl., 1997
(Studien zur Sozialwissenschaft; Bd. 190)
ISBN-13: 978-3-531-13050-7   e-ISBN-13: 978-3-322-86884-8
DOI: 10.1007/978-3-322-86884-8

Höchste inhaltliche und technische Qualität unserer Produkte ist unser Ziel. Bei der
Produktion und Verbreitung unserer Bücher wollen wir die Umwelt schonen: Dieses
Buch ist auf säurefreiem und chlorfrei gebleichtem Papier gedruckt. Die Einschweiß-
folie besteht aus Polyäthylen und damit aus organischen Grundstoffen, die weder bei der
Herstellung noch bei der Verbrennung Schadstoffe freisetzen.

Umschlaggestaltung: Christine Huth, Wiesbaden

ISBN-13: 978-3-531-13050-7

MEINEN ELTERN IN DANKBARKEIT

Inhalt

Vorwort

Politische Risikoregulierung ist und bleibt ein wichtiger Gegenstand gesellschaftlicher Auseinandersetzungen. Dies spiegelt sich auch in der sozialwissenschaftlichen Forschung wider, die seit ca. zwei Jahrzehnten mit den Optionen, Grenzen und Defiziten faktischer Regulierungsprozesse befaßt ist. Ungefähr ein Jahrzehnt später hat darüber hinaus in der deutschsprachigen Soziologie eine grundlegendere Reflexion des Verhältnisses von Risiko und Gesellschaft eingesetzt, die in besonderem Maße um die Klärung begrifflich-konzeptioneller Fragen kreist. Zentrales Ergebnis dieser theoretischen Bemühungen ist die vor allem auf Niklas Luhmann zurückführbare Unterscheidung von extern zugerechneten Gefahren und auf Entscheidungen zugerechneten Risiken. Doch läßt sich mit dieser Unterscheidung empirisch arbeiten? Kann hiermit zusätzlicher Erkenntnisgewinn erzielt werden?

Diese Fragen sind insbesondere deshalb von Bedeutung, weil die international-vergleichende Regulierungsdiskussion bislang auch ohne die Ergebnisse der theoretischen Risikosoziologie gut zurechtkam. Der Erfolg ihrer Forschungen ist umfassend dokumentiert, während es nach wie vor völlig offen ist, welchen Beitrag die soziologische Reflexion zu dieser Diskussion überhaupt leisten kann. Mit der vorliegenden Arbeit wird deshalb der Versuch unternommen, die risikosoziologische Problemfassung auf ihre empirische Reichweite und Tragfähigkeit hin zu überprüfen. Dies geschieht anhand von zwei in der Soziologie nahezu unbekannten Bereichen der Risikoregulierung (Arzneimittelregulierung und Klimapolitik), die sich gleichermaßen durch hohes Katastrophenpotential und hohe Entscheidungsunsicherheit auszeichnen. Der angestrebte enge Zusammenhang von theoretischer Reflexion und empirischer Fallanalyse soll dabei nicht nur für die empirische Forschung

Wissenswertes zutage fördern, sondern auch auf die theoretische Diskussion zurückwirken.

Um die imaginäre Leserin für diesen Versuch zu interessieren, dient die Einleitung der Hinführung zum Thema. Hier werden ganz ohne Fußnoten und mit nur sparsam dosierten Literaturhinweisen die Zielsetzung und der Aufbau der Arbeit erläutert. In den beiden anschließenden Theoriekapiteln wird der theoretische Bezugsrahmen zur Analyse der Fallbereiche erarbeitet. Dabei werden zum einen die für die Analyse zentralen Begriffe geklärt; zum anderen findet eine Auseinandersetzung mit den zentralen theoretischen Ansätzen der Risiko- und Politikdiskussion statt. So wichtig diese Kapitel für den weiteren Verlauf auch sein mögen: Wer unmittelbar an der empirischen Fallanalyse interessiert ist, kann hierauf auch direkt zusteuern und die theoretische Begründung meiner Vorgehensweise zunächst überschlagen. Das Schlußkapitel stellt eine vergleichende Zusammenfassung der Ergebnisse dar. Zudem werden weiterführende Forschungsperspektiven skizziert. Abkürzungsverzeichnis und verwendete Literatur finden sich am Ende der Arbeit. Die Literatur ist nach Kapiteln geordnet. Dies hat zwar den Nachteil, manche Angabe gleich mehrfach zu entdecken. Der Vorteil besteht jedoch in einem Höchstmaß an Übersichtlichkeit hinsichtlich einer in sich sehr heterogenen Literatur, deren Umfang aufgrund der breiten Beschäftigung mit theoretischen und empirischen Forschungen zustande kam. Mit dieser eher unüblichen Vorgehensweise sollte der benutzerfreundlicheren Variante der Vorzug gegeben werden.

Die Arbeit stellt eine aktualisierte und leicht überarbeitete Fassung meiner Dissertation dar, die im Sommer 1996 unter dem Titel "Risikotransformation: Die politische Regulierung technisch-ökologischer Gefahren in der Risikogesellschaft unter besonderer Berücksichtigung von Arzneimittelregulierung und Klimapolitik" von der Fakultät für Soziologie der Universität Bielefeld angenommen wurde. Vieles verdankt sich der Unterstützung durch Personen und Einrichtungen. An erster Stelle möchte ich mich bei Peter Weingart und Klaus Japp bedanken, die die Dissertation mit viel Engagement betreut haben. Die entscheidenden theoretischen Anregungen steuerte Niklas Luhmann im Rahmen eines Forschungsprojektes am Centro di Studi sul Rischio (Lecce,

Italien) bei. Einblicke in die internationale Regulierungsdiskussion wurden mir vor allem durch Sheila Jasanoff vermittelt. Sonja Boehmer-Christiansen, Aant Elzinga und Simon Shackley unterstützten mich mit Hinweisen und Kommentaren zur Klimapolitik, Arthur Daemmrich und Wolfgang Köck zur Arzneimittelregulierung. Für die kritische Diskussion von Vorarbeiten und einzelnen Teilen der Arbeit möchte ich mich vor allem bei Dirk Baecker, Silke Beck, Adrienne Héritier, Petra Hiller, Eckard Kämper, André Kieserling, Wolf Krohn, Carsten Krück, Petra Pansegrau, Johannes Schmidt, Arjan Spit und Volker Vorwerk bedanken; für ironische Kommentare insbesondere bei Katrin Lehnen. Christof Schiene erstellte mit gewohnter Souveränität die Druckformatvorlage und war mir außerdem ein unentbehrlicher Diskussionspartner, wenn es um Veränderungen am Originalmanuskript ging. Mit ebenso gewohnter Souveränität unterstützten mich Kim Rigauer und Dagmar Rüger beim Korrekturlesen der Druckformatvorlage. Zwei Personen sind an dieser Stelle besonders hervorzuheben: Anita Engels und Raimund Hasse. Sie haben mir mit einer gleichermaßen außergewöhnlichen Fachkompetenz und Freundschaft in allen entscheidenden Phasen weitergeholfen. Darüber hinaus möchte ich mich bei der Studienstiftung des deutschen Volkes für ein Promotionsstipendium bedanken. Sie stellte damit die notwendigen Rahmenbedingungen für diese Arbeit her. Dies leisteten in der abschließenden Phase die Fakultät für Soziologie und das Institut für Wissenschafts- und Technikforschung (IWT) der Universität Bielefeld. Allen genannten Personen und Einrichtungen gilt mein herzlicher Dank.

Bielefeld, im August 1997   Georg Krücken

1. Einleitung

1.1. Zielsetzung der Arbeit

November 1995. Das Berliner Bundesinstitut für Arzneimittel- und Medizinprodukte schreckt die deutsche Öffentlichkeit mit einer spektakulären Zulassungsbeschränkung auf: "Mikropillen" mit den Wirkstoffen Desogestrel und Gestoden dürfen ab dem 11. Dezember nicht mehr den Frauen unter 30 Jahren verschrieben werden, die zum ersten Mal die Antibabypille nehmen. Zudem wird eine Reihe weiterer Maßnahmen verordnet, die den Gebrauch des Medikamentes zusätzlich einschränken, ohne ein vollständiges Verbot zu erwirken. Dabei lagen der Regulierungsbehörde zum Zeitpunkt der Entscheidung noch nicht abschließend ausgewertete Daten einer internationalen Studie zugrunde, aus denen für Anwenderinnen der "Mikropille" ein erhöhtes Thromboserisiko abgeleitet wurde. Nationale Regulierungsbehörden anderer europäischer Länder folgten diesem Schritt ebensowenig wie die zuständige europäische Regulierungsbehörde. Auch im bundesdeutschen Kontext zog die "krause Jein-Entscheidung aus Berlin" (Der Spiegel, 46/1995) viel Kritik auf sich: Während die einen sie als vorschnell und unfundiert zurückwiesen, monierten die anderen die Beschränkung auf Teilverbot und Zusatzmaßnahmen.

Nur wenige Wochen später. Der Jahreswechsel 1995/96 ist weltweit von Wetteranomalien in einem bis dahin unbekannten Ausmaß geprägt: Überschwemmungen in Indonesien, Italien, Südfrankreich und Südafrika, Schneestürme in Nordamerika und Japan, Rekordtrockenheit in Argentinien, Rekordkälte in Schottland. Das US-amerikanische Nachrichtenmagazin "Newsweek" titelt am 22. Januar 1996: "The Hot Zone. Blizzards, Floods & Dead Butterflies: Blame It All on Global Warming." Im Innenteil befindet sich ein Interview mit James E. Hansen, Leiter des Goddard Institute for

Space Studies der NASA in New York. Hansen ist ein "visible scientist" (Goodell 1975); zu seinem Selbstverständnis als Wissenschaftler gehört es, auch in Politik und Öffentlichkeit sichtbar zu sein. In diesen Kontexten versucht er, zur Wahrnehmung und Verankerung der wissenschaftlichen Katastrophenszenarien der Klimaforschung und daraus abgeleiteter Vermutungen beizutragen. Seinen Erläuterungen in "Newsweek" zufolge hängen die weltweit erfahrbaren Wetteranomalien mit dem durch menschliche Aktivitäten verursachten zusätzlichen Treibhauseffekt zusammen. Hierdurch erhöht sich nicht nur die globale Durchschnittstemperatur, sondern auch die Wahrscheinlichkeit von Extremwerten. Die globale Klimakatastrophe, so die alarmierende Botschaft des NASA-Wissenschaftlers, hat bereits begonnen.

Kein Zweifel: Arzneimittel und Klimawandel stellen zwei völlig unterschiedliche Sach- und Problembereiche dar. Worin besteht also das gemeinsame Band, das die beiden von mir plakativ angerissenen Themen miteinander verbindet? In beiden Fällen handelt es sich um *Risiken mit Katastrophenpotential*, die mit der Ausdehnung gesellschaftlicher Handlungs- und Gestaltungsmöglichkeiten entstehen. In der gesellschaftlichen Kommunikation erscheint die Bewältigung derartiger Gefährdungen primär als Aufgabe der Politik, an die gesellschaftliche Sicherheitserwartungen adressiert werden. Für die Politik stellt sich die Umsetzung dieses Erwartungsdrucks alles andere als unproblematisch dar. *Politisch-regulative Entscheidungen* zur Eindämmung von Arzneimittelrisiken und Treibhauseffekt müssen gleichermaßen unter den Bedingungen von hoher Unsicherheit und hohen Entscheidungslasten getroffen werden. Einerseits wird sich die Richtigkeit der Entscheidung für oder gegen eine bestimmte regulative Maßnahme erst im nachhinein herausstellen; andererseits sind aufgrund des Katastrophenpotentials die politischen Entscheidungslasten in beiden Bereichen hoch. Diese für den politischen Umgang mit den Risiken von Arzneimitteln und den Risiken des Klimawandels charakteristische Verschränkung von hoher Unsicherheit und hohen Entscheidungslasten bedeutet für die Politik also vor allem eines: *Risikoübernahme*.

Wer nun erwartet, daß Arzneimittelregulierung und Klimapolitik spätestens mit dem seit den 80er Jahren zu beobachtenden Aufschwung der sozialwissenschaftlichen Risikoforschung auch auf der Forschungsagenda der Soziologie auftauchen, sieht sich enttäuscht. In beiden Fällen wird die interdisziplinäre Regulierungsdiskussion unter nahezu vollständiger *Abwesenheit soziologischer Beiträge* geführt. Aufmerksamkeitsdefizite sind zwar auch in anderen Disziplinen zu konstatieren. So behauptet Di Fabio (1994: 4 f.): "Das Arzneimittelrecht ist ein Beispiel dafür, daß allein Gewicht und Bedeutung von Einzelmaterien diesen nicht unbedingt die ihnen gebührende Aufmerksamkeit der Rechtswissenschaft sichern." Dennoch kann allein für den bundesdeutschen Regulierungskontext auf eine Vielzahl von rechtswissenschaftlichen Studien zur Arzneimittelregulierung verwiesen werden, denen nicht eine einzige soziologische Studie gegenübersteht. Nicht viel besser sieht es für den Bereich der Klimapolitik aus. Zwar wird die internationale Diskussion unter aktiver Beteiligung der sozialwissenschaftlichen Wissenschafts- und Politikforschung geführt. Diese Diskussion wird jedoch zum einen in der Bundesrepublik Deutschland nur begrenzt wahrgenommen; zum anderen fehlt ihr in weiten Teilen die Anbindung an die Soziologie. Faßt man den Stand der soziologischen Forschung zu beiden Bereichen der politischen Risikoregulierung zusammen, so sind für die Soziologie beträchtliche Empiriedefizite zu konstatieren. Der politische Umgang mit den Risiken von Arzneimitteln und der politische Umgang mit den Risiken des Klimawandels sind gegenwärtig noch nahezu unentdeckte Forschungsterrains.

Sucht man das von der Soziologie bereitgestellte theoretische Instrumentarium zur Analyse politisch-regulativer Entscheidungsprozesse, so wird man ebenfalls kaum fündig werden. Insbesondere die geringe Fundierung einer für die gesamte Disziplin tragfähigen *Entscheidungstheorie* setzt hier deutliche Grenzen. "So unbestreitbar und faktisch bedeutsam es ist, daß Menschen sich laufend genötigt sehen, sich zu entscheiden: die Soziologie hat bisher kaum zu einer Theorie des Entscheidungsverhaltens beigetragen", heißt es bei Luhmann (1984: 591). Diese Behauptung ist im wesentlichen immer noch gültig. Demgegenüber haben die Wirtschaftswissenschaften bereits seit längerem eine eigenständige Entscheidungstheorie entwickelt (Knight 1921). Andere benachbarte Disziplinen wie die Psychologie (Kahneman et al. 1982), die Kulturanthropologie (Cashdan 1990) und die Politik- und Verwaltungswissenschaften (für einen Überblick vgl. Morone/Woodhouse 1993: 235 ff.) sowie die transdisziplinäre Organisationsforschung (March 1988) haben für ihren jeweiligen Gegenstandsbereich zumindest Beiträge zur Entscheidungstheorie erarbeitet. In der Soziologie bleiben derartige Versuche fast ausschließlich auf Arbeiten beschränkt, die sich im Rahmen von Theorien rationaler Wahl ("Rational Choice") bewegen (Coleman 1995: 63 ff.). *Rational Choice-Theorien* setzen jedoch selbst in so elaborierten Fassungen wie der von Coleman als gegeben voraus, was gerade aus soziologischer Perspektive erklärungsbedürftig ist: die Ubiquität von Entscheidungen, der Bezug auf lediglich einen, nämlich nutzenmaximierenden Handlungstypus sowie die Orientierung an soziologisch ungeklärten Kompaktbegriffen wie "Akteur" und "Interesse" (Kaube 1996, Meyer et al. 1994, Smelser 1992). Hierzu bietet Luhmann mit seiner "Soziologie des Risikos" (1991) eine *Alternative*. Formalisierungsgrad und Möglichkeiten der Modellbildung sind im Vergleich mit Rational Choice-basierten Beiträgen zur soziologischen Entscheidungstheorie zwar als ausgesprochen gering einzuschätzen. Jedoch besteht der Vorteil im Hinblick auf die Entwicklung einer solchen Theorie darin, das in Rational Choice-Theorien unhinterfragte Vorhandensein von Entscheidungssituationen im Rahmen einer soziologischen Theorie der Gesellschaft herleiten zu können. Die zunehmende Entscheidungsabhängigkeit der Zukunft wird hier als zentrales Charakteristikum der gesellschaftlichen Evolution verstanden, ohne daß damit zugleich Entscheidungsrationalität im Sinne von Rational Choice-Theorien angenommen wird. Begrifflich wird dieser Prozeß mit Hilfe der Unterscheidung von nicht-entscheidungsbezogener *Gefahr* und entscheidungsbezogenem *Risiko* auf den Punkt gebracht. Die These, die gesellschaftstheoretische Analyse und begriffliches Unterscheidungsvermögen zusammenhält, lautet dann, daß sich die Wahrnehmung der Zukunft zunehmend aus dem Bereich der Gefahr in den Bereich des Risikos verschiebt. Sie wird als Risiko und nicht als Rationalität von in der Gegenwart zu treffenden Entscheidungen erlebt.

Mit der vorliegenden Arbeit wird nun zunächst versucht, ein theoretisches Instrumentarium zur Aufhellung politisch-regulativer Entscheidungsprozesse zu entwickeln. Dies geschieht in kritischer Auseinandersetzung mit Luhmanns Soziologie des Risikos, die es im Rahmen der ebenfalls von ihm entwickelten Theorie funktionaler Differenzierung für den Bereich der Politik fruchtbar zu machen gilt. Dieses Instrumentarium wird dann zur empirischen Analyse von Arzneimittelregulierung und Klimapolitik eingesetzt. Der Anspruch auf Innovativität besteht in der Weiterentwicklung und Anwendung eines vergleichsweise neuartigen und empirisch kaum erprobten Ansatzes auf soziologisch nahezu unbekannte Forschungsterrains. *Forschungsleitende Annahme* ist, daß der politische Umgang mit Regulierungsmaterien, die sich zugleich durch hohe Unsicherheit und hohe Entscheidungslasten auszeichnen, politische Risikoübernahme bedeutet. Dabei sind im Anschluß an Luhmanns Unterscheidung von Risiko und Gefahr technisch-ökologische Gefahren und politische (Entscheidungs-)Risiken begrifflich klar voneinander zu unterscheiden. Dies führt zu *zwei Forschungsfragen*: Durch welche Mechanismen werden Arzneimittelgefahren und die Gefahren des Klimawandels in politische Risiken transformiert? Welche spezifischen Formen der Bewältigung der politischen Risiken bilden sich heraus, und worauf sind diese zurückzuführen? Mit der Beantwortung dieser Fragen wendet sich die Arbeit nicht nur an die Soziologie. Sie stellt auch einen Beitrag zur gegenwärtigen, vor allem außerhalb der fachspezifischen Grenzen geführten Regulierungsdiskussion dar.

1.2. Aufbau der Arbeit

Die Arbeit ist in einen theoretischen und einen empirischen Hauptteil unterteilt. Jeder dieser Hauptteile setzt sich wiederum aus zwei Kapiteln zusammen. Darüber hinaus werden in einem abschließenden Kapitel die wichtigsten Untersuchungsergebnisse zusammengefaßt und weiterführende Perspektiven eröffnet, so daß sich mit der Einleitung insgesamt sechs Kapitel ergeben.

In den ersten beiden Kapiteln wird versucht, einen theoretischen Bezugs-rahmen zur Analyse politisch-regulativer Entscheidungsprozesse zu entwik-keln. Während das erste Theoriekapitel (2.) auf der allgemein-gesellschaftlichen Ebene ansetzt, bezieht sich das zweite Theoriekapitel (3.) auf den spezifischen Bereich der Politik.

In *Kapitel 2* wird die soziologische Reflexion des Verhältnisses von *Risi-ko und Gesellschaft* einer kritischen Analyse unterzogen. Die vor allem von Ulrich Beck, François Ewald und Niklas Luhmann vorangetriebene Diskussi-on wird daraufhin untersucht, ob sie einen für die weitere Analyse instrukti-ven Begriff von Risikogesellschaft zur Verfügung stellt. In der Auseinander-setzung mit Becks Konzept der Risikogesellschaft werden sowohl die zu enge Anbindung an technisch-ökologische Probleme als auch das seiner Argumen-tation zugrunde liegende objektivistische Risikoverständnis als Kardinalpro-bleme herausgearbeitet. Damit geht die theoretische Herausforderung an die Soziologie verloren, welche die bislang nur marginal berücksichtigte Risiko-problematik für die gesamte Disziplin darstellt. Dieser Herausforderung stel-len sich der handlungstheoretische Ansatz von Ewald und der entscheidungs-theoretische Ansatz von Luhmann gleichermaßen. Der Risikobegriff wird so-wohl von seiner Anbindung an technisch-ökologische Probleme gelöst als auch konstruktivistisch gewendet, da mit ihm ein spezifisch-neuzeitlicher Umgang mit Ereignissen bezeichnet wird. Ewald versteht unter Risikohandeln einen Rationalitätstypus, der auf der Durchsetzung des Wahrscheinlichkeits-kalküls basiert und der sich in der Institution der Versicherung materialisiert. Gesellschaftliche Entwicklung wird in Ewalds historisch-soziologischer Analyse allerdings zu einseitig auf den Aspekt der Rationalisierung hin zuge-spitzt; Grenzen und Schattenseiten der Rationalisierung durch Risikohandeln bleiben demgegenüber unterbelichtet. Luhmanns ebenfalls historisch begrün-dete Rückführung von Risiko auf Entscheidung führt zwar insofern über Ewald hinaus, als mit ihr nicht die Annahme eines geradlinigen und unpro-blematischen Entwicklungsprozesses verbunden ist. Während jedoch Luh-mann die Grenzen und Schattenseiten dieses Prozesses in dem unüberbrück-baren Dissens zwischen risikoorientierten Entscheidern und gefahrenorientierten Betroffenen sieht, wird von mir die im Entscheidungsprozeß selbst entstehende und zu bewältigende Unsicherheit als Grenze und Schattenseite der gesellschaftlichen Vervielfältigung riskanter Entscheidungslagen hervorgehoben. Dieser Vorschlag mündet in eine *Prozeßperspektive* ein, derzufolge - so die abschließende These von 2. - das entscheidende Charakteristikum moderner Gesellschaften in der wechselseitigen Verschränkung und Steigerung von Gestaltbarkeit und Selbstverunsicherung besteht. Das wird im folgenden als *Risikovergesellschaftung* bezeichnet.

In Kapitel 3 findet eine Auseinandersetzung mit etablierten Ansätzen der Analyse politisch-regulativer Entscheidungsprozesse statt. Zu diesem Zweck werden die Idealtypen "Implementationsperspektive" und "Mikroperspektive" gebildet, mit denen sich die *sozialwissenschaftliche Regulierungsdiskussion* von ihren Eckpunkten her darstellen läßt. Während Vertreter beider Ansätze vor allem die Differenzen zwischen Implementations- und Mikroperspektive betonen, werden von mir deren Gemeinsamkeiten hervorgehoben. Diese bestehen in einem theoretisch unspezifizierten Verständnis von Gesellschaft und in einem am Rationalitätsbegriff orientierten Verständnis von Politik. Beide Merkmale sind nicht nur aus der theoretischen Perspektive der Soziologie problematisch, sondern beeinträchtigen auch die konkrete Politikanalyse. Sie sind folglich zu ersetzen. Als Alternative zum "black boxism" von Gesellschaft wird Luhmanns Theorie funktionaler Differenzierung eingeführt. Sie erlaubt nicht nur die Erfassung der gesellschaftlichen Voraussetzungen und Folgen politischer Regulierung, sondern auch die genauere Bestimmung der internen Struktur und Logik des politischen Systems. Als Alternative zum Rationalitätsbegriff wird der in 2. herausgearbeitete, auf Entscheidung bezogene Risikobegriff auf den Bereich der politischen Regulierung übertragen. In diesem Zusammenhang gelange ich abschließend zur forschungsleitenden These, daß *technisch-ökologische Gefahren* in *politische Risiken* transformiert werden. Interne (Entscheidungs-)Risiken im Umgang mit externen Gefahren stellen demzufolge den Bezugspunkt politisch-regulativer Entscheidungsprozesse dar. Das gilt erstens sowohl für die politische Problemwahrnehmung als auch für die regulative Problembewältigung und führt zweitens zur Abwälzung und Verteilung politisch zu übernehmender Risiken. Beides wird im folgenden als *Risikotransformation* bezeichnet.

An den theoretischen Hauptteil schließt sich der empirische Hauptteil an, der aus der Analyse der *Arzneimittelregulierung (4.)* und der *Klimapolitik (5.)* besteht. Beide empirischen Kapitel sind formal identisch aufgebaut. Zunächst wird einleitend die spezifische Risikostruktur des jeweils zu untersuchenden Regulierungsbereiches herausgearbeitet, mit der sich politisch-regulative Entscheidungsträger konfrontiert sehen *(4.1., 5.1.)*. Danach werden zentrale empirische Befunde zur politischen Wahrnehmung und regulativen Bewältigung von Arzneimittelgefahren und Gefahren des Klimawandels vorgestellt *(4.2., 5.2.)*. Dieses Datenmaterial wird im nächsten Schritt vor dem Hintergrund der im theoretischen Hauptteil entwickelten Fragestellung auf die politische Risikoorientierung und -bewältigung hin untersucht *(4.3., 5.3.)*. Zum Abschluß beider Kapitel werden Perspektiven des jeweiligen Regulierungsbereiches skizziert, die sich aus der Kopplung von empirischer Bestandsaufnahme und theoretischer Analyse ergeben. Bevor Feinstruktur und Spezifika der beiden empirischen Kapitel stichwortartig dargestellt werden, möchte ich zuvor das der Arbeit zugrunde liegende Datenmaterial benennen und klassifizieren.

Da sich die soziologische Forschung bislang kaum mit Fragen der Arzneimittelregulierung und der Klimapolitik beschäftigt hat, muß das *relevante Datenmaterial* vor allem aus anderen Wissensbereichen akquiriert werden. Hierbei lassen sich fünf Bereiche voneinander unterscheiden. *Erstens* werden thematische Beiträge aus benachbarten Disziplinen, wie insbesondere den Politik-, Rechts- und Wirtschaftswissenschaften, berücksichtigt. Das Datenmaterial ist hier zwar schon für einen im weiteren Sinne sozialwissenschaftlichen Forschungskontext aufgearbeitet. Jedoch steht der jeweilige disziplinäre Zuschnitt der Regulierungsproblematik einer distanzlosen Übernahme entgegen und erfordert die weitere Aufarbeitung des Materials im Hinblick auf meine Fragestellung. Die für die zu untersuchenden Regulierungsgegenstände zentralen wissenschaftlichen Disziplinen bzw. Forschungsfelder wie die klinische Pharmakologie und die interdisziplinäre Klimaforschung stellen die *zweite* Datenquelle dar. Aus diesem Bereich können sowohl veröffentlichte

Materialien von wissenschaftlichen Forschungsinstituten und Fachgesellschaften als auch im engeren Sinne wissenschaftliche Publikationen als Datenmaterial benutzt werden. Letztgenanntes bezieht sich insbesondere auf wissenschaftliche Fachzeitschriften. Für die klinische Pharmakologie ist vor allem "Clinical Pharmacology and Therapeutics" zu nennen. Klimaforschung erfordert durch ihre Interdisziplinarität die Berücksichtigung von so unterschiedlichen Fachzeitschriften wie "Climatic Change", "Energy Policy" und "Global Environmental Change". *Drittens* werden Materialien aus dem politisch-administrativen Bereich herangezogen. Dies gilt etwa für Veröffentlichungen und Darstellungen, die das deutsche Bundesgesundheitsamt (BGA) und die US-amerikanische Food and Drug Administration (FDA) zur Arzneimittelregulierung herausgegeben haben, während die Analyse der Klimapolitik beispielsweise die vom Deutschen Bundestag herausgegebenen Berichte der Enquete-Kommissionen "Vorsorge zum Schutz der Erdatmosphäre" und "Schutz der Erdatmosphäre" mit einbezieht. Der *vierte* für die Akquirierung des Datenmaterials relevante Wissensbereich ist weniger klar umrissen. Hierbei handelt es sich um vor allem auf Tagungsbeiträgen basierende Sammelbände und Sonderhefte von Zeitschriften, die sich aus ganz unterschiedlichen Quellen speisen. In diesem für die internationale Regulierungsdiskussion überaus wichtigen Bereich finden sich in der Regel Beiträge aus den drei zuvor benannten Wissensbereichen, die darüber hinaus durch Beiträge aus den von regulativen Maßnahmen betroffenen Wirtschaftsunternehmen und ihrer Verbände ergänzt werden. *Fünftens* liefern interdisziplinär ausgerichtete und inhaltlich vielschichtige Wissenschaftszeitschriften, die sich weder einer Disziplin noch einem Forschungsgebiet zuordnen lassen, eine Fülle empirischen Materials zur Arzneimittel- und Klimaproblematik. Vor allem die Auswertung von "Nature" und "Science" bietet wichtige Einblicke in aktuelle Themen und Tendenzen der wissenschaftlichen und politischen Diskussion. Da ich mich mit dieser Arbeit auf einem in der Soziologie empirisch und theoretisch kaum erforschten Terrain bewege, soll sie einen möglichst breiten thematischen Einstieg darstellen. Das Ziel besteht darin, politisch-regulative Gemeinsamkeiten und Differenzen im internationalen Vergleich empirisch herauszuarbeiten und theoretisch zu erklären. Diese Zielsetzung erzwingt methodisch zum einen die Beschränkung auf wissenschaftliche und politische Texte als Datenmaterial; sie erzwingt zum anderen die höchst selektive Auswertung des Datenmaterials, wobei ich von zahlreichen empirischen Details abstrahieren muß. Das ist ebenso verkürzend wie - angesichts von Ausgangslage und Zielsetzung - gegenwärtig alternativlos. Im Idealfall wären an die vorliegende Arbeit deshalb empirisch kleinformatigere Einzelfallstudien anzuschließen. In ihnen ließen sich dann vielfältigere Verfahren der Datenerhebung einsetzen und die Prozesse der Risikotransformation in der Arzneimittelregulierung und in der Klimapolitik mit mehr Detailsensibilität nachzeichnen.

Was nun die *Feinstruktur und Spezifika der empirischen Kapitel* betrifft, so wird in *4.1.* zunächst die spezifische Risikostruktur der Arzneimittelregulierung freigelegt. Sie besteht darin, daß politisch-regulative Entscheidungsträger sich mit "tragic choices" (Calabresi/Bobbitt 1978) konfrontiert sehen. Sowohl die zu rasche als auch die zu späte Zulassung von Arzneimitteln kann sich nachträglich als falsche Entscheidung mit möglicherweise weitreichenden Konsequenzen herausstellen. Das bedeutet Risikoübernahme. Um die unterschiedlichen Formen des Umgangs mit diesem Entscheidungsrisiko zu erfassen, stellt *4.2.* einen empirischen Vergleich an zwischen der Bundesrepublik Deutschland, Großbritannien und den USA im Hinblick auf die politische Wahrnehmung und regulative Bewältigung von Arzneimittelgefahren. Dabei wird zum einen länderübergreifend die besondere Bedeutung von katastrophalen Ereignissen, wie insbesondere der Thalidomid-Katastrophe ("Contergan"), für die Problemwahrnehmung herausgearbeitet. Zum anderen wird die vor allem zwischen Großbritannien und den USA stark voneinander abweichende Zulassungspraxis gezeigt, für die in der Regulierungsdiskussion der Begriff des "drug lag" geprägt wurde. Diese empirischen Befunde werden in *4.3.* dann mit Hilfe des Konzeptes der Risikotransformation theoretisch erklärt. Gemeinsamkeiten und Differenzen der politischen Problemwahrnehmung und regulativen Problembewältigung werden dabei auf Gemeinsamkeiten und Differenzen hinsichtlich der Bedingungen politischer Risikoübernahme zurückgeführt. In der abschließenden Diskussion wird darüber hinaus der gesellschaftliche Kontext, in den die politische Arzneimittelregulierung eingebettet ist, näher ausgeleuchtet. Hier werden interessante, durch die AIDS-Problematik ausgelöste Entwicklungen festgestellt. Sie haben bereits zu Veränderungen der Regulierungspraxis geführt und lassen auch für die Zukunft weitere Veränderungen erwarten.

5.1. arbeitet die spezifische Risikostruktur der Klimapolitik heraus. Politisch-regulative Entscheidungsträger müssen sich gegenwärtig im Hinblick auf eine zukünftig drohende globale Gefahr entscheiden, und dies vor dem Hintergrund einer deutlich unsicherheitsbelasteten Informations- und Wissenslage. Die zur Verfügung stehenden Entscheidungsalternativen "frühzeitige Intervention" und "vorläufiges Abwarten" können sich beide nachträglich als falsch herausstellen. Das bedeutet Risikoübernahme. Im Unterschied zu Arzneimittelkatastrophen ist das Phänomen "Klimawandel" eine bislang nur wissenschaftlich wahrnehmbare zukünftige Katastrophe. Daher beginnt die empirische Bestandsaufnahme (*5.2.*) mit der systematischen Erfassung zentraler Dimensionen wissenschaftlicher Unsicherheiten, um diese Besonderheit der Klimapolitik zu verdeutlichen (*5.2.1.*). Bereits die wissenschaftliche Abschätzung des Phänomens "Klimawandel" ist im hohen Maße unsicherheitsbelastet. Die Unsicherheiten nehmen sukzessiv zu, wenn man versucht, die Auswirkungen des Klimawandels sowie Möglichkeiten seiner Verlangsamung wissenschaftlich zu eruieren. Wie das hochgradig unsicherheitsbelastete Wissen der Klimaforschung an der Schnittstelle zwischen Wissenschaft und Politik organisiert und in den politischen Entscheidungsprozeß einbezogen wird, ist das Thema von *5.2.2.* Es werden diesbezügliche institutionelle Arrangements auf der nationalen (Bundesrepublik Deutschland, Großbritannien, USA) und supranationalen Ebene (Europäische Union, United Nations) im Hinblick auf Gemeinsamkeiten und Differenzen diskutiert. *5.2.3.* behandelt dann die politische Wahrnehmung von Gefahren des Klimawandels und deren regulative Bewältigung. Dies geschieht ebenfalls auf der nationalen und supranationalen Ebene und ebenfalls im Hinblick auf Gemeinsamkeiten und Differenzen. In *5.3.* werden die in 5.2. herausgearbeiteten empirischen Befunde dann vor dem Hintergrund der theoretischen Fragestellung interpretiert. Dabei wird erstens ein Beitrag zur Klärung von Funktion und Spezifika der politischen Bezugnahme auf Wissenschaft geleistet, und zwar vor allem anhand der Analyse der bundesdeutschen Enquete-Kommissionen und des für die UN zentralen Intergovernmental Panel on Climate Change (IPCC). Zweitens benenne ich die entscheidenden politikinternen und politikexternen Faktoren, die in ihrer Verschränkung zur politischen Problemwahrnehmung beitragen und die Umweltgefahr "Klimawandel" in ein politisches Risiko transformieren. Dabei wird insbesondere auf die Rolle wissenschaftlicher Experten in diesem Transformationsprozeß eingegangen. Und drittens werden die empirisch dargestellten Möglichkeiten und Grenzen der politisch-regulativen Problembewältigung auf das Problem politisch riskanter Entscheidungen zurückgeführt. Die Bewältigung dieses Problems konvergiert bei allen Unterschieden dahingehend, daß die gewählten Formen der politischen Risikoübernahme nur durch hierzu komplementäre Formen der politischen Risikoabwälzung ermöglicht werden. Letztgenannte bestehen in der politikinternen Verlagerung von Problembewältigungskompetenzen, dem Rekurs auf Zeit und Ambiguität sowie der Orientierung an anderen Politikzielen. Abschließend werden zudem die außerhalb des politischen Kernbereichs lokalisierbaren Prozesse stichwortartig benannt, welche entweder zur Forcierung oder zur Abschwächung gegenwärtiger Klimapolitiken führen können. Damit wird der Rahmen abgesteckt, in dem sich auch die zukünftige Entwicklung des vergleichsweise neuartigen Politikfeldes "Klimapolitik" vermutlich bewegen wird.

In *Kapitel 6* werden zunächst die zentralen Untersuchungsergebnisse zusammenfassend dargestellt. Den Hauptteil von 6. bildet jedoch der Versuch, die Voraussetzungen und Folgen der Risikotransformation durch Politik über die bisherige Analyse hinaus zu reflektieren. Dies geschieht zum einen in Auseinandersetzung mit dem politikwissenschaftlichen Konzept *symbolischer Politik*, das vor dem Hintergrund der empirischen Ergebnisse meiner Arbeit einer Relativierung und Neubestimmung unterzogen wird. Zum anderen wird das im Rahmen der Organisationssoziologie entwickelte Konzept der *Unsi-*

cherheitsabsorption auf den Bereich der politischen Regulierung technisch-ökologischer Gefahren übertragen. Mit diesen abschließenden Überlegungen wird ein *doppeltes Ziel* verfolgt: Erstens wird der Versuch, mit dieser Arbeit einen Beitrag zur entscheidungstheoretischen Fundierung der *Soziologie* zu leisten, insofern erweitert, als nun die vor allem indirekten Effekte politisch-regulativer Entscheidungen stärker in das Blickfeld der Analyse geraten. Zweitens wendet sich die Arbeit damit nicht nur an die soziologische Forschung, sondern auch an die *praktisch-politische Regulierungsdiskussion*. Aus der engen Verbindung von theoretischer Reflexion und empirischer Fallanalyse werden Schlußfolgerungen gezogen, die für die regulative Praxis der Bewältigung technisch-ökologischer Gefahren in der Risikogesellschaft von Bedeutung sind.

Eine *begriffliche Klärung* sei der Arbeit noch vorangestellt. Es mag vielleicht verwundern, daß durchgängig der Begriff der *Regulierung* verwendet wird, während Soziologinnen und Soziologen üblicherweise von *Steuerung* reden. Dies hat zwei Gründe. Erstens ist es bereits aus forschungspragmatischen Überlegungen heraus sinnvoll, den im internationalen Forschungskontext üblichen Regulierungsbegriff (vgl. Wilson 1980, Majone 1990a, 1996, Francis 1993) zu wählen. Die in der US-amerikanischen Forschungstradition stehende Zuspitzung des Regulierungsbegriffs auf die Kontrolle wirtschaftlicher Aktivitäten durch ausdifferenzierte Regulierungsbehörden erscheint mir im Hinblick auf meine Fragestellung allerdings als zu eng. Einem Vorschlag von Majone (1990b: 1 f.) folgend, soll deshalb der Analyse ein umfassendes, "europäisches" Verständnis von Regulierung zugrunde gelegt werden, demzufolge Regulierung allgemein auf Verhaltensmodifikation abzielt und politische Regulierung einen den gesamten Policy-Prozeß umfassenden Unterfall gesellschaftlicher Regulierung bezeichnet. Zweitens ist die Distanz zum Steuerungsbegriff inhaltlich begründet. Die soziologische Steuerungsdiskussion (zuletzt Willke 1995) unterscheidet m.E. analytisch nicht klar genug zwischen externer Fremdsteuerung und interner Selbststeuerung; beides wird unter Steuerung gefaßt. Damit erreicht der Steuerungsbegriff jedoch nicht die Trennschärfe und das Auflösungsvermögen des Regulierungsbegriffs, mit dem sich klar zwischen beiden Systemreferenzen unterscheiden läßt und der ausschließlich den Bezug der Politik auf außerhalb der Politik liegende Gegenstandsbereiche bezeichnet. Daß dieser externe Bezug nur über interne Prozesse der Risikotransformation hergestellt werden kann, ist die These der vorliegenden Arbeit. Um sie entwickeln zu können, dürfen Fremdreferenz und Selbstreferenz der Politik nicht in einem Begriff zusammengezogen werden.

2. Risiko und Gesellschaft: Risikogesellschaft?

Aspekte des Verhältnisses von Risiko und Gesellschaft werden zumeist im Kontext der *interdisziplinär organisierten Risikoforschung* behandelt. Sie verdankt sich einer Verschränkung von gesellschaftlichen Impulsen und wissenschaftsinterner Dynamik und hat sich als eigenständiges Forschungsgebiet fest etabliert. Soziologische Beiträge zum Thema bleiben ihrer Forschungsagenda verpflichtet. Sie konzentrieren sich auf die gesellschaftliche Wahrnehmung, Bewertung und Bewältigung technisch-ökologischer Risiken - und dies überaus erfolgreich. Denn innerhalb weniger Jahre ist es dem sozialwissenschaftlichen Zweig der Risikoforschung gelungen, einerseits zur Aufhellung der Komplexität gesellschaftlicher Risikowahrnehmungs- und Bewertungsprozesse beizutragen, andererseits Beschränkungen und Optionen der institutionellen Risikobewältigung systematisch auszutarieren (Krücken 1994). Aufgrund der Ergebnisse dieser Forschungen gelten sozialwissenschaftliche Ansätze heutzutage als feste Größe in der ursprünglich rein technisch-naturwissenschaftlich orientierten Risikoforschung.

Die Kehrseite dieser Entwicklung liegt jedoch darin, daß auf dem Terrain problemorientierter Forschung darüber hinausgehende Fragen zu Risiko und Gesellschaft ausgeklammert bleiben, die nur im *disziplinären Kontext der Soziologie* von Belang sind. Schwierigkeiten liegen hier bereits auf der Ebene der begrifflichen Präzisierung vor. Im Gegensatz zum Sicherheitsbegriff, dessen soziologische Bedeutung etwa von Kaufmann (1970) herausgestellt wurde, ist dem Risikobegriff in der Soziologie bislang vergleichsweise wenig Beachtung geschenkt worden.[1] Zumeist wird er entweder aus dem Kontext der

---

[1] Dies belegt ein Blick in die wichtigsten deutschsprachigen Soziologielexika. Nimmt man Wörterbucheintragungen als Indikator für fachspezifische Relevanz, so ist eine lange vorhandene Irrelevanz aufgrund von Nicht-Berücksichtigung zu konstatieren, die erst 1994 mit

ökonomischen Entscheidungstheorie übernommen und von Entscheidungen unter Sicherheit und solchen unter Unsicherheit abgegrenzt, oder dem alltagsweltlichen Verständnis gemäß mit drohenden Gefahren gleichgesetzt.[2] Ungeachtet dieser Probleme werden seit wenigen Jahren genauere Bestimmungen des Verhältnisses von Risiko und Gesellschaft unternommen. Risiko avanciert zur *"Schlüsselkategorie der Gesellschaftstheorie"* (Bechmann 1993).

Die Beschäftigung mit Risikofragen innerhalb des disziplinären Kernbereichs ist vor allem Beck (1986) zu verdanken, der den umstrittenen Begriff der *"Risikogesellschaft"* prägte und in die soziologische Theoriediskussion einführte.[3] Mit dem sicheren Gespür des Soziologen für die *gemeinsamen* Bedingungen und Strukturmerkmale *unterschiedlicher* Phänomene gelang es Beck (1986), verschiedene, auf den ersten Blick kaum miteinander zusammenhängende Entwicklungstendenzen zueinander in Beziehung zu setzen. Diese reichen von verschiedenen Aspekten gesellschaftlicher Individualisierungsprozesse, die im Abschmelzen ständisch geprägter Sozialmilieus, klassenkultureller Praktiken und geschlechtsspezifischer Normierungen begründet sind, über ein historisch neuartiges Verhältnis von Wissenschaft und Politik, in dem wechselseitige Durchdringungen an die Stelle etablierter Grenzziehungen treten, bis hin zu den gesellschaftlichen Bedingungen und Folgen moderner Großtechnologien. Sie werden unter dem *Kompaktbegriff* "Risikogesellschaft" zusammengefaßt. Leider beließ es Beck (1986) bei dieser begrifflichen Neuschöpfung, die in dieser Form noch recht wenig zu erklären vermag. Der Übergang von der bloßen Aneinanderreihung einzelner

---

der Aufnahme des Risikobegriffs in der dritten Auflage von Fuchs et al. und bei Hillmann, der das von Hartfiel zunächst 1972 herausgegebene "Wörterbuch der Soziologie" weiterführte, beendet wurde. In älteren Ausgaben und Lexika wie König (1967), Hartfiel (1972), Fuchs et al. (1978), Bernsdorf (1969), Endruweit/Trommsdorff (1989) und Boudon/Bourricaud (1992) sucht man den Risikobegriff hingegen vergeblich.

2   Für einen Überblick vgl. Hiller (1993: 13 ff.).

3   Für den Versuch, den Begriff der Risikogesellschaft im Kontext anderer soziologischer Gesellschaftsbegriffe zu verorten, vgl. Nassehi (1997).

Beobachtungen zur theoretischen Bestimmung dessen, was der Begriff "Risikogesellschaft" inhaltlich besagen soll, wird nur in Ansätzen geleistet. Damit bleibt Becks "Risikogesellschaft" zunächst ein relativ konturloses "Sammelsurium" (Schimank 1990: 62). In späteren Arbeiten zum Thema erfährt der Begriff jedoch eine deutliche Präzisierung: "Gesellschaften, die zunächst verdeckt, dann immer offensichtlicher mit den Herausforderungen der selbstgeschaffenen Selbstvernichtungsmöglichkeiten allen Lebens auf dieser Erde konfrontiert sind, nenne ich Risikogesellschaften" (Beck 1988: 109). Hält man an Becks Anspruch fest, Fragen zu Risiko und Gesellschaft in einen umfassenderen gesellschaftstheoretischen Kontext zu plazieren, fällt es aber schwer, die später geleistete Präzisierung positiv zu bewerten;[4] denn mit der *Engführung* auf gesellschaftliche Selbstgefährdungen durch *technisch-ökologische Risiken* geht die jenseits der interdisziplinären Forschungsagenda liegende Brisanz der Risikoproblematik für die Gesellschaftstheorie verloren. Das in Beck (1986) noch angelegte Spannungsverhältnis zwischen gesellschaftstheoretischer Ambition und der Warnung vor den Gefahrenaspekten des technisch-naturwissenschaftlichen Fortschritts wird einseitig aufgelöst. Der theoretisch unvorbelastete Risiko-Impressionismus in Beck (1986) schlägt darüber hinaus in einen theoretisch fragwürdigen *Risiko-Objektivismus* um. Indem Beck (1988) eine "objektive Gegenmacht der Gefahr" (ebd.: 155) behauptet, fällt er hinter den erreichten Forschungsstand der sozialwissenschaftlichen Risikoforschung zurück. Mit dem Versuch des Nachweises objektiver Großgefahren und ihrer Definition über vergleichsweise harte Strukturdaten - Nicht-Eingrenzbarkeit, Nicht-Zurechenbarkeit, Nicht-Ausschließbarkeit, Nicht-Kompensierbarkeit (ebd.: 9 f.)[5] - wird trotz aller

---

4 So allerdings Bonß (1993: 15).
5 Vgl. hierzu auch Beck (1989: 17 ff., 1991a: 10) sowie, als Erweiterung, Beck (1993a), wo das "Fehlen des privaten Versicherungsschutzes" (ebd.: 541) für technisch-ökologische Risiken als operationales Kriterium bestimmt wird, das den Eintritt in die "Risikogesellschaft" signalisiert. Diese Problemfassung basiert zwar auf zumindest partiell richtigen Beobachtungen, wie empirische Analysen (Kleindorfer/Kunreuther 1987) und versicherungswirtschaftliche Beiträge (Mehlhorn 1990, McEnnis 1995) zum US-amerikanischen Versicherungsmarkt belegen. Sie bleibt jedoch auf dieser zunächst allenfalls phänomenologisch interessanten Ebene stecken und ersetzt soziologische Rekonstruktion durch pointierte Be-

Wissenschaftskritik ein Ansatz verfolgt, den Wissenschafts- und Techniksoziologen zuvor bereits als Mythos der technisch-naturwissenschaftlichen Risikoforschung identifiziert hatten (Wynne 1982, Mazur 1983). Man muß sich also auf die Suche begeben nach einem wirksamen Gegengift zu Becks wahrnehmungs- und bewertungsunabhängigem Risiko-Objektivismus, der die positiven und innovativen Ansätze seiner Argumentation überlagert.

Auf dieser Suche stößt man vor allem auf die von der britischen Kulturanthropologin Mary *Douglas* und dem amerikanischen Politikwissenschaftler Aaron *Wildavsky* 1982 geleistete Herleitung und Modellierung verschiedener *Risikokulturen*. Ihr Ansatz steht dem Ansatz Becks diametral gegenüber, da die zunehmende Relevanz der Risikothematik für die Gesellschaft auf die institutionelle Verfestigung einer spezifischen Risikokultur zurückgeführt wird, die der Gesellschaft weitreichende Wahrnehmungsveränderungen und Umbewertungen aufzwingt.[6] Hiermit wird die Zurückweisung des Risiko-Objektivismus konstruktiv gewendet und durch die Annahme *sozial vermittelter* Risikowahrnehmungen und -bewertungen ersetzt. Der kultursoziologische Ansatz ist in internationalen Forschungskontexten überaus erfolgreich, nicht zuletzt, weil er einerseits auf einem theoretisch elaborierten Bezugsrahmen basiert, der sich vor allem Vorarbeiten von Douglas (1966, 1973, 1978) verdankt, und sich andererseits direkt in empirische Forschung umsetzen läßt (Johnson/Covello 1987, Rayner 1986).

Es liegt nun die Vermutung nahe, in der Vermittlung und Weiterentwicklung beider Ansätze dem Begriff "Risikogesellschaft" einen genuin soziologischen Sinn abgewinnen zu können, denn ihre Stärken und Schwächen verhalten sich komplementär zueinander: Zum einen führt die Annahme sozial vermittelter Risikowahrnehmungen und -bewertungen bei Douglas/Wildavsky (1982) aus den Aporien des Risiko-Objektivismus hinaus. Zum anderen liefert die Historisierung und Generalisierung von Risikoproblemen

---

grifflichkeit. Für den Versuch einer Alternative vgl. Krohn/Krücken (1993: insbesondere 21 ff.) sowie Schmidt (1997).

6   Für eine knappe Zusammenfassung der Argumentation von Douglas/Wildavsky (1982) vgl. Krücken (1990: 21 ff.).

bei Beck (1986) trotz der genannten Probleme einen Ansatzpunkt, die Selbst-blockierungen einer Problemfassung zu überwinden, die auf sehr allgemeinen anthropologischen Wissensbeständen basiert und die volle Reichweite des modernen Umgangs mit modernen Problemen kaum zu erfassen in der Lage ist.[7] Gegenüber dieser Vermutung soll hier aber behauptet werden, daß *beide* Ansätze *eine* epistemologische *Grundannahme* teilen, die einer ange-messenen Rekonstruktion von Risiko und Gesellschaft im Wege steht. Diese besteht - zugespitzt formuliert - darin, Risiko als einen *in den Objekten* einge-schriebenen bzw. hieran wahrnehmbaren Sachverhalt zu begreifen, zu dem man sich dann verhalten muß.

Betrachten wir zunächst *Beck*. Er greift die Kritik auf, daß die "*Risikogesellschaft*" sich bei näherer Betrachtung als "*Gefahrengesellschaft*" entpuppt (Japp 1989: 5; Bonß 1991: 260) und versucht, diese Kritik mit der an Luhmann (1986, 1987) anschließenden Unterscheidung von ent-scheidungsabhängigen Risiken und entscheidungsunabhängigen Gefahren zu unterlaufen (Beck 1988: 120 ff.; Beck 1989: 14 f.; Beck 1993a: 539 f.). Der zuvor im Selbstlauf gesellschaftlicher Modernisierung angenommene Zu-wachs an Bedrohungspotentialen wird somit genauer bestimmt und auf gesell-schaftsintern erzeugte *Entscheidungen* zugerechnet. Das Risiko der "Risiko-gesellschaft" wird jedoch weiterhin an den nur schwer zu bewältigenden *Mo-dernisierungsfolgen* festgemacht, mit der Erweiterung um eine Zurechnung auf Entscheidungen. Die Verbindung von Entscheidung und Risiko geschieht in kausaler Manier, was voraussetzt, daß es sich hierbei um voneinander un-terscheidbare Sachverhalte handelt: Entscheidungen produzieren Risiken, insbesondere technisch-ökologischer Art; sie sind als solche aber nicht ris-kant.

---

7   Diese Selbstblockierungen zeigen sich weniger in Douglas selbst, die in späteren Arbeiten (1985, 1990) zumindest versucht, die inhaltliche Fundierung des kulturanthropologischen Ansatzes mit den Besonderheiten der aktuellen Risikodebatte zu verknüpfen, als vielmehr in dem Versuch von Thompson et al. (1990), das von Douglas entwickelte Analyseraster als übergreifende Theorie der Gesellschaft zu verstehen und umstandslos zur Analyse völlig unterschiedlicher Gesellschaftsformationen und Problembereiche einzusetzen.

Auch bei Douglas/Wildavsky (1982) findet sich ein auf die Objektwelt bezogenes Verständnis von Risiko, wenngleich ihre sozialkonstruktivistische Argumentation diesen Punkt noch stärker verdeckt als Becks spätere Einbeziehung des Entscheidungsbegriffs. Die *Konstruktionshypothese* (Risiko als in und durch soziale Institutionen erzeugte Wirklichkeit) wird jedoch mit einer *Selektionshypothese* (Risiko als institutionelle Selektion externer Gefahren) verquickt. Die soziale Konstruktion von Objektivität vollzieht sich in der Form objektiver, d.h. der Realität zugeschriebener und dort auch vorhandener Gefahren. Aufgabe der Kulturtheorie ist es, diesen Selektionsprozeß wahrgenommener Risiken theoretisch zu rekonstruieren, während zugleich betont wird, daß damit nicht die Realität der Gefahren ignoriert werde.[8] Die konstruktivistische Annahme der Wirklichkeitserzeugung wird also erheblich relativiert.

Folgt man dieser Argumentation, verringert sich die Differenz erheblich zwischen dem Risiko-Objektivismus Becks und dem Risiko-Konstruktivismus der Kulturtheorie, die als Antipoden der sozialwissenschaftlichen Risikoforschung gelten. Man mag sich dann darüber streiten, ob nun - mit Douglas/Wildavsky (1982) - primär wahrnehmungsabhängige oder - mit Beck (1986, 1988) - primär wahrnehmungsunabhängige Veränderungen *ein und derselben Bedrohungswirklichkeit* technisch-ökologischer Gefahren den Ausschlag geben. Die soziologisch ambitionierte Rede von der "Risikogesellschaft" als einem historisch neuartigen Vergesellschaftungstypus rechtfertigt dies jedoch nicht. Damit rächt sich die frühe Ausklammerung von Theorie- und Begriffsfragen bei Beck (1986). Man muß also wieder von vorn anfangen.

Will man den Risikobegriff als Strukturbegriff einer Theorie der Gesellschaft verwenden, muß er zunächst von seinen ontologischen Konnotationen

---

8   So heißt es einleitend bei Douglas/Wildavsky (1982: 7): "the cultural theory of risk perception which will be developed in these pages (...) does not ignore the reality of dangers around." Der Status dieser Gefahrenwirklichkeit ist jedoch ganz anders als bei Beck, denn im Unterschied zu ihm thematisieren sie nicht deren Entstehung, sondern nehmen sie als gegeben hin, um vor diesem unspezifischen Hintergrund dann die spezifischen Selektionen prinzipiell unendlicher Gefahrenquellen herauszuarbeiten.

befreit und als Modus der Weltaneignung verstanden werden. Diese *De-Ontologisierung* setzt einen klaren Schnitt. Auf der einen Seite befinden sich dann Ansätze, die sich wie Douglas/Wildavsky (1982) auf veränderte Risikowahrnehmungen oder wie Beck (1986, 1988) auf veränderte Bedrohungslagen beziehen sowie solche, die zwischen diesen Polen oszillieren und das spezifische Risikoprofil moderner Gesellschaften mittels einer Kombination beider Faktoren zu bestimmen versuchen (Giddens 1990: 124 ff.) und diesbezügliche Aushandlungs- und Definitionsprozesse thematisieren (Lau 1989).

Dem stehen auf der anderen Seite Ansätze gegenüber, die im Risikobegriff einen Schlüssel zum Verständnis moderner Gesellschaften sehen, indem sie *Risiko als einen spezifischen und generalisierbaren Umgang mit Ereignissen* begreifen.[9] Die Annahme eines Subjekt/Objekt-Verhältnisses zwischen Gesellschaft und Risiko wird also aufgegeben und durch die Annahme, im Risiko selbst einen historisch neuartigen Gesellschaftsbezug zu sehen, integral ersetzt. Diesen Strang, der sich selbst nochmals in *handlungs- und entscheidungstheoretische Rekonstruktionen* unterteilen läßt, gilt es nun weiterzuverfolgen.

Den wohl wichtigsten Beitrag zum historisch-soziologischen Verständnis des Verhältnisses von Gesellschaft und Risiko liefert der handlungstheoretische Ansatz des Foucault-Schülers François *Ewald*.[10] Als Außenseiter der so-

---

9 Das hier skizzierte begrifflich-konzeptionelle Spannungsverhältnis findet man im übrigen nicht nur in der Risikosoziologie, sondern auch in der Techniksoziologie. Während Technik von manchen Autoren gegenstandsbezogen definiert wird, sehen andere in Technik einen spezifischen Handlungstypus, der sich, Max Weber folgend, durch Zweckrationalität oder, eher an Edmund Husserl anschließend, durch Sinnentlastung bzw. Sinnverlust auszeichnet. Vgl. zu dieser Diskussion die sich zwischen beiden Polen - "Technik als Artefakt" vs. "Technik als Umgang mit Ereignissen" - bewegenden Beiträge in Weingart (1989).

10 Vgl. vor allem seine umfangreiche Monographie von 1986, die im folgenden nach der - allerdings um Teil IV gekürzten - deutschen Übersetzung von 1993 zitiert wird, sowie Ewald (1989, 1991) für eine knappe Präsentation der dort enthaltenen Thesen. Mit dem an dieser Stelle unternommenen Versuch, Ewald als *Risikotheoretiker* zu verstehen, unterscheidet sich meine Lesart von der üblichen, rein *historischen* Lesart seiner Arbeiten. Dies findet sich sowohl bei Beck (1993a), dem Ewalds Arbeiten als historische Kontrastfolie zur modernen Risikoproblematik dienen, als auch bei Luhmann, der diese lediglich in einer Fußnote zur Diskussion um das Problem der wohlfahrtsstaatlichen "Daseinsvorsorge" erwähnt (1991a: 113) sowie Kaufmann (1995), der Ewald (1993) als spezifisch-französischen Bei-

zialwissenschaftlichen Risikoforschung streift er zunächst deren exklusiven, von der technisch-naturwissenschaftlichen Risikoforschung ererbten Bezug auf Risikoprobleme technisch-ökologischer Art ab und setzt grundlegender an. Forschungsleitende Vermutung seiner bahnbrechenden Untersuchungen ist die Annahme, "daß sich in der Frage des Risikos eine der großen geistigen Erfahrungen des Okzidents widerspiegelte" (Ewald 1993: 10). Konstitution und Bewältigung von Risiken werden in einem unauflöslichen Zusammenhang gesehen, der auf die Entstehung eines neuartigen Rationalitätstypus verweist. Dieser Typus basiert auf der sukzessiven Durchsetzung des *Wahrscheinlichkeitskalküls*;[11] seine soziale Verankerung findet er in der Institution der *Versicherung*.[12] Diese Institution ermöglicht ein historisch *neuartiges Wirklichkeitsverständnis* und hat eine beispiellose Ausdehnung gesellschaftlicher Handlungspotentiale zur Folge: "Indem die Versicherung bestimmte Ereignisse als Risiken objektiviert, kehrt sie die Vorzeichen um: sie macht aus dem, was bislang ein Hindernis war, eine Möglichkeit" (Ewald 1993: 211). Ewalds Versuch kann sich hierbei auf zweierlei stützen: zum einen auf begriffsgeschichtliche Forschungen zum Risikobegriff, die seinen Ursprung und seine Verbreitung im Kontext der frühneuzeitlichen Seehandelsversicherungen sehen;[13] zum anderen auf ältere, in der aktuellen Risikodiskussion nur allzu leicht in Vergessenheit geratende Einsichten, die in der Soziologie unter dem Stichwort "okzidentale Rationalisierung" zusammengefaßt werden und insbesondere auf Werner Sombart (1916) und Max Weber (1924) zurückgehen.[14]

---

trag zur Entstehung des Wohlfahrtsstaates versteht; ambivalenter in dieser Hinsicht Evers/Nowotny (1987).

11 Zu dessen Entstehung und Entwicklung vgl. ergänzend Hacking (1975) und Krüger et al. (1987).

12 Vgl. hierzu, mit zahlreichen Quellenangaben, die klassischen Monographien von Bensa (1897) und Manes (1913) sowie als aktuellen Beitrag Bonß (1995: insbesondere 149 ff.).

13 Vgl. hierzu neben der in Fußnote 12 angegebenen Literatur die rechtshistorische Rekonstruktion von Nehlsen-von Stryk (1989) sowie Bonß (1991: 263 f.) und Luhmann (1991a: 17 ff.), die diese Thematik in einen soziologischen Forschungskontext plazieren. Zur Fortführung dieser Diskussion vgl. Bonß (1995: 108 ff.)

14 Bei Weber geschieht dies im Kontext der Ausarbeitung des zweckrationalen Handlungstypus. Vgl. hierzu sein berühmtes "durch Berechnen beherrschen" aus "Wissenschaft als Be-

Die Herausarbeitung der historischen Bedeutung der Versicherung für die soziale Konstruktion der seit der frühen Neuzeit entstandenen Risikokonzeption kann kaum hoch genug eingeschätzt werden. Ewalds Überlegungen bleiben jedoch nicht nur auf diesen Aspekt beschränkt, sondern bieten auch Ansatzpunkte einer umfassenderen Theorie der Gesellschaft. Die deutlich historisierende Perspektive erlaubt es, gesellschaftliche Entwicklung aufgrund der *Durchsetzung risikoorientierten Verhaltens* als gleichsam ungebrochenen *Rationalisierungsprozeß* zu modellieren und eine entsprechend weite Spanne von Praktiken und Reflexionen zur Abstützung dieser Annahme aufzuführen. Diese beziehen sich nicht nur auf die in Ewald (1993) nachgezeichneten Transformationen des Versicherungswesens im Übergang zur allgemeinen Sozialversicherung. Man kann bereits beim Pascalschen Glaubenskalkül ansetzen und auch gegenwärtig kontrovers Diskutiertes einbeziehen, wie etwa die Risikofaktorenmedizin (Castel 1991). Damit wird eine *Präzisierung des Begriffs "Risikogesellschaft"* geleistet. Sie entsteht in dem Maße, wie sich der diesem Wirklichkeitsverständnis zugrunde liegende Rationalitätstypus entfaltet und gesamtgesellschaftlich durchsetzt.

Arbeiten, die an Ewalds Thesen anschließen und Bezüge zu aktuellen Problemlagen herstellen, unterstreichen diesen Punkt. So leisten etwa Evers/Nowotny (1987) eine sorgfältige Rekonstruktion und Parallelisierung aktueller Diskussionen der ungelösten Bewältigung neuartiger Gefährdungspotentiale des Technikeinsatzes und der insgesamt erfolgreichen Bewältigung im Industrialisierungsprozeß entstandener Gefährdungslagen. Ihre Analyse mündet in eine Problemlösungsperspektive ein, die das Kernproblem in der Unterausnutzung prinzipiell unbegrenzter Gestaltungsmöglichkeiten sieht und folglich mehr davon einfordert. Während sie unzweideutig zugunsten eines - in partizipatorisch-diskursiver Hinsicht allerdings nachzubessernden - Rationalisierungsprozesses optieren, in dessen Verlauf "unbestimmte und diffus

---

ruf" (1922: 536). Einschränkend muß jedoch gesagt werden, daß der Zusammenhang von Risiko und Rationalisierung weder bei Ewald (1993) noch bei den soziologischen Klassikern Sombart und Weber explizit hergestellt wird, die jeweils nur eine Seite beleuchten. Für den Versuch, beide Aspekte zusammenzuführen, vgl. die materialreiche Studie von Bonß (1995).

wahrgenommene Gefahren in berechenbare und somit vorhersehbare Risiken" (ebd.: 298) transformiert werden, betonen andere Autoren auch die Schattenseiten dieses Prozesses. So charakterisiert etwa Castel (1991), wie Ewald ebenfalls Foucault-Schüler, die Auflösung des Subjekts in der modernen Medizin, seine Zerlegung und Rekombination mit Hilfe von Risikofaktoren als bedenkliche Entwicklung, da dieser "Hyper-Rationalismus" (ebd.: 289) den Zugriff engmaschiger Präventions- und Kontrollstrategien ermöglicht.[15]

All diese Analysen belegen, daß es möglich ist, mit einem generalisierten, als Problemlösungstechnologie verstandenen Risikobegriff gemeinsame Strukturmerkmale unterschiedlicher Phänomene zu erfassen und soziologisch zu rekonstruieren. Risiko gilt als *Unsicherheits- und Gefahrenbewältigungstechnologie*; der Risikobegriff wird folglich auf Aspekte der Berechenbarkeit und Versicherbarkeit hin zugespitzt. Die dieser Problemfassung unterliegende, geradlinige Rationalisierungshypothese versperrt jedoch tiefere Einsichten in die Paradoxien der gesellschaftlichen Entwicklung, die bei zum Teil unterschiedlicher Bewertung als Siegeszug des Risikokalküls verstanden wird. Sie suggeriert ein Übermaß an gesellschaftlicher *Gestaltbarkeit*[16] und *Zukunftskontrolle*[17]; gesellschaftliche Selbstverunsicherung und Zukunftsunsicherheit werden demgegenüber abgewertet. Beide Aspekte stehen aber in einem unauflöslichen Zusammenhang und bilden zwei Seiten ein und derselben Medaille.[18] Will man den Begriff der Risikogesellschaft zur Charakterisierung

---

15 Während Castel sich mit dieser Einschätzung durchaus erwartungskonform verhält, neigt Ewald zu einer für einen Foucault-Schüler überraschend positiven Einschätzung des Rationalisierungsprozesses, da die von ihm untersuchte Sozialversicherung als soziale Errungenschaft verteidigt wird. So gilt ihm das Versicherungsmodell als Solidaritätsmodell (1993: 450), und die Schlußfolgerungen stehen in ihrem moralischen Pathos den entsprechenden Ausführungen Durkheims, auf den er sich auch explizit bezieht, in nichts nach.

16 So lautet der Untertitel von Evers/Nowotny (1987) "Die Entdeckung der Gestaltbarkeit von Gesellschaft".

17 Vgl. hierzu Ewald (1993: 220): "Ein Risiko kalkulieren heißt die Zeit beherrschen, die Zukunft disziplinieren."

18 Dies impliziert auch, *Unsicherheit* nicht als anthropologischen Tatbestand zu fassen; denn liegt der Fokus auf Unsicherheit als einem "existentiellen Thema" (Evers/Nowotny 1987: 11), gerät nur noch deren *Bewältigung* in den Blick, ihre *Erzeugung* verschwindet in der "black box" einer soziologisch unzugänglichen Seinsfestlegung.

spezifischer, zunehmend stärker in den Vordergrund rückender Problemlagen moderner Gesellschaften einsetzen, genügt es nicht, ihn bruchlos in den Kontext einer umfassenderen Theorie okzidentaler Rationalisierung zu übersetzen. Diese Kritik soll insbesondere Ewalds Verdienste um eine Soziologie des Risikos nicht schmälern, die mit der Rückführung von Risiko auf Handlung eine klare Alternative zum gegenstandszentrierten Risikoverständnis der sozialwissenschaftlichen Risikoforschung bietet. Die Zentralität des Handlungsbegriffs führt jedoch in die zuvor benannten Probleme, denn er verleitet zu einem zu einfachen Gesellschaftsverständnis. Diese Probleme lassen sich mit der Rückführung von Risiko auf Entscheidung umgehen - womit wir beim Ansatz Luhmanns (1990, 1991a) wären.

Noch deutlicher als die handlungstheoretische Problemfassung von Ewald ist die entscheidungstheoretische Problemfassung von *Luhmann* in eine umfassendere Theorie der Gesellschaft eingebettet.[19] Den Ausgangs- und Bezugspunkt der zugrunde liegenden Theorie bildet *gesellschaftliche Komplexität*. Ihre Steigerung wird auf drei strukturelle, sich wechselseitig verschränkende und gegenseitig bedingende Veränderungen im Prozeß gesellschaftlicher Entwicklung zurückgeführt: die von Luhmann prioritär behandelte Herausbildung symbolisch generalisierter Kommunikationsmedien und darauf bezogener Funktionssysteme, die zunehmende Organisationsabhängigkeit der Gesellschaft und die Erosion tradierter Verhaltensfestlegungen. Diese *gesellschaftsstrukturellen Veränderungen* sind auf untrennbare Weise mit einer *Veränderung der gesellschaftlichen Zeitsemantik* verwoben.[20] Zum einen wird die Differenz zwischen der irreversibel festgelegten Vergangenheit und einer ungewissen und offenen Zukunft sukzessiv verschärft; zum anderen gewinnt

---

19 Zu Luhmanns Theorie der Gesellschaft vgl. Luhmann (1997) sowie die schon etwas älteren, unter dem Stichwort "gesellschaftliche Differenzierung" zusammengefaßten Beiträge in Luhmann (1982).

20 Die mittlerweile vier Bände von Luhmanns "Gesellschaftsstruktur und Semantik" haben genau diesen Zusammenhang zum Thema. Vgl. hieraus insbesondere Luhmann (1980).

die Zukunft den Primat über die Vergangenheit als Bezugspunkt gegenwärtigen Handelns.[21]

Aus dieser *Ko-Evolution* von Gesellschaftsstruktur und Zeitsemantik resultiert eine erhebliche *Dynamisierung* der Gesellschaft, die deren Erwartungshorizont verändert und sich in der zunehmenden Entscheidungsabhängigkeit der Zukunft ausdrückt.[22] Die Kategorie des Fortschritts entsteht als Selbstbeschreibungskorrelat dieser Entwicklung (Kosellek 1975). Hinter linearen Fortschrittsutopien verschwinden die Schattenseiten der in der Gegenwart stets unbekannt bleibenden Zukunft. Deren Berücksichtigung leistet die Kategorie des Risikos. Risiko ist demnach ebenfalls auf zukünftige Ereignisse bezogen, schließt jedoch die *Möglichkeit eines Schadenseintritts* nicht aus. Im Hinblick auf die Zurechnung möglicher Schäden läßt sich *Risiko* von *Gefahr* unterscheiden. Während Gefahren extern zugerechnete Belastungen darstellen, werden Risiken auf im engeren Sinne eigene Entscheidungen zugerechnet. Die hieran anschließende *These*, die gesellschaftstheoretische Analyse und begriffliches Unterscheidungsvermögen zusammenhält, lautet nun, daß die *Zukunft* zunehmend *in der Form des Risikos* in der Gegenwart zu treffender Entscheidungen erlebt wird.[23]

Der Versuch des Nachweises eines Übergangs vom unmittelbaren, fatalistischen Erleben einer Gefahr zur Entscheidungsabhängigkeit des Risikos

---

21 Beide Annahmen zur Zeitsemantik moderner Gesellschaften können sich auf umfangreiche historische und soziologische Analysen stützen. So findet sich etwa bei Kosellek (1989: 359) die These, "daß sich in der Neuzeit die Differenz zwischen Erfahrung und Erwartung zunehmend vergrößert". Und auch Rammstedt (1975), Bergmann (1981), Nowotny (1989a,b) und Nassehi (1993), die aus unterschiedlichen Perspektiven des Verhältnis von Gesellschaft und Zeit soziologisch zu bestimmen versuchen, konvergieren in den Annahmen einer sukzessiven Differenzvergrößerung und einer Umstellung der Gegenwartsorientierung von Vergangenheit auf Zukunft. Daß die Ausdehnung des zeitlichen Horizontes in einem unauflöslichen Zusammenhang mit der Ausdehnung des räumlichen Horizontes steht, wird in jüngerer Zeit vor allem von Anthony Giddens betont. Zu den Ausführungen über "time-space distanciation" vgl. insbesondere (1990: 14 ff. , 100 ff.).

22 In diesem Sinne spricht Nowotny (1989a: 47 ff.; 1989b: 207 ff.) von der Zeitkategorie der erstreckten Gegenwart, die immer mehr zukünftige Gegenwart in gegenwärtige Zukunft verwandelt.

23 Für den Versuch, die theoretisch hergeleitete Unterscheidung von Risiko und Gefahr in empirische Forschung umzusetzen, vgl. die Beiträge in Hiller/Krücken (1997).

bildet jedoch nur den ersten Teil von Luhmanns Soziologie des Risikos. Der zweite geht einen entscheidenden Schritt weiter und fragt nach den Folgen der quasi-evolutionären Entscheidungszunahme für die soziale Ordnung.[24] Entscheidungen produzieren Betroffenheiten, und erst hierin zeigt sich die *soziale Brisanz* der Risikoproblematik. Sie führt zu divergierenden Zukunftsperspektiven zwischen den an der Entscheidung Beteiligten, die ein Risiko eingehen, und den von etwaigen Schäden Betroffenen, die Gefahren ausgesetzt sind. Die säkulare Umwandlung von Gefahren in Risiken bietet somit "strukturelle Anlässe für die laufende Reproduktion von Betroffenheitskonflikten" (Luhmann 1990: 163). Folgt man Luhmanns Argumentation, gewinnen entscheidungsbezogene Problemlagen zunehmend an Bedeutung. Sie führen zu einem Umgang mit einer gleichermaßen als unsicher und gestaltbar erscheinenden Zukunft, der fundamental unterschiedlich ausfällt, je nachdem ob die Zukunft aus der Perspektive *risikoorientierter Entscheider* oder *gefahrenorientierter Betroffener* wahrgenommen wird. Hierdurch werden gesellschaftliche Konsenschancen vereitelt, denn nicht nur die traditionellen Formen der gesellschaftlichen Konfliktregulierung wie rechtliche Regulierung und monetäre Kompensation greifen bei Risikokonflikten nur begrenzt. Auch neuere Politikinstrumente, die auf verstärkte Inklusion abzielen und von neokorporatistischen Verhandlungssystemen bis zu partizipatorisch-diskursiven Verfahren reichen, bieten keinen Ausweg aus dem Strukturkonflikt der Risikogesellschaft, da auch sie neue Betroffenheiten und damit neue Dissense erzeugen (Luhmann 1991a: 163 ff.).[25]

Betrachten wir zunächst diesen konflikttheoretischen Teil der Argumentation. Er weist zwar deutliche Parallelen auf zum Modell einer "dual society" der gesellschaftlichen Risikowahrnehmung und -bewältigung von

---

24 Vgl. hierzu und zum folgenden insbesondere Luhmann (1990: 142 ff., 152 f.; 1991a: 59 ff., 111 ff., 135 ff.) sowie Luhmann (1991b) zu den Möglichkeiten und Grenzen der verständigungsorientierten Überbrückung der Risiko/Gefahr-Differenz.

25 So auch Hiller (1994: 121) im Anschluß an Luhmann (1990, 1991a): "Weil riskantes Entscheiden stets auf die Differenz von Risiko und Belastung trifft und deshalb notorisch Dissens erzeugt, provoziert schon die einfache Frage, ob Risikokonflikte überhaupt konsensuell entscheidbar sind, ein klares Nein."

Wynne (1982) und der Kontrastierung verschiedener, sich in einem unauflösbaren Dauerkonflikt befindender Risikokulturen bei Douglas/Wildavsky (1982) und ihren Nachfolgern. Luhmanns Ansatz führt aber über diese konkurrierenden Ansätze weit hinaus. Er liefert eine ebenso elegante wie anspruchsvolle Erklärung für das *offen* sichtbare Phänomen gesellschaftlicher Risikokonflikte, indem diese auf die *Tiefenstruktur* moderner Gesellschaften zurückgeführt werden. Mit dem in divergierenden Perspektiven von Entscheidern und Betroffenen begründeten Strukturkonflikt stößt Luhmanns Soziologie des Risikos zudem auf breite Zustimmung seiner bundesdeutschen Kritiker. So versucht Beck (1993b: 278 f., 282), Luhmanns *Risiko-Konflikt-Szenario* gegen den vermeintlich strukturkonservativen Unterbau der Luhmannschen Systemtheorie auszuspielen, und auch Lau (1993: 158) attestiert ihm, an diesem Punkt "durch Erfahrung zu lernen", da im Unterschied zur "Ökologischen Kommunikation" von 1986 in der "Soziologie des Risikos" die besondere Konflikthaftigkeit des gesellschaftlichen Umgangs mit Risiko- und Umweltproblemen betont wird.[26] Angesichts dieses Konsensüberhanges ist jedoch einschränkend darauf hinzuweisen, daß die harte Differenz von Risiko und Gefahr als Differenz von Entscheidern und Betroffenen empirisch kaum gedeckt und theoretisch fragwürdig ist - und dies auf beiden Seiten.

Zunächst zur Kategorie "*Entscheider*". Ergebnisse der Organisationsforschung weisen auf Risikowahrnehmungsmuster und Risikoübernahmebereitschaften von Entscheidern hin, deren *völlige* Heterogenität sich theoretischen Erklärungen, Modellierungen und Verdichtungen weitgehend entzieht (MacCrimmon/Wehrung 1986, March/Shapira 1987). Neben diesem empirischen Argument sprechen darüber hinaus theoretisch-konzeptionelle

---

26 Laus interessante Vermutung, daß Luhmann (1991a) ein spätes Pendant zu Habermas (1973) darstellt, ist vielleicht gar nicht so abwegig, wie es auf den ersten Blick erscheinen mag. Dann wäre aber auch Luhmann entgegenzuhalten, daß gesellschaftliche Institutionen nicht so viel Vertrauen brauchen, wie sozialwissenschaftliche Krisentheoretiker notwendigerweise unterstellen müssen, um dann dessen Nicht-Vorhandensein als Legitimationskrise oder "Entfremdung" zu deuten. Ausführlicher zu dieser Diskussion Barber (1983) und Lipset/Schneider (1983), deren Ergebnisse der ausführlichen Analyse der vor allem seit Beginn der 70er Jahre in den USA beobachtbaren Erosion des Vertrauens in institutionelle Entscheidungsträger den Zuspitzungen der bundesdeutschen Diskussion widersprechen.

Überlegungen gegen die von Luhmann (1990, 1991a) vorgenommene Differenzbildung. Denn folgt man ihr, lassen sich in bezug auf umwelt- und technologiepolitische Kontroversen "risikodeterminierte Risse der Sozialintegration" (Japp 1992: 36) lediglich entlang einer scharf gezogenen Konfliktlinie zwischen den politischen, wirtschaftlichen und wissenschaftlichen Entscheidungssystemen einerseits und den gegen deren Risikokalkül opponierenden Betroffenen andererseits aufspüren. Die *Entscheidungssysteme* selbst kommen demgegenüber nur als gleichsam opaker, hochintegrierter und nach innen *differenzloser Modernisierungsblock* in den Blick.[27]

Noch problematischer erscheint die Kategorie der *Betroffenheit*.[28] Nachdem die theoretische Durchdringung der gesellschaftlichen Risikowahrnehmungs- und Risikoakzeptanzprozesse mit den Mitteln der Psychometrie zu immer weiteren *Differenzierungen* und Auflösungen geführt hat, an deren Ergebnissen die noch von Starr (1969) vertretene Vorstellung endgültig zerbrach, daß es möglich sei, eine gesamtgesellschaftliche Risikoakzeptanzformel zu entwickeln, ist zwar die Attraktivität einer klaren Differenzannahme nur allzu verständlich: Man fällt nicht ins Bodenlose. Nahezu sämtliche Forschungen zur Risikowahrnehmung und -akzeptanz widersprechen jedoch der Reduzierung auf *eine* Variable.[29] Auch der von Luhmann gewählte Weg, Betroffenheit als Zurechnungsartefakt und nicht als objektivistisch rekonstruier-

---

27 Daß sich diese Differenzbildung allerdings auch ausbeuten läßt, soll hier nicht bestritten werden. Ihr Ertrag hängt vom konkreten Untersuchungsgegenstand ab und kann ver gleichsweise hoch sein, wie die Analyse des Verhältnisses von options- und risikoorientierten Entscheidungssystemen und an Vermeidungsimperativen und Gefahren orientierten neuen sozialen Bewegungen durch Japp (1990) belegt.

28 Vgl. hierzu die Hinweise von Rammstedt (1981) zur amorphen und soziologisch wenig geklärten Struktur des Betroffenheitsbegriffs.

29 Die noch in frühen Studien zur Akzeptanzproblematik angenommene monokausale Erklärung, daß Risiken, denen man unfreiwillig ausgesetzt ist, für größer gehalten werden als solche, auf die man sich freiwillig einläßt (sog. "double standard"-Hypothese), gilt mittlerweile als überholt. Immer mehr Variablen wurden entdeckt, die die Modellierung immer komplexerer Verhaltenslandschaften ermöglichten. Eine letztlich unbegrenzte Variablenvielfalt vereitelt entscheidende theoretische Reduktionen, was selbst nicht unproblematisch ist. Für einen Überblick über den gegenwärtigen Forschungsstand vgl. Jungermann/Slovic (1993a,b) sowie, im Rückblick auf ca. fünfzehn Jahre psychometrischer Forschungen zur Risikowahrnehmung und -akzeptanz, Slovic (1992).

baren Sachverhalt zu verstehen, verschiebt nur das selbstkonstruierte Problem, denn *innerhalb* eines Differenzschemas lassen sich nur Ausprägungen variieren, indem zusätzliche Unterdifferenzierungen entlang der Unterscheidung von Risiko und Gefahr eingeführt werden. Die binäre Struktur des Schemas selbst bleibt hingegen unangetastet.

Aufgrund der genannten Probleme ist die gesellschaftstheoretisch zwingend hergeleitete *allgemeine* Konfliktstruktur und -dynamik m.E. eine allenfalls sehr wackelige Hypothese zur Bestimmung des Verhältnisses von entscheidungsproduzierenden politischen Institutionen und Betroffenen. Demgegenüber soll bereits hier vermutet werden, daß die Gültigung dieser Hypothese an *spezifische* Parameter gebunden ist, die nicht in allen Regulierungsbereichen und situativen Kontexten aufzuspüren sind. *Ein* Beispiel für die dringend erforderliche Spezifizierung wird das in Kapitel 4 zu diskutierende Verhältnis von arzneimittelregulierenden Entscheidungsinstanzen und den von deren Entscheidungen Betroffenen sein.

Vergleicht man am Ende dieses Argumentationsdurchgangs die handlungstheoretische Problemfassung Ewalds mit der entscheidungstheoretischen Problemfassung Luhmanns, fällt auf, daß die theoretische Bestimmung der sozialen Konsequenzen kaum unterschiedlicher hätte ausfallen können: Während *Ewald* die "Sozialtechnologie des Risikos" als "Erfindung einer Gerechtigkeitsregel" feiert, die zu einem "realen Gesellschaftsvertrag" führt (1989: 391), durchschneidet nach *Luhmann* "heute die Differenz von Risiko und Gefahr die soziale Ordnung" (1991b: 88). Das bedeutet *Sozialintegration* (Ewald) vs. *Konflikt* (Luhmann) als Folgen der Risikovergesellschaftung.[30] Das bleibt jedoch auch deshalb *unentscheidbar*, weil beiden Ansätzen unterschiedliche empirische Ausgangspunkte - Geschichte der Sozialversicherung vs. umwelt- und technologiepolitische Kontroversen - zugrunde liegen, von denen es noch stärker als bisher geschehen zu abstrahieren gilt. Erst dann las-

---

30 Vgl. hierzu auch Luhmann (1996), demzufolge die gemeinsame Wahrnehmung der Zukunft als Gefahr den sozialen Problembewältigungsmechanismus "Solidarität" nach sich zieht, während die zunehmende Wahrnehmung der Zukunft als Risiko im Prozeß der Risikovergesellschaftung zu einer "sozialen Spaltung von Entscheidern und Betroffenen" (ebd.: 41) und daraus resultierenden Konflikten führt.

sen sich sinnvolle Vergleiche anstellen, und erst dann werden die Vorteile der von Luhmann vorgeschlagenen Rückführung von Risiko auf Entscheidung sichtbar. Diese *Abstraktion* leistet der erste Teil von Luhmanns Soziologie des Risikos, in der die These eines sich wandelnden Zurechnungsmodus im Sinne einer säkularen Transformation von hinzunehmenden Gefahren in entscheidungsbezogene Risiken herausgearbeitet wird. Hieran gilt es anzuschließen mit dem Ziel, über die schärfere Fassung des Risikobegriffs zur Aufhellung des Kompaktbegriffs "Risikogesellschaft" beizutragen.

Risiko über Entscheidung zu definieren bedeutet, einen vergleichsweise anspruchsvollen Strukturbegriff als Bezugspunkt zu wählen. Der Entscheidungsbegriff wird über das Vorhandensein einer *Alternative* definiert, wodurch er sich von einfachem Handeln und bloßem Verhalten abgrenzen läßt.[31] Das *Risiko der Entscheidung* besteht dann darin, sich möglicherweise für die falsche Alternative entschieden zu haben. Entscheidungen ziehen - so meine These - gleichsam sämtliche Typen von Handeln, Verhalten und Ereignissen an und lösen diese in sich auf, sofern sie im Hinblick auf eine Alternative reflektiert werden. Intentionales *Handeln* kann vergleichsweise rasch in einen Entscheidungskontext überführt werden, und selbst die Figur des Unterlassungshandelns wird - so die These von Geser (1986) - brüchig und erscheint zunehmend im Horizont zurechenbarer Entscheidungen;[32] bloßes *Verhalten* - etwa in Intimbeziehungen - wird zunehmend unter Selbst- und Fremdbeobachtung gestellt und, da in Tradition und Konvention begründete Sicherungen gelockert werden, auf Entscheidungen zugerechnet. Schließlich werden *Ereignisse*, wie insbesondere unerwünschte Veränderungen der natürlichen

---

31 Den Entscheidungsbegriff über die Wahl zwischen Alternativen zu definieren, folgt der ökonomischen Definition; dessen soziologische Präzisierung über den Begriff der Erwartung leistet Luhmann (1984a), weiterführende Überlegungen zur Form der Entscheidung finden sich bei Luhmann (1993a).

32 Das zugrunde liegende Problem stellt sich insbesondere der Rechtstheorie und -praxis. Vgl. hierzu Rödig (1969: insbesondere 77 ff.), mit zahlreichen Beispielen aus der bundesdeutschen Rechtspraxis, sowie, stärker auf rechtstheoretische Diskussionen in den USA bezogen, Hart (1948/49).

Umwelt, zunehmend als Entscheidungsprobleme behandelt und weniger auf externe Kräfte zugerechnet.[33] Entscheidungen breiten sich gleichsam wie ein Virus aus, der sämtliche gesellschaftlichen Bereiche durchdringt und dort vorhandene Erwartungsstrukturen zersetzt, die vor der Kontingenz der Entscheidung schützen. Hieran zerbricht auch die Alternative Entscheidung/Nicht-Entscheidung, denn auch die Nicht-Entscheidung kann als zurechenbare Entscheidung identifiziert werden.[34] Es entstehen neue Erwartungsstrukturen, die sich über die Alternative verschiedener und damit zwangsläufig riskanter Entscheidungsoptionen definieren.

Damit gelange ich zu einem *Prozeßbegriff von Risikogesellschaft.* Ihre sukzessive Herausbildung wird an einem harten, operationalen Kriterium festgemacht: Von Risikogesellschaft soll immer dann die Rede sein, wenn Handeln, Verhalten und Ereignisse auf Entscheidungen zugerechnet werden, die auch anders hätten ausfallen können. In der Generalisierung von Risikolagen und der Entwicklung eines entsprechenden Risikobewußtseins ist ein langfristiger Trend zu sehen. Damit wird zwar die zu enge Fixierung auf Gegenwartsprobleme gelöst, die mit der "Übertreibung eines Kontinuitätsbruchs" (Joas 1988: 2) einhergeht, wie gegen Beck (1986) richtigerweise eingewandt wurde. Andererseits kann aufgrund des Prozeßcharakters der Risikogesellschaft die an Becks "Risikogesellschaft" kritisierte "zeitliche Unbestimmtheit" (Schimank 1990: 62) nicht vollständig aufgelöst werden, so daß

---

33 Der Realitätsgehalt dieser Zurechnung soll natürlich nicht bestritten werden. Dennoch fällt auf, daß, um nur ein besonders prägnantes Beispiel zur Unterstützung der These einer zunehmenden Wahrnehmung von Umweltproblemen als Entscheidungsprobleme anzuführen, in der öffentlichen Diskussion der hochkomplexen Klimaproblematik eine umstandslose Zurechnung auf anthropogene Faktoren erfolgt; demgegenüber läßt sich der Einfluß sog. natürlicher Faktoren (Sonnenkonstellationen, Vulkanaktivitäten etc.), die sich menschlicher Verursachung und korrigierenden Eingriffen weitgehend entziehen, lediglich wissenschaftsintern diskutieren. Ausführlicher hierzu, mit Bezug auf die politische Problemwahrnehmung und -bewältigung der Klimaproblematik, Kapitel 5.

34 Vgl. hierzu das von Bachrach/Baratz (1963, 1970: 40 ff.) für den politischen Kontext ausgearbeitete Konzept der "non-decisions".

es sinnvoller erscheint, den Begriff der sukzessiven *Risikovergesellschaftung* zu wählen.[35]

Dieser Begriff von Risikogesellschaft wurde zwar im Kontext von Luhmanns Theorie funktionaler Differenzierung gewonnen und läßt sich hierüber weiter spezifizieren; indem er prozedural definiert wird, entscheide ich mich an diesem Punkt jedoch für ein eher Webersches Gesellschaftsverständnis ("Gesellschaft als Rationalisierungs*prozeß*") und gegen eine axiomatische - und letztlich sterile - Verwendung der Luhmannschen Theorie, die primär invariante Eigenlogiken der einzelnen Funktionssysteme fokussiert. Zugleich abstrahiert die hier entwickelte Fassung des Begriffs "Risikogesellschaft" von konkreten Sachverhalten. Das Risiko der Risikogesellschaft wird in einem spezifisch neuzeitlichen Modus der Welterschließung gesehen, der im weiteren Verlauf der gesellschaftlichen Entwicklung zunehmend an Bedeutung gewinnt. Damit lehne ich mich hier wieder an die entscheidungstheoretische Problemfassung von Luhmann (1990, 1991a) und die handlungstheoretische Problemfassung von Ewald (1993) an, wobei letztere allerdings in eine zu geradlinige Rationalisierungshypothese einmündet. Dem engagierten Impressionismus Becks und seiner Rede von der "Risikogesellschaft" wird somit ein Ansatz zur Seite gestellt, der weniger in der Durchsetzung eines bestimmten Rationalitätstypus als vielmehr in der *wechselseitigen Verschränkung und Steigerung von Gestaltbarkeit und Selbstverunsicherung* das entscheidende Charakteristikum der Risikovergesellschaftung sieht.[36]

Die Rückführung von Risiko auf Entscheidung erlaubt zudem, die Schattenseiten dieses Prozesses schärfer zu fokussieren. Sie werden in der basalen Erwartungsstruktur der Gesellschaft selbst verankert, indem diese sich zunehmend durch entscheidungsbedingte Unsicherheiten bzw. Kontingenz[37]

---

35 Zum Begriff der Risikovergesellschaftung vgl. auch Bonß (1991: 260; 1995: 16), der diesen Begriff allerdings zur Erfassung des Prozeßcharakters von Becks "Risikogesellschaft" benutzt, während er hier vor allem aus der Auseinandersetzung mit Luhmanns Soziologie des Risikos hervorgegangen ist.

36 Vgl. hierzu auch Japp (1996).

37 *Kontingenz* wird hier in der modaltheoretischen, auf Aristoteles zurückführbaren Form als Abwesenheit von Notwendigkeit und Unmöglichkeit zugleich verstanden. Vgl. Luhmann

auszeichnen, die an die Stelle gesellschaftlicher Gewißheiten bzw. Selbstverständlichkeiten treten. Damit setzt man tiefer an als eine Kritik, die primär nicht-intendierte und kumulative Neben- und Spätfolgen des Handelns problematisiert (Bonß 1991). Zugleich lassen sich Risse im Prozeß der vermeintlich totalen Risikovergesellschaftung aufspüren, die der ohnmächtigen Kritik eines reibungslosen Fortschritts- und Rationalitätsmodells entgehen (Castel 1991). Mit der besonderen Berücksichtigung gesellschaftlicher Selbstverunsicherung aufgrund des Kontingenzdrucks allen Entscheidens zentriert man erstens die Gesellschaftskritik anders als die am Handlungsbegriff ansetzenden Kritiken. Zweitens wird mit der Radikalisierung der *Unsicherheitsproblematik* auch Luhmanns Annahme signifikant erweitert, daß in der gefahrenorientierten Betroffenheit von den Entscheidungsfolgen anderer das Kernproblem besteht. Die Schattenseiten der Risikovergesellschaftung liegen demnach vor allem in der bis zur Handlungs- und *Entscheidungsparalyse* führenden Selbstverunsicherung - und dies auf allen Ebenen.[38]

(1984b: 148 ff., insbesondere 152), der dieses Begriffsverständnis in den Kontext des von Parsons entwickelten, anders akzentuierten, da wechselseitige Abhängigkeit von Ego und Alter betonenden Konzeptes der "doppelten Kontingenz" einführt sowie Makropoulos (1990: 407 ff.). Darüber hinaus wird, einem Vorschlag von Bonß (1993: 17) folgend, in der soziologischen Risikodiskussion auch zwischen *Ungewißheit* und *Unsicherheit* unterschieden. Stehen eher kognitive Dimensionen im Vordergrund, so spricht man von Ungewißheit, bei der Betonung sozialer Dimensionen hingegen von Unsicherheit. Diese Unterscheidung erscheint mir jedoch als problematisch und wird nicht übernommen, da selbst eine nur als analytisch zu verstehende Trennung von kognitiven und sozialen Dimensionen von beiden Seiten her aufgelöst wird: Einerseits betont die sozialkonstruktivistische Wissenschaftsforschung vor allem in dem von Fuller (1988, 1993) vertretenen Programm der "Social Epistemology" den genuin sozialen Status des Kognitiven, andererseits gilt nach dem sog. "cognitive turn" (Powell/DiMaggio 1991: 18 f.; Scott 1995: 40 ff.) in der Organisationsforschung die kognitive Verfaßtheit des Sozialen als unhintergehbar (Weick 1979, Gioia/Sims 1986). Im folgenden wird deshalb der Unsicherheitsbegriff als zentraler Begriff verwendet, ohne zusätzlich zwischen Unsicherheit und Ungewißheit zu unterscheiden. An seine Stelle tritt bei besonderer Betonung von Möglichkeitsüberschüssen der Kontingenzbegriff.

38 Die Selbstverunsicherung der modernen Gesellschaft ist natürlich eines der großen Themen in Luhmanns Theorie der Gesellschaft. Vgl. hierzu nur die Beiträge in Luhmann (1992). Mit der harten Differenz von Entscheidern und Betroffenen in Luhmanns Risikosoziologie wird jedoch vor allem auf der Betroffenenseite zuviel Unsicherheit absorbiert, da hier *stabile* und *selbstgewisse* Ablehnungsverhältnisse in *unübersichtlichen* Entscheidungslagen erwartet

Diese Vorgehensweise impliziert das Aufwerfen und Beantworten der Frage, wie die Gesellschaft mit "erhöhten Entscheidungslasten ohne Rationalitätsvorsorge" (Luhmann 1984a: 601) im Normalvollzug ihrer Operationen zurechtkommt. Die *gesellschaftstheoretische Analyse* eröffnet der soziologischen Risikoforschung *empirische Terrains*, die jenseits der Agenda problemorientierter Forschungen zu technisch-ökologischen Risiken liegen: Denn rückt man die *individuelle, organisationale* und *gesellschaftliche* Erzeugung und Bewältigung riskanter Entscheidungslagen in den Vordergrund, müßten sich - so die These - Prozesse der sukzessiven Risikovergesellschaftung auf all diesen drei Ebenen nachweisen lassen. Zum Abschluß der ersten Hälfte des theoretischen Bezugsrahmens sollen nun, in der o.g. Reihenfolge, zumindest einige Aspekte dieses umfassenderen Forschungskontextes einer Soziologie des Risikos stichwortartig benannt werden. Dabei werde ich vor allem die individuelle Ebene fokussieren, da, im Gegensatz hierzu, sowohl der Zusammenhang von Organisation und Risiko als auch die Risikoerzeugung und -bewältigung durch gesellschaftliche Funktionssysteme bereits grundlegend erforscht sind.

In verschiedenen Bereichen der *individuellen Lebensführung* entstehen Risiken als Folge der Erosion tradierter Verhaltensfestlegungen. Mit der Lockerung traditionaler Gemeinschaftsstrukturen schwinden in Tradition und Konvention begründete Sicherheiten; an ihre Stelle treten Berechtigung und Verpflichtung zur individuellen Risikoübernahme: "Technologien des Selbst" (Martin et al. 1993) der Kontingenzbewältigung. Dies gehört zum Standardwissen der Soziologie, die diesen langfristigen Entwicklungstrend mit der Kategorie der *Individualisierung* zu erfassen versucht.[39] Hieran anschließend

---

werden, die sich aus der Nicht-Teilnahme am Entscheidungsprozeß ergeben. Demgegenüber wird in der an dieser Stelle von mir skizzierten Problemfassung Unsicherheit *ubiquitär* vermutet, wodurch *andere* soziale Probleme und Problembewältigungsmechanismen der Risikovergesellschaftung in den Blick geraten.

39 Individualisierung zieht sich wie ein roter Faden durch die Geschichte der Soziologie, die diesen Prozeß zumeist kritisch als Gemeinschafts- und Sinnverlust deutete. Berger (1988: 229) meint gar, daß man eine "heimliche Liebe auch der klassischen Soziologie zum 'Mittelalter'" konstatieren kann, die bei Weber ambivalent wurde und erst mit Parsons umschlug, der demgegenüber die Freiheitsgewinne durch Individualisierung in den Vorder-

ist zu vermuten, daß individuell zu bewältigende Risikolagen generalisiert werden. Ausgedrückt mit Hilfe des Schemas von Norm und Abweichung beschränkt sich das Risiko nicht mehr nur auf die Abweichung, sondern erfaßt auch die Orientierung an der Norm. Für *vormoderne Gesellschaften* muß man also das Vorhandensein zurechenbarer Entscheidungsrisiken nicht prinzipiell ausschließen. Sie erstreckten sich jedoch entweder auf spezifische Situationen oder auf spezifisches Verhalten, die gleichermaßen als *Normabweichung* definiert werden konnten; der Kernbereich blieb hingegen vor dem strukturgefährdenden Virus "Risiko" geschützt.[40] In dem Maße, in dem sich der Trend zur Individualisierung flächendeckend durchsetzt, verändert sich die Lage. Die soziale Dynamik der Risikovergesellschaftung erfaßt nun auch bislang geschützte Bereiche und erzeugt auch dort Entscheidungsoptionen und Möglichkeitsüberschüsse. Man denke hierbei nur an biographische Einschnitte wie Berufswahl und Eheschließung, die, so die Annahme, auch im vermeintlichen Normalbereich zunehmend als riskant, d.h. als gestaltbar und unsicher zugleich erlebt werden. An der *Generalisierung individueller Risikolagen* zerbricht die Unterscheidung von Norm und Abweichung als Unterscheidung von nicht-riskantem und riskantem Verhalten; und genau dies stellt den *gesellschaftlichen Normalfall* dar.[41]

---

grund rückte. Die in der Soziologie neu entfachte Individualisierungsdiskussion ist vor allem den Thesen Becks (1983, 1986, 1991b) zur Selbstauflösung traditionaler Strukturen der Industriegesellschaft zu verdanken. Zur Weiterführung der Diskussion vgl. die Beiträge in Beck/Beck-Gernsheim (1994); kritisch zur Individualisierungsthese Strohmeier (1993).

40 Vgl. hierzu die instruktiven Ausführungen von Lau (1989: 420 ff.) zu den Risikolagen vormoderner Gesellschaften, die an bestimmte, klar abgrenzbare Berufs- und Standesgruppen mit entsprechendem Risikoethos gebunden werden. Die Generalisierung von Risikolagen setzt nach Lau erst mit den industriell-wohlfahrtsstaatlichen Risiken ein, ihre endgültige Durchsetzung erfolgt mit den neuen Risiken technisch-ökologischer Art. Laus Analyse moderner Risiken greift jedoch deshalb nicht, weil unter der Hand ein Risikobegriff eingeführt wird, der Risiko als Gefahr behandelt, während zuvor Risiko als spezifische Umgangsform mit Ereignissen galt. Anders hingegen die Abgrenzung moderner von vormodernen Risiken bei Japp (1990: 38 f.), der ein und denselben (hier: entscheidungsbezogenen) Risikobegriff zur Bestimmung des Risikoprofils moderner und vormoderner Gesellschaften verwendet.

41 "Die Risikogesellschaft kennt keine Helden" heißt es bei Luhmann (1991a: 113). Und dies nicht nur, weil, wie Luhmann vermutet, riskantes Entscheiden zunehmend Betroffenheiten erzeugt, sondern auch aufgrund der Generalisierung von Risikolagen, die die Identifizierung abweichenden Verhaltens - sei es heldenhaft, sei es tollkühn - als Risikoübernahme er-

Diese - zugegebenermaßen überpointierte - Zuspitzung bietet den Hintergrund der mikrosoziologischen Rekonstruktion auch alltäglicher Risikolagen und ihrer Bewältigung. Darüber hinaus gerät die *Riskanz moderner, selbsterzeugter Identitätsbildung* in den Blick.[42] Sie zeichnet sich durch hohe Enttäuschungsanfälligkeit angesichts kontingenter, d.h. prinzipiell anders möglicher Festlegungen aus. Erst in diesem Theoriekontext ergibt auch die geradezu voluntaristische Hypothese der Wahl spezifischer Lebensformen bei Douglas/Wildavsky (1982) - "The choice of risks and the choice of how to live are taken together" (ebd.: 8) - einen soziologischen Sinn: Sie kann nicht zwecks übergreifenden Kulturvergleichs als anthropologische Annahme eingeführt werden,[43] sondern entsteht als Folge einer gesellschaftlich weit fortgeschrittenen Erosion tradierter Verhaltensfestlegungen, in deren Verlauf auch der Prozeß der Identitätsbildung selbst sich dem Kontingenzdruck der Risikovergesellschaftung ausgesetzt sieht. [44]

---

schwert. Die *Normalisierung* von Risiken erklärt zumindest partiell das von der sozialwissenschaftlichen Risikoforschung kaum beachtete Phänomen zunehmend extremer Formen der subkulturellen *Risikosuche* als bewußter *Abweichung* vom durchschnittlichen Risikoverhalten des Normalbürgers. Erste - zaghafte - Schritte zum Abbau dieses Forschungsdefizits finden sich in Lyng (1990) und Machlis/Rosa (1990). Eine wahre Fundgrube empirischen Materials zu dieser Thematik stellen die in der sozialwissenschaftlichen Risikoforschung kaum beachteten Mikroanalysen alltäglicher Selbststilisierungen in Interaktionssituationen von Goffman (1969) dar.

42 Vgl. hierzu insbesondere die Reflexionen in Giddens (1991). Folgt man seiner Argumentation, stellt der Prozeß der Identitätsbildung ("das Selbst als reflexives Projekt") das Kernproblem moderner Gesellschaften in einem fortgeschrittenen Entwicklungsstadium dar, das er selbst als spät- bzw. hochmodern (ebd.: 3, 14 ff.) bezeichnet. Ähnlich auch Wohlrab-Sahr (1992), die an dieser Stelle von "biographischer Unsicherheit" als dem zentralen Charakteristikum einer "Modernisierung der Moderne" spricht.

43 So aber explizit das an Douglas/Wildavsky (1982) sowie an weitere Vorarbeiten von Douglas anschließende Programm von Thompson et al. (1990). Hier wird die sehr starke und m.E. als anthropologische Konstante unhaltbare Wahlhypothese mit der schwächeren und weniger problematischen Annahme einer auch in vormodernen Gesellschaften vorfindbaren Pluralität von Lebensformen verquickt.

44 Dieser Kontingenzdruck erzeugt aber auch im gegenwärtigen Stadium der Risikovergesellschaftung *unterschiedliche Betroffenheiten* und kann nicht ubiquitär vermutet werden. Vgl. hierzu Japp (1986, 1993), der diesen Aspekt im Kontext einer Theorie neuer sozialer Bewegungen ausarbeitet, die als *ein* Fluchtpunkt identitätsstiftender Selbstbindungen fungieren.

Die Bedeutung der *organisationalen Erzeugung und Bewältigung riskanter Entscheidungslagen* für den umfassenderen Prozeß der Risikovergesellschaftung kann kaum hoch genug eingeschätzt werden. Organisationen ziehen wie kein anderer Typus sozialer Systeme Handeln, Verhalten und Ereignisse an, um diese in zurechenbare Entscheidungen zu transformieren. Entscheidung bedeutet *Risikoübernahme*, wie von seiten der Organisationsforschung bereits frühzeitig herausgearbeitet wurde (March/Simon 1958, Luhmann 1964). Hieraus resultiert die für organisierte Sozialsysteme charakteristische *Risikoaversion* (Harrison/March 1984), die sich in den "hochgetriebene(n) Absicherungsstrategien" (Luhmann 1984a: 598) von Entscheidungsprozessen und -ergebnissen ausdrückt und organisationsinterne Risikoübernahme überhaupt erst ermöglicht. Unter den Prämissen einer risikosoziologischen Problemfassung wäre nun weniger das konkrete Zusammenspiel von Risikoaversion und Risikoübernahme in Organisationen zu erforschen, da dies bereits Gegenstand der mittlerweile weit verzweigten Organisationsforschung ist (March 1988). Vielmehr wäre nach den *gesellschaftlichen* Voraussetzungen, Folgen und Funktionen organisatorischer Risikoerzeugung und -bewältigung zu fragen. Der Fokus "Organisation" würde in dem in diesem Kapitel skizzierten Bezugsrahmen dann vor allem dazu dienen, unterschiedliche Kontexte der durch die wechselseitige Verschränkung und Steigerung von Gestaltbarkeit und Selbstverunsicherung charakterisierten Risikovergesellschaftung zueinander in Beziehung zu setzen.

Voraussetzungen und Folgeprobleme einer zunehmenden Entscheidungsabhängigkeit der modernen Gesellschaft lassen sich auch von der Ebene *gesellschaftlicher Funktionssysteme* aus analysieren. Man denke hierbei etwa an die gesellschaftliche Erzeugung und Bewältigung riskanter Entscheidungslagen im *Wirtschaftssystem* (Baecker 1988, 1991, Luhmann 1988a) sowie an den historischen Prozeß der Positivierung des Rechts, mit dem naturrechtliche Vorstellungen zum Wesen des Menschen und des Kosmos durch kontingent entscheidende Verfahren im *Rechtssystem* ersetzt wurden (Maihofer 1965, Luhmann 1988b, 1993b: insbesondere 38 ff.). Ähnliches gilt im Hinblick auf das *Wissenschaftssystem*, dessen Beitrag zur gesellschaftlichen Risikoproduktion sich nicht nur in den durch wissensbasierten Technikeinsatz erzeugten Gefahren erschöpft (Beck 1986, Krohn/Weyer 1989, Schimank 1990). Vielmehr wären unter der Annahme eines langfristigen Trends der Risikovergesellschaftung Prozesse der De-Institutionalisierung alltäglicher Institutionen (Weingart 1981, 1983), der Kontingenzerhöhung (van den Daele 1990) und der Steigerung des analytischen Auflösungs- und Rekombinationsvermögens von Natur (Luhmann 1981, 1995) durch Wissenschaft schärfer zu fokussieren.

Am Ende dieses Kapitels ist zusammenfassend festzuhalten, daß sich die zu Beginn gestellte Frage nach einer spezifisch-soziologischen Problemfassung des Verhältnisses von Risiko und Gesellschaft wie folgt beantworten läßt: Die zunehmende Zurechnung von Handeln, Verhalten und Ereignissen auf Entscheidungen, die auch anders hätten ausfallen können und damit ein entsprechendes gesellschaftliches Risikobewußtsein erzeugen, stellt einen langfristigen Trend gesellschaftlicher Entwicklung dar, der es erlaubt, in einem soziologischen Sinne von Risikovergesellschaftung zu sprechen. Als entscheidendes Charakteristikum der Risikovergesellschaftung wurde die hieraus resultierende wechselseitige Verschränkung und Steigerung von Gestaltbarkeit und Selbstverunsicherung identifiziert. Sie durchdringt sämtliche Ebenen und Bereiche von Gesellschaft und läßt sich mit Hilfe soziologischer Analyse bis in die feinsten Verästelungen moderner Sozialität hinein ausleuchten. Mit den Bereichen "Arzneimittelregulierung" und "Klimapolitik" soll unter diesen Prämissen ein kleiner Ausschnitt aus der umfassenderen Risikoproblematik analysiert werden. Für den hierfür erforderlichen theoretischen Bezugsrahmen ist zuvor jedoch die Spezifik der politischen Regulierung technisch-ökologischer Risiken in der Risikogesellschaft herauszuarbeiten.

3. Politik in der Risikogesellschaft

In einem ersten Schritt wurde mit Hilfe eines entscheidungsbezogenen Risikobegriffs die Annahme einer sukzessiven Risikovergesellschaftung herausgearbeitet. In einem zweiten Schritt gilt es nun, diese auf den allgemeingesellschaftlichen Kontext bezogene Annahme für die Analyse des spezifisch-politischen Umgangs mit technisch-ökologischen Risiken fruchtbar zu machen. Das geschieht zunächst in Auseinandersetzung mit Ansätzen, die bewährte *Forschungstraditionen* repräsentieren und im Bereich "politische Risikoregulierung" fest etabliert sind. Zu diesem Zweck werden vor allem über die *Konstrukte* "Implementations- und Mikroperspektive" *Idealtypen* im Weberschen Sinne gebildet, mit deren Hilfe zur Aufhellung und Kritik der komplexen Regulierungsdiskussion beigetragen werden soll.[1] Vor diesem Hintergrund wird dann der Ansatz der *politischen Risikotransformation* als theoretisch-konzeptionelle *Alternative* eingeführt. Er bildet die Grundlage für den weiteren Verlauf der Arbeit.

---

1   Eine nicht von Forschungstraditionen und Idealtypen ausgehende Vorgehensweise würde demgegenüber das Verhältnis von Differenzen und Gemeinsamkeiten anders akzentuieren und somit auch in eine andere, weniger holzschnittartige Darstellung einmünden. Dies gilt zum einen für die an dieser Stelle nivellierten Differenzen *innerhalb* der jeweiligen Forschungsrichtung; zum anderen wird über die Hervorhebung von Differenzen *zwischen* den beiden Forschungsrichtungen der Implementations- und der Mikroperspektive von Versuchen der Annäherung bzw. Integration abgesehen. Diese Versuche stellen sowohl die politik- und sozialwissenschaftliche Steuerungsdiskussion (Kaufmann et al. 1986, Mayntz 1987, Mayntz/Scharpf 1995) und die sich stark in die Richtung der Analyse von Netzwerken und Aushandlungsprozessen bewegende Policy-Analyse (Héritier 1993) dar, die gleichermaßen das rigide theoretisch-konzeptionelle Korsett der frühen Implementationsforschung überwinden, als auch implementationskritische Studien, die zugleich jedoch über den Einzelfall hinausreichende Charakteristika der Risikoregulierung hervorheben (O'Riordan/ Wynne 1987).

Vor der Auseinandersetzung mit Implementations- und Mikroperspektive betrachte ich zunächst das Konzept unterschiedlicher *Regulierungsstile* bzw. *-kulturen*. Dieser in der internationalen Forschungslandschaft überaus erfolgreiche Ansatz[2] erlaubt es, unterschiedliche politisch-regulative Bewältigungsformen sachlich identischer Risikoprobleme auf die Unterschiedlichkeit der untersuchten politisch-regulativen Einheiten zurückzuführen. Indem in zweierlei Hinsicht unterschieden wird - zum einen nach Problemtypen (Luftverschmutzung[3], toxische und karzinogene Substanzen[4], Sondermüll[5]), zum anderen nach Politikebenen (national, regional, lokal)[6] -, werden *empirische* Vergleichsmöglichkeiten eröffnet, mit denen die lange Zeit ausschließlich einzelfallorientierte Forschungspraxis in diesem Bereich signifikant erweitert wird.[7] Hieraus resultiert die unbestrittene Leistungsfähigkeit dieses Ansatzes.

Einstweilen offen bleibt jedoch die theoretische Klärung des Verhältnisses von Differenzen und Gemeinsamkeiten der regulativen Praxis. Diese *Erklärungslücke* läßt sich innerhalb des Ansatzes nur begrenzt schließen. Denn entweder bleibt der zur Erklärung herangezogene Stil- bzw. Kulturbegriff so unbestimmt, daß er allenfalls als rein *deskriptive* Kategorie zu verwenden ist; oder er wird präzise und deduktiv bestimmt und dann als analytische Kategorie vergleichsweise *unvermittelt* mit dem politischen Regulierungsprozeß in

---

2 Für einen Überblick vgl. Krücken (1992).

3 Vgl. hierzu am Beispiel US-amerikanischer und britischer Luftreinhaltepolitik Vogel (1986).

4 Vgl. hierzu Brickman et al. (1985) und Jasanoff (1986). Während Brickman et al. (1985) den empirischen Befund höchst unterschiedlicher Bewältigungsformen auf die Besonderheiten historisch gewachsener Politik- und Rechtssysteme zurückführen, benutzt Jasanoff (1986) das umfassendere Konzept "politischer Kulturen" zur Erklärung desselben Befundes.

5 Vgl. hierzu die großangelegte, am International Institute for Applied Systems Analysis (IIASA) in Laxenburg durchgeführte Studie von Wynne (1987).

6 Aus international-komparativer Perspektive wird zwar primär die nationale Politikebene fokussiert. Weitere Politikebenen finden jedoch ebenfalls Berücksichtigung. Vgl. hierzu insbesondere die in Wynne (1987) eingebettete Analyse der Sondermüllbehandlung in Bayern und Hessen von Linneroth/Davis (1987).

7 Vgl. hierzu das Resümee am Ende einer komparativen Analyse des Forschungsstands in verschiedenen Politikfeldern von Antal (1987: 505 f.): "The field of environmental policy, the youngest of the four research areas, is characterised by the exclusive use of case studies."

Verbindung gesetzt.[8] Beide Optionen sind jedoch gleichermaßen unbefriedigend. Das Ziel, die Spezifik der politischen Risikoregulierung unter spezifisch gesellschaftlichen Bedingungen komparativ zu erfassen, wird nur in Ansätzen erreicht.

Hiervon abzugrenzen ist der klarer geschnittene Ansatz der *politik- und verwaltungswissenschaftlichen Implementationsforschung*. Er ist in den umfassenderen Kontext der Policy-Analyse eingebettet, die zwischen verschiedenen Phasen des Politikprozesses unterscheidet und diese modellartig miteinander verknüpft.[9] Ausgehend von der Zurückweisung der Vorstellung einer bruchlosen Umsetzung politischer Vorgaben durch eine rechtlich programmierte Verwaltung, werden in empirischen Studien die Probleme der faktischen Programmimplementation genauer analysiert.[10] Der *Vorteil* dieses An-

---

8   Diese Problematik gilt insbesondere für den ebenso anspruchsvollen wie amorphen Kulturbegriff. Er wird entweder als Substitut für weniger ambitioniert klingende Erklärungen verwendet (wie etwa bei Jasanoff 1986 oder den Beiträgen in Johnson/Covello 1987), oder (im Rahmen der an Mary Douglas anschließenden Kulturtheorie) so hergeleitet, daß die Charakteristika spezifischer Gegenstandsbereiche moderner Gesellschaften - hier: Politik - nahezu zwangsläufig verfehlt werden. Vgl. hierzu den Versuch von Thompson et al. (1990: 215 ff.), klassische Untersuchungen zur politischen Kultur in das starre Korsett des grid/group-Schemas hineinzupressen und unter diesen Prämissen zu reformulieren. Eine Ausnahme bildet allerdings der Ansatz von Wynne (1987), der die komplementären Schwächen zu diffuser und zu rigider Problemfassungen umgeht, indem er die in einen weiteren Rahmen politischer Kultur eingebettete *Glaubwürdigkeit* politischer Entscheidungsträger als Bindeglied zur Bestimmung unterschiedlicher Regulierungsoptionen heranzieht.

9   Vgl. hierzu den Überblick bei Windhoff-Héritier (1987: 64 ff.), derzufolge sich der Policy-Prozeß in die sachliche und zeitliche Abfolge von Problemdefinition, Agenda-Gestaltung, Politikformulierung, Politikimplementation, Termination und Policy-Reaktion und politische Verarbeitung bringen läßt. Kritisch zu dieser Phasenheuristik Sabatier (1993).

10 Die Literatur zu diesem Thema ist mittlerweile Legion. Vgl. nur die klassische Studie von Pressman/Wildavsky (1973), die konzeptionelle Einführung von Windhoff-Héritier (1980), die empirischen Fallstudien und theoretischen Überlegungen in Brigham/Brown (1980) und Mayntz (1980, 1983a) sowie, Stand und Perspektiven selbstkritisch resümierend, Sabatier (1986). Auffällig ist - vor allem in bezug auf die frühen Studien - eine bemerkenswerte Differenz in der Herangehensweise, die auf unterschiedliche nationale Forschungstraditionen der in diesem Feld Tätigen zurückzuführen ist: Während für US-amerikanische Autoren zumeist das praktisch-politische Problem möglichst effektiver Ressourcenverteilung den Startpunkt der Analyse bildet, steht am Beginn der bundesdeutschen Implementationsforschung vor allem die Auseinandersetzung mit und die Revision von theoretischen Konzepten, die von der traditionellen deutschen Staatsrechtslehre bis zu Webers Bürokratiemodell reichen.

satzes gegenüber dem Konzept unterschiedlicher Regulierungsstile bzw. -kulturen liegt darin, daß er analytisch präzise formuliert ist und zugleich am Prozeß der politischen Risikoregulierung selbst ansetzt. Mit Hilfe der expliziten forschungsleitenden Unterstellung, politisches Risikomanagement als *rationales und zielgerichetes Handeln* erfassen zu können, geraten dann vor allem *Zielverfehlungen* in den Blick. Sie werden als "Abschwächung oder Brechung der zentralen politischen Steuerungsimpulse" (Mayntz 1987: 104) im Implementationsprozeß interpretiert und entweder auf politische Programmfehler oder bürokratische Ineffizienz zurückgeführt.[11] Mit Hilfe eines differenzierten Instrumentariums lassen sich diese "Vollzugsprobleme" (Mayntz 1978) genauer analysieren und entsprechende Vorschläge zu einer verbesserten Politikimplementation erarbeiten.

Während den einen dieser Ansatz als Königsweg der Verbindung sowohl von Theorie und Empirie als auch von sozialwissenschaftlicher Analyse und praktisch-politischer Orientierung gilt, weisen andere bereits die Ausgangsannahme dieses Ansatzes zurück. Diese unterschiedlich ansetzenden Kritiken der Implementationsperspektive münden allerdings nicht in ein eigenständiges und kohärentes Forschungsprogramm ein. In Ermangelung einer etablierten Bezeichnung wird deshalb im folgenden der Begriff *"Mikroperspektive"* als übergreifendes Dach für derartige Arbeiten eingeführt.[12] Kleinster gemeinsamer Nenner ist eine in empirische Forschung umgesetzte "bottom up"-Perspektive, die sich aus der Zurückweisung der Annahme ergibt, den Prozeß

---

11 Zu dieser Unterscheidung vgl. Derlin (1984).

12 Hierzu zähle ich u.a. folgende Beispiele: die politikwissenschaftlich-induktive Problemfassung von Hjern/Hull (1982); den Versuch von Clarke (1989) einer organisationssoziologischen Rekonstruktion von Politikarenen; die vor der Kontrastfolie einer funktionalistischen Perspektive (hier: rationale Akteure in bürokratischen Organisationen) entwickelte interaktionistisch-interpretative Perspektive der administrativen Gentechnikregulierung bei Matthews/Bosin (1989); die innerhalb des Sozialkonstruktivismus geführte Kontroverse zwischen Vertretern ethnographischer (Cambrosio et al. 1990, 1991) und macht- bzw. interessen"theoretischer" (Kleinman 1991) (Re-)Konstruktionen (hier am Beispiel der kanadischen Biotechnologiepolitik), die sich gleichermaßen von hierarchischen Politikmodellen absetzen sowie die wissenssoziologisch-interpretative Rekonstruktion "impliziter Theorien" der regionalen Technologiepolitik in der Bundesrepublik Deutschland bei Hofmann (1993, 1995).

des politischen Risikomanagements als klar strukturierte Sequenz von Einzelentscheidungen hierarchisch geordneter Entscheidungsinstanzen zu verstehen. Demgegenüber wird der hochgradig unbestimmte Charakter der politischen Aushandlungs- und Entscheidungsprozesse hervorgehoben, die sich aus der Mikroperspektive der Analyse kaum als rational und zielgerichtet beschreiben lassen. Anstelle des anspruchsvollen synoptischen Politik- und Planungsmodells, das der Implementationsforschung zumindest implizit unterliegt, treten nur *situativ* zu erfassende Kontingenzen der politischen Problembewältigung, die sich erst durch den Verzicht auf vorab festgelegte Annahmen *fallweise* rekonstruieren lassen.

Beide *basal unterschiedlichen Zugangsweisen*, die politik- und verwaltungswissenschaftliche Implementationsforschung und der vermeintlich wirklichkeitsnähere Forschungsansatz der Mikroperspektive, bilden die Eckpunkte eines Kontinuums. Auf ihm lassen sich nahezu sämtliche Untersuchungen zur politischen Risikoregulierung auftragen. Auch die Diskussion von Regulierungsstilen und -kulturen bewegt sich im *Spannungsfeld* zwischen beiden Polen. Zum Teil wird von übergreifenden Zielvorgaben der Politik ("effektives Risikomanagement") ausgegangen, die gemäß unterschiedlicher Stile und Kulturen formuliert und implementiert werden; zum Teil wird hingegen der permanente Aushandlungscharakter von Problemdefinitionen und -lösungen betont, der eine klare und zentralisierte Zielfestlegung unterläuft und nur auf der Mikroebene politischen Handelns aufzuspüren ist.[13]

Bei hinreichender *Distanz* zu Auseinandersetzungen zwischen Vertretern beider Forschungsansätze geraten jedoch vor allem deren *Gemeinsamkeiten* deutlicher in den Blick. Beiden unterliegt - so die These - ein gleichermaßen rationalitätszentriertes Verständnis von *Politik* und ein unzureichendes Verständnis von *Gesellschaft*, das sowohl den umfassenden gesellschaftlichen Rahmen als auch die Spezifika gesellschaftlicher Strukturkontexte systema-

---

13 Daß beide, sich im Kern diametral gegenüberstehende Ansätze in der Regel in ein und derselben Studie *zugleich* Berücksichtigung finden, ist ein Indikator für fehlende Theoriediskussionen in diesem Feld, denn entscheidende theoretische Hintergrundannahmen werden implizit ein- und ad hoc zusammengeführt.

tisch ignoriert. Genau hierin liegen die zentralen Schwachstellen beider Ansätze. Sie werden zunächst herausgearbeitet und anschließend in zwei Schritten integral ersetzt, und zwar durch das Konzept der spezifisch-politischen Risikotransformation unter spezifisch-gesellschaftlichen Bedingungen.

Beginnen wir mit der *ersten Gemeinsamkeit*. Implementationsforschung und Mikroperspektive stellen *zwei* Seiten *ein* und derselben Problemfassung dar, da aus gegensätzlichen Perspektiven ein *rationalitätszentriertes Politikmodell* zum Maßstab der Analyse genommen wird. Gemäß dem Schema von Norm und Abweichung bildet rationales und zielgerichtetes Handeln im Implementationsmodell von Politik die *Handlungsnorm*, vor deren Hintergrund sich zunächst nur auf den Einzelfall beschränkte *Abweichungen* wissenschaftlich erfassen und politisch korrigieren lassen. Der Zusammenhang von Modell und Wirklichkeit bleibt jedoch unklar, da das theoretische Handlungskonstrukt über den Einzelfall hinaus empirisch *regelmäßig* widerlegt wird, wie die Ergebnisse der Implementationsforschung mit Nachdruck belegen. Dies kann innerhalb des Ansatzes theoretisch nicht reflektiert werden.[14] Damit stellt sich dann aber die Frage nach dem analytischen Wert und den theoretischen Entwicklungsmöglichkeiten eines Ansatzes, dessen axiomatisch gesetzte Grundannahme sich regelmäßig an der widerständigen Realität der faktischen Regulierungsprozesse bricht. Die Problematik der Grundannahme der Implementationsforschung bleibt jedoch nicht nur auf die sozialwissenschaftliche Analyse beschränkt. Die Annahme rationalen und zielgerichteten Handelns ist auch *im Prozeß* der politischen Risikoregulierung *selbst* nur wenig instruktiv, da dieser Prozeß durch unterschiedliche Problem- und Problemlösungsdefinitionen charakterisiert ist. "There are no agreed criteria for regulation", heißt es diesbezüglich zusammenfassend bei O'Riordan/Wynne (1987: 392).

Der Versuch, aus der Mikroperspektive direkt an Abweichungen von der Norm rationalen und zielgerichteten Handelns anzusetzen, ist ebenfalls von

---

14 Dies wird auch seitens der Implementationsforschung zum Teil selbstkritisch reflektiert. Vgl. für die internationale Diskussion insbesondere Sabatier (1986) sowie - stärker auf die bundesdeutsche Implementationsforschung bezogen - Reese (1982) und Mayntz (1983b).

begrenzter Reichweite. Die Selbstbegrenzungen derartiger Studien sind im parasitären Verhältnis zur klassischen Implementationsforschung begründet. Hier werden Rationalitätsvorstellungen demontiert, die *erst vor dem Hintergrund* der sehr hoch angesetzten Rationalitätserwartungen der Implementationsforschung auftauchen.[15] Denn mit der Zurückweisung des der Implementationsforschung zumindest implizit zugrunde liegenden Rationalitätsbegriffs wird zugleich der *gemeinsame* Bezugspunkt für *unterschiedliche* empirische Arbeiten zur Risikoregulierung fallengelassen, ohne eine entsprechende Alternative anzubieten. Das Fehlen eines gemeinsamen Bezugspunktes ist jedoch nicht nur in theoretischer Hinsicht unbefriedigend, da die Entwicklung eines umfassenderen theoretisch-konzeptionellen Bezugsrahmens von dem Einzelfall übergeordneten und vergleichsweise abstrakten Kategorien abhängig ist. Die stattdessen präferierte situative und einzelfallbezogene Vorgehensweise erschwert auch den empirisch-systematischen Vergleich der einzelnen Forschungsergebnisse. Damit wird das Problem einer adäquaten Beschreibung und Erklärung politischer Entscheidungsprozesse im Bereich der Risikoregulierung aber ebensowenig gelöst wie durch die kontrafaktische Aufrechterhaltung politischer Handlungsnormen in der Implementationsforschung. Auf diesen unbefriedigenden Diskussionsstand reagiert diese Arbeit und versucht, grundlegend anders anzusetzen. Die Leerstelle, die durch den Verzicht auf die Orientierung am *Rationalitätsbegriff* synoptischer Politik- und Planungsmodelle ensteht, besetzt der in Kapitel 2 herausgearbeitete, auf Entscheidung bezogene *Risikobegriff*.

---

15 An dieser Stelle zeigen sich interessante Parallelen zur Organisations- und Wissenschaftssoziologie. Während die vor allem von James G. March vorangetriebene Organisationsforschung sich seit nunmehr fast 40 Jahren auf die immer wieder erfolgreiche Widerlegung überzogener Rationalitätsvorstellungen der ökonomischen Entscheidungstheorie konzentriert (March 1988, 1994, Cyert/March 1992, March/Simon 1993), arbeitete die "neue" Wissenschaftssoziologie bis in die frühen 90er Jahre an der Demontage der traditionellen, von Robert K. Merton begründeten und von der rationalistischen Wissenschaftsphilosophie flankierten Soziologie der Wissenschaft. Dieser ist - im Gegensatz zu March - der historische Gegner allerdings längst abhanden gekommen. Zur Kritik der zum Ritual erstarrten Kritik der "neuen" Wissenschaftssoziologie ausführlicher Hasse et al. (1994).

Die *zweite Gemeinsamkeit*, die in einem *unzureichenden Gesellschaftsverständnis* besteht, begrenzt die Analysemöglichkeiten noch deutlicher. Dabei geht es hier zunächst um den Ansatz der Implementationsforschung, der die störanfällige und kontextuell gebrochene Durchsetzung politischer Programme zum Gegenstand hat. Es mag aus pragmatischen Gründen sicherlich sinnvoll sein, die Unterbrechungen des vermeintlichen Kausalzusammenhangs von Politikformulierung und Politikimplementierung *zunächst* aus einer primär politikzentrierten Perspektive zu rekonstruieren. Die Kehrseite dieser Vorgehensweise besteht jedoch darin, die spezifischen Rahmenbedingungen und den internen "Eigensinn" gesellschaftlicher Strukturkontexte nur hochgradig selektiv, d.h. *ausschließlich* unter dem Gesichtspunkt gelingender vs. mißlingender Implementation zu erfassen. Diese an allgemeinen und spezifischen Fragestellungen zur Analyse moderner Gesellschaften desinteressierte Problemlösungsperspektive greift jedoch zu kurz, und zwar nicht nur vor dem Hintergrund des Maßstabes "Gesellschaftstheorie", welcher gleichsam "von außen" an die Implementationsforschung anzulegen wäre. Die theoretische Beschäftigung mit Gesellschaft ist kein Selbstzweck. Denn der Verzicht auf die theoretische Erfassung und Durchdringung gesellschaftlicher Strukturkontexte, auf deren Veränderung politische Programme abzielen, führt in der Forschungspraxis zu einer nur fallspezifisch und ad hoc geleisteten Einblendung von Gesellschaft. Hierdurch bleiben Theorie, Empirie und Praxisbezug der Implementationsforschung selbst in ihrer Reichweite begrenzt.

Wendet man sich nun der Mikroperspektive zu, liegt hier gegenüber der politikzentrierten Implementationsperspektive der analytische Primat bei der Gesellschaft. Während im erstgenannten Ansatz Gesellschaft nur als nachgeordnete Adressatin politisch festgelegter Programme in den Blick gerät, wird aus der Mikroperspektive die konstitutive Rolle *gesellschaftlicher* Akteure für den *gesamten* Regulierungsprozeß betont. Der Bezug auf Gesellschaft trägt allerdings nur auf den ersten Blick. Bei näherer Betrachtung zeigt sich, daß auch diesem Ansatz ein nicht näher erläutertes und damit unzureichendes Gesellschaftverständnis unterliegt, das als gemeinsames Wissen unterstellt und in der Analyse unaufgedeckt mitprozessiert wird.[16] Dieses theoretisch-konzeptionelle *Vakuum* wird - wenn überhaupt - zumeist im Rekurs auf *organisierte Interessen* aufgefüllt. Die Reduzierung von Gesellschaft auf Interessen und Organisationen ist jedoch höchst problematisch, sofern diese aus ihrer gesellschaftlichen Einbettung und Strukturierung herausgelöst werden.

Zum einen kann der *Interessenbegriff* allenfalls als Verlegenheitsbegriff dienen, mit dem die Benennung spezifischer Struktur- und Handlungsmuster in der Gesellschaft nur verlagert wird. Da der Interessenbegriff keinen Gegenbegriff kennt und seine eigene Negation mit einschließt, muß interessengeleitetes Handeln ubiquitär vermutet und als nicht-auflösliche, sich selbst erzeugende "*black box*" behandelt werden.[17] Damit bleibt er als analytisches Instrument stumpf und führt geradewegs in Tautologien. Diese bereits auf der begrifflichen Ebene auftauchenden Schwierigkeiten erklären die fehlende Einbettung des Interessenbegriffs in einen umfassenderen gesellschaftstheoretischen Bezugsrahmen.[18] Demgegenüber wird in der soziologischen Theorie generell die symbolisch vermittelte, wechselseitige Konstituierung von Sinn und Erwartung betont, ohne die sich weder singuläre Handlungen oder Kommunikationen noch deren Vernetzung zu komplexeren Strukturzusammenhängen adäquat rekonstruieren lassen.

---

16 Man beachte nur die folgende Aussage von Hjern/Hull (1982: 105): "Its ordering principle is not policy problems as defined and addressed by the 'political system' but policy problems as defined and addressed by relevant societal actors." So weit, so gut. Selbst wenn man den Referenzwechsel von einem nur in Anführungszeichen gesetzten politischen System zu relevanten gesellschaftlichen Akteuren mitvollzieht, verlagert dies allerdings nur definitorische Probleme: denn was ist Gesellschaft, und was sind - darüber hinaus: relevante - Akteure?

17 Vgl. hierzu vor allem Hirschmans (1980, 1986) begriffshistorische Rekonstruktion und Kritik des Interessenbegriffs.

18 Im Rückblick läßt sich feststellen, daß Klassiker der Soziologie von Durkheim bis Parsons zumeist von vornherein zu Versuchen auf Distanz gingen, den Begriff des individuell-rationalen Einzelinteresses aus dem ökonomischen in einen soziologischen Theoriekontext zu übertragen; und auch der Versuch Paretos, den Interessenbegriff als soziologisch relevante Begriffskategorie zu etablieren, blieb inhaltlich unbestimmt und wurde, nicht zuletzt von ihm selbst, nicht systematisch weiterverfolgt. Vor diesem Hintergrund erscheint es mehr als zweifelhaft, ob die seit den 80er Jahren zu beobachtende Renaissance individualistischer Sozialtheorien in der Soziologie aus diesen grundlegenden Begriffs- und Theorieproblemen herausführen kann.

Zum anderen ist der Versuch, Gesellschaft ausschließlich von ihren *Organisationen* her zu verstehen, kaum weniger fragwürdig.[19] Dies erlaubt zwar die Rekonstruktion der *Entstehung* und Entwicklungsdynamik von Politikarenen, in denen Organisationen um differentielle Einflußchancen konkurrieren, und bildet damit ein wirksames Gegengewicht zur Implementationsforschung. Zugleich verfehlt dieser Ansatz die Unterschiedlichkeit gesellschaftlicher Kontexte, in denen sich Organisationen als kollektive Akteure bewegen.[20] Denn mit der Reduzierung von Gesellschaft auf konkurrierende Organisationen, bleibt nur der diffuse Hinweis auf *kontextunabhängige Organisationsmacht* zur Erklärung der Ergebnisse politischer Regulierungsprozesse. Diese Annahme ist jedoch ohne die Berücksichtigung von Zusatzannahmen, die über ein Organisationsverständnis von Gesellschaft hinausgehen, nicht nur gesellschaftstheoretisch unzureichend, sondern auch empirisch unhaltbar, da sie eine kontextuell ungebrochene Übersetzung von wirtschaftlicher in politi-

---

19 Diese Vorstellung spielt jedoch insbesondere in der US-amerikanischen Soziologie nach dem Verschwinden der übergreifenden Gesellschaftstheorie Talcott Parsons' eine nicht unerhebliche Rolle. Vgl. hierzu vor allem Coleman (1974, 1982). Typisch auch Collins' (1968: 51) Definition von Gesellschaft: "what we call society is nothing more than a shifting network of groups and organizations held together by one of these two principles - coalitions of interests, or dominance and submission". Die These der "*Gesellschaft von Organisationen*" (Perrow 1989) sichert der Soziologie allerdings nicht nur eine weitgehende Unabhängigkeit gegenüber der Abstraktionszumutung der Parsonsschen Theorie, sondern auch gegenüber der Zumutung individualistischer Sozialtheorien, Gesellschaft als Summe konkreter, rational handelnder Individuen zu verstehen und sämtliche darüber hinausgehenden Ansätze unter Metaphysik- bzw. Reifikationsverdacht zu stellen. Interessanterweise treibt ausgerechnet der aus der Organisationssoziologie entstammende Neo-Institutionalismus über ein rein organisationales Verständnis von Gesellschaft hinaus, indem er über die Betonung legitimatorischer und symbolischer Aspekte die gesellschaftliche Einbettung und Strukturierung von Organisationen hervorhebt. Für einen Überblick über den gegenwärtigen Forschungsstand vgl. Scott/Meyer (1994), Scott (1995) sowie mit besonderer Berücksichtigung der Auseinandersetzung um das Konzept der Organisationsgesellschaft Hasse/Krücken (1996).

20 Zur Relevanz der Unterscheidung gesellschaftlicher Kontexte für die Organisationen selbst und für die organisationssoziologische Analyse vgl. insbesondere die im Rahmen des Neo-Institutionalismus entwickelte Problemfassung von Friedland/Alford (1991).

sche Macht impliziert. Dies kann jedoch keine sinnvolle Arbeitshypothese sein.[21]

Zum Abschluß dieses Argumentationsdurchgangs bleibt festzuhalten, daß die bewährten Forschungstraditionen im Bereich "politische Risikoregulierung" vor allem im Hinblick auf die gesellschaftliche Einbettung politischer Regulierungsprozesse gravierende Defizite aufweisen. Diese Defizite führen auch zu einem *verkürzten Politikverständnis* und sind somit für den engeren Bereich der Politikanalyse nicht folgenlos: Während die politikzentrierte "*top down*"-Perspektive der Implementationsforschung dazu verführt, zuviel Politik in der Gesellschaft zu sehen, erfaßt umgekehrt der "*bottom up*"-Ansatz der Mikroperspektive zu wenig Politik. Ein realistischeres Bild ergibt sich erst, wenn es gelingt, beide komplementären Überdehnungen zu vermeiden.

Hier schließen sich *zwei* alternative *Optionen* an. Zum einen bietet die politikwissenschaftliche Policy Forschung einen Ausweg, indem sie versucht, mit Hilfe der *Netzwerkanalyse* zur Integration von Implementationsforschung und Mikroperspektive beizutragen.[22] Zum anderen kann man der Analyse einen *gesellschaftstheoretischen Bezugsrahmen* zugrunde legen, in dem Politik als distinkter Teilbereich der Gesellschaft verstanden wird. Da das Ziel der Arbeit darin besteht, einen soziologischen Beitrag zum umfassenderen Verständnis von Politik in der Risikogesellschaft zu leisten, kann die erstgenannte, auf die Entstehung und Entwicklung konkreter Policies bezogene Option

---

21 Zumindest dann nicht, wenn man sich nicht das Ziel ihrer Widerlegung setzt. Der Hinweis auf die *politische Skandalfähigkeit* einer bruchlosen Übersetzung wirtschaftlicher Organisationsmacht in politische Macht mag an dieser Stelle genügen. Sie ist ein Indikator für die Relevanz der Unterscheidung von gesellschaftlichen Kontexten, hier von Wirtschaft und Politik.

22 Die politikwissenschaftliche Netzwerkanalyse kann auch als Versuch der Erweiterung des zu engen theoretisch-konzeptionellen Korsetts der Implementationsforschung angesehen werden. Vor allem die Vorstellung eindeutig vorgegebener und hierarchisch kontrollierbarer Handlungsabläufe durch *einen* zentralstaatlichen Akteur wird aufgegeben; gerade an diesem Punkt bestehen deutliche Parallelen zur Mikroperspektive. Netzwerkanalyse bleibt einstweilen jedoch ein amorpher und inhaltlich kaum gefüllter Begriff, der aus der Verbindung in sich völlig heterogener Theorieansätze resultiert. Für den Versuch einer Präzisierung vgl. Marin/Mayntz (1991), Kenis/Schneider (1991), Pappi (1993), Windhoff-Héritier (1993) und Jansen/Schubert (1995).

nicht weiterverfolgt werden. Es bleibt die zweitgenannte, abstraktere Option. Was bedeutet es nun, Politik als distinkten Teilbereich der Gesellschaft zu verstehen, und wie leitet sich aus der Verbindung der gesellschaftstheoretischen Bestimmung der Politik mit der in Kapitel 2 herausgearbeiteten These der Risikovergesellschaftung der Ansatz der Risikotransformation ab?

Indem man Politik als distinkten Teilbereich der Gesellschaft versteht, werden nicht nur Überhöhungen des Politischen zurückgewiesen. Soziologisch relevanter als diese disziplinäre Selbstverständlichkeit ist die Abgrenzung von auch in der Soziologie vertretenen Vorstellungen, nach denen die moderne Gesellschaft sich als etwas erfassen ließe, das auf *einem* allgemeingültigen Strukturprinzip - etwa: Konkurrenz, Tausch, Alltagslogik - beruhe. Das besagt ebenfalls noch recht wenig, verpflichtet die gesellschaftstheoretischen Anschlußoptionen jedoch auf einen *differenzierungstheoretischen Bezugsrahmen*.[23] Aus der Vielzahl differenzierungstheoretischer Ansätze erscheint mir die Theorie funktionaler Differenzierung als aussichtsreichste Variante, da sie die in anderen Varianten anzutreffende, unter modernen Bedingungen inadäquate Vorstellung einer hierarchischen Ordnung differenzierter Teilbereiche der Gesellschaft aufgibt.[24]

Folgt man dieser insbesondere von *Luhmann* (1982, 1987, 1997a) ausgearbeiteten Theorie, ist die Gesellschaft in verschiedene Teilsysteme differen-

---

23 Vgl. Berger (1991: 234): "Die soziologische Evolutionstheorie - darüber besteht heute weitgehend Einigkeit - ist Differenzierungstheorie." Zur Heterogenität dessen, was sich hinter dem Begriff "Differenzierungstheorie" verbirgt, vgl. allerdings die Beiträge in Luhmann (1985). Die Annahme gesellschaftlicher Differenzierung impliziert im übrigen keineswegs die Annahme eines geradlinigen Entwicklungsmodells von Gesellschaft, denn erst vor dem Hintergrund der Differenzierungsannahme werden auch ansonsten unbemerkt ablaufende Prozesse der *Entdifferenzierung* - etwa im Bereich öffentlicher Dienstleistungen (Halfmann/Japp 1981), in der Wirtschaft (Berger 1991) oder zwischen Wissenschaft und Politik (Weingart 1983) - sichtbar und analytisch präzise erfaßt.

24 Diese Vorstellung findet sich allerdings - wenn man von der Parsonsschen Kontrollhierarchie der verschiedenen Systemebenen einmal absieht - bei den wichtigsten Vertretern der soziologischen Differenzierungstheorie zumeist verdeckt, nämlich unter dem Stichwort "Integration": Während für Durkheim die Gesellschaft in der Gesellschaft durch die Religion repräsentiert wird, die den gemeinsamen Bestand des Kollektivbewußtseins darstellt, verlagert Parsons die Funktion der Sozialintegration auf das Kultursystem, das der Gesellschaft kollektiv verbindliche Überzeugungen und Wertvorstellungen bereitstellt.

ziert, deren Gesellschaftsbezug über eine jeweils spezifische, nicht durch andere Teilsysteme zu erfüllende *Funktion* hergestellt wird. Mit dieser Annahme ist allerdings nur eine Hälfte der Theorie funktionaler Differenzierung erfaßt. Die andere besteht darin, für die ausdifferenzierten Teilsysteme die Herausbildung von und die Orientierung an jeweils spezifischen *Eigenlogiken* anzunehmen, die sich in modernen Gesellschaften weder in den Kontext allumfassender gesellschaftlicher Handlungsnormen auflösen lassen, noch mit denen anderer Teilsysteme deckungsgleich sind. Das analytische Potential dieser Theorie der Gesellschaft kommt erst in der *Verknüpfung* beider Grundannahmen zum Tragen, und erst hierüber lassen sich präzisere Aussagen zu einzelnen Teilbereichen formulieren.[25]

Bezogen auf das politische System der Gesellschaft bedeutet dies zweierlei: Zum einen wird Politik theoretisch-deduktiv, d.h. über die Angabe einer spezifischen Funktion in der Gesellschaft bestimmt. Diese Funktion wird in der nur im politischen System vorhandenen Möglichkeit identifiziert, *gesellschaftlich kollektiv bindende Entscheidungen* herbeizuführen.[26] Zum anderen

---

25 In Luhmanns Arbeiten selbst wird der Doppelaspekt von gesellschaftlicher Funktion und eigenlogischem Prozessieren der Teilsysteme nicht immer gleichrangig behandelt, was die Rezeption nicht gerade erleichtert (Schwinn 1995). Grob formuliert läßt sich theoriegeschichtlich ein Übergang von der Betonung des funktionalen Aspektes zur Betonung der systeminternen Aufmerksamkeits- und Entscheidungsregeln ausmachen. Diese Akzentverschiebung ist an verschiedenen Arbeiten nach der "autopoietischen Wende" festzumachen; sei es an solchen, die wie Luhmann (1986) für ein breiteres Publikum geschrieben sind, sei es an vergleichsweise sperrigen und voraussetzungsreichen Arbeiten wie Luhmann (1990). Etwas anders hingegen Luhmann (1993a). Demgegenüber wird an dieser Stelle die Gleichrangigkeit des Gesellschaftsbezugs der Teilsysteme qua Funktion betont. Diese Ausrichtung ist auch neueren, unter dem Begriffsdach des "Neo-Funktionalismus" zusammengefaßten Entwicklungen geschuldet, die, in Auseinandersetzung mit seinen zahlreichen Kritiken, versuchen, theoretische Sackgassen des älteren Strukturfunktionalismus zu vermeiden. Vgl. hierzu die Beiträge in Colomy (1990a), insbesondere Colomy (1990b) sowie Peters (1993: 396 ff.).

26 Explizit findet man diesen Gedanken zuerst in Parsons (1959), der diese Funktionsbestimmung über die Verbindung des Machtbegriffs von Max Weber mit den organisations- und verwaltungswissenschaftlichen Einsichten von Chester Barnard gewinnt; er wird von Luhmann (1968, 1981a: 81 ff., 1993b: 46 ff.) übernommen und weiterentwickelt. "Kollektiv bindende Entscheidungen" ist eine sparsame und vergleichsweise offene Funktionsformel, worin m.E. der entscheidende analytische Vorteil liegt: Denn weder wird von der Politik die Realisierung anspruchsvollerer Zielvorgaben (Partizipation, Gemeinwohlorientierung etc.)

geht man davon aus, daß gesellschaftliche Außenerwartungen nach Maßgabe *politischer Aufmerksamkeits- und Entscheidungskriterien* enggeführt werden, die sich von denen anderer Funktionssysteme unterscheiden lassen.

Die Vorteile einer funktional-systemtheoretischen Problemfassung werden vor allem dann deutlich, wenn man alternative Problemfassungen heranzieht, die ebenfalls eine theoretisch-konzeptionelle Klärung des Politikbegriffs leisten - und nicht auf den häufig anzutreffenden Weg der Problemverlagerung qua Definitionsverzicht ausweichen. Hierbei lassen sich im Kern zwei völlig unterschiedlich ansetzende *Alternativen* voneinander unterscheiden, die jedoch in *komplementäre Sackgassen* hineinführen. Die Reduktion von Politik auf den Staat als Organisation ist insofern problematisch, als vorstaatliche Themenselektion, Konsensfindung und Dissensformulierung ausgeklammert bleiben müssen. Demgegenüber verliert ein generalisierter Politikbegriff vollständig seine Konturen und erlaubt es nicht, diesen gegenüber anderen Sachverhalten hinreichend trennscharf zu halten. Erst mit der funktional-systemtheoretischen Operationalisierung des Politikbegriffs, derzufolge Politik als spezifisches Teilsystem der Gesellschaft betrachtet wird, kann man sich von Politikbegriffen lösen, die entweder zuviel (*Staat als Politik*) oder zu wenig (*Gesellschaft als Politik*) ausschließen.[27]

---

normativ erwartet, wodurch die Analyse auf das Schema von Norm und Abweichung festgelegt wird, noch werden konkrete Einzelentscheidungen auf seiten der Analyse der Politik genauer bestimmt; dies bleibt dem politischen System selbst überlassen und eröffnet dann die Möglichkeit zum Vergleich.

27 Im Bereich der politischen Theorie wurden nahezu sämtliche Diskussionen entlang dieser Frontstellung geführt. Erstgenannte Position erfuhr während der 80er Jahre in der US-amerikanischen Staatsdiskussion eine bemerkenswerte Renaissance. Vgl. hierzu Nordlinger (1981) sowie die Beiträge in Evans et al. (1985), insbesondere Skocpol (1985); kritisch Almond (1988) und Lehman (1988). Letztgenannte Position findet sich etwa in der Ausdehnung des Politikbegriffs auf den Bereich formaler Organisationen (Küpper/Ortmann 1988) oder auf den Bereich alltäglicher Praktiken, wie auch Beck (1993: 154 ff.) mit dem Begriff "Subpolitik" vorschlägt. Vgl. hierzu auch die einflußreiche Typologie von Alford/Friedland (1985), die in der gegenwärtigen Diskussion zwischen individualistischen, organisationalen und gesellschaftlichen Politikbegriffen unterscheiden. In den von ihnen vorgestellten Politikbegriffen kommen jedoch Funktionsorientierung und Eigenlogik als zentrale Charakteristika des politischen Systems der Gesellschaft gleichermaßen zu kurz.

Darüber hinaus wird in der zugrundeliegenden Gesellschaftstheorie klar zwischen *Politik* und *Recht* unterschieden. Die übliche Verschmelzung beider Funktionsbereiche zu einem System wird somit obsolet.[28] Das ermöglicht die Verfeinerung der analytischen Perspektiven. Gleichwohl bleibt der Politikbegriff, so wie er bisher eingeführt wurde, sehr hoch aggregiert und erreicht ein nur begrenztes Auflösungsvermögen für konkretere Politikanalysen. Luhmann (1993b: 99 ff.) und Peters (1993: 330 ff.) haben unabhängig voneinander den diesbezüglichen Vorschlag gemacht, die Binnenstruktur des politischen Systems in *Zentrum* und *Peripherie* zu unterteilen.[29] Das erscheint mir eher problematisch. Die von Peters (1993) vorgeschlagene Problemfassung ist bereits deshalb wenig instruktiv, weil sie den für den Bereich der Risikoregulierung wichtigen Unterschied von rechtlichen und politischen Entscheidungskriterien verdeckt.[30] Bei Luhmann bewegt sich die Analyse der Politik sowohl auf der Funktionsebene als auch auf der durch Territorialstaaten gebildeten Organisationsebene. Nur für letztere wird die Unterscheidung von Zentrum und Peripherie verwendet. Der Staat wird dabei als das Zentrum verstanden, für den politische Parteien und Interessenverbände als Organisationen der Peripherie wichtige "Zulieferungsdienste" (1993b: 100) erbringen. Demgegenüber wird auf der Ebene von Politik als Funktionssystem eine interne Differenzierung in *Politik* und *Verwaltung* angenommen.[31] Das besondere Auflösungsvermögen dieser Unterscheidung von Politik und Verwaltung erweist sich m.E. aber nicht nur auf der Funktions-, sondern gerade auf der Organisationsebene der Politik. Das zeigt sich insbesondere bei Politikanalysen, die

---

28 Zur historischen Rekonstruktion der Notwendigkeit dieser Unterscheidung vgl. Luhmann (1981b, 1993a: 407 ff.).

29 Vgl. auch Habermas (1992: 429 ff.), der ebenfalls, im Anschluß an die zum damaligen Zeitpunkt noch unveröffentlichte Arbeit von Peters (1993), auf die Unterscheidung von Zentrum und Peripherie rekurriert.

30 Vgl. hierzu die Fallstudien in Smith/Wynne (1989), insbesondere Jasanoff (1989) sowie Jasanoff (1990, 1995).

31 Ausführlicher zu dieser, auch in der politik- und verwaltungswissenschaftlichen Literatur eingespielten Unterscheidung Luhmann (1971a), insbesondere (1971b).

auf der Ebene der territorialstaatlichen Organisation ansetzen.[32] Es erscheint deshalb sinnvoller, sich auf *beiden* Analyseebenen primär an der Unterscheidung von Politik und Verwaltung zu orientieren, ohne diese Unterscheidung durch andere zu überlagern, welche die widerspruchsvolle Binnenorganisation der Politik verdecken.

Die funktionale Bestimmung des politischen Systems im Rahmen von Luhmanns Gesellschaftstheorie kann also ohne gravierende Differenzen übernommen werden. Auch dem zweiten Teil der Politikdefinition, der von genuin politischen Aufmerksamkeits- und Entscheidungskriterien ausgeht, die sich von denen anderer Funktionssysteme unterscheiden, ist in dieser Allgemeinheit kaum zu widersprechen. Schwerer fällt es hingegen, Luhmanns Konkretisierung der politischen Eigenlogik zu übernehmen. Die von ihm gewählte Lösung (zuletzt 1993b), analog der Analyse anderer Funktionssysteme *ein* Medium (hier: Macht) und *einen* Code (hier: machtüberlegen/machtunterlegen als Startpunkt der Ausdifferenzierung, Regierung/Opposition als evolutionäre Errungenschaft demokratisch verfaßter politischer Systeme) zu identifizieren, vermag für diese Arbeit wenig zu überzeugen. Denn dieser, theorietechnisch an Talcott Parsons anschließenden, im Duktus jedoch eher an Max Weber und Carl Schmitt erinnernden Zuspitzung - "Macht ist also nicht etwas, was in der Politik auch vorkommt, sie ist die Quintessenz von Politik schlechthin" (Luhmann 1993b: 40) - fallen die *symbolischen* und *legitimatorischen* Dimensionen der Politik zum Opfer.[33] Deren Stellenwert kann jedoch

---

32 Vgl. hierzu die schon etwas älteren, auf die USA bezogenen Analysen von Sharkansky (1970), der die Dynamik des politischen Systems in dem laufenden Aufeinandertreffen von routinisierten und inkrementalen Entscheidungsprozessen der Verwaltung und dem im Einzelfall kaum prognostizierbaren Verhalten von Parteien und politischen Interessengruppen begründet sieht. Vgl. ebenso die aktuelleren Analysen des schwedischen Wohlfahrtsstaates von Brunsson (1989), der für den konkreten Organisierungsprozeß von Politik aufgrund widersprüchlicher Umwelterwartungen, die politikintern reflektiert werden, ein immer weiteres Auseinanderklaffen zwischen der Selbstdarstellung politischer Entscheidungsträger ("talk") und dem faktischen Verwaltungshandeln ("action") konstatiert.

33 Theoriegeschichtlich muß man sehen, daß diese grobe Simplifikation des Politischen ein sicherlich sinnvolles Gegengift zu theoretischen Überhöhungen war, sei es solchen, die in der Parsons-Tradition entstanden, sei es solchen, die ein noch emphatischeres, "progressives" Politikverständnis vertraten. Die theoretische Gesamtkonstellation verändert sich jedoch mit

- so die Vermutung - gerade für den Bereich der politischen Risikoregulierung kaum hoch genug eingeschätzt werden. Ein von diesen Dimensionen bereinigtes Verständnis der politikinternen Wirkungszusammenhänge ist jedoch nicht nur zu eng. Machtmedium und binäre Codierung sind darüber hinaus aber auch nur wenig instruktive, da zu weite Begriffe. Mit ihrer Hilfe läßt sich nur wenig im Hinblick auf die Komplexität politischer Entscheidungsprozesse auflösen. Folglich ist über Luhmanns Konzeptualisierung der politischen Eigenlogik hinaus die *empirische* Relevanz der mit Hilfe der Medientheorie nur begrenzt zu erfassenden symbolischen und legitimatorischen Dimensionen der Politik anzunehmen; sie gilt es in den beiden Fallstudien dieser Arbeit herauszuarbeiten.[34]

Was bedeutet das aus einer Theorie der Gesellschaft entwickelte Politikverständnis nun für den engeren Bereich der politischen Risikoregulierung? Theoretisch-konzeptionelle Selbstblockierungen von Implementationsforschung und Mikroperspektive - also der Ansätze, die bewährte Forschungstraditionen in diesem Bereich repräsentieren - werden überwunden.

---

dem Verschwinden beider Ansätze. Vor diesem Hintergrund gelangt Münch (1994, 1996) über die Kritik Luhmannscher Simplifikationen zur Revitalisierung eines Parsonianischen Politikverständnisses. Demgegenüber stellt m.E. der organisationssoziologische Neo-Institutionalismus das geeignetere Instrumentarium zur Analyse symbolischer und legitimatorischer Dimensionen in ausdifferenzierten Funktionszusammenhängen dar. Vgl. Fußnote 34.

34 Diese Perspektive wird insbesondere durch Studien zur Politik vorbereitet, die im Rahmen des organisationssoziologischen Neo-Institutionalismus entstanden sind und - etwa im Gegensatz zu Habermas (1973) - einen auf klar abgrenzbare Untersuchungseinheiten bezogenen Begriff der Legitimation verwenden. Vgl. insbesondere March/Olsen (1989) sowie ergänzend Brunsson (1989). Die unter diesem Begriffsdach versammelten Ansätze stellen zum gegenwärtigen Zeitpunkt allerdings kaum eine *theoretische* Alternative zur soziologischen Systemtheorie Luhmanns dar, da weder die moderne Gesellschaft noch einzelne gesellschaftliche Teilbereiche in ihrer Gesamtheit theoretisch erfaßt werden. Sie bilden jedoch eine sinnvolle Ergänzung, indem sie nicht nur die in der Systemtheorie unterbelichteten symbolischen und legitimatorischen Dimensionen besonders hervorheben, sondern auch, indem sie die vor allem organisational vermittelten Kopplungen innerhalb und zwischen gesellschaftlichen Funktionssystemen untersuchen. In der gegenwärtigen Diskussion bleiben die wechselseitigen Anknüpfungspunkte zwischen Systemtheorie und Neo-Institutionalismus verdeckt. Dies ist u.a. darauf zurückzuführen, daß das theoretische Potential des Neo-Institutionalismus nicht hinreichend ausgeschöpft wird. Für den Versuch, Anknüpfungspunkte und theoretisches Potential aufzuzeigen, vgl. Hasse/Krücken (1996).

Denn *einerseits* leistet die Theorie funktionaler Differenzierung eine *Aufhellung der "black box" Gesellschaft* und erlaubt somit, die nur jenseits der Politikanalyse beobachtbaren gesellschaftlichen Voraussetzungen und Folgen der politischen Risikoregulierung zu erfassen und zueinander in Beziehung zu setzen; *andererseits* werden durch die theoretische *Bestimmung von Funktion und Spezifik des politischen Systems* der Gesellschaft diesbezügliche Überhöhungen und Abwertungen gleichermaßen zurückgewiesen. Der Ansatz der Risikotransformation ergibt sich allerdings nicht zwangsläufig aus dem an dieser Stelle skizzierten Politik- und Gesellschaftsverständnis. Er resultiert erst aus der *Verschränkung mit* der übergreifenden, in Kapitel 2 entwickelten *Risikovergesellschaftungs-Hypothese*, die es im Hinblick auf das politische System zu spezifizieren gilt. ·

Vor dem Hintergrund des in Kapitel 2 eingeführten Prozeßbegriffs von Risikogesellschaft, der über die zunehmende Zurechnung von Handeln, Verhalten und Ereignissen auf Entscheidungen operationalisiert wurde, ist zu vermuten, daß das politische System eine besonders *exponierte Stellung* im Prozeß der Risikovergesellschaftung einnimmt. Auf der gesellschaftlichen Ebene besteht die Tendenz, ungelöste Konflikt- und Entscheidungslagen an das politische System zu adressieren, und zwar vor allem dann, wenn es sich wie im Fall technisch-ökologischer Risiken um Problemmaterien handelt, die sich aufgrund von Ursachenkomplexität, Langzeitauswirkungen und unterschiedlichen Betroffenheiten einer klaren Entscheidungszurechnung entziehen.[35] Gleichzeitig besteht ein politikimmanenter Sog der Anziehung und Politisierung von Themenbereichen, deren gesellschaftliche Relevanz - und

---

35 Anders als Bonß (1991: 273) und Luhmann (1991: 35 ff.) sehe ich an dieser Stelle auch keine Aufweichung der harten Risiko/Gefahr-Differenz, im Gegenteil: Wenn Risiko durch gesellschaftliche Entscheidungszurechnung definiert wird, stellen o.g. Faktoren kein Zurechnungshindernis dar, sondern bieten neuartige Chancen der Zurechnung auf gesellschaftliche (Fehl-)Entscheidungen allgemein und politische (Fehl-)Entscheidungen im besonderen. Diesen Zusammenhang hebt insbesondere die kultursoziologische Forschung hervor, sei es - vergleichsweise abstrakt - in dem von Douglas (1985) ausgearbeiteten Konzept der *"blame attribution"*, sei es - vergleichsweise konkret - in Rayners (1984) Analyse des Topos *"zukünftige* Generationen", dessen Bedeutung für den *gegenwärtigen* Risikodiskurs sich gerade daraus ergibt, daß er sich weder sozial noch zeitlich eingrenzen läßt.

dies gilt ebenfalls für technisch-ökologische Risiken - als hinreichend gesichert unterstellt werden kann.[36] Beide Faktoren, *gesellschaftliche Außenerwartungen* und *politische Binnenstruktur*, resultieren aus der strukturellen Verfaßtheit moderner Gesellschaften. Sie führen in ihrer Verknüpfung dazu, das politische System der Gesellschaft als *besonders risikolastig* im zuvor definierten Sinne anzusehen.

Für den engeren Bereich der politischen Risikoregulierung ist darüber hinaus anzunehmen, daß der gesellschaftliche Langfristtrend einer Zurechnungsverschiebung von extern zugerechneten Gefahren zu entscheidungsbezogenen Risiken durch zwei weitere, bereichsspezifische Faktoren beschleunigt wird: *Verwissenschaftlichung* und gesellschaftliche *Dauerbeobachtung* politischer Entscheidungen. Denn einerseits bestehen gesellschaftliche Folgeprobleme des wissenschaftlich-technischen Fortschritts auch darin, daß hierüber gesellschaftlicher Handlungs- und Entscheidungsbedarf in bezug auf ansonsten unbemerkt bleibende Umweltgefahren erzeugt wird.[37] Andererseits kann in risiko- und umweltpolitischen Kontexten von einer Dauerbeobachtung politischer Entscheidungen ausgegangen werden. Sie ist zumindest zum Teil auf erhebliche, wenngleich nicht irreversible Vertrauensverluste in den

---

36 Der im politischen System selbst erzeugte Politisierungsdruck ist unter formal-demokratischen Bedingungen ubiquitär zu vermuten, d.h. unter diesen Bedingungen unabhängig von der konkreten territorialstaatlichen Ausformung des politischen Systems. Dieser Druck gilt sowohl für politische Systeme, in denen Umweltprobleme primär entlang der Differenz von Regierungs- und Oppositionsparteien thematisiert werden, als auch für solche, in denen es primär "political entrepreneurs" sind, die auf die kampagnenartige Verbreitung anschlußfähiger Themen setzen.

37 Erstgenannter Aspekt wird theoretisch durch die Verwissenschaftlichungshypothese vorbereitet, die allerdings nicht in ein geradliniges Modell von Wissenschaftsgesellschaft einmündet, sondern wechselseitige Beeinflussungen zwischen dem Wissenschaftssystem und seiner gesellschaftlichen Umwelt betont. Vgl. hierzu vor allem Weingart (1983) sowie, stärker auf die wissenschaftliche Konstituierung technischer und ökologischer Gefahrenpotentiale bezogen, Beck (1986: 254 ff.). Empirisches Anschauungsmaterial zu dem an dieser Stelle relevanten Teilaspekt von Verwissenschaftlichung liefern insbesondere globale Umweltveränderungen, die erst qua wissenschaftlicher Forschung zum gesellschaftlichen Dauerthema avancieren konnten. Vgl. hierzu die in Kapitel 5 am Beispiel der Klimaproblematik herausgearbeitete Rolle der Wissenschaft in diesem Konstituierungsprozeß.

letzten Jahrzehnten zurückzuführen.[38] Mit dem seit dieser Zeit zu beobachtenden Aushaken eines generalisierten Vertrauens in die Problemlösungskompetenz politischer Entscheidungsträger steigen Sichtbarkeit, Dissensanfälligkeit
und damit Riskanz politischer Entscheidungen; ein Konsens unterstellendes,
verdecktes Prozessieren politisch damit wenig riskanter Entscheidungen erscheint demgegenüber zunehmend unwahrscheinlich.

Die Hervorhebung des Entscheidungsaspektes der politischen Risiko- und
Umweltregulierung besagt zunächst recht wenig und erscheint geradezu tri-
vial. Schließlich ist bekannt, daß trotz des gerade in diesem Politikbereich besonders hohen Grades der Einbeziehung wissenschaftlicher Experten die
Festlegung regulativer Maßnahmen letztlich immer auf politische Entscheidungen verweist.[39] Es macht aber einen *Unterschied*, in welche Richtung das
Wissen um den Entscheidungsbezug regulativer Maßnahmen dann weiterverfolgt wird. Zum Abschluß dieses Kapitels kann nun zwischen *Rationalität*
und *Risiko* als generalisierten Beobachtungsschemata zur Aufhellung der
Komplexität politischer Entscheidungsprozesse unterschieden werden.[40]

---

38 Ausführlicher hierzu, mit zahlreichen empirischen Belegen, Renn/Levine (1991). Angemerkt sei, daß in demokratisch verfaßten politischen Systemen Dissens qua legitimierter
   politischer und publizistischer Opposition institutionalisiert ist, wodurch politische Entscheidungen ohnehin unter stärkerem Beobachtungsdruck stehen als solche, die etwa in
   wirtschaftlichen oder wissenschaftlichen Entscheidungskontexten getroffen werden. Es gibt
   jedoch auch Indikatoren für einen relativ neuartigen *qualitativen Wandel* als Voraussetzung
   und Folge verstärkten Beobachtungsdrucks. Diese Indikatoren sind das rapide Anwachsen
   von lokalen "Gegenöffentlichkeiten", Bürgerinitiativen und den sog. Neuen sozialen Bewegungen seit den frühen 70er Jahren einerseits, der *gleichzeitige* Vertrauensverlust von Re-
   gierungs- *und* Oppositionsparteien seit den späten 80er Jahren andererseits.
39 Vgl. hierzu grundsätzlich Jasanoff (1990) und Mayntz (1990) sowie konkret am Beispiel
   der stark wissenschaftsabhängigen Festlegung von Grenzwerten in der Umweltpolitik Luhmann (1997b).
40 Diese Unterscheidung schließt an Vorarbeiten von Baecker (1989) und Japp (1992) an. Im
   Unterschied zu den ausgefeilten risiko- und rationalitätsorientierten Theorien der Wirtschaft, die Baeckers Analyse zugrunde liegen, gibt es für den Bereich der Politik jedoch
   keine entsprechenden Theorievorgaben; im Unterschied zu Japps Versuch, mit der Unterscheidung von Risiko und Rationalität unterschiedliche Typen von Entscheidungsprozessen
   in der Politik zu erfassen, werden Risiko und Rationalität hier als generalisierte und damit
   fallunabhängige Beobachtungsschemata verwendet. Diese Vorgehensweise entspricht der
   von Brunsson (1989: 133 ff.), der allerdings zwischen einer Implementationsperspektive (in

Rationalität bedeutet, der Analyse die forschungsleitende Unterstellung zugrunde zu legen, daß politische Entscheidungen sich von der Suche nach möglichst effektiven *Lösungen politikexterner Probleme* (also: Gefahren) leiten lassen. Diese zumeist implizit bleibende Annahme stellt, wie bereits gezeigt, das gemeinsame Band von Implementations- und Mikroperspektive dar, mit dem beide Ansätze auf gravierende Probleme in Theorie und Empirie auflaufen.

Risiko bedeutet demgegenüber, der Analyse die forschungsleitende Unterstellung zugrunde zu legen, daß politische Entscheidungen sich von der Suche nach möglichst effektiven *Lösungen politikinterner Probleme* (also: Risiken) leiten lassen. Mit anderen Worten: Es geht um Lösungen des *strukturellen* Problems allen Entscheidens, sich in der Gegenwart angesichts von Zukunftsunsicherheit für eine möglicherweise falsche Alternative entschieden zu haben. Diese Annahme ergibt sich aus der Zusammenführung der theoretischen Hauptaussagen der bisherigen, in zwei Kapiteln entwickelten Argumentation. Politische Probleme und ihre Lösungen werden auf die Verschränkung von gesellschaftlichen Außenerwartungen und politischer Binnenstruktur zurückgeführt (Kapitel 3), und dies unter der Annahme eines umfassenden Trends, der als Risikovergesellschaftung bezeichnet wurde (Kapitel 2). Die Risikoannahme impliziert eine gegenüber der Rationalitätsannahme veränderte Fragestellung. Politische Probleme und ihre Lösungen lassen sich vor diesem Hintergrund - als Alternative zu den gleichermaßen rationalitätszentrierten Politikmodellen von Implementations- und Mikroperspektive - mit Hilfe des Ansatzes der Risikotransformation näher analysieren.[41]

---

dieser Arbeit: Rationalität) und einer Legitimationsperspektive (in dieser Arbeit: Risiko) zur Analyse politischer Entscheidungsprozesse unterscheidet.

41 Der Begriff der Risikotransformation geht auf Niklas Luhmann zurück, der in seinen Arbeiten zur politischen Risikoregulierung allerdings nicht zwischen politikexternen *Gefahren* und politikinternen *Risiken* unterscheidet, sondern damit die "Umwandlung ausgefallener in andere Risiken" (1991: 175) bzw. den Prozeß bezeichnet, in dem "(d)as Risiko unberechenbarer, folgenschwerer Umweltauswirkungen technologischer Prozesse (...) in eine Form gebracht (wird; G.K.), die politisch kaum noch riskant ist" (1997b: 210). Die für meine Arbeit konstitutive Unterscheidung zwischen technisch-ökologischen Gefahren und politischen Risiken verdankt sich einem Hinweis von Dirk Baecker.

Politische Risikotransformation ist vor dem Hintergrund der allgemeinen Risikovergesellschaftungsannahme, die im Kontext der Theorie funktionaler Differenzierung dann im Hinblick auf das politische System zugespitzt wurde, formal wie folgt zu definieren:

a) *Technische und ökologische Gefahren werden in politische Risiken transformiert*, wobei letztere den eigentlichen Bezugspunkt risiko- und umweltpolitischer Entscheidungsprozesse darstellen. Die Gefahren werden entlang politischer Aufmerksamkeits- und Entscheidungskriterien wahrgenommen, angezogen und bewältigt, so daß Problemlagen, die sich diesen Kriterien nicht fügen, politisch ohne Resonanz bleiben.

b) Um politische Risikoübernahme durch Entscheidung überhaupt erst zu ermöglichen, werden die im politischen System anfallenden *Risiken der Entscheidung* verteilt und abgewälzt, mit anderen Worten: *transformiert*. Dies geschieht sowohl systemintern, d.h. zwischen verschiedenen politischen Entscheidungsebenen, als auch im Rekurs auf andere, ebenfalls "eigensinnig" operierende Funktionssysteme der Gesellschaft.

Konkret heißt es dann: Durch welche Mechanismen werden technische und ökologische Gefahren in politische Risiken transformiert? Welche spezifischen Formen der Bewältigung der politischen Risiken bilden sich heraus, und worauf sind diese zurückzuführen? Diesen Fragen soll im folgenden anhand von zwei ausgewählten Problembereichen - Arzneimittelregulierung und Klimapolitik - nachgegangen werden.

4. Arzneimittelregulierung

4.1. Einleitung und Problemstellung

Die politische Regulierung von Gefahren, die durch den Einsatz von Arzneimitteln entstehen können, ist nicht nur ein relevanter Teilbereich der politischen Risikoregulierung.[1] Sie ist darüber hinaus in den umfassenderen Kontext des gesellschaftlichen *Umgangs mit Krankheiten* eingebettet. Die besonderen Bedingungen dieses Kontextes sind auch für den engeren Bereich der Arzneimittelregulierung von Bedeutung. Gerade hier - so die These - lassen sich tieferliegende Prozesse der *Risikovergesellschaftung* aufspüren. Diese Prozesse resultieren aus dem sukzessiven Übergang vom unmittelbaren Erleben einer Gefahr zur Entscheidungsabhängigkeit des Risikos. Das bedeutet jedoch nicht, daß nun technokratische Gestaltungsoptionen und Kontrollstrategien sich gleichsam ungebrochen im Hinblick auf den Umgang mit Krankheiten durchsetzen.[2]

Folgt man der in Kapitel 2 entwickelten Argumentation, so zeigen sich Prozesse der Risikovergesellschaftung vielmehr in der Verschränkung und wechselseitigen Steigerung von *Gestaltbarkeit* und *Selbstverunsicherung* in der modernen Gesellschaft. Auch der Umgang mit Krankheiten verändert sich

---

1 Im folgenden werde ich zwecks sprachlicher Vereinfachung stets von Arzneimittelregulierung sprechen, um diesen Sachverhalt zu bezeichnen. Der Begriff "Arzneimittelregulierung" ist ohne zusätzliche Erläuterung begrifflich eher unzutreffend bzw. unpräzise, da die einzelnen Arzneimittel selbst nicht den Gegenstand politischer Regulierung bilden und der Begriff der Arzneimittelregulierung zudem nicht nur den für meine Analyse relevanten Aspekt der Sicherheitskontrolle, sondern auch den Aspekt der Preiskontrolle bezeichnet. Es gilt also zu berücksichtigen, daß Arzneimittelregulierung bei mir immer die politische Regulierung von durch den Einsatz von Arzneimitteln entstehenden Gefahren bedeutet, wobei der Regulierungsgegenstand in den diesbezüglichen wirtschaftlichen und wissenschaftlichen Aktivitäten zu sehen ist.

2 So die Kernthese von Castel (1991).

unter dem Druck der Risikovergesellschaftung. Einige Beispiele verdeutlichen diesen Punkt: So werden mit der Ausweitung technischer Möglichkeiten der Krankheitsbewältigung - die von der Bluttransfusion über Verfahren der pränatalen Diagnostik bis hin zu apparativen Möglichkeiten der Lebensverlängerung reichen - fatalistisch hinzunehmende Gefahren in Entscheidungsrisiken transformiert, die es individuell und kollektiv zu übernehmen gilt.[3] Des weiteren ist die erfolgreiche Professionalisierung der Medizin mitsamt ihren Folgen (scharfe Grenzziehung nach außen und Umstellung auf interne Kontroll- und Überwachungsmechanismen) auch als Reaktion auf die Vervielfältigung riskanter Entscheidungslagen im Bereich der ärztlichen Praxis anzusehen, da Professionalisierung und ihre Folgen dazu beitragen, angesichts hoher Unsicherheit das Risiko eines ärztlichen Eingriffs auf ein erträgliches Maß abzusenken.[4] Und schließlich kann der Boom individueller Absicherungsstrategien gegenüber möglichen Gesundheitsbeeinträchtigungen als Ergebnis einer umfassenden Zurechnungsverschiebung von Krankheitsursachen hin auf eigene, präventiv zu vermeidende Fehlentscheidungen verstanden werden.

Folgt man der in Kapitel 3 aufgestellten These, daß das politische System aufgrund gesellschaftlicher Außenerwartungen und interner Strukturlogik besonders risikolastig ist, ist darauf aufbauend eine besondere Exponiertheit und Riskanz politisch-regulativer Entscheidungen im Kontext des gesellschaftlichen Umgangs mit Krankheiten zu vermuten. Die zugrunde liegende Problematik zeigt sich vor allem dann, wenn Entscheidungen getroffen werden müs-

---

3 Das gilt nicht nur in Extremsituationen. Vgl. hierzu Douglas/Calvez (1990), die in bezug auf AIDS vom "self as risk taker" sprechen. Demgegenüber ist m.E. von der *Generalisierung* individueller Risikolagen und der Bereitschaft zur *Risikoübernahme* auszugehen, die bereits den gesellschaftlichen Normalfall des Umgangs mit Krankheiten darstellen. Man denke hierbei nur, um ein Beispiel zu geben, an die Vorab-Verpflichtung der Patienten, selbst bei kleineren Eingriffen im Krankenhaus die bei Einhaltung der ärztlichen Sorgfaltspflicht unvermeidbaren Behandlungsrisiken selbst zu übernehmen.

4 Vgl. hierzu die soziologischen Untersuchungen zur medizinischen Profession von Merton (1957) und Ben-David (1960) sowie die entscheidungstheoretische Rekonstruktion des Verhältnisses von Risiko, Entscheidung und Unsicherheit in der ärztlichen Praxis von Schwartz/Griffin (1986).

sen, die auf *gefahrenreduzierende* Alternativen bezogen sind, die selbst *neu-artige Gefahrenpotentiale* nach sich ziehen. Das gilt sowohl für technische Artefakte, wie etwa Alarmsysteme in Krankenhäusern (Janowsky 1984) und Kunstherzen (Preston 1988; Wildavsky 1988: 192 f.), als auch für präventive Impfmaßnahmen, die in Einzelfällen gerade aufgrund der Impfmaßnahmen zu weitreichenden Gesundheitsbeeinträchtigungen führen können (Dutton 1988: 127 ff.).

In bezug auf die *politische Regulierung von Arzneimittelgefahren* stellt sich die o.g. Problematik vielfach als unauflösliches *Dilemma* dar, welches Risikoübernahme impliziert: Ein zu rascher Einsatz vermeintlich gefahrenre-duzierender Arzneimittel birgt ein vielfach nicht unbeträchtliches Katastro-phenpotential in sich, eine zu zögerliche Freigabe kann vermeidbar Tod und Leiden für von Krankheit Betroffene bedeuten. Für beides gibt es genügend Beispiele. So berichtet Dutton (1988), eine Kritikerin des zu raschen Arz-neimitteleinsatzes, von zahlreichen arzneimittelinduzierten Katastrophen, die zumindest zum Teil durch eine verzögerte Freigabe hätten vermieden werden können. Kritiker einer zu zögerlichen Freigabe weisen demgegenüber darauf hin, daß zahlreiche Todesfälle durch raschere Freigabe hätten vermieden werden können (Wardell 1973a, Peltzman 1974, Wardell/Lasagna 1975). Das strukturelle Problem allen Entscheidens, sich in der Gegenwart für eine mög-licherweise falsche Alternative entschieden zu haben, findet hier also eine dramatische Zuspitzung. In dieser durch "risk versus risk" (Graham/Wiener 1995) zu charakterisierenden Situation müssen politische Entscheidungsträger "*tragic choices*" (Calabresi/Bobbitt 1978) treffen, deren Angemessenheit sich in der Regel erst ex post beurteilen läßt.[5]

---

5   Dies gilt vor allem im Hinblick auf selten auftretende Nebenwirkungen, die sich antizipativ nur sehr begrenzt erfassen lassen und die vielfach durch das engmaschige Netz regulativer Zulassungsverfahren hindurchrutschen. Vgl. hierzu Fülgraff (1978: 177), seinerzeit Präsi-dent des deutschen Bundesgesundheitsamtes (BGA): "Man bedenke, daß sehr umfangreiche klinische Prüfungen vielleicht 5000 Behandlungsfälle umfassen. Diese Zahl reicht jedoch nicht aus, um seltene, aber dennoch schwere unerwünschte Wirkungen zu entdecken. Um beispielsweise mit einer Wahrscheinlichkeit von 95 % eine Wirkung zu erkennen, die mit einer Häufigkeit von 1:10000 auftritt, also einmal unter 10000 Behandlungsfällen, wäre ei-ne Beobachtung von mindestens 40000 Patienten erforderlich".

Versucht man, die Komplexität der politischen Wahrnehmung und Bewältigung von Arzneimittelgefahren mit Hilfe des Konzeptes der Risikotransformation aufzuhellen, so ergeben sich *zwei Fragestellungen*:

1. Durch welche Mechanismen wird die Gefahr unerwünschter Arzneimittelnebenwirkungen in ein politisches Risiko transformiert?

2. Welche spezifischen Formen der politisch-regulativen Bewältigung von Arzneimittelgefahren bilden sich vor dem Hintergrund der Bewältigung politischer Entscheidungsrisiken heraus? Welche bei der Regulierung von Arzneimittelgefahren entstehenden Risiken werden von der Politik dabei übernommen, welche hingegen nicht?

Die Beantwortung dieser beiden Fragen geschieht in international-vergleichender Perspektive. Diese Vorgehensweise erlaubt es, Überdehnungen nationaler Spezifika zu vermeiden und relevante Gemeinsamkeiten und Differenzen in der politischen Problemwahrnehmung und -bewältigung herauszuarbeiten. Um den Möglichkeitsspielraum für Formen der Problemwahrnehmung und -bewältigung zumindest ansatzweise zu erfassen, werden mit Großbritannien und den USA die Länder ausgewählt, die in der international-vergleichenden Diskussion als Antipoden hinsichtlich der politischen Regulierung von Arzneimittelgefahren gelten (vgl. Bakke et al. 1984; Lasagna/Werkø 1986). Darüber hinaus wird die zwischen beiden Polen zu verortende Regulierungspraxis in der Bundesrepublik Deutschland berücksichtigt. Daher wird zunächst eine empirische Bestandsaufnahme der zentralen Elemente der Arzneimittelregulierung in der Bundesrepublik Deutschland, Großbritannien und den USA vorgenommen (4.2). Die in 4.2. herausgearbeiteten Gemeinsamkeiten und Differenzen werden in einem zweiten Schritt mit Hilfe des in Kapitel 2 und 3 entwickelten Konzeptes der politischen Risikotransformation interpretiert (4.3.). In einem dritten Schritt werden unter zusätzlicher Berücksichtigung des gesellschaftlichen Kontextes, in den die politische Regulierung von Arzneimittelgefahren eingebettet ist, sich gegenwärtig abzeichnende Veränderungen der regulativen Praxis unter den risikosoziologischen Prämissen dieser Arbeit in ihrer Reichweite abgeschätzt (4.4.).

4.2. Empirische Bestandsaufnahme

Generell läßt sich sagen, daß in entwickelten Industrienationen die Zulassungs- und Einsatzbedingungen von Arzneimitteln einer *weitreichenden* politisch-administrativen *Überwachung und Kontrolle* unterliegen.[6] So stellt beispielsweise Kaufer (1990: 154) grundsätzlich fest: "I know of no other industry where the whole process of research, development, testing, pricing, and marketing is subject to as close a scrutiny by govermental agencies". Bodewitz et al. (1987: 243) betonen, daß jenseits sämtlicher nationaler Differenzen staatliche Regulierungsbehörden für die Registrierung und Zulassung von Arzneimitteln verantwortlich sind. Und Baumheiers vergleichende Untersuchung der Arzneimittelregulierung in der Bundesrepublik Deutschland, Frankreich und Großbritannien gelangt zu dem Ergebnis, daß "die nationalen Unterschiede bei der Kostendämpfungspolitik stärker hervortreten als bei der Sicherheitskontrolle" (1993: 461), da diese in allen Untersuchungsländern durch Anordnung erfolgt.

Diese einleitenden Befunde mögen nur wenig überraschen. Schließlich stellt der Bereich der Arzneimittelsicherheit aufgrund gesellschaftlicher Sicherheitserwartungen eine politisch hochsensible Regulierungsmaterie dar. Überraschend ist allerdings, wie stark der *Möglichkeitsspielraum* für Formen der Problembewältigung über die Aussortierung von Alternativen *begrenzt* ist. Alternativen zu regulativer Politik, wie sie für andere Bereiche der Risikoregulierung diskutiert, entwickelt und angewandt werden, spielen im Arzneimittelbereich keine Rolle.[7] Eine Selbstregulierung der pharmazeutischen

---

6 Ausführlicher hierzu die international-komparativen Beiträge des "International Journal of Technology Assessment in Health Care" (1986) sowie Commission of the European Communities (1980). Daß dies in den sog. Entwicklungsländern anders aussieht, betonen Silverman et al. (1992), die hierfür auch die Vermarktungspraxis multinationaler Pharmaunternehmen verantwortlich machen. Für einen neueren internationalen Vergleich, in dem die Unterschiede zwischen entwickelten Industrienationen, Schwellen- und Entwicklungsländern betont und Angleichungsvorschläge erarbeitet werden, vgl. die Beiträge in "Development Dialogue" (1995).

7 Für einen Überblick über die vor allem in den USA geführte Diskussion vgl. Baram (1982) sowie konkret am Beispiel Luftreinhaltepolitik Reagan (1987: 132 ff.).

Industrie scheidet ebenso aus wie haftungsrechtliche Lösungen als Alternative zu traditionellen Instrumenten regulativer Politik.[8] Darüber hinaus wird zum Teil sogar behauptet, daß in anderen Politikfeldern anzutreffende Deregulierungstendenzen sich im Bereich der Arzneimittelregulierung nicht aufspüren lassen. Knapp und pointiert heißt es bei Kaufer (1990: 170): "*deregulation is not an issue*".[9]

Dieser erste Gesamteindruck bedarf allerdings weiterer *Differenzierungen*. Zum einen ist die weitreichende regulative Durchdringung des Arzneimittelbereichs ein historisch neuartiges Phänomen. Zum anderen bestehen unterhalb der Ebene regulativer Gemeinsamkeiten zum Teil erhebliche Differenzen zwischen den einzelnen Ländern.

Ich beginne mit der *Bundesrepublik Deutschland*. Hier ist der Bereich der Arzneimittelsicherheit durch das Arzneimittelgesetz (AMG) von 1976, welches am 1. Januar 1978 in Kraft trat, rechtlich geregelt. Die Implementation dieses Gesetzes erfolgte bis zu seiner Auflösung am 1. Juli 1994 durch das Bundesgesundheitsamt (BGA). Hierfür ist nun nach der Auflösung des BGA das Bundesinstitut für Arzneimittel- und Medizinprodukte (BfArM) zuständig.[10] Aufgabe von BGA und BfArM war bzw. ist es, die von pharmazeuti-

---

8   Das Haftungsrecht wird allenfalls ergänzend eingesetzt. So sieht das bundesdeutsche Arzneimittelgesetz (AMG) eine verschuldensunabhängige Haftung mit Höchstbeträgen und der Pflicht zur Deckungsvorsorge vor (§§ 84 ff. AMG); darüber hinaus gilt selbstverständlich die Produzentenhaftung bei unerlaubten Handlungen des Bürgerlichen Rechts (§§ 823 ff. BGB). Für Großbritannien und die USA gilt ähnliches. Vgl. hierzu Commission of the European Communities (1980: 229 ff.) und Dutton (1987: 53 ff.). Daß im internationalen Vergleich die USA die Vorreiterrolle bei der Formulierung und Durchsetzung verschärfter Haftungsregeln im Arzneimittelbereich spielten, belegt der schon etwas ältere Beitrag von Merrill (1973).

9   Diese Einschätzung bedarf allerdings einer Relativierung, zumindest was die US-amerikanische Regulierungspraxis seit Anfang/Mitte der 80er Jahre betrifft. Hierzu später mehr.

10 Für eine sehr sorgfältig recherchierte und umfassende Gesamtdarstellung der Arzneimittelsicherheitspolitik des BGA vgl. die politikwissenschaftliche Analyse von Hohgräwe (1992). Vgl. außerdem aus der Binnenperspektive der Zulassungsbehörde die Kurzdarstellung des ehemaligen Leiters des BGA-Institutes für Arzneimittel (AMI) Schnieders (1986), Murswiek (1983) für einen materialreichen Vergleich zwischen der Bundesrepublik Deutschland und den USA sowie Di Fabio (1990, 1994a, 1994b), Hohm (1990) und Thier (1990: 82 ff.) zu rechtlichen Aspekten der bundesdeutschen Arzneimittelregulierung.

schen Unternehmen eingereichten Anträge auf Arzneimittelzulassung zu überprüfen. Als Grundlage der Überprüfung durch BGA bzw. BfArM dienen die vom antragstellenden Unternehmen vorgelegten empirischen Befunde zur Beschaffenheit des Arzneimittels.[11]

Wird die Zulassung erteilt, so gilt diese nur für fünf Jahre, um die in der Zwischenzeit gesammelten Erfahrungen adäquat zu berücksichtigen und eine kontinuierliche Anpassung an den jeweiligen Stand der Wissenschaft zu gewährleisten. Anträge auf Verlängerung der Zulassung eines Arzneimittels müssen einen Bericht enthalten, in dem die Erfahrungen der letzten fünf Jahre dokumentiert sind. Die Zulassung wird versagt, wenn zumindest eines der behördlichen Prüfkriterien nicht erfüllt ist.[12] Diese Kriterien lauten Qualität, Wirksamkeit und Unbedenklichkeit, wobei die beiden letztgenannten das "Herzstück der Entscheidung im Zulassungsverfahren" (Di Fabio 1990: 198) bilden.

"*Qualität*" bezieht sich auf die chemische, physikalische und biologische Beschaffenheit des Arzneimittels. Im einzelnen ist hierunter vor allem Reinheit, Gehalt, Dosierungsgenauigkeit, Stabilität und Abbaubarkeit des Arzneimittels im Körper zu verstehen (§ 25 II Nr.3 AMG).

"*Wirksamkeit*" meint die therapeutische Wirksamkeit des Arzneimittels. Der Wirksamkeitsnachweis erfolgt in der Regel über *kontrollierte klinische Prüfungen* ("controlled clinical trials"). Diese Prüfungen basieren zumeist auf dem sog. *Doppelblindversuch* ("double blind trial"), in dem eine Patientengruppe mit dem Arzneimittel behandelt wird, während eine Kontrollgruppe

---

11 Vgl. hierzu Di Fabio (1990, 1994a: 184 ff.), der aus juristischer Perspektive die Probleme des arzneimittelrechtlichen Zulassungsverfahrens diskutiert, welche aus dem Informationsgefälle zwischen Antragsteller und Zulassungsbehörde resultieren. Zahlreiche Beispiele dafür, daß selbst eine reine Unterlagenprüfung sehr zeit- und personalaufwendig ist und die Behörde vor erhebliche Vollzugsprobleme stellt, finden sich in Hohgräwe (1992). So berichtet er u.a. von einem Zulassungsantrag, der ca. 150.000 Seiten umfaßte (ebd.: 193).

12 Neben der Nicht-Erfüllung der Prüfkriterien ist vielfach auch die Nicht-Vollständigkeit der eingereichten Unterlagen ein Ablehnungsgrund. Nach Hohgräwe (1992: 163) wurden im Zeitraum von 1979 bis 1986 durchschnittlich 83% der bearbeiteten Zulassungsanträge bewilligt. Durchschnittlich 9% der Anträge wurden abgelehnt, bei durchschnittlich 8% erfolgte eine freiwillige Rücknahme. Zahlenmaterial bis 1994 liefern die regelmäßig erschienenen Tätigkeitsberichte des BGA. Dies ist nun Aufgabe des BfArM.

ein Placebo erhält. Der langfristig angelegte Vergleich beider Untersuchungsgruppen, bei dem weder Versuchsperson noch Arzt oder Versuchshelfer wissen, ob das verabreichte Präparat ein Arzneimittel oder ein Placebo ist - deshalb "Doppelblindversuch" -, soll den Nachweis der therapeutischen Wirksamkeit erbringen.[13]

"Unbedenklichkeit" bedeutet, daß nur solche Arzneimittel zugelassen werden, die bei bestimmungsgemäßem Gebrauch keine unvertretbar hohen unerwünschten Nebenwirkungen nach sich ziehen. Hierin liegt der Kern der *präventiven Sicherheitspolitik*. Sämtliche Phasen der Vormarktkontrolle dienen diesem Ziel. Gerade in diesem Bereich spielen Risiko/Nutzen-Abwägungen eine erhebliche Rolle, da bei steigendem therapeutischen Nutzen proportional steigende Risiken bzw. Nebenwirkungen in Kauf genommen werden.[14] Diesbezügliche Regulierungsentscheidungen sind jedoch in besonders hohem Maße unsicherheitsbelastet, da trotz aller antizipativer Gefahrenkontrolle zahlreiche Nebenwirkungen erst nach der umfassenden Markteinführung sichtbar werden.[15]

Neben diesen Prüfkriterien zur präventiven Arzneimittelkontrolle stehen BGA und BfArM auch Kontrollmaßnahmen zur Verfügung, die nach bewilligter Zulassung erfolgen können. Der *Gesamtprozeß der Kontrolle* uner-

---

13 Allerdings werden nach Glaeske et al. (1988: 17) kontrollierte klinische Prüfungen und Doppelblindversuch in der Bundesrepublik Deutschland selbst bei neuen Wirkstoffen nicht immer verlangt. Während die Autoren dies monieren, weist Fülgraff (1988: 65) darauf hin, daß das "dogmatische Bestehen auf dem kontrollierten Versuch (...) weder ein Zeichen von Kompetenz noch von Kreativität" sei und einen im Einzelfall unvertretbar hohen zeitlichen und finanziellen Aufwand bedeute. Darüber hinaus besteht das Problem, daß für die gerade im bundesdeutschen Kontext wichtigen homöopathischen Arzneimittel aufgrund ihres hohen Verdünnungsgrades ein Wirksamkeitsnachweis über kontrollierte klinische Prüfungen und Doppelblindversuch kaum zu erbringen ist. Für sie wurde deshalb im AMG eine gesonderte Regelung festgeschrieben.

14 Vgl. hierzu insbesondere Überla (1984), seinerzeit Präsident des BGA, der außerdem selbstkritisch auf die Grenzen von Risiko/Nutzen-Abwägungen hinweist. Neben der grundlegenden Problematik prognostischer Aussagen, deren Verifizierung erst zu einem späteren Zeitpunkt erfolgen kann, liegen ungelöste Probleme vor allem in den nicht hinreichend geklärten Bewertungsdimensionen, welche einer Formalisierung von Risiko/Nutzen-Abwägungen und dem Ausschluß subjektiver Voreingenommenheiten entgegenstehen.

15 Vgl. hierzu nur Fußnote 5.

wünschter Nebenwirkungen läßt sich in *drei Phasen* unterscheiden, die sukzessiv aufeinander folgen. Am Anfang stehen *experimentelle Laborstudien und Tierversuche*. Diese geben Aufschluß über die Beschaffenheit des Arzneimittels, ohne menschliches Leben und Gesundheit zu gefährden. Daran schließen *klinische Prüfungen* an, die an menschlichen Versuchsobjekten durchgeführt werden. Beide Phasen werden von den arzneimittelherstellenden Unternehmen durchgeführt. Prüfungen an Menschen sind selbst wiederum in verschiedene (Unter-)Phasen unterteilt. In der ersten Phase wird das Arzneimittel an gesunden Probanden getestet, in der zweiten an einer kleineren Patientengruppe, die in der dritten ausgedehnt wird. Die abschließende vierte (Unter)-Phase findet bereits nach der Zulassung statt. Hier verschwimmt die übliche Grenzziehung zwischen präventiven Vormarktkontrollen und den nach der Zulassung einsetzenden Nachmarktkontrollen.

Während unter Berücksichtigung dieser Ausnahme Laborstudien, Tierversuche und die verschiedenen Phasen klinischer Prüfungen der Vormarktkontrolle zugeordnet sind, bildet die *Nachmarktkontrolle* die dritte Phase der Arzneimittelregulierung.[16] Kernstück ist der sog. *Stufenplan*.[17] Der Stufenplan ist eine allgemeine Verwaltungsvorschrift, die durch das BfArM (bis Juli 1994: durch das BGA) und die entsprechenden Behörden der einzelnen Bundesländer implementiert wird. Er stellt ein differenziertes Instrumentarium von Maßnahmen der Abwehr von Risiken bereits zugelassener Arzneimittel zur Verfügung. Diese reichen von der Einholung weiterer Sachverständigengutachten über veränderte Verschreibungsformen und Beipackzettel bis hin zum Widerruf der Zulassung. Seit der Novellierung des AMG von 1986 sind pharmazeutische Unternehmen verpflichtet, einen sog. Stufenplanbeauftragten in ihrem Unternehmen zu stellen, der bekanntgewordene Arzneimittelrisiken sammelt, bewertet und die betriebliche Implementation etwaiger Maßnahmen des Stufenplans koordiniert. Damit wird ein Trend zugunsten

---

16 Zu den verschiedenen regulativen Instrumenten der Nachmarktkontrolle vgl. Hohm (1990: 198 ff.) sowie Hohgräwe (1992: 206 ff.), der diese unter dem Stichwort "Risikoabwehr" diskutiert.

17 Ausführlicher hierzu Hohm (1990: 228 ff.), Hohgräwe (1992: 213 ff.) und Di Fabio (1994a: 245 ff.).

von Nachmarktkontrollen in der bundesdeutschen Arzneimittelsicherheitspolitik eingeleitet bzw. verstärkt (Hohgräwe 1992: 207, 273). Sie richten sich primär auf die beteiligten Unternehmen, während ärztliche Meldungen über unerwünschte Nebenwirkungen von Arzneimitteln auf Freiwilligkeit basieren und keinen verpflichtenden Charakter haben.[18]

Faßt man die bisherigen Befunde zur politischen Regulierung von Arzneimitteln in der Bundesrepublik Deutschland zusammen, so läßt sich diese analytisch in *folgende Grundbestandteile* zerlegen, deren Funktion im politischen Entscheidungsprozeß später mit Hilfe des Konzeptes der Risikotransformation zu interpretieren ist:

a) staatliche Kontroll- und Zulassungsbehörden;

b) Bindung der Zulassung an spezifische Kriterien;

c) Durchführung der zulassungsrelevanten Studien in der Regel durch die antragstellenden Unternehmen selbst;

d) staatliche und nicht-staatliche Nachmarktkontrollen;

e) Sequentialisierung des Gesamtprozesses der Kontrolle unerwünschter Nebenwirkungen.

Betrachten wir nun die politische Regulierung von Arzneimittelgefahren in *Großbritannien*. Im Vergleich zur Bundesrepublik Deutschland sind regulative Unterschiede vor allem in zweierlei Hinsicht festzuhalten. Erstens sind das Verrechtlichungsniveau und die Regelungsdichte in Großbritannien niedriger (Glaeske et al. 1988: 16 f.). Zweitens sind Verfahren der Nachmarktkontrolle in der britischen Regulierungspraxis fester etabliert (Glaeske et al. 1988: 21 ff.; International Drug Surveillance Department 1991: 27 ff., 37 ff.). Hier spielt insbesondere die Problemerkennungskompetenz der ärztlichen Profession eine wichtige Rolle, da diese über das sog. yellow card system, welches die ärztliche Meldung unerwünschter Nebenwirkungen vorsieht, deutlicher in

---

18 Die allgemein als viel zu gering eingeschätzte Meldefrequenz der Ärzte wird von nahezu allen Seiten kritisiert. Nach Hohgräwe (1992: 229 ff.) treffen sich in dieser Einschätzung das BGA und die pharmazeutischen Unternehmen. Auch in der umfassenderen Kritik der bundesdeutschen Arzneimittelregulierung von Glaeske et al. (1988) wird dieser Punkt betont und eine "aktive, das Meldeverhalten stimulierende Informationspolitik" (ebd.: 25) gefordert.

den Prozeß der nach der Zulassung erfolgenden Arzneimittelkontrolle einbezogen wird. Dennoch setzt sich die Gesamtstrukur aus im Kern *identischen* Grundelementen zusammen:[19]

a) zentraler Regulierungsakteur ist die Medicines Control Agency (MCA), eine Abteilung des Department of Health (DoH), das dem deutschen Gesundheitsministerium entspricht;

b) Hauptzulassungskriterien sind neben Arzneimittelreinheit Wirksamkeit und Sicherheit des Arzneimittels;

c) der Nachweis der Erfüllung der Zulassungskriterien findet durch die Überprüfung von Studien statt, die von den antragstellenden Unternehmen selbst durchgeführt werden;

d) staatliche und nicht-staatliche Nachmarktkontrollen sind integraler und wichtiger Bestandteil der politischen Regulierung von Arzneimittelgefahren;

e) es findet eine zur bundesdeutschen Arzneimittelregulierung fast gleichförmige Sequentialisierung des Gesamtprozesses statt, bei der ebenfalls die Grenzziehung zwischen Vormarkt- und Nachmarktkontrollen in der vierten Phase klinischer Prüfungen unterlaufen wird.

Aufgrund dieser empirischen Befunde läßt sich die einleitende Grobaussage, daß die politische Bewältigung von Arzneimittelgefahren sich insbesondere über eigenständige Regulierungsbehörden und Instrumente regulativer Politik vollzieht, nun präzisieren. Politisch-regulative Aktivitäten erstrecken sich einerseits fast ausschließlich auf die *Regulierung* der institutionell lokalisierbaren und relativ fest verkoppelten Aktivitäten *arzneimittelherstellender Wirtschaftsorganisationen*. Der formal unorganisierte und extrem lose verkoppelte Verwendungskontext von Arzneimitteln bildet demgegenüber keinen expliziten Fokus politischer Regulierung; das Konsumentenverhalten unterliegt keiner regulativen Überwachung und Kontrolle. Andererseits wird, sowohl vor als auch nach der Zulassung, in hohem Maße auf Problemlösungsvermögen und Wissen des Regulierungsadressaten selbst rekurriert. Hieraus ergibt

---

19 Für einen umfassenden Überblick vgl. International Drug Surveillance Department (1991).

sich eine für die moderne Arzneimittelregulierung in der Bundesrepublik Deutschland und Großbritannien charakteristische *Verschränkung staatlicher und nicht-staatlicher Aktivitäten.*

So naheliegend diese Verschränkung als Problembewältigungsstrategie auch sein mag, so wenig kann sie direkt aus der Problemmaterie Arzneimittelsicherheit abgeleitet werden. Anstelle der heutzutage charakteristischen Verschränkung staatlicher und nicht-staatlicher Aktivitäten dominierte in der regulativen Praxis lange Zeit ein Ansatz, der *nahezu ausschließlich* auf die Problembewältigungskompetenz arzneimittelherstellender Unternehmen setzte. Staatliche Aktivitäten blieben auf die Registrierung von Arzneimitteln beschränkt. Rechtliche Kontrollen, eine eigenständige Aufsichtsbehörde sowie inhaltliche Prüfkriterien im Hinblick auf die Zulassung von Arzneimitteln wurden in Großbritannien erst mit dem Medicines Act von 1968 etabliert.[20] In der Bundesrepublik Deutschland bestand zwar seit 1961 ein Arzneimittelgesetz sowie mit dem 1952 gegründeten BGA eine Bundesbehörde zur Implementierung des Gesetzes. Es war jedoch lediglich ein formales Registrierungsverfahren vorgesehen, die Gewährleistung von Arzneimittelsicherheit war nicht Aufgabe staatlichen Handelns. Mit der Novellierung des Gesetzes 1964 begann dann die zunächst noch zögerliche Erweiterung staatlicher Handlungsspielräume. Erst mit dem Arzneimittelgesetz von 1976 wurde diese Erweiterung auf eine adäquate rechtliche und administrative Grundlage gestellt.[21]

Dieser auch in anderen entwickelten Industrienationen zu beobachtende Wandel der Sicherheitspolitik im Arzneimittelbereich in den 60er und 70er Jahren wurde durch ein singuläres Ereignis ausgelöst: *die Thalidomid-*

---

20 Vgl. Commission of the European Communities (1980: 225 ff.). Mit dem Medicines Act wurden die zwischen den Beteiligten stattfindenden Aushandlungs- und Klärungsprozesse verrechtlicht, die, wie sich der ehemalige Vorsitzende des britischen Safety of Drugs Committee erinnert, zuvor vor allem in "usually good natured encounters over the telephone or in informal meetings" (Dunlop 1980: 406) bestanden.

21 Ausführlicher zur Entwicklung des bundesdeutschen Arzneimittelgesetzes von 1976 (vor dem Hintergrund des Arzneimittelgesetzes von 1961 und seiner Novellierung von 1964) vgl. Hohgräwe (1992: 47 ff.) und Murswiek (1983: 424 ff.).

Katastrophe. Thalidomid ist ein zwischen 1957 und 1961 auch von Schwangeren häufig verwendetes Schlaf- und Beruhigungsmittel, welches zu schweren Mißbildungen bei   Neugeborenen führte. In der Bundesrepublik Deutschland, die als einzelnes Land am stärksten betroffen war, wurde Thalidomid unter dem Namen *Contergan* vermarktet. Erst als Folge dieser arzneimittelinduzierten Katastrophe wurde Arzneimittelsicherheit zum Thema öffentlicher Aufmerksamkeit und Auseinandersetzung; dies blieb auch politisch nicht folgenlos und zog den gegenwärtigen Regulierungsmodus nach sich.[22] Die in international-komparativer Perspektive auffallenden Gemeinsamkeiten zwischen entwickelten Industrienationen - regulative Durchdringung des Vor- und Nachmarktes; eigenständige Regulierungs- bzw. Aufsichtsbehörden; festgelegte Zulassungskriterien für Arzneimittel -, die es überhaupt erst erlauben, von politischer Regulierung im engeren Sinne zu sprechen, sind vor allem hierauf zurückzuführen. Einschränkend sei allerdings darauf hingewiesen, daß der Angleichungsdruck auch durch die zunehmende Internationalisierung des Arzneimittelmarktes erzwungen wurde, vor allem innerhalb der Europäischen Wirtschaftsgemeinschaft (EWG) und zwischen den europäischen Ländern und den USA.[23] So stand 1972 beispielsweise die Drohung der US-amerikanischen Food and Drug Administration (FDA)

---

22 Die Öffentlichkeitswirksamkeit und deren regulative Folgen der Thalidomid-Katastrophe sind in der internationalen und interdisziplinären Forschungsliteratur allgemein unumstritten. Zur Öffentlichkeitswirksamkeit vgl. Bodewitz et al. (1987: 255): "Induced by a disaster, the safety of drugs became an international public issue". Zu den regulativen Folgen vgl. die einleitenden Worte in einem Sammelband zur Arzneimittelregulierung: "The different papers clearly show that the thalidomide disaster really triggered the system of regulating medicines in most countries" (Lasagna/Werkø 1986: 618). Darüber hinaus stellen die Autoren im Hinblick auf den bundesdeutschen Fall fest: "In some way, one of the most interesting aspects of German drug regulation is how slow it has been in evolving. The thalidomide tragedy afflicted the Germans more than anyone else, yet (...) the modern legal controls have been in place for only a decade" (ebd.: 617). Das ist insofern richtig, als auch die Gesetzesnovellierung von 1964 als Reaktion auf die nur wenige Monate nach dem Inkrafttreten des Arzneimittelgesetzes von 1961 sichtbare Thalidomid-Katastrophe zwar die Dokumentation von Wirksamkeit und Unbedenklichkeit verlangte, entsprechende Regulierungskompetenzen dem BGA jedoch weiterhin versagt blieben.

23 Vgl. hierzu unter besonderer Berücksichtigung der bundesdeutschen Situation Hart (1989: 232), Hohgräwe (1992: 92 ff.), Hohm (1990: 171 ff.) und Thier (1990: 37 ff.).

im Raum, deutsche Arzneimittelimporte nur noch unter zusätzlichen Auflagen für den US-amerikanischen Markt zuzulassen, da das bundesdeutsche Registrierungsverfahren als nicht ausreichend zur Gewährleistung von Arzneimittelsicherheit eingeschätzt wurde (Hohgräwe 1992: 94).

Die o.g. Bedingungen, mit denen sich die politische Regulierung des Arzneimittelbereichs näher bestimmen läßt, waren in den *USA* hingegen schon weit *vor* der Thalidomid-Katastrophe erfüllt. Zwar kann der auf öffentlichen Druck zustande gekommene Pure Food and Drugs Act von 1906 nur als erster Vorläufer moderner Arzneimittelregulierung verstanden werden, denn dieses, insbesondere auf den Bereich der Lebensmittelkontrolle bezogene Gesetz sah für Arzneimittel lediglich die strengere Verfolgung bei damals häufig vorkommenden Falschetikettierungen vor, die nun als Betrug geahndet werden konnten.[24] Jedoch verlangte der *1938* verabschiedete *Food, Drug, and Cosmetic Act* (FDCA) bereits mit der New Drug Application (NDA) die formale Anmeldung der Arzneimittel vor ihrer Vermarktung bei der zuständigen Regulierungsbehörde Food and Drug Administration (FDA). Dies erforderte den Nachweis ausreichender Sicherheitstests seitens der arzneimittelherstellenden Unternehmen. Zusätzlich wurde die FDA mit umfassenderen Kompetenzen der Vor- und Nachmarktkontrolle ausgestattet. Ähnlich wie im Fall der Thalidomid-Katastrophe war auch hier eine arzneimittelinduzierte Katastrophe der Auslöser politischer Regulierung. Wenngleich seit Beginn der 30er Jahre ein neues Gesetz zur effektiveren Bewältigung von Arzneimittelrisiken diskutiert wurde, ist seine konkrete Ausformulierung und Verabschiedung auf

---

24 Die für den US-amerikanischen Regulierungskontext generell konstatierbare Relevanz von Personen und Skandalen zeigt sich am Beispiel der Entstehungsgeschichte des Pure Food and Drugs Act in Reinform. Das Gesetz wurde zunächst durch die Initiative des Vorsitzenden des Agriculture Department's Bureau of Chemistry, Harvey W. Wiley, in jahrelanger Arbeit vorbereitet, die sich vor allem auf die Gewinnung von Unterstützung durch Politik und Verwaltung konzentrierte. Der endgültige Durchbruch wurde dann mit dem Erscheinen von Upton Sinclair's Roman "The Jungle" von 1905 erzielt, in dem die katastrophalen hygienischen Zustände in der fleischverarbeitenden Industrie so nachhaltig und öffentlichkeitswirksam angeprangert wurden, daß der damalige US-Präsident, Theodore Roosevelt, die rasche Durchsetzung eines diesbezüglichen Kontroll- und Überwachungsgesetzes selbst vorantrieb. Ausführlicher hierzu Quirk (1980: 192 ff.).

eine sich *Ende 1937* ereignende *Arzneimittel-Katastrophe* zurückzuführen. Diese entstand durch den massenhaften Vertrieb und Gebrauch von Elixier-Sulphanilamid, einem bereits zuvor gebräuchlichen Arzneimittel, das jedoch aufgrund des Zusatzes eines glykolhaltigen Lösungsmittels zum Tod von mindestens 107 Personen führte.[25]

Die Thalidomid-Katastrophe konnte in den USA weitestgehend vermieden werden. Nur eine vergleichsweise geringe Anzahl Schwangerer nahm das Arzneimittel während der letzten Phase klinischer Prüfungen.[26] Da sich Anzeichen für unerwünschte Nebenwirkungen verdichteten, verzögerte die FDA die Zulassung, bis der dann aufgedeckte Zusammenhang zwischen Arzneimitteleinnahme und Mißbildungen bei Neugeborenen die endgültige Zulassungsverweigerung zur Folge hatte. Das *Ereignis* "Thalidomid" führte aber trotz Nicht-Zulassung und ausgebliebener Katastophe zu erheblichen Veränderungen der US-amerikanischen Arzneimittelregulierung. Es wurde in einen politischen *Kontext* eingebettet, der aus der öffentlichkeitswirksamen Kampagne eines Senators zur Reform der Arzneimittelregulierung bestand. Thalidomid verhalf dieser Kampagne, die sich zwar nicht auf die Arzneimittelsicherheit, sondern auf politische Preiskontrollen der pharmazeutischen Industrie[27] konzentrierte, zum Durchbruch und führte zur Verabschiedung der *Drug Amendments* von *1962*.

Im Kern wurden mit dieser im Vergleich zur Bundesrepublik Deutschland und zu Großbritannien sehr raschen Gesetzesänderung *drei* einschneidende *Veränderungen* gegenüber der bis dahin gültigen Rechtslage und Regulie-

---

25 Ausführlicher zu Hintergrund, Verfahren und Inhalten des Food, Drug, and Cosmetic Act von 1938 Kaufer (1990: 153 f.), Murswiek (1983: 254 ff.), Quirk (1980: 194 ff.), Wardell/Lasagna (1975: 7 ff.) sowie insbesondere Jackson (1970).

26 Da in der letzten Phase klinischer Prüfungen eine gegenüber den ersten beiden Phasen deutlich höhere Personenzahl das noch nicht zugelassene Arzneimittel außerhalb des experimentell kontrollierten Laborkontextes unter ärztlicher Aufsicht einnimmt, waren die Thalidomid-Auswirkungen auch in den USA nicht unerheblich. So nahmen nach Edgar/Rothman (1990: 112 f.) ca. 20.000 Personen Thalidomid ein, worunter sich 624 Schwangere befanden. Die genauen Auswirkungen sind den Autoren zufolge jedoch nie erhoben worden.

27 Vgl. hierzu Edgar/Rothman (1990: 112 ff.), Murswiek (1983: 264 ff.), Peltzman (1974: 6 ff.) und Quirk (1980: 197 ff.). Für einen umfassenden Überblick über den gegenwärtigen Stand der Arzneimittelregulierung in den USA vgl. Mathieu (1994).

rungspraxis vollzogen.[28] *Erstens* wurden die Zulassungsanforderungen im Hinblick auf die von den arzneimittelherstellenden Unternehmen bereits seit 1938 verlangte Dokumentation von Arzneimittelsicherheit erhöht. Die Stärkung der Vormarktkontrolle bezieht sich dabei insbesondere auf die Ausdehnung von experimentellen Laborstudien und Tierversuchen. Kontrollierte klinische Prüfungen, die in drei Phasen unterteilt sind, werden einer schärferen Genehmigungspraxis unterzogen.[29] *Zweitens* wurde "Wirksamkeit" als weiteres Prüfkriterium im Zulassungsverfahren etabliert. Grundlage der Wirksamkeitsprüfung ist der bereits zuvor beschriebene Doppelblindversuch. *Drittens* wurden zwecks Durchsetzung dieser beiden inhaltlichen Veränderungen die Prüf- und Kontrollkompetenzen der FDA erweitert, was sich vor allem in einer Verstärkung der wissenschaftlichen Experten innerhalb der FDA niederschlug. Mit diesem Maßnahmenbündel blieb die *Führungsposition der USA* im Bereich der Arzneimittelsicherheitspolitik trotz der später folgenden, durch die Thalidomid-Katastrophe ausgelösten Regulierungsaktivitäten in anderen Ländern unangefochten. Allenfalls die eng an die USA angelehnte Arzneimittelregulierung in Kanada (Somers et al. 1990) sowie Norwegen (Jøldal 1986; Andrew et al. 1995) weisen ähnlich hohe Sicherheitsstandards auf.

Daß die US-amerikanische Regulierung keine unzweideutige Erfolgsstory der Bewältigung unbekannter Gefahrenpotentiale im Arzneimittelbereich darstellt, liegt nicht nur an der nicht vollständig gelingenden Abwehr arzneimittelinduzierter Katastrophen. Auch die *präventive Sicherheitsorientie-*

---

28 Zu diesen Veränderungen vgl. Hutt (1986: 622 f.), Kaufer (1990: 155 ff.), Quirk (1980: 200 ff.) und Wardell/Lasagna (1975: 19 ff.).

29 Die schärfere Genehmigungspraxis für klinische Prüfungen an Menschen ist vor allem auf die in Fußnote 26 beschriebenen Thalidomid-Auswirkungen während des Zulassungsverfahrens zurückzuführen. Zweifel an der Integrität der am menschlichen Organismus forschenden Wissenschaftler bestanden damals kaum. Diese wurden erst wenige Jahre später geweckt, insbesondere durch die von Beecher (1966) im renommierten "New England Journal of Medicine" veröffentlichten Untersuchungsergebnisse, die auf zahlreiche Fälle von für den einzelnen übermäßig gefährlichen und primär dem wissenschaftlichen Erkenntnisinteresse dienenden Experimenten aufmerksam machten, über die die Patienten zudem nicht informiert wurden.

rung selbst blieb nicht unumstritten. So erscheint die mit den Drug Amendments von 1962 gestiegene Bedeutung der Durchführung und Auswertung von Tierversuchen unter wissenschaftlichen Experten als höchst *umstritten*, da sich hierüber unerwünschte Arzneimittelnebenwirkungen am menschlichen Organismus allenfalls sehr begrenzt erfassen lassen.[30] Folgt man beispielsweise den in Wardell (1973b) und Wardell/Lasagna (1975: 138 f.) zitierten Untersuchungen, wäre Penicillin bei Berücksichtung der in der Regulierungspraxis gängigen Anforderungen in bezug auf Tierversuche aus Sicherheitsgründen wahrscheinlich nicht zugelassen worden, während die Gesundheitsbeeinträchtigungen durch Thalidomid möglicherweise unentdeckt geblieben wären. Des weiteren kritisieren klinische Pharmakologen generell die ihrer Meinung nach "unrealistischen Standards", die das Resultat einer Politik sind, die von der "Furcht vor Unfällen dominiert ist" - und dies nicht nur in den USA.[31] Speziell am amerikanischen Fall kritisiert William Wardell, einer der führenden klinischen Pharmakologen in den USA, die besondere Katastrophensensibilität der Arzneimittelregulierung vor und nach den 1962er Amendments mit den Worten: "Almost any irregularity, regardless of its real importance, can provide the stimulus for stricter legislation and regulation" (1982: 34). Darüber hinaus gilt der Regulierungsprozeß aufgrund des für die Unternehmen hohen Kosten- und Zeitaufwandes bis zur Marktreife eines Arzneimittels als problematisch. Denn hierdurch gelangen wichtige Arzneimittel entweder sehr spät auf den Markt oder werden, wenn es sich um Arzneimittel für seltene Krankheiten handelt, die nur geringe Vermarktungschancen bieten, vielfach erst gar nicht entwickelt. Und schließlich bezieht ein weiterer Kritikpunkt sich direkt auf die zuständige Regulierungsbehörde, deren Problemlösungskapazität in Frage gestellt und der "administrative inefficiency and delay" (Quirk 1980: 206) vorgeworfen wird.

---

30 Vgl. hierzu bereits die frühe Untersuchung von Litchfield (1962), deren Ergebnisse zu einer skeptischen Einschätzung der Reichweite von Tierversuchen führen.

31 Dieses (übersetzte) Zitat findet sich in Bodewitz et al. (1987: 256). Es ist der öffentlichen Erklärung einer führenden Gruppe internationaler Pharmakologen entnommen, die sich kritisch mit den regulativen Auswirkungen der Thalidomid-Katastrophe in entwickelten Industrienationen auseinandersetzt.

Diese Kritik kulminierte in der sog. *"drug lag"-Diskussion.* Ihr lag der ambitionierte Versuch zugrunde, komplementär zur quantitativen Erfassung gesundheitsbeeinträchtigender Folgen zugelassener Arzneimittel, nun auch die gesundheitsbeeinträchtigenden Folgen von Nicht-Zulassung und verzögerter Zulassung quantitativ zu erfassen. "Drug lag" ist ein Begriff, der von *Wardell (1973a)* geprägt wurde. In dieser Pionierarbeit, der bald zahlreiche andere folgten, wurden die gesundheitsspezifischen Auswirkungen der unterschiedlichen Zulassungsanforderungen in Großbritannien und den USA miteinander verglichen. Dabei wurde zunächst ein erhebliches "drug lag" zwischen beiden Ländern konstatiert und anschließend dessen Folgen eingeschätzt. Die gesundheitsbeeinträchtigenden Folgen der hohen Regulierungsauflagen und Sicherheitsstandards in den USA sind demnach dramatisch: Die verzögerte Einführung eines der untersuchten Arzneimittel, Nitrazepam, kostete dieser Studie zufolge mehr als 1.200 Menschenleben. In einer Folgestudie (Wardell 1978) wird gar geschätzt, daß die Nicht-Zulassung des Betarezeptorenblockers Practolol, einem Arzneimittel zur Behandlung kardiovaskulärer Krankheiten, jährlich ca. 10.000 Menschenleben kostete.[32] Aufgrund methodisch nur schwer rekonstruierbarer Kausalzusammenhänge sind diese Ergebnisse wissenschaftlich hochgradig umstritten.[33] Sie blieben politisch jedoch nicht folgenlos und trugen zur *Re-Thematisierung* der Arzneimittelsicherheitspolitik in den USA bei.[34]

---

32 Daß das 1970 in Großbritannien eingeführte Practolol 1976 aufgrund schwerer unerwünschter Nebenwirkungen zurückgezogen werden mußte, schwächt nach Ansicht der "drug lag"-Kritiker nicht deren Kritik, da bis zu diesem Zeitpunkt keine adäquaten Alternativen, d.h. sicherere Betarezeptorenblocker, zur Verfügung gestanden haben. Vgl. hierzu Bakke et al. (1984). Neben den im engeren Sinne politischen Faktoren wie Regulierungsauflagen und Sicherheitsstandards werden darüber hinaus auch von der *Wirtschaft* antizipierte Folgen des *Rechts* (hier: Produkthaftung) für das "drug lag" verantwortlich gemacht. So berichtet Kitch (1986) davon, daß in den USA in den 80er Jahren verschiedene Impfstoffe trotz positiver medizinischer Risiko/Nutzen-Einschätzung aufgrund des als zu hoch eingeschätzten Haftungsrisikos vom Markt genommen wurden.

33 Vgl. nur die Kritik an Wardell (1973a) durch Simmons (1974). Für eine neuere, ausgewogene und erweiterte Darstellung der "drug lag"-Diskussion vgl. Andersson (1992).

34 Zu den politischen Folgen vgl. Murswiek (1983: 506): "Die 'drug lag'-Kontroverse konnte das erreichen, was der ökonomischen Kosten-Nutzen-Analyse versagt blieb. Sie war das

Diese Re-Thematisierung führte seit Ende der 70er Jahre zu *politischen Korrekturen* an den seit 1962 gültigen Zulassungsvorschriften für Arzneimittel.[35] Dies geschah vor allem im Umweg über personalpolitische Veränderungen, mit denen direkt in die zuständige Regulierungsbehörde eingegriffen wurde. So wurde 1981 mit Arthur Hayes Jr. ein klinischer Pharmakologe an die Spitze der FDA ernannt, dessen Aufgabe darin bestand, einen politisch intendierten "path of modest deregulation" (Smith 1981: 984) einzuschlagen und innerhalb der Behörde durchzusetzen, der man zudem unter der Reagan-Administration die Zuständigkeit für die Ernennung ihrer wissenschaftlichen Beratungskommissionen nahezu vollständig entzog (Jasanoff 1990a: 154).[36] Später wurde dann mit Louis Lasagna der neben Wardell vermutlich bekannteste Kritiker der Arzneimittelregulierung in den USA zum Vorsitzenden eines Komitees ernannt, dessen Aufgabe es war, die zum damaligen Zeitpunkt gültigen Zulassungsverfahren für Arzneimittel gegen Krebs und AIDS zu überprüfen (Antoine/Vanchieri 1990). Darüber hinaus erließ der US-amerikanische Kongreß 1983 den Orphan Drug Act, mit dem zusätzliche finanzielle Anreize zur Entwicklung von Arzneimitteln für seltene Krankheiten bereitgestellt wurden (Hutt 1986: 621 f.; Mathieu 1994: 261 ff.). Neben diesen *externen* Korrekturen veränderte sich auch das *interne* Problemlösungsverhalten der zuständigen Regulierungsbehörde FDA, vor allem im Verhältnis von politischer Regulierung und wissenschaftlicher Expertise.

Vehikel, um in den Reformgesetzentwurf von 1978 jene Vorschriften hineinzubringen, die tendenziell eine Liberalisierung der Vormarktkontrolle einleiten sollten".

35 Interessanterweise scheinen parteipolitische Differenzen in dieser Hinsicht eine vergleichsweise geringe Rolle zu spielen. Während nach Quirk (1980: 277) von Mitte der 60er bis Mitte der 70er Jahre ein breiter Konsens zwischen Demokraten und Republikanern zugunsten einer "activist FDA" bestand, der sich auch in entsprechenden personalpolitischen Entscheidungen niederschlug, begannen nach Wardell (1982: 33) die ersten Deregulierungsbemühungen bereits Mitte/Ende der 70er Jahre unter Ford und Carter; sie wurden dann unter Reagan verstärkt fortgeführt. Zu Kontinuität und Wandel der FDA-Regulierungspraxis vgl. ergänzend Merrill (1994).

36 Eine Ausnahme bildet allein das Cardiovascular and Renal Drugs Advisory Committee, für dessen Zusammensetzung weiterhin die FDA zuständig war. Für eine Beschreibung der sozialen Konsensfindungsmechanismen innerhalb dieses Organs der wissenschaftlichen Politikberatung vgl. Jasanoff (1990a: 160 ff.), die vor allem den Stellenwert wissenschaftlicher peer review-Verfahren betont.

Wenngleich der Bereich der Arzneimittelkontrolle von Beginn an stärker auf externer wissenschaftlicher Beratung gegründet war als der Bereich der Lebensmittelkontrolle, nahm die Relevanz der organisationsinternen Expertise gegenüber der organisationsexternen weiter ab (Quirk 1980: 209). Damit wurde auch der Kritik der sog. "Rochester-Gruppe" um Wardell und Lasagna an der ihrer Meinung nach verbesserungswürdigen Praxis der Einbeziehung organisationsexterner wissenschaftlicher Beratungskommissionen entsprochen (Murswiek 1983: 504 f.). Trotz dieser Veränderungen ergibt der Gesamteindruck der US-amerikanischen Arzneimittelregulierung ein *relativ stabiles Bild*. Empirische Daten für die späten 80er Jahre zeigen, daß die maßgeblich von regulativen Auflagen bestimmte Zeitspanne von der Arzneimittelentwicklung bis zur -vermarktung nicht wesentlich kürzer geworden ist (Kaitin et al. 1991).[37] Die auf ausgedehnte Vormarktkontrollen setzende Regulierungspraxis wurde im Kern beibehalten, jedoch um *einzelne Deregulierungsmaßnahmen* ergänzt, die insgesamt nicht unerheblich sind.

4.3. Politische Risikoorientierung und -bewältigung

Vor dem Hintergrund der in diesem Kapitel vorgestellten empirischen Befunde lassen sich die beiden einleitend gestellten Fragen zur politischen Risikotransformation im Bereich der Arzneimittelregulierung beantworten.

---

37 Der grundlegende Zusammenhang zwischen politischen Regulierungsmaßnahmen und Innovationsaktivitäten im Arzneimittelbereich ist jedoch alles andere als erschöpfend erforscht. Für einen Überblick über die US-amerikanische Diskussion vgl. Comanor (1986). Die monokausale Annahme von Peltzman, "(t)he conclusion would seem to be that the 1962 amendments have been responsible for substantially *all* the post-1962 decline in drug innovation" (1974: 16, Hervorhebung im Original, G.K.), gilt zwar inzwischen als widerlegt, da zahlreiche nicht auf Regulierungsmaßnahmen zurückführbare Faktoren eine entscheidende Rolle spielen. Empirisch und methodisch bleibt die genaue Gewichtung und Messung der einzelnen Faktoren allerdings weithin umstritten. Zur Kritik an Peltzman (1974) vgl. die in Murswiek (1983: 493 f.) zitierten Studien. Für eine neuere, auf die Bundesrepublik Deutschland bezogene Studie vgl. Golz (1990), dessen Ergebnisse den üblicherweise angenommenen negativen Zusammenhang von Regulierungsmaßnahmen und Innovationsaktivitäten in Frage stellen und "eine Überschätzung der Regulierungsauswirkungen auf die Neuerungsintensität von Arzneimittelmärkten" (ebd.: 162) deutlich relativieren.

Zunächst zur *ersten Frage*, die sich auf die Mechanismen der Transformation von Arzneimittelgefahren in ein politisches Risiko bezieht. Die empirischen Befunde zur Arzneimittelregulierung in der Bundesrepublik Deutschland, Großbritannien und den USA zeigten, daß vor allem *katastrophale Ereignisse*[38] im gesellschaftlichen Umgang mit Arzneimitteln die Voraussetzung für die Transformation von Arzneimittelgefahren in ein politisches Risiko darstellen. Durch Arzneimittelkatastrophen werden die politische Problemwahrnehmung geschärft und politik*interne* Resonanzen im Hinblick auf eine *außerhalb* der Politik liegende Gefahr ausgelöst. Als *Mechanismus* dieser Übersetzung ist die Verschränkung von gesellschaftlichen und vor allem an die Politik adressierten Sicherheitserwartungen mit einem politikimmanenten Sog der Anziehung und Politisierung von entscheidungsrelevanten Themen anzusehen. Formen und Geschwindigkeit der Übersetzung variieren allerdings erheblich. In den USA trieben Personen als "political entrepreneurs" die kampagnenartige Verbreitung des Themas "Arzneimittelsicherheit" voran und stellten damit eine rasche Übersetzungsleistung her. Hingegen wirkten die neo-korporatistischen Entscheidungsstrukturen der bundesdeutschen Politik ebenso wie die für die britische Politik charakteristische "institutionalized informality" (Smith/Wynne 1989: 18) der unmittelbaren Politisierung dieses

---

38 Es versteht sich von selbst, daß unter Zugrundelegung der risikosoziologischen Prämissen dieser Arbeit spezifische Ereignisse erst durch deren gesellschaftliche Wahrnehmung, Bewertung und Prozessierung als katastrophale Ereignisse konstituiert werden. Der Konstituierungsprozeß von Katastrophen wird hierbei der Gesellschaft selbst überlassen. Dies verbietet es, in der eigenen Analyse eine präzisere - womöglich gar: quantitative - Bestimmung des Begriffs "katastrophale Ereignisse" zu entwickeln, die gleichsam von außen an den konkreten Untersuchungsgegenstand (hier: politische Wahrnehmung und Bewältigung von Arzneimittelgefahren) anzulegen sei. Vielmehr wird eine für den gesellschaftlichen Umgang mit Gefahren folgenreiche Dramatisierungsschwelle in der gesellschaftlichen Kommunikation angenommen, jenseits derer spezifische Ereignisse als Katastrophe wahrgenommen, bewertet und prozessiert werden. Daß dies insbesondere für das Ereignis "Thalidomid" gilt, konnte im empirisch-deskriptiven Teil 4.2. aufgezeigt werden. Vgl. ergänzend die Quellenangabe zur "Thalidomidkatastrophe" in Edgar/Rothman (1990) und Bodewitz et al. (1987). Der hiermit im Hinblick auf den Katastrophenbegriff gewählte und generell nicht unproblematische Weg der Definitionsverlagerung qua Definitionsverzicht entspricht im übrigen der Vorgehensweise der schon seit etlichen Jahrzehnten vor allem in den USA etablierten Katastrophensoziologie, die den Umgang der Bevölkerung mit natürlichen und technischen Katastrophen untersucht (Drabek 1986, Kreps 1984, Kreps et al. 1993).

Themas entgegen. Gerade für die von der Thalidomid-Katastrophe besonders betroffene Bundesrepublik Deutschland fielen der im Vergleich zu den USA geringe Grad an Politisierung und die sehr verzögerte Reaktionszeit des politischen Systems auf - und zwar deutlicher, als man unter den theoretischen Prämissen dieser Arbeit zur "Politik in der Risikogesellschaft" hätte vermuten können. Trotz dieser Differenzierung ist generell jedoch festzuhalten, daß in der Phase der politischen Problemwahrnehmung weder wirtschaftliche Entscheidungskalküle noch wissenschaftlicher Erkenntnisfortschritt die entscheidenden politikinternen Resonanzen auslösten. Sie spielten gegenüber öffentlichen Problemsensibilitäten und dem im politischen System selbst erzeugten Druck in dieser Phase eine eher untergeordnete Rolle.

Ebensowenig kann davon ausgegangen werden, daß die politische Problemwahrnehmung aus der Problemmaterie Arzneimittelsicherheit selbst ableitbar wäre. Dies zeigte sich sowohl an der kaum vorhandenen politischen Problemwahrnehmung in der Bundesrepublik Deutschland und Großbritannien *vor* der Thalidomid-Katastrophe als auch an der besonders geschärften politischen Problemwahrnehmung in den USA *nach* der Thalidomid-Katastrophe. Gerade letztgenanntes Beispiel verdeutlicht, daß selbst eine weitestgehend ausgebliebene Arzneimittelkatastrophe - hier aufgrund der Nicht-Zulassung von Thalidomid - weitreichende Prozesse politischer Risikotransformation auslösen kann, sofern die öffentliche Dauerthematisierung der Gefahren von Arzneimitteln institutionelle Entscheidungsträger dem politischen Risiko von Glaubwürdigkeits- und Vertrauensverlusten aussetzt, welches es dann zu bewältigen gilt.[39]

Die hohe Selektivität des politischen Systems im Hinblick auf die Wahrnehmung von Arzneimittelgefahren ist ein durchgängig anzutreffendes Ergebnis; trotz nationaler Differenzen bilden katastrophale Ereignisse bzw. deren Thematisierung den wichtigsten Auslöser politischer Resonanzen. Die

---

39 Zu den Voraussetzungen und Folgen der öffentlichen Thematisierung von Arzneimittelgefahren in den USA zu Beginn der 60er Jahre vgl. auch Edgar/Rothman (1990: 113): "The entire episode demonstrates how powerful the symbolic role of a nightmare case can be in the implementation of public policy".

daran anschließenden *Regulierungsoptionen* bieten demgegenüber ein wesentlich uneindeutigeres Bild. Im Hinblick auf die *zweite Frage*, die sich auf Formen der Risikobewältigung konzentriert, treten *nationale Differenzen* stärker hervor.

Ein Versuch ist es, nationale Differenzen der Arzneimittelregulierung über "economic and structural differences" (Dukes 1986: 631) zu erklären. "A country with little or no innovative industry and a tradition of centralization may be more prone to enact restrictive laws" (Dukes 1986: 631), lautet dann die diesbezügliche Annahme. Sie trägt jedoch nicht, wie am Beispiel der US-amerikanischen Arzneimittelregulierung zu sehen war, denn hier treffen eine sehr restriktive Regulierungspraxis, eine insgesamt sehr innovative und leistungsstarke Arzneimittelindustrie und eine erst seit wenigen Jahrzehnten und zudem längst nicht in allen Politikbereichen durchgesetzte Zentralisierung der politischen Problembewältigung aufeinander.

Richtiger ist es, die Heterogenität der politischen Bewältigung unerwünschter Arzneimittelnebenwirkungen auf unterschiedliche Politik- und Rechtstraditionen bzw. politisch-partizipatorische Kulturen zurückzuführen, wie es Brickman et al. (1985) und Jasanoff (1986) im Hinblick auf die politische Regulierung karzinogener und toxischer Substanzen getan haben. Tradition bzw. Kultur sind jedoch zu weite und unbestimmte Begriffe, als daß sich hierüber die *Selektivität* politischer Entscheidungsprozesse erklärend erfassen ließe. Darüber hinaus fehlt ein gemeinsamer, fallübergreifender *Problembezugspunkt* zur theoretischen Klärung des Verhältnisses von Differenzen und Gemeinsamkeiten im Bereich der Arzneimittelregulierung. Beide Probleme lassen sich lösen, indem man den zuvor entwickelten, auf Entscheidung bezogenen Risikobegriff einsetzt und die Bewältigung politischer Entscheidungsrisiken als Problembezugspunkt politischer Entscheidungsprozesse und -optionen fixiert.

Das strukturelle Problem allen Entscheidens, sich in der Gegenwart für eine möglicherweise falsche Alternative entschieden zu haben, besteht hinsichtlich der politischen Bewältigung unerwünschter Arzneimittelnebenwirkungen in zugespitzter Form. Denn folgt man der Argumentation von Funtowicz/Ravetz (1990), sind Entscheidungssituationen im Hinblick auf die Bewältigung technisch-ökologischer Gefährdungen vor allem dann problematisch, wenn sie durch das Zusammenspiel von hoher Unsicherheit (*"high uncertainty"*) und hohen Entscheidungslasten (*"high decision stakes"*) charakterisiert sind. Beide Bedingungen sind hier gegeben. Einerseits sind regulative Entscheidungen stark unsicherheitsbelastet, da, wie zuvor gezeigt, der wissenschaftlich-antizipativen Risikoabschätzung unerwünschter Arzneimittelnebenwirkungen deutliche Grenzen gesetzt sind. Andererseits können die Folgen einer Fehlentscheidung aufgrund des Katastrophenpotentials von Arzneimitteln gravierend sein. Arzneimittelregulierung bedeutet für die Politik also vor allem eines: *Risikoübernahme.*

Auf der Folie eines *einheitlichen* Problembezugspunktes, der in der Bewältigung politischer Entscheidungsrisiken gesehen wird, läßt sich die empirisch festgestellte Heterogenität der politischen Bewältigung von Arzneimittelgefahren nun auf die *unterschiedlichen* Bedingungen politischer Risikoübernahme zurückführen. Das empirische Material erlaubt darüber hinaus eine Spezifizierung dieser Annahme. Diese besteht darin, in der - im folgenden näher aufzuschlüsselnden - *Exponiertheit* der politischen Entscheidungsträger die zentrale Variable zur Erklärung unterschiedlicher Formen der Risikoübernahme und damit der Arzneimittelregulierung selbst zu sehen. Stehen regulative Entscheidungen unter *Beobachtungsdruck*, werden regulative Verfahren und Optionen präferiert, welche von denen signifikant abweichen, die für unbeobachtete Entscheidungskontexte charakteristisch sind.

Genau hierin liegt der *entscheidende Unterschied* zwischen den USA auf der einen, der Bundesrepublik Deutschland, Großbritannien und anderen europäischen Ländern auf der anderen Seite. Letztgenannte erlauben im Normalfall ein *verdecktes Prozessieren* politisch dadurch wenig riskanter Entscheidungen. Das Risiko der Entscheidung verschwindet im Dickicht neokorporatistischer, informeller und auf Delegation setzender politischer Problemlösungsmuster. Es taucht erst dann wieder auf, wenn Katastrophen und Skandale im Umgang mit Arzneimitteln das öffentliche Vertrauen in die Regulierungskompetenz politischer Entscheidungsträger erschüttern. Gelingt es, dieses Vertrauen wiederherzustellen - sei es durch die Etablierung neuartiger Zulassungsverfahren wie nach der Thalidomid-Katastrophe, sei es durch personalpolitische und organisationale Veränderungen wie nach den Skandalen in der Bundesrepublik Deutschland in den 80er und 90er Jahren[40] - oder ebbt die öffentliche Problemsensibilität ohne derartige Maßnahmen ab, können regulative Entscheidungen wieder verdeckt und weitestgehend unbeobachtet prozessiert werden.

Demgegenüber zeichnet sich der US-amerikanische Kontext der Risikoregulierung durch eine *Dauerbeobachtung* regulativer Entscheidungen aus. Die in der international-komparativen Regulierungsdiskussion in der Regel nur lose aneinandergereihten Charakteristika zur Bestimmung des "American exceptionalism" (Jasanoff 1990b) tragen allesamt zur Exponierung der politisch-institutionellen Entscheidungsträger bei und erhöhen das mit jeder regulativen Entscheidung zu übernehmende Risiko, sich für eine möglicherweise falsche Alternative entschieden zu haben.[41] Als Charakteristika wären dabei zu nennen: politischer Konkurrenzdruck, Zugang zum Rechtssystem, wissen-

---

40 Die personalpolitisch weitreichendsten Folgen sind in bezug auf unterlassene Amtshandlungen nach Bekanntwerden erster Zwischenfälle beim Gebrauch von NOMIFENSIN-haltigen Arzneimitteln zu verzeichnen. Eine 1986 ausgestahlte Fernsehreportage machte diesen Fall publik. Gegen den seinerzeitigen Leiter des zuständigen BGA-Institutes für Arzneimittel (AMI) wurde deswegen staatsanwaltlich ermittelt; vor Abschluß der Ermittlungen wurde er seines Amtes enthoben und innerhalb des übergeordneten Ministeriums versetzt. Vgl. hierzu Hohgräwe (1992: 199, 256 ff.). Die rasche Auflösung des BGA zum 1.7.1994 nach dem in der Öffentlichkeit hitzig diskutierten Skandal um HIV-infizierte Blutarzneimittel, für deren Verbreitung das BGA mitverantwortlich war, stellt sicherlich die weitreichendste organisationale Veränderung der politischen Arzneimittelregulierung in der Bundesrepublik Deutschland dar.

41 An dieser Stelle bestehen deutliche *Parallelen* zur politikwissenschaftlichen Diskussion, die bei eindeutiger Bejahung der Frage "Do Institutions Matter?" (Weaver/Rockman 1993a) auf die Besonderheit der sog. institutionellen Faktoren in den USA verweist, welche die Wahl regulativer Optionen maßgeblich beeinflußen. Der zentrale *Unterschied* besteht jedoch darin, daß die für meine Arbeit entscheidende Zuspitzung auf den Problembezugspunkt "riskantes Entscheiden" in politikwissenschaftlich-komparativen Studien nicht geleistet wird. Dort wird der Risikobegriff eher zur Charakterisierung unerwünschter Folgen von politischen Institutionen verwendet. So heißt es in dem programmatischen Beitrag von Weaver/Rockman (1993b: 39): "Political institutions are best thought of as creating risks and opportunities for effective policymaking".

schaftlicher Pluralismus nach Jasanoff (1990b: 65 ff.); wirtschaftliche und wissenschaftliche Analysen regulativer Optionen, allgemeine Verfahrensregeln, weitreichende Partizipations- und Informationsrechte der Öffentlichkeit sowie Überwachung der Regulierungsbehörden durch gesetzgebende und rechtsprechende Organe nach Brickman et al. (1985: 39 ff.); schriftliche Fixierung präziser Richtlinien und Vorschriften durch unabhängige und einflußreiche Regulierungsbehörden, häufige gerichtliche Auseinandersetzungen sowie die generelle Transparenz des gesamten Regulierungsprozesses und seine Offenheit gegenüber externen Einflüssen nach O'Riordan/Wynne (1987: 396 ff.), die hierin das Besondere eines von ihnen als konfliktorientiert bezeichneten Regulierungsstiles sehen, dem als Idealtypus vor allem die Verdichtung empirischer Phänomene in den USA zugrunde liegt.

Die Relevanz unterschiedlicher Bedingungen der Risikoübernahme für die Regulierungspraxis zeigt sich insbesondere in bezug auf die Frage nach dem *Zeitpunkt* regulativer Eingriffe. Wenngleich die politische Regulierung unerwünschter Arzneimittelnebenwirkungen sich generell sowohl auf den Zeitraum vor als auch nach der Einführung eines Arzneimittels erstreckt, sind signifikante Unterschiede in der regulativen Schwerpunktsetzung erkennbar.

In der Bundesrepublik Deutschland sind beide Eingriffsmöglichkeiten, d.h. Vor- und Nachmarktkontrollen, faktisch von großer Bedeutung. Die regulativen Entscheidungsprozesse sind in beiden Zeiträumen stark sequentialisiert. Korrektur- und Anpassungsmöglichkeiten regulativer Entscheidungen bestehen sowohl durch die zeitliche Befristung der Zulassung als auch durch das differenzierte Instrumentarium des Stufenplans, der das Kernstück der Nachmarktkontrollen darstellt. Das Risiko einer möglichen Fehlentscheidung wird hier also qua *Sequentialisierung des Gesamtprozesses* regulativer Entscheidungen kleingearbeitet und verteilt. Das mit jeder Einzelentscheidung weiterhin verbundene Risiko wird dadurch auf ein erträgliches Maß abgesenkt, welches weitreichende Formen der Risikoübernahme erlaubt.[42]

---

42 Die Ermöglichung der laufenden Reversibilität arzneimittelrechtlicher Risikoentscheidungen in der Bundesrepublik Deutschland wird auch von Di Fabio (1994a: 307 ff.; 1994b:

Klarer unterscheiden sich die primär auf Nachmarktkontrollen basierende britische Regulierungspraxis und die primär auf präventive Kontrollstrategien setzende Arzneimittelregulierung in den USA voneinander. In der international-komparativen Regulierungsdiskussion gelten beide Länder als diesbezügliche Antipoden.[43] Eine primär auf *Nachmarktkontrollen* basierende Regulierungspraxis erfordert die Risiko- und Verantwortungsübernahme für die möglichen Schadensauswirkungen *zu rasch* eingeführter Arzneimittel. Die Bereitschaft, *diese* Entscheidungsfolgen zu riskieren, ist nur unter der für den britischen Regulierungskontext charakteristischen Bedingung robuster Vertrauensverhältnisse der politisch-administrativen Regulierungsinstanzen zu den zu regulierenden Unternehmen, zur ärztlichen Profession und zur politisch relevanten Öffentlichkeit möglich.[44]

Der Rekurs auf diesen Typus der Risiko- und Verantwortungsübernahme ist unter den US-amerikanischen Bedingungen blockiert. Die deutlich präventive, auf ausgedehnte *Vormarktkontrollen* setzende Regulierungspraxis erfordert jedoch ebenfalls die Bereitschaft zur Risiko- und Verantwortungs-

---

349) als besonderes Charakteristikum der bundesdeutschen Arzneimittelregulierung hervorgehoben. Diese Vorgehensweise ist einerseits im Kontext dessen zu sehen, was rechtlich unter dem Begriff "experimentelle Gesetzgebung" (Horn 1989) gefaßt wird; sie entspricht andererseits dem, was Krohn/Küppers (1990) in Auseinandersetzung mit traditionellen Ansätzen synoptischer Planung als "experimentelle Implementation" bezeichnen.

43 Ausführlicher hierzu insbesondere Wardell/Lasagna (1975: 55 ff.), Commission of the European Communities (1980: 232 ff.) und Bakke et al. (1984); ergänzend Kaufer (1990: 155 ff.) und Andersson (1992). Auch in Studien zu anderen Bereichen der Risikoregulierung wie der Luftreinhaltepolitik (Vogel 1986) und der Kontrolle karzinogener Substanzen (Gillespie et al. 1979, Jasanoff 1987) werden immer wieder die besonders deutlichen Unterschiede zwischen Großbritannien und den USA betont. Dieses deutet auf grundlegendere, d.h. von einzelnen Regulierungsbereichen relativ unabhängige Unterschiede der zur Verfügung stehenden politischen Problembewältigungsoptionen hin, die sich nur durch die Analyse des umfassenderen Kontextes der Risikoregulierung erfassen lassen. Vgl. hierzu auch die politikwissenschaftliche Problemfassung von Vogel (1993), der die Relevanz politisch-institutioneller und darüber hinausgehender Faktoren gleichermaßen betont.

44 Diese Risiko- und Verantwortungsübernahmestruktur gilt grundsätzlich für eine Politik der Nachmarktkontrolle, sofern sie eine weitreichende Vormarktkontrolle zumindest partiell ersetzt. Vgl. hierzu Woodroffe/Weatherill (1990) mit zahlreichen anderen Beispielen der britischen Konsumentenschutzpolitik bei technischen Gütern, die generell wesentlich stärker auf Nachmarktkontrollen basiert als die der USA.

übernahme, hier allerdings für die möglichen Schadensauswirkungen von *Nicht-Zulassungen* bzw. *verzögerten* Arzneimitteleinführungen. Eine präventive Sicherheitsorientierung stellt die in dieser Hinsicht politisch anschlußfähigere, da sicherere Alternative dar, während die deutliche Einschränkung von Maßnahmen der Vormarktkontrolle zugunsten der Ausdehnung von Nachmarktkontrollen als politisch übermäßig riskante Option ausscheidet.[45] Daß diese Orientierung nur auf den ersten Blick zur Maximierung von Sicherheit und zur Minimierung von Gesundheitsgefahren führt, stellten wissenschaftliche Kritiker der US-amerikanischen Regulierungspraxis in der "drug lag"-Kontroverse heraus. Das Risiko, möglicherweise gefahrenreduzierende Arzneimittelinnovationen zu lange im Regulierungsprozeß zu halten bzw. diese gar nicht erst zuzulassen, ist politisch jedoch eher zu übernehmen als das Risiko, die möglichen Schadensauswirkungen einer zu raschen Arzneimitteleinführung verantworten zu müssen. Problemstruktur und -bewältigungsoptionen liegen ähnlich im Hinblick auf Impfmaßnahmen gegenüber *möglichen* Epidemien. Politisch kann man diese präventiven Maßnahmen forcieren oder hierauf verzichten. So zeigte das in den USA durchgeführte "swine flu immunization program", daß in diesem Fall das *Risiko*, eine Fehlwarnung zu provozieren und diesbezügliche Folgen verantworten zu müssen, politisch eher zu übernehmen war als das *Risiko*, nicht rechtzeitig und energisch genug gehandelt zu haben (Dutton 1988: 127 ff.). Demgegenüber verzichtete die britische Regierung bei gleicher Informationslage auf ein entspre-

---

45 Vor diesem Hintergrund wird der stark *utopische Gehalt* des vermeintlichen Risikorealismus der Ausführungen von *Wildavsky (1988)* nur zu deutlich. Dort heißt es in bezug auf den Problembereich Arzneimittelregulierung: "In the absence of certain knowledge about the future, the only way to achieve long-term net reduction in risk may well be to run a short-term risk, i.e., during the testing period of a new drug" (ebd.: 57). Aus der unbeteiligten Beobachterperspektive mag das sicherlich stimmen. Aus der Handlungsperspektive jedes einzelnen Entscheidungsträgers stellt sich die Situation jedoch als ein lupenreines Kollektivgutproblem dar. Und von welcher politischen Entscheidungsinstanz könnte man unter den in den USA gegebenen Bedingungen realistischerweise erwarten, das von Wildavsky angesprochene kurzfristige Risiko zu übernehmen?

chendes Immunisierungsprogramm und entschied sich dafür, das Risiko der unterlassenen Gefahrenprävention zu übernehmen (Douglas 1985: 60 f.).[46]

Gerade in bezug auf die Frage nach dem Zeitpunkt regulativer Eingriffe zeigt sich die spezifische *Zeitstruktur* unter Beobachtungsdruck stehender politischer Entscheidungskontexte. Diese Struktur begünstigt in der *Gegenwart* zu treffende Entscheidungen, deren Folgeprobleme sich weitestgehend invisibilisieren lassen und somit verhindern, daß in der *Zukunft* eintretende Schäden direkt auf die politischen Entscheidungsträger zugerechnet werden. Gegenüber den zumindest partiell sichtbaren, kausal zurechenbaren und faktisch feststellbaren Schäden durch den Gebrauch von Arzneimitteln bleiben die Schäden eines präventiven - in der Terminologie des Risk Assessment: konservativen - Regulierungsansatzes nahezu unsichtbar, kausal kaum zurechenbar und hypothetisch.[47] Dieses Risikoverhalten von sozialen Entitäten (hier: Politik und Verwaltung) entspricht dem in der psychologischen Forschung zum individuellen Risikoverhalten herausgefundenen "*omission bias*" (Ritov/Baron 1990, 1995). Damit ist die Neigung gemeint, einer übermäßig riskanten Entscheidungsalternative auszuweichen, sofern mögliche negative Entscheidungsfolgen von anderen auf den Entscheider zugerechnet werden. Interessanterweise gilt dies selbst dann, wenn die stattdessen präferierte Entscheidungsalternative des Unterlassungshandelns für die anderen faktisch gefährlicher ist.[48] Im Arzneimittelbereich begünstigt die asymmetrische *Sicht-*

---

46 Retrospektiv stellte sich im übrigen die politische Risikoübernahme der US-amerikanischen Entscheidungsträger als Fehlschlag dar: Das Immunisierungsprogramm ging als "swine flu fiasco" (Williamson 1981: 136) in die Geschichte ein, da es erhebliche Gesundheitsbeeinträchtigungen *aufgrund* der Präventionsmaßnahme gegenüber einer faktisch dann nicht aufgetretenen Epidemie nach sich zog.

47 Wie in 4.4. zu zeigen sein wird, kollabiert die klare Unterscheidung zwischen beiden Typen der Schadenswahrnehmung und -zurechnung jedoch in der Auseinandersetzung um die Freigabe von Arzneimitteln für HIV-Infizierte.

48 Prägnantestes Beispiel von Ritov/Baron (1990) ist eine experimentelle Untersuchung zur individuellen Bereitschaft, Kinder gegen eine mögliche Epidemie zu impfen. Bei Bekanntheit der mit der Impfung verbundenen Todeswahrscheinlichkeit entschieden sich die meisten Untersuchungsteilnehmer für Nicht-Impfung, wenngleich die mit dieser Option verbundene und ebenfalls bekannte Todeswahrscheinlichkeit höher lag. Die hier experimentell festgestellte geringe Impfbereitschaft bei Bekanntheit der unerwünschten Nebenfolgen von Impfmaßnahmen ist vermutlich auch ein Grund dafür, daß politisch-administrative Ent-

barkeit und *Zurechenbarkeit* unerwünschter Entscheidungsfolgen eine politisch risikoaverse Form der Gefahrenregulierung, mit der eine im Sinne quantitativer Abschätzungen ausgeglichene Abwägung zwischen den antizipierten Opfern der verschiedenen politischen Optionen faktisch ausgeschlossen wird. Dies gilt um so mehr, als die Entscheidungsfolgen gravierend sein können, da Arzneimittel ein hohes *Katastrophenpotential* in sich bergen. *Auch* aufgrund dieser qualitativen Parameter sind die dekontextualisierten und abstrakten Entscheidungsverfahren, mit denen quantitative Risiko- und Kosten-Nutzen-Analysen operieren, für einen konkreten Entscheidungskontext nur von begrenztem Wert.[49] Zwar lassen sich "tragic choices" (Calabresi/Bobbitt 1978) unter formal gleichberechtigten Alternativen wissenschaftlich modellieren und als politische Entscheidungshilfe formulieren. Dies löst jedoch nicht das grundlegendere Problem der Herstellung von Risikoübernahmebereitschaft bei politisch exponierten Entscheidungsträgern.

Die Relevanz dieser qualitativen Parameter läßt sich für die USA klarer nachweisen, deren politische Entscheidungsträger unter stärkerem Beobachtungsdruck stehen als die in der Bundesrepublik Deutschland und Großbritannien. Dennoch ist zu vermuten, daß auch außerhalb des US-amerikanischen Regulierungskontextes qualitative Parameter von Bedeutung sind. Dies gilt vor allem hinsichtlich der besonderen Katastrophensensibilität

---

scheidungsträger bei der Durchführung von Impfmaßnahmen diesbezügliche Ungewißheiten und Ambiguitäten eliminieren und demonstrative Sicherheit verbreiten müssen, um den Erfolg eines Impfprogramms nicht zu gefährden. Vgl. hierzu die zuvor angegebene Literatur zum "swine flu fiasco" in den USA, insbesondere Dutton (1988: 127 ff.). Weitere Forschungsergebnisse zum "omission bias" werden in Ritov/Baron (1995) präsentiert.

49 Diese Begrenzung ergibt sich auch aus anderen Gründen. Vgl. hierzu Fußnote 14. Die weitverbreitete Skepsis regulativer Entscheidungsträger gegenüber abstrakt-formalisierten Entscheidungsverfahren kommt in einem Statement des damaligen BGA-Präsidenten besonders deutlich zum Ausdruck: "Was eine realitätsorientierte empirische Regulation nicht braucht, ist hochgestochene Philosophie, abstrakte Erkenntnistheorie oder blutleere Entscheidungstheorie. (...) Risk Assessment ist als Forschung und Theorie heute dringend nötig. Das regulative Handeln darf sich danach aber nicht oder nur sehr eingeschränkt richten" (Überla 1984: 246). Innerhalb der Regulierungsbehörden gibt es allerdings auch andere Stimmen, die für die verstärkte Einbeziehung solcher Verfahren - wie insbesondere einem auf epidemiologischen Studien basierenden Risk Assessment - plädieren. So etwa Faich (1991), seinerzeit für den Bereich der Nachmarktkontrolle zuständiger Entscheidungsträger der FDA.

der Politik nach der Thalidomid-Katastrophe, die sich in weitreichenden Änderungen der regulativen Praxis niederschlug.[50]

Sieht man in der Bewältigung von Eigenrisiken den zentralen Bezugspunkt der Arzneimittelregulierung, lassen sich darüber hinaus die für die USA deutlich unterschiedlichen Risikoorientierungen zwischen *Politik* und *Verwaltung* unterscheiden und zueinander in Beziehung setzen.[51] Hierauf sind grundlegende Strukturmuster und daran ansetzende Modifikationen zurückzuführen. Empirisch und theoretisch ist zunächst von einer *Konvergenz* und wechselseitigen *Verstärkung* politischer und administrativer Risikoorientierungen auszugehen. Einerseits drängen - vor allem nach katastrophalen Ereignissen - an die Politik adressierte Sicherheitserwartungen der Öffentlichkeit auf Maßnahmen der Gefahrenprävention.[52] Die diesbezügliche Anreizstruktur marginalisiert eine nicht primär auf Prävention setzende Arzneimittelsicherheitspolitik als Option, da diese ein zu hohes politisches Risiko darstellt; entsprechend selten und nur von Außenseitern wie Wildavsky

---

50 Hiermit soll nicht bestritten werden, daß ein katastrophales Ereignis auch im strikt quantitativen Sinne bedeutsam ist, insofern sich dadurch die Risiko- bzw. Kosten-Nutzen-Bilanz für Arzneimittel verändert. Die politische Problemwahrnehmung sowie die zum Teil heftige Kritik seitens wissenschaftlicher Experten an dieser auch außerhalb der USA sehr selektiven, vor allem an Katastrophen orientierten Wahrnehmung weisen m.E. jedoch auf eine darüber hinausgehende Bedeutung für politische Entscheidungskontexte hin.

51 Diese Unterscheidung ergibt sich aus der in Kapitel 3 geleisteten begrifflich-theoretischen Klärung des dieser Arbeit zugrunde liegenden Verständnisses von Politik. Demzufolge ist das politische System der Gesellschaft intern in Politik und Verwaltung differenziert. Während von mir ansonsten ein Politikbegriff verwendet wird, der in dieser Hinsicht bewußt offen bleibt, wird in den nächsten Abschnitten ein engerer Politikbegriff dem Begriff der Verwaltung gegenübergestellt, um die bisherigen Ausführungen zu politischen Eigenrisiken und -logik unter hohem Beobachtungsdruck stehender Entscheidungskontexte zu spezifizieren.

52 Aufschlußreich sind in dieser Hinsicht die Ergebnisse einer in den USA durchgeführten Untersuchung von Gardner/Gould (1989), die nicht, wie in psychometrischen Untersuchungen üblich, die öffentliche Akzeptanz von riskanten Technologien vermessen haben, sondern die öffentliche Akzeptanz von regulativen Maßnahmen der Kontrolle dieser Technologien. Die Ergebnisse lassen an Deutlichkeit nichts zu wünschen übrig: "Respondents, on average, indicated that technology safety regulations should be stricter than they perceived to be" (ebd.: 232). Diese Präferenzen werden als "strong and consistent" (ebd.: 240) charakterisiert. Dies gilt insbesondere für mögliche Gefährdungen durch den Einsatz von Arzneimitteln, wie eine von Smith (1981: 986) in "Science" zitierte Studie belegt.

(1988) vertreten findet man sie in der politischen Diskussion. Andererseits führt die basale Sicherheitsorientierung administrativen Entscheidungsverhaltens zu einer *Verzögerung* riskanter Entscheidungen im Arzneimittelbereich, die gegenüber der Möglichkeit post festum einsetzender Fehlerzuschreibungen abgedichtet werden müssen. Dieses Risikoverhalten entspricht dem, was die Organisationsforscher Harrison und March (1984) als Grundregel des Umgangs mit riskanten Entscheidungen in Organisationen bezeichnen: die *Vermeidung von post-decision regret.* Damit ist gemeint, daß organisationale Entscheidungsprozesse primär an der Minimierung der Wahrscheinlichkeit eines Ergebnisses orientiert sind, von dem erwartet wird, daß es retrospektiv zum Bereuen der zugrunde liegenden Entscheidung führt; demgegenüber spielt die Maximierung des erwarteten Entscheidungsnutzens nur eine untergeordnete Rolle. Ebenso wie im engeren Bereich der Politik dominiert auch innerhalb der Verwaltung eine risikoaverse Bewältigung der eigenen Entscheidungsrisiken. Die aufmerksame Beobachtung administrativer Aktivitäten insbesondere durch den Kongreß und die Massenmedien schlägt sich nicht nur in einer Verzögerung riskanter Entscheidungen nieder. Sie führt darüber hinaus zur Asymmetrisierung der regulativen Optionen Zulassung/*Nicht-Zulassung.* So stellte der damalige Leiter der zuständigen Regulierungsbehörde FDA, Alexander Schmidt, 1974 vor dem Kongreß fest: "In all our history, we are unable to find one instance where a Congressional hearing investigated the failure of FDA to approve a new drug (...) the pressure from Congress for FDA to disapprove new drugs will continue to be felt (...)"[53]. Die Risikoorientierungen von Politik und Verwaltung konvergieren also hinsichtlich ihrer Präferenz für eine präventive, im Zweifelsfall eher auf Nicht-Zulassung als auf Zulassung von Arzneimitteln setzende Regulierungspraxis.

Das hieraus resultierende stabile Muster der politischen Bewältigung von Arzneimittelgefahren sah sich in der Folgezeit jedoch *Modifikationen* ausgesetzt, die sich auf veränderte Risikoorientierungen in Politik und Verwaltung zurückführen lassen. Gelang es *politisch* zunächst, Entscheidungscharakter

---

53 Zitiert nach Quirk (1980: 216).

und -folgen der Arzneimittelregulierung dadurch latent zu halten, daß man regulative Entscheidungen als Wahl zwischen *Sicherheit* und *Risiko* darstellen konnte, so zerbrach dieses Differenzschema in der "drug lag"-Kontroverse. In dem Maße, wie die gesundheitsgefährdenden Folgen einer zu restriktiven Arzneimittelsicherheitspolitik thematisiert wurden, verlor diese an politischer Legitimation. Vor dem Hintergrund der zusätzlich antizipierten Wettbewerbsnachteile für die US-amerikanische Industrie aufgrund dieser Politik ließ sich die zuvor unumstrittene und damit auch politisch sichere Sicherheitspolitik nun ebenfalls in *verschiedene riskante Entscheidungen* zerlegen, die grundsätzlich auch anders hätten ausfallen können. Mit der Thematisierung vor allem gesundheitlicher, aber auch ökonomischer Folgekosten einer aktiven Politik der Folgenantizipation und -prävention in bezug auf mögliche Schadensauswirkungen von Arzneimitteln veränderten sich die politische Anreizstruktur und die Bedingungen politischer Risikoübernahme. Damit wurde die Grundlage für den vorsichtigen Beginn bis dahin politisch wenig opportuner Lockerungen restriktiver Kontrollmaßnahmen geschaffen.

Ebenso veränderte sich die *administrative* Risikoorientierung unter dem Druck wachsender externer Kritik. So bemühten sich administrative Entscheidungsträger verstärkt um *wissenschaftliche Expertisen* als Grundlage der politischen Regulierung, die auch außerhalb der Regulierungsbehörde auf breite wissenschaftliche Zustimmung stoßen konnten.[54] Dabei ging es allerdings nicht primär darum, unmittelbar eine effektivere Regulierung von Arzneimittelgefahren anzusteuern oder politische Deregulierungspräferenzen im Umweg über Wissenschaft umzusetzen, wie auf den ersten Blick zu vermuten wäre. Dieses Problemlösungsverhalten ist vielmehr als bürokratisch-rationaler, da risikoaverser Versuch der *Absicherung regulativer Maßnahmen* zu interpretieren, deren Formulierung sich im Spannungsfeld von ungewißheitsbelasteten wissenschaftlichen Expertisen, politischen Konflikten, massenmedialer Dauerbeobachtung und drohenden rechtlichen Eingriffen bewegt. Im Rekurs auf robuste und der Auseinandersetzung standhaltende Expertisen

---

54 Vgl. hierzu nur die empirischen Belege in Fußnote 36.

werden die *internen* Entscheidungsprozesse gegenüber *externen* Interventionen politischer und rechtlicher Art abgeschirmt und multiple Formen der Risikoübernahme qua Entscheidung ermöglicht.[55] Daß dies im Ergebnis auch zu Lockerungen restriktiver Kontrollmaßnahmen geführt hat, ist demnach als *Nebenprodukt* administrativer Risikoaversion zu verstehen und weniger als das Erreichen einer anvisierten Zielvorgabe.

Setzt man politische und administrative Risikoorientierungen noch stärker zueinander in Beziehung als bislang, zeigt sich, daß die Annahme einer Konvergenz und wechselseitigen Verstärkung dieser Orientierungen keineswegs die reibungslose Integration beider Teilsysteme des politischen Systems bedeutet. Im Gegenteil: Der Prozeß der Risikoübernahme und -abwälzung verläuft im Verhältnis von Politik und Verwaltung sehr spannungsreich. Gerade für die US-amerikanische Arzneimittelregulierung sind *Diskrepanzen* von politischer Programmformulierung und administrativer Programmimplementation charakteristisch (Murswiek 1983: 522; Quirk 1980: 215 ff.). Legt man den in Kapitel 3 entwickelten Politikbegriff zugrunde, der gleichermaßen Politik und Verwaltung mit einschließt, muß man diese Diskrepanzen allerdings nicht, wie in der politik- und verwaltungswissenschaftlichen Forschung üblich, als Zielverfehlung politischer Steuerungsintentionen auf die Komplexität der Verwaltung als politisch relevanter *Umwelt* zurechnen. Aus der risikosoziologischen Perspektive dieser Arbeit sind die Diskrepanzen vielmehr das Resultat von Risikotransformationsprozessen *innerhalb* des politischen *Systems*, das zur Bewältigung systeminterner Problemlagen auf der differentiellen Übernahme und Abwälzung politisch riskanter Entscheidungen zwischen den verschiedenen Entscheidungsebenen beruht.

Im folgenden sollen nun in einer Art *Zwischenfazit* die bisherigen Ergebnisse zur politischen Risikotransformation im Bereich der Arzneimittelregu-

---

55 Folgt man der Analyse von Jasanoff (1990a), gilt die hier vorgeschlagene Interpretation zum Verhältnis von Wissenschaft und Politik zumindest auch für andere Bereiche der Risikoregulierung in den USA. Aber auch in Entscheidungskontexten, die unter geringerem Beobachtungsdruck stehen, leisten, so meine Vermutung, robuste wissenschaftliche Expertisen diese Abschirmungsfunktion für regulative Entscheidungen.

lierung zusammengefaßt werden. Dabei ist in bezug auf die beiden zu Beginn von 4.3. gestellten Fragen festzuhalten:

Die Gefahr unerwünschter Arzneimittelnebenwirkungen wird insbesondere durch *katastrophale Ereignisse* in ein politisches Risiko transformiert. Wenngleich dieser Befund für alle untersuchten Länder gilt, werden Arzneimittelgefahren im politischen System der USA, welches auf der über Personen und Kampagnen vermittelten Verbreitung politikfähiger Themen aufbaut, leichter zum politischen 'issue' als in der Bundesrepublik Deutschland und Großbritannien. Damit ist die erste Frage nach den Mechanismen der Risikotransformation beantwortet.

Die zweite Frage nach den Bewältigungsformen politischer Entscheidungsrisiken läßt sich nicht mit derselben Eindeutigkeit beantworten; zu heterogen erscheinen die politischen Optionen. Dennoch bleibt festzuhalten, daß die im Regulierungsprozeß selbst auftretenden Risiken risikoavers bewältigt werden. Politische *Risikoaversion* stellt jedoch nur eine Seite der Regulierungsmedaille dar. Die andere besteht in den unterschiedlichen Formen politischer *Risikoübernahme*, die hierüber ermöglicht werden. Diesbezügliche *Gemeinsamkeiten* bestehen jenseits sämtlicher nationaler Differenzen vor allem in zweierlei Hinsicht: Zum einen ist der Möglichkeitsspielraum für Formen der Risikoübernahme dadurch begrenzt, daß *sowohl* eine der politischen Kontrolle vollständig entzogene Risikoübernahme jenseits der Politik *als auch* eine ohne Risikoabwälzungs- und Distributionsprozesse abgestützte politikexklusive Risikoübernahme als übermäßig riskante Optionen ausscheiden. Faktisch konstatierbare Regulierungsoptionen bewegen sich genau in diesem Spannungsfeld von zuviel und zuwenig politischer Risikoübernahme. Zum anderen findet im Rekurs auf Zeit eine risikoaverse Bewältigung des politischen Entscheidungsrisikos statt. Das geschieht über die *zeitliche Sequentialisierung* des regulativen Gesamtprozesses, der in verschiedene Phasen der Vor- und Nachmarktkontrolle unterteilt ist. Zeitliche Sequentialisierung, wie sie in idealtypischer Weise für den bundesdeutschen Regulierungsprozeß charakteristisch ist, trägt zur Absenkung des mit jeder regulativen Entscheidung verbundenen Risikos bei und ermöglicht so politische Risikoübernahmebereitschaft.

Erhebliche nationale *Differenzen* der politischen Regulierung von Arzneimittelgefahren bestehen hinsichtlich des konkreten Zusammenspiels von Risikoaversion und Risikoübernahme im Bereich der Arzneimittelregulierung. Diese Differenzen resultieren aus dem unterschiedlichen *Grad der Exponierheit politischer Entscheidungsträger*. Stehen politische Entscheidungsträger unter externem Beobachtungsdruck, bilden sich andere *Risikoübernahmebereitschaften* heraus als in Entscheidungskontexten, in denen sich politische Entscheidungen eher verdeckt prozessieren lassen. Exponierte politische Entscheidungsträger müssen *höhere Entscheidungsrisiken* übernehmen, da das Risiko, sich für eine ex post als falsch bewertete Alternative entschieden zu haben, unter externem Beobachtungsdruck höher ist. Dies hat eine besonders ausgeprägte Form der *Risikoaversion* im Hinblick auf die politisch zu übernehmenden Entscheidungsrisiken zur Folge, die sich in einer Präferenz für Maßnahmen der unmittelbaren Gefahrenprävention im Arzneimittelbereich niederschlägt.[56] Von diesen für die USA charakteristischen Bedingungen und Bewältigungsformen riskanter Entscheidungen sind die Bedingungen und Bewältigungsformen in der Bundesrepublik Deutschland und Großbritannien zu unterscheiden. Auch hier ist die Risikoaversion der Politik grundlegend. Darauf aufbauend bildet sich ein Modus politischer Risikoübernahme heraus, der zwar ebenfalls auf der Prävention von Arz-

---

56 Diese Argumentation deckt sich nur auf den ersten Blick mit der von Wildavsky (1988). Denn während seiner Analyse ein Kompaktbegriff von Risikoaversion zugrunde liegt, werden in der vorliegenden Arbeit die Vermeidung von politikexternen technisch-ökologischen Gefahren und die risikoaverse Bewältigung politikinterner Entscheidungsrisiken klar voneinander unterschieden und zueinander in Beziehung gesetzt. Dies erlaubt, einen *sozialen* Mechanismus der politischen Transformation und Prozessierung von technisch-ökologischen Gefahren anzugeben. Mit Wildavsky (1988: 23) läßt sich allenfalls auf den wachsenden Einfluß für Risikofragen sensibilisierter, quasi-konspirierender *Personen* verweisen und dann resignativ feststellen: "The risk averse position - no trials without prior guarantees against error - has lately infiltrated the whole arena of public life". Die Bedingungen, unter denen politische Entscheidungsträger in sozial strukturierten Kontexten operieren, bleiben demgegenüber ausgeklammert.

neimittelgefahren basiert, insgesamt jedoch vielfältigere Formen der Bewältigung riskanter Entscheidungen erlaubt.

4.4. Politische Arzneimittelregulierung im gesellschaftlichen Kontext: Stand und Perspektiven

Im folgenden soll nun das Verhältnis zwischen politischen Regulierungsinstanzen und ihren gesellschaftlich relevanten Umwelten unter den risikosoziologischen Prämissen dieser Arbeit knapp und pointiert beleuchtet werden. Das geschieht nicht zuletzt, um abschließend eine vorsichtige Prognose zu zukünftigen Entwicklungen der Arzneimittelregulierung zu riskieren.

Betrachtet man den gesellschaftlichen Kontext, in den die politische Regulierung von Arzneimittelgefahren eingebettet ist, so gilt es, zwischen *Wirtschaft*, *Wissenschaft* und dem durch Betroffene bzw. Konsumenten gebildeten *Verwendungskontext* zu unterscheiden. Wirtschaftliche Aktivitäten stellen den zentralen Fokus der politischen Regulierung dar. Hieraus ergibt sich der besondere Stellenwert des Verhältnisses zwischen Politik und Wirtschaft, welches es auch zwecks Abschätzung zukünftiger Entwicklungen zu beachten gilt. Der Verwendungskontext unterliegt demgegenüber zwar keinem regulativen Zugriff. Er erzeugt jedoch, wie in 4.2. und 4.3. gezeigt, entscheidende Resonanzen auf seiten der Politik, deren Bedeutung auch im Hinblick auf zukünftige Entwicklungen kaum hoch genug eingeschätzt werden kann. Die Wissenschaft spielt im Prozeß der Arzneimittelregulierung eine doppelte Rolle: Einerseits fixiert die Politik wissenschaftliche Aktivitäten als Regulierungsgegenstand. Andererseits dient wissenschaftliches Wissen der Identifizierung und Bewältigung von Arzneimittelgefahren im Regulierungsprozeß.

Zunächst zur *Wissenschaft*. Wissenschaftliche Aktivitäten bilden insbesondere in bezug auf die Phasen klinischer Prüfungen, die an menschlichen Versuchsobjekten durchgeführt werden, einen *Gegenstand* politischer Regulierung. Als Reaktion auf publik gewordene Mißbrauchsfälle in der medizinischen Forschung wurden in sämtlichen demokratischen Industrienationen regulative Kontrollen zum Schutz der menschlichen Versuchsobjekte etabliert.[57] Diese Kontrollen leisten die "Institutional Review Boards" (IRBs) in den USA, "ethical commissions" in Großbritannien und *Ethik-Kommissionen* in der Bundesrepublik Deutschland, denen die Genehmigung und zum Teil auch die begleitende Überwachung der klinischen Prüfungen obliegt.[58] Die Kontrollkompetenzen werden *lokal* ausgeübt, d.h. die Orientierung an einer zentralisierten Kontrollinstanz entfällt. Ebensowenig ist ein direkter externer Zugriff von seiten politischer Regulierungsinstanzen vorgesehen. Vielmehr rekurriert die Politik auf Mechanismen der *professionellen Selbstkontrolle*. Länderübergreifend ist die Dominanz von Medizinern in derartigen Kontrollkommissionen, die zumeist um Juristen, Theologen und/oder Vertreter der Laienöffentlichkeit ergänzt werden, festzustellen.[59] Die Homogenität der po-

57 Diese Fälle wurden insbesondere in den USA publik und lösten dort weitreichende Veränderungen in Politik, Recht und Gesundheitswesen aus. Vgl. hierzu die bahnbrechende Studie von Beecher (1966), die Dokumentation zahlreicher Mißbrauchsfälle in Katz (1972), Barber et al. (1973) für eine soziologische Analyse empirischer und ethischer Dimensionen von Experimenten an Menschen in der medizinischen Forschung sowie Jasanoff (1995: 101 ff.) zur US-amerikanischen Rechtssprechung. Zum historischen Hintergrund ausführlicher Czwalinna (1987: 1 ff., 11 ff.) und van den Daele/Müller-Salomon (1990: 12 ff.). Zu rechtlichen Aspekten der klinischen Arzneimittelerprobung am menschlichen Organismus in der Bundesrepublik Deutschland vgl. Di Fabio (1994a: 211 ff.).

58 Zu den IRBs in den USA, wo der weltweit höchste Institutionalisierungsgrad zu verzeichnen ist, vgl. Barber et al. (1973), Gray et al. (1978) und McCarthy (1983). Auch die bundesdeutschen Enquete-Kommissionen sind seit einigen Jahren gut erforscht. Empirische Befunde zu Zusammensetzung, Themenwahl und Entscheidungsverhalten liefern Czwalinna (1987) und van den Daele/Müller-Salomon (1990).

59 Eine Ausnahme bildet allenfalls Dänemark, wo eine paritätische Besetzung durch Mediziner und Vertreter der Laienöffentlichkeit rechtlich vorgeschrieben ist. In der Bundesrepublik Deutschland ist demgegenüber eine Beteiligung letztgenannter überhaupt nicht vorgesehen, während sie in den USA zwar nicht vorgeschrieben ist, jedoch häufig praktiziert wird. Vgl. van den Daele/Müller-Salomon (1990: 79 f.). Bundesdeutsche Ethik-Kommissionen sollten sich in der Regel aus vier Medizinern und einem Juristen zusammensetzen (van den Daele/Müller-Salomon 1990: 80; Di Fabio 1994a: 218). Wie die empirischen Untersuchungen von Czwalinna (1987) und van den Daele/Müller-Salomon (1990) gezeigt haben, wird diese Regel allerdings kaum befolgt. Die mit Ausnahme des dänischen Falles gemeinsame Verankerung der meisten Kommissionsmitglieder innerhalb der ärztlichen Profession scheint im übrigen einen informalen, diskursiven und konfliktvermeidenden Kommunikationsstil zu begünstigen, der für heterogener zusammengesetzte Kommissionen nicht erwartet werden kann. Vgl. hierzu am Beispiel bundesdeutscher Ethik-Kommissionen die empirischen Beobachtungen in van den Daele/Müller-Salomon (1990: 40 ff.).

litischen Bewältigung der Mißbrauchsgefahr in der medizinischen Forschung ist auffällig. Die *politische* Überlegenheit einer Problembewältigungsoption, die - zugespitzt formuliert - auf die dezentral ausgeübte Selbstkontrolle der ärztlichen Profession vertraut, ist in dem gegenüber anderen Optionen vergleichsweise geringen Risiko zu sehen. Konfliktträchtige Eingriffe in den Bereich der medizinischen Forschung werden ebenso vermieden wie die Überlastung politischer Instanzen durch Regulierungsansprüche und -ambitionen.

Wissenschaftliche Forschung im Arzneimittelbereich stellt jedoch nicht nur einen Regulierungsgegenstand dar. Darüber hinaus werden wissenschaftliche Experten in hohem Maße in den Prozeß der Festlegung regulativer Maßnahmen mit einbezogen. Das gilt für sämtliche untersuchten Länder. Die Spannweite der politischen Bezugnahme auf Wissenschaft reicht dabei von der Erstellung wissenschaftlicher Expertisen innerhalb der zuständigen Regulierungsbehörden bis hin zur Delegation regulativ zu bewältigender Problemlagen an das Wissenschaftssystem. Damit steht dem politischen System eine umfassende und vielschichtige "wissensbasierte Infrastruktur" (Willke 1992: 267) zur Verfügung, auf deren gestiegene Bedeutung für den Prozeß der Risikoregulierung von seiten der soziologischen Steuerungstheorie zurecht hingewiesen wird (Willke 1992: insbesondere 262 ff.). Im Unterschied zur Steuerungstheorie ergibt sich dieser Bedeutungszuwachs unter den risikosoziologischen Prämissen dieser Arbeit jedoch weniger aus der Bewältigung von *Arzneimittelgefahren* als vielmehr aus der Bewältigung von politischen *Entscheidungsrisiken.*

Die vor allem für die Bundesrepublik Deutschland und Großbritannien festgestellten quasi-korporatistischen Verhandlungssysteme und informellen Arrangements tragen zur *Absenkung* des mit jeder regulativen Entscheidung zu übernehmenden Risikos bei; darüber hinaus findet mit der ebenfalls zu beobachtenden Delegation regulativ zu bewältigender Problemlagen an das Wissenschaftssystem eine noch weiterführende *Abwälzung* des politischen Entscheidungsrisikos statt.[60] Der Aspekt der politischen Risikoabsenkung

---

60 Zur Einbeziehung wissenschaftlicher Experten in den Kontext der bundesdeutschen Arzneimittelregulierung ausführlicher Di Fabio (1990; 1994a: 192 ff., 265 ff., 291 ff.), dessen

bzw. -abwälzung durch den Bezug auf Wissenschaft erfährt, wie gezeigt, in dem unter hohem Beobachtungsdruck stehenden US-amerikanischen Kontext eine dramatische Zuspitzung. Hier wird bereits die Herstellung der politischen Handlungs- und Entscheidungsfähigkeit zum basalen Problem, welches ohne die risikominimierende Funktion der Wissenschaft kaum zu lösen ist. Gerade am Beispiel der USA werden jedoch auch die prinzipiellen *Grenzen* der Risikoabsenkung bzw. -abwälzung deutlich: Einerseits leistet der Bezug auf Wissenschaft allenfalls eine partielle Entlastung der Politik im Umgang mit der konfliktreichen Problemmaterie "Arzneimittelsicherheit". Er kann jedoch nicht die *Selbstreferenz des Risikos* politischer Entscheidungen durchbrechen, da selbst der Versuch der vollständigen Abwälzung regulativ zu bewältigender Problemlagen und der damit verbundenen politischen Entscheidungsrisiken auf die Wissenschaft wiederum auf politische Entscheidungen verweist - und dies läßt sich inner- und außerhalb der Politik kontrovers beobachten.[61] Andererseits kann Wissenschaft *auch* zur politischen *Risikosteigerung* führen, indem sie, wie vor allem in der "drug lag"-Kontroverse sichtbar wurde, vorhandene politisch-regulative Optionen delegitimiert und die Politik mit zusätzlichen Optionen konfrontiert. Folglich ist die Annahme einer problemlosen Instrumentalisierbarkeit der Wissenschaft im Prozeß der Transformation

---

juristische Analyse das gesamte vorhandene Spektrum von "unverbindlicher Beratung bis zu eigenverantwortlicher autonomer Entscheidung durch Sachverständige" (1990: 209) abdeckt. Für Großbritannien vgl. ergänzend zu der in 4.2. zitierten Literatur zur britischen Arzneimittelregulierung generell die Einzelfallstudie von Abraham (1995), in der die regulativen Differenzen zwischen Großbritannien und den USA im Hinblick auf das Verhältnis von Wissenschaft und Politik herausgearbeitet werden. In der bereits 1994 erschienenen Zusammenfassung konstatiert Abraham, wie in der internationalen Regulierungsdiskussion üblich, ein hohes Maß an "institutional discretion" (ebd.: 54) für den britischen Regulierungskontext, wodurch ihm zufolge wissenschaftliche Expertise zum Einfallstor der Artikulierung von Wirtschaftsinteressen gerät.

61 Aus der Zirkularität des Versuchs, im Bezug auf politikexterne Instanzen die Selbstreferenz des politischen Entscheidungsrisikos zu durchbrechen, führt *eher* der Weg über das Rechtssystem, konkret: über die Verlagerung von politisch riskanten Entscheidungen auf Gerichte, hinaus. Aber auch dieser empirisch nicht selten zu beobachtende Versuch kann wiederum auf die Politik zurückwirken und zur Kritik politisch exponierter Entscheidungsträger führen. Dies belegt in besonders deutlicher Weise die Diskussion der neueren Tendenz in der Bundesrepublik Deutschland, politisch brisante Problemmaterien durch das Bundesverfassungsgericht entscheiden zu lassen.

von Arzneimittelgefahren in politisch zu bewältigende Entscheidungsrisiken auszuschließen.

Wie läßt sich nun das Verhältnis zwischen Politik und *Wirtschaft* risikosoziologisch erfassen? Zunächst ist festzuhalten, daß erhebliche *Unterschiede* zwischen den untersuchten Ländern bestehen. In bezug auf das Verhältnis zwischen Politik und Wirtschaft wiederholen sich die bereits in 4.2. und 4.3. herausgearbeiteten Strukturmuster der Arzneimittelregulierung insgesamt. So wird für Großbritannien das besonders hohe Maß an Informalität, Kooperation und Übereinstimmung betont. Ähnliches gilt für die Bundesrepublik Deutschland, die sich jedoch durch einen höheren Formalisierungsgrad auszeichnet, während in den USA, neben den für Großbritannien und die Bundesrepublik Deutschland charakteristischen Interaktionsformen, auch konflikthafte Auseinandersetzungen zu beobachten sind.[62]

Die *Gemeinsamkeit* sämtlicher Beziehungsmuster besteht jedoch in der erfolgreichen Bewältigung des *Dilemmas* von riskanten Kontrollverlusten der Politik auf der einen und der ebenfalls riskanten politikexklusiven Zuständigkeits- und Verantwortungsübernahme auf der anderen Seite. Das zeigt sich an der generell feststellbaren *Differenzierung von* politischen und wirtschaftlichen *Problemlösungskompetenzen* bei der Bewältigung von Arzneimittelgefahren. Die Durchführung der für die Zulassung von Arzneimitteln relevanten Studien fällt weitgehend in den Kompetenzbereich der arzneimittelherstellenden Unternehmen. Staatliche Regulierungsbehörden überprüfen die eingereichten Studien dann anhand festgelegter Kriterien. Diese Vorgehensweise erlaubt den Verzicht auf eine politikexklusive Zuständigkeits- und Verantwortungsübernahme, ohne politische Kontrollansprüche vollständig zugunsten selbstregulativer Mechanismen der pharmazeutischen Industrie aufzugeben. Des weiteren lassen sich - ebenfalls jenseits sämtlicher nationaler Differenzen - bereits im regulativen Vorfeld der Gesetzes- und Programmformulierung

---

62 Zu den diesbezüglichen Beziehungsmustern vgl. die in 4.2. angegebene Literatur, insbesondere Commission of the European Communities (1980), International Drug Surveillance Department (1991) und Abraham (1994, 1995) zu Großbritannien; Murswiek (1983), Hohgräwe (1992) und Baumheier (1993) zur Bundesrepublik Deutschland sowie Quirk (1980), Murswiek (1983) und Mathieu (1994) zu den USA.

zahlreiche *Verflechtungen* zwischen politischen Regulierungsinstanzen und den zu regulierenden Wirtschaftsorganisationen beobachten, wodurch Kontrollverluste und Überlastungen der Politik gleichermaßen vermieden werden. Im Ergebnis bedeutet dies ähnlich wie in bezug auf die politische Regulierung wissenschaftlicher Aktivitäten im Arzneimittelbereich einen politisch risikoaversen Modus der Regulierung möglicherweise gefahrenproduzierender wirtschaftlicher Aktivitäten. Zur Bewältigung des zu Beginn dieses Abschnitts benannten Dilemmas werden "*Netzwerke der Verantwortungsdiffusion*" (Hiller 1994: 117) zwischen Politik und Wirtschaft etabliert, die mit Hilfe der zusätzlichen Einbeziehung wissenschaftlicher Experten das politische Entscheidungsrisiko absenken und hierdurch politische Risikoübernahme ermöglichen.

Über politische Regulierungsmaßnahmen vermittelte Prozesse der Risikotransformation zwischen Politik und Wirtschaft stellen zwar eine deutliche *Belastung* der hiervon betroffenen Wirtschaftsorganisationen dar. Gerade im Arzneimittelbereich stehen jedoch wirtschaftsspezifische Mechanismen der Bewältigung dieser Belastungen zur Verfügung. Vor allem hierauf ist die insgesamt hohe Akzeptanz kosten- und zeitintensiver Auflagen zur antizipativen Bewältigung von Arzneimittelgefahren durch die pharmazeutische Industrie zurückzuführen. Dabei lassen sich *zwei Bewältigungsmechanismen* voneinander unterscheiden: Zum einen werden durch regulative Auflagen auch Marktzugangschancen reguliert und *Konzentrations- und Differenzierungsprozesse* innerhalb der pharmazeutischen Industrie begünstigt (Nord 1979, OECD 1985, Howells 1992). Die durch wirtschaftsexterne Auflagen entstehenden Belastungen werden auf diesem Weg wirtschaftsintern aufgefangen und bewältigt. Zum anderen lassen sich diese Belastungen, zum geringeren Teil direkt und zum größeren Teil über Krankenversicherungen vermittelt, auf den *Verwendungskontext* von Arzneimitteln abwälzen (Peltzman 1974: 75 ff., Chew et al. 1985: 47 ff., Griffin 1991). Dieser wird durch Konsumenten bzw. Betroffene gebildet, welche - und hier schließt sich zunächst der Kreis gesellschaftlicher Risikotransformationsprozesse - die ihnen entstehenden Belastungen zum Teil wiederum an das politische System der Gesellschaft weiterleiten können.

Solange die Wirtschaft über diese beiden Bewältigungsmechanismen verfügt, ist das Verhältnis zwischen Politik und Wirtschaft in bezug auf die für die Wirtschaft kosten- und zeitintensive Arzneimittelregulierung durch die Politik vergleichsweise unproblematisch. Das gilt auch angesichts der Veränderungen, die sich aus der zunehmenden Verlagerung nationalstaatlicher Regulierungskompetenzen auf die Ebene der Europäischen Union (EU) ergeben.[63] Dennoch werden sowohl brancheninterne Konzentrations- und Differenzierungsprozesse als auch etablierte Abwälzungsmechanismen erheblich in Frage gestellt - und zwar durch staatliche Kostendämpfungsmaßnahmen im Arzneimittelbereich, die auf die Substitution kostspieliger Originalpräparate durch günstigere Generika (patentfreie Nachahmerprodukte) abzielen.[64] Es bleibt abzuwarten, ob durch diese neueren Entwicklungen das insgesamt *stabile Beziehungsgeflecht* zwischen Politik und Wirtschaft aufbricht und

---

63 Die Harmonisierungsbemühungen auf europäischer Ebene reichen bis zur EWG-Richtlinie 65/65 zur Angleichung der Rechts- und Verwaltungsvorschriften über Arzneimittelspezialitäten zurück. Bisheriger Höhepunkt ist die Etablierung der European Agency for the Evaluation of Medicinal Products (EMEA), die im Januar 1995 ihre Arbeit aufnahm. Aufgabe dieser Behörde ist es, einerseits eigenständig Anträge auf eine für alle EU-Mitgliedsstaaten verbindliche Arzneimittelzulassung zu bearbeiten ("zentralisiertes Verfahren"), andererseits eine einheitliche Zulassungspraxis in den einzelnen EU-Mitgliedsstaaten zu gewährleisten ("dezentralisiertes Verfahren"). Ausführlicher hierzu Elbers/Buchwald (1994). Durch diese Harmonisierungsbemühungen werden die in 4.2. und 4.3. herausgearbeiteten Differenzen der Arzneimittelregulierung zumindest auf der europäischen Ebene verringert; dennoch bestehen weiterhin "nationale Handlungsspielräume" (Glaeske et al. 1993: 12). Durch die nicht nur auf die EU-Ebene beschränkten internationalen Verflechtungen in Politik und Wirtschaft können diese Bemühungen zudem den Harmonisierungsprozeß in dem durch Europa, Japan und den USA gebildeten globalen Wettbewerbsdreieck vorantreiben. Als Vehikel von Harmonisierungen innerhalb dieses Dreiecks ist vor allem die International Conference on Harmonization (ICH) anzusehen (Diener 1992, Nightingale 1995).

64 Vgl. hierzu nur am Beispiel der bundesdeutschen, britischen und französischen Kostendämpfungspolitik Baumheier (1993). Der Versuch, Kosten im Gesundheitswesen über die Substitution von Originalpräparaten durch Generika zu reduzieren, ist im übrigen nicht unumstritten, da diese Maßnahme den "return of investment" bei der kosten- und zeitintensiven Entwicklung von Originalpräparaten gefährdet und als Folge einen Rückgang wirtschaftlich riskanter Innovationen im Arzneimittelbereich erwarten läßt. Vgl. hierzu die kritische Einschätzung der bundesdeutschen Kostendämpfungspolitik durch Cassel (1991).

grundlegend neue Muster der Risikoübernahme und -abwälzung an deren Stelle treten werden.[65] Aufgrund der weitreichenden Einbeziehung der Vertreter von Wirtschaftsorganisationen und -verbänden in den politischen Regulierungsprozeß sind disruptive Veränderungen des Verhältnisses zwischen Politik und Wirtschaft allerdings kaum zu erwarten.

Ich betrachte nun die von politischen Regulierungsmaßnahmen *Betroffenen* außerhalb der institutionellen Kontexte von Wirtschaft und Wissenschaft. Auffällig ist zunächst, daß trotz gegenteiliger Spekulationen[66] und hohem Katastrophenpotential[67] die massiven Akzeptanz- und Vertrauenskrisen in anderen Bereichen der Risikoregulierung im Bereich der Arzneimittelregulierung kaum aufzuspüren sind. Dies ist auf ein Bündel sich wechselseitig stützender Variablen zurückzuführen, die aus der *Spezifik der Regulierungsmaterie* resultieren.

Zunächst läßt sich mit *Luhmann (1990, 1991)* argumentieren, daß die soziale Brisanz der Risikoproblematik im gesellschaftlichen Umgang mit Arzneimitteln durch die *Übernahme entscheidungsbezogener Risiken* auch auf der Betroffenenseite entschärft wird. Der gesamte Bereich der Krankenbe-

---

65 Innerhalb der Wirtschaft sind bereits erhebliche Resonanzen auf die staatliche Kostendämpfungspolitik zu verzeichnen. Diese haben zur Erschütterung des etablierten Musters der Zuständigkeits- und Risikoverteilung zwischen forschungsintensiven (Groß-)Unternehmen und den Herstellern von Generika geführt. Vgl. hierzu Dolata (1995), der in diesem Zusammmmenhang gar von einer weltweiten Übernahmewelle spricht. Auch im Hinblick auf die verhandliche Repräsentation arzneimittelherstellender Wirtschaftsorganisationen blieb die staatliche Kostendämpfungspolitik nicht folgenlos. So ist der deutsche Bundesverband der Pharmazeutischen Industrie (BPI) als einheitlicher wirtschaftlicher Interessenverband zerbrochen. Aufgrund innerhalb des BPI nicht zu bewältigender Spannungen zwischen den führenden forschungsintensiven Unternehmen und den Generikaherstellern haben die Erstgenannten ihren Austritt aus dem BPI erklärt und im Januar 1994 den Verband Forschender Arzneimittelhersteller (VFA) gegründet.

66 Vgl. hierzu etwa den Bericht der Commission of the European Communities (1980: 223), in dem ein direkter Bezug von Risiko und Akzeptanz im Vergleich zwischen Arzneimittelindustrie und Kernenergieindustrie hergestellt wird: "In terms of public risk there are a number of close similarities between the pharmaceutical industry and nuclear power industry. (...) Since the pharmaceutical industry is well developed in the United Kingdom it would seem reasonable therefore to research into risk in this industry as a guide to the factors influencing the probable acceptance of risk in the nuclear industry".

67 Vgl. hierzu jenseits der Thalidomid-Katastrophe nur die Fallstudien in Dutton (1988).

handlung basiert auf der Bereitschaft zur Risikoübernahme durch den Patienten, welches das Offenhalten zahlreicher exit-Optionen mit einschließt. Die harte Differenz zwischen entscheidungsproduzierenden politischen Regulierungsinstanzen, die ein Risiko eingehen, und den von etwaigen Schäden Betroffenen, die einer Gefahr ausgesetzt sind, kollabiert also an dieser Stelle. Das genügt jedoch nicht, um das vergleichsweise niedrige Konfliktniveau im Umgang mit einer Technologie, die ein vergleichsweise hohes Katastrophenpotential in sich birgt, zu erklären. Zumindest zwei weitere Variablen spielen eine wichtige Rolle: Risiko/Nutzen-Relationierung und Vertrauen.

Vor allem in Auseinandersetzung mit dem umstrittenen und empirisch gescheiterten Versuch von Starr (1969), qua abstrakter Risiko/Nutzen-Analyse gesellschaftliche Risikoakzeptanz umfassend zu modellieren, wird die *Besonderheit der Risiko/Nutzen-Abwägung* im Arzneimittelbereich deutlich.

Starr verhielt sich als Vertreter des klassischen Risk Assessment den politisch konflikthaften Asymmetrien der gesellschaftlichen Verteilung von Risiken und Nutzen gegenüber indifferent. Diese Vorgehensweise warf jedoch Fragen der Fairneß (Rayner/Cantor 1987) auf, die in seinem Modell nicht gelöst werden konnten. Im Gegensatz zur Risiko/Nutzen-*Verteilung* von Technologien wie der Kernenergie, deren Abschätzung und Bewertung für die Entwicklung des Risk Assessment allgemein und für das von Starr (1969) entwickelte Modell im besonderen von zentraler Bedeutung war, sind die von Betroffenen zu übernehmenden Risiken und Nutzen der medikamentösen Krankenbehandlung *individualisiert*, d.h. auf ein und dieselbe Person bezogen. Aufgrund dieses individuellen Zugriffs wird die akzeptanzblockierende Verteilungsproblematik bei Risikofragen im Arzneimittelbereich hinfällig, denn der Chancenaspekt der Risikoübernahme besteht hier nicht nur auf der für konkrete Risikoakzeptanz wenig instruktiven gesellschaftlichen Makroebene, unterhalb derer konflikthafte Asymmetrien zwischen den durch den Einsatz riskanter Technologien Belasteten und Begünstigten entstehen können (Hiller 1993: 23 ff.).

Hinfällig wird auch die Problematik der Herstellung von Risiko/Nutzen-*Kommensurabilität*. Starrs am Beispiel der Kernenergie vorgenommene Relationierung des Risikos der Sterblichkeit mit dem Nutzen der Energieversorgung sah sich dem Vorwurf des Zynismus (Mazur 1985) ausgesetzt und scheiterte am moralischen Empfinden der Betroffenen. Im Fall der medikamentösen Krankenbehandlung hingegen finden die diesbezüglichen Risiko/Nutzen-"trade-offs" *im selben Medium* statt, indem sowohl Risiken als auch Nutzen gleichermaßen auf Gesundheit als Bewertungsgröße bezogen sind. Damit sind wissenschaftliches Risk Assessment und politische Regulierungsinstanzen von der Etablierung konfliktträchtiger Verfahren der Herstellung von Vergleichbarkeit zwischen inkommensurabel erscheinenden Größen entlastet.

Der besonders hohe Grad der *Institutionalisierung von Vertrauen* im Arzneimittelbereich ist eine zweite wichtige Variable zur Erklärung des vergleichsweise niedrigen Konfliktniveaus. Die Bedeutung von Vertrauen für den gesellschaftlichen Umgang mit katastrophenträchtigen Technologien ist kaum hoch genug einzuschätzen.[68] Hierin konvergieren die im Hinblick auf Theorie und Methode deutlich voneinander abweichenden Beiträge der psychologischen und soziologischen Risikoforschung (Renn/Levine 1991, Wynne 1987, Slovic 1993).[69] Eine begrifflich-theoretische Klärung des schillern-

---

68 In den umfassenderen gesellschaftstheoretischen Überlegungen zur Risikothematik, wie sie insbesondere die bundesdeutsche Diskussion prägen, spielt Vertrauen allerdings keine entscheidende Rolle. Betrachtet man den gegenwärtigen Diskussionsstand, so scheint Konsens über gesamtgesellschaftlichen Dissens zu bestehen. An diesem Punkt konvergieren zum Beispiel das von Luhmann (1990, 1991) aus der Perspektivendifferenz von Entscheidern und Betroffenen zwingend hergeleitete Risiko-Konflikt-Szenario und die Annahme quasi-irreversibler Legitimationsverluste institutioneller Entscheidungsträger bei Beck (1986, 1988). Angesichts dieses Konsensüberhanges ist jedoch zu betonen, daß durch die theoretische Selbstfestlegung auf Dissens, Konflikt und Mißtrauen wichtige analytische Perspektiven verschenkt werden. Gerade weil es in der Tat zahlreiche Indikatoren für eine erhebliche Erosion des Vertrauens in die für Risikofragen zuständigen Entscheidungsträger gibt, wird die Frage nach den sozialen Bedingungen von Vertrauen keineswegs obsolet. Ausführlicher hierzu Krücken (1996a,b).

69 Renn/Levine (1991) repräsentieren in diesem Zusammenhang den eher seltenen Versuch einer Synthese beider Forschungsstränge. Demgegenüber werden von den Protagonisten der Diskussion stärker die disziplinären Differenzen betont. Während Wynne (1987) seinen soziologischen Ansatz in expliziter Abgrenzung zur psychologischen Risikoforschung entwickelt, finden soziologische Arbeiten in dem Überblicksbeitrag von Slovic (1993) zum Thema "Risiko und Vertrauen" keinerlei Erwähnung.

den Vertrauensbegriffs wird in diesen Beiträgen jedoch allenfalls in Ansätzen geleistet. Damit bleibt das analytische Potential der Kategorie des Vertrauens zur Erklärung der Spezifik des Arzneimittelbereichs unterausgeschöpft. Dieses Defizit läßt sich mit Hilfe begrifflich-theoretischer Vorgaben aus der allgemeinen Soziologie kompensieren.

Vertrauen wird in der allgemeinen Soziologie als eine *generalisierte Erwartung* definiert, die auf der Überziehung vorhandener Informationen aufbaut (Luhmann 1973). Im Unterschied zum quasi-ontologischen Zutrauen in die Welt bleibt Vertrauen eine "riskante Vorleistung" (Luhmann 1973: 21) gegenüber einzelnen Personen oder umfassenderen sozialen Institutionen und Systemen, die bei Enttäuschung der zugrunde liegenden Erwartung wieder entzogen werden kann.[70] Der Zusammenhang von Erwartung und Vertrauen läßt sich im Anschluß an Barber (1983: 7 ff.) präzisieren und in zwei Dimensionen zerlegen: Vertrauen basiert gleichermaßen auf der Erwartung technischer Kompetenz ("*technical competence*") und auf der Erwartung von Selbstverpflichtung und Verantwortlichkeit ("*fiduciary responsibility*"). Damit wird ein Instrumentarium bereitgestellt, das sich zur Analyse unterschiedlicher sozialer Phänomene einsetzen läßt.

Für den engeren Bereich des gesellschaftlichen Umgangs mit für den einzelnen unbekannt bleibenden Gefahren der Verwendung von Arzneimitteln bedeutet dies nun folgendes: *Einerseits* besteht ein erhebliches Vertrauen in die technische Kompetenz sowie Selbstverpflichtung und Verantwortlichkeit der *ärztlichen Profession*. Zwar ist eine generell kritischere Einstellung in bezug auf die ärztliche Problemlösungskompetenz zu konstatieren, die sich in institutionalisierten Vorkehrungen der externen Kontrolle niederschlägt.[71]

---

70 Zur Unterscheidung zwischen unkonditioniertem Zutrauen ("confidence") und voraussetzungsreicherem und enttäuschungsanfälligem Vertrauen ("trust") vgl. ergänzend Luhmann (1988). Die Härte dieser gerade in bezug auf Risikoprobleme wichtigen Unterscheidung wird bei Giddens (1991: 29 ff.) abgeschwächt. Für den im Rahmen einer umfassenden soziologischen Analyse der Relevanz von Vertrauen in modernen Gesellschaften kontextierten Vergleich zwischen Luhmann (1973, 1988) und Giddens (1991: 29 ff.) vgl. Misztal (1996: 73 ff., 88 ff.).

71 Dies läßt sich insbesondere in den USA beobachten. Man denke hierbei zum einen an die dort rechtlich vorgeschriebenen Institutional Review Boards (IRBs), die im Gegensatz zu

Dennoch blieb das Vertrauen in die ärztliche Profession von den dramatischen Vertrauensverlusten wissenschaftlicher Experten in anderen Bereichen der Risikoregulierung weitestgehend unberührt.[72] *Andererseits* trägt die nach der Thalidomid-Katastrophe insgesamt erfolgreiche Eindämmung von Arzneimittelgefahren zum Vertrauen in die technische Kompetenz sowie Selbstverpflichtung und Verantwortlichkeit der *politischen Regulierung* bei. Vertrauen in die ärztliche Profession und Vertrauen in die politische Regulierung sind bereichsspezifische Faktoren, welche der in anderen Regulierungsbereichen zu beobachtenden Konflikthaftigkeit entgegenwirken.

Festzuhalten bleibt, daß auch das Verhältnis von politischen Regulierungsinstanzen zu den Betroffenen außerhalb der institutionellen Kontexte von Wirtschaft und Wissenschaft im Arzneimittelbereich *deutlich konsensorientiert* und wenig konfliktanfällig ist. Wie gezeigt, setzt die in dem hier untersuchten Bereich ohnehin abgeschwächte Divergenz der Perspektiven zwischen entscheidungsproduzierenden politischen Instanzen und den von diesen Entscheidungen Betroffenen aufgrund der Besonderheit der Risiko/Nutzen-Abwägung und der Institutionalisierung von Vertrauen *keine* eska-

---

den bundesdeutschen Ethik-Kommissionen auf der stärkeren Partizipation von nicht-wissenschaftlichen Laien basieren. Vgl. hierzu die in Fußnote 58 angegebene Literatur. Zum anderen dient auch die Zustimmungspflichtigkeit der Patienten bei medizinischen Behandlungen ("Informed Consent") nicht nur der rechtlichen Absicherung von Arzt und Krankenhaus, sondern trägt auch den gestiegenen Informations- und Kontrollansprüchen der Patienten Rechnung. Ausführlicher zu diesem Aspekt von "Informed Consent" Betz/O'Connell (1983), Faden/Beauchamp (1986) und Jasanoff (1995: 33, 103 ff.).

72 Für andere Bereiche der Risikoregulierung vgl. die in Fußnote 69 angegebene Literatur. Für den Bereich der Arzneimittelregulierung, dessen wissenschaftliche Experten maßgeblich aus Medizinern bestehen, vgl. auch Piel (1988), der basierend auf einer Einstellungsuntersuchung trotz einer im Zeitverlauf zunehmenden Skepsis keine dramatischen Veränderungen verzeichnen kann. Noch aufschlußreicher sind m.E. die Ergebnisse des sog. Kapselexperimentes von Renn (1981, Bd. 2: 2 ff.), das allerdings ausschließlich im Hinblick auf die Freiwilligkeit der Risikoübernahme hin konzipiert und ausgewertet wurde und nicht im Hinblick auf den Themenkomplex "Vertrauen in die ärztliche Profession". Bei diesem Experiment gelang es dem Versuchsleiter, "der sich als Mediziner ausgab und dies durch einen weißen Kittel nach außen bekundete" (ebd.: 3), die Probanden zur widerspruchslosen Einnahme von Arzneimitteln zu bewegen, die angeblich mit einem schwach radioaktiven, einem bakterienhaltigen und einem schwermetallhaltigen Mantel umhüllt waren, wobei es sich tatsächlich jedoch um drei identische Vitamintabletten handelte.

latorische *Dynamik der Dissensverschärfung* frei. Diese Dynamik ist an spezifische, kontextuelle Parameter gebunden, die zumindest in diesem Bereich der Risikoregulierung nicht aufzuspüren sind.

Interessanterweise entstehen im *Grenzbereich* der Arzneimittelregulierung jedoch erhebliche *Konflikte* zwischen politischen Entscheidungsträgern und Betroffenen, die das insgesamt stabile Regulierungsmuster zunehmend in Frage stellen. Während unter dem Einfluß der Thalidomid-Katastrophe Organisationen wie Health Action International (Dukes 1985: 26), die US-amerikanische Nader Health Research Group und verschiedene europäische Gruppen (Bodewitz et al. 1987: 255) im Rekurs auf Konsumenteninteressen Druck auf die Regulierungsbehörden ausübten, mit dem Ziel, bestimmten Arzneimitteln die Zulassung zu verweigern oder nur unter zusätzlichen Auflagen zu erteilen, werden nun die genau entgegengesetzten Forderungen erhoben. Teile der von Regulierungsentscheidungen Betroffenen erwarten von politischen Entscheidungsträgern nicht mehr, sondern *weniger* präventive Absicherungen gegen möglicherweise gesundheitsbeeinträchtigende Arzneimittelfolgen und streben eine Lockerung gegenwärtiger Regulierungsstandards an: Die katastropheninduzierte Risikoaversion der Politik wird zur Gefahr für die Betroffenen, die auf *mehr* Möglichkeiten der Risikoübernahme *jenseits der Politik* drängen.

Hauptträger der historisch neuartigen *Regulierungskritik* sind die von *AIDS* Betroffenen und ihre zumeist organisierten Interessenvertreter, wie etwa die US-amerikanischen Zusammenschlüsse AIDS Coalition to Unleash Power (ACT UP) und People with AIDS Coalition oder die Gay Men's Health Crisis (GMHC), die größte AIDS-Selbsthilfegruppe in den USA.[73] Ebenfalls im Rekurs auf Konsumenteninteressen drängen diese auf die sofortige Freigabe sich noch im Regulierungsprozeß befindender Arzneimittel, deren unerwünschte Nebenwirkungen zum Teil gravierend sind. Im Unterschied zu anderen von

---

73 Ausführlicher hierzu Edgar/Rothman (1990: 122 f.), Vogel (1989; 1990: 458 ff.) sowie die Beiträge in Kirp/Bayer (1992), insbesondere die auf die USA und Kanada bezogenen Fallstudien von Bayer/Kirp (1992) und Rayside/Lindquist (1992). Kritisch zu dieser Diskussion Annas (1989). Zur Organisationsstruktur der GMHC vgl. Perrow und Guillén (1990: 107 ff.).

präventiven Maßnahmen der Arzneimittelkontrolle Betroffenen ist der *Organisations- und Mobilisierungsgrad* dieser Betroffenengruppe außerordentlich hoch. Die im Hinblick auf Organisation und Mobilisierung relevanten Unterschiede zwischen HIV-Infizierten und - um ein besonders hitzig diskutiertes Beispiel aus der "drug lag"-Kontroverse heranzuziehen - den von kardiovaskulären Krankheiten Betroffenen sind augenfällig: AIDS stellt einen Krankheitstypus dar, der aufgrund vielfältiger Faktoren eine hohe *Medienaufmerksamkeit* auf sich zieht und Prozesse der *Solidarisierung* und *Identitätsbildung* unter den Betroffenen auslöst. Demgegenüber sind kardiovaskuläre Krankheiten geradezu veralltäglicht und aufgrund ihres disruptiven Charakters nur begrenzt für längerfristige Aktivitäten und Selbstbindungen der Betroffenen geeignet. Darüber hinaus fällt die mit AIDS einsetzende Re-Thematisierung der Arzneimittelsicherheitspolitik in einen *politischen Kontext*, in dem Regulierungskritik und Vorschläge zur Deregulierung generell auf stärkere Resonanz stoßen als Mitte der 70er Jahre während der "drug lag"-Kontroverse.

Das führte insbesondere in den USA bereits zu politischen Resonanzen.[74] Beispiele hierfür sind die Einsetzung des sog. Lasagna-Komitees zur Überprüfung der Zulassungsverfahren für Arzneimittel gegen Krebs und AIDS (Antoine/Vanchieri 1990) sowie von seiten der Regulierungsbehörde FDA die in Einzelfällen erteilte Genehmigung von Freigabe und Vermarktung von sog. "experimental drugs" vor Abschluß der klinischen Untersuchungen, die

---

74 So heißt es bei Griffin (1991: 382): "The drug approval process has never before experienced the rapid changes brought about in response to the AIDS crisis." Vgl. Kessler/Feiden (1995) für einen aktuellen Überblick aus der Binnenperspektive der zuständigen Regulierungsbehörde FDA, der David A. Kessler seit 1990 vorsteht. Erhebliche Resonanzen lassen sich auch innerhalb der *Wirtschaft* beobachten. So kooperieren 15 führende Arzneimittelunternehmen in den USA und Europa und tauschen die mit Präparaten gegen den HIV-Virus erzielten Untersuchungsergebnisse untereinander aus. Das gilt als einzigartiger Vorgang in der Branche (Cohen 1993a). Außerdem wurde in den USA eine National Task Force errichtet, die auf der *quasi-korporatistischen Zusammenarbeit* von Politik- und Verwaltungsvertretern, Vertretern von Wirtschaftsorganisationen, am HIV-Virus forschenden Wissenschaftlern und Vertretern von Betroffenenorganisationen basiert. Ziel ist es, die Entwicklung von Präparaten gegen den HIV-Virus zu beschleunigen und diese möglichst umfassend zugänglich zu machen (Cohen 1993b, Macilwain 1993a). Darüber hinaus sind nach Epstein (1995) neuartige *Forschungshybride* in der AIDS-Forschung entstanden, die auf der Einbeziehung des Laienwissens in den wissenschaftlichen Forschungsprozeß basieren.

Beschleunigung und partielle Suspendierung der vorgeschriebenen Prüf- und Evaluationsphasen und die Lockerung der Importvorschriften für Arzneimittel zum persönlichen Gebrauch (Edgar/ Rothman 1990: 125 ff.). Aber auch in Kanada beispielsweise existieren "catastrophic rights" für HIV-Infizierte, mit denen ein erleichterter Zugang zu sich noch im Regulierungsprozeß befindenden Arzneimitteln ermöglicht wird (Desveaux et al. 1994: 499; Somers et al. 1990: 211). Und schließlich wurde in Kanada im Rahmen des als Reaktion auf Proteste von HIV-Infizierten errichteten "emergeny drug release program" das antivirale Mittel Azydothymidin (AZT) freigegeben (Rayside/Lindquist 1992: 80); ähnliches gilt zum Teil auch für Australien (Ballard 1992: 164 f.).[75]

Die Reichweite der skizzierten Entwicklungstendenzen im Bereich der Arzneimittelregulierung ist vorsichtig zu beurteilen. Ernüchternde Erfahrungen mit AZT, in das man Ende der 80er Jahre große Hoffnungen gesetzt hatte, führten dazu, daß der Druck auf vermeintlich zu konservativ operierende Regulierungsbehörden abgeschwächt wurde.[76] Seitdem nehmen die von AIDS Betroffenen eine deutlich abwartendere Haltung gegenüber Arzneimitteln ein, die sich noch im Regulierungsprozeß befinden (Macilwain 1993b; Kessler/Feiden 1995: 26). Dennoch ist die *Breitenwirkung* der durch AIDS ausge-

---

75 In der Bundesrepublik Deutschland lassen sich allerdings kaum derartige, durch AIDS ausgelöste Veränderungen der regulativen Praxis beobachten. Vgl. Frankenberg (1992). Das ist auch auf den § 28 III AMG zurückzuführen, der unter bestimmten Bedingungen seit der vierten Novellierung des Arzneimittelgesetzes eine erleichterte Inverkehrgabe solcher Arzneimittel erlaubt, deren Untersuchung zwar noch nicht abgeschlossen ist, von denen man sich aber einen großen therapeutischen Nutzen verspricht. Diese sog. Arzneimittel-Schnellzulassung wurde u.a. auf AZT angewendet, dessen Freigabe von HIV-Infizierten weltweit gefordert wurde. Vgl. Di Fabio (1994a: 310). Für Großbritannien ist ebenfalls ein weniger direkter Einfluß der AIDS-Diskussion auf die regulative Praxis zu konstatieren, da auch hier, ähnlich wie im Fall der Thalidomid-Katastrophe, die zuvor beschriebenen politisch-institutionellen Strukturen einer unmittelbaren Politisierung entgegenwirkten. So heißt es diesbezüglich zusammenfassend bei Street/Weale (1992: 215 f.): "AIDS policy in Britain (...) has been primarily shaped by elite political interests and existing institutional structures. (...) (T)he AIDS policy process follows the familiar British pattern of proceeding incrementally, allowing interest groups a very limited role".

76 Für eine Kurzfassung der mit AZT erzielten Ergebnisse vgl. Dickson/Macilwain (1993). Für eine sozialkonstruktivistische Rekonstruktion der wissenschafts- und medizininternen Auseinandersetzungen um AZT vgl. Grinyer (1994).

lösten Regulierungskritik bemerkenswert: Während die "drug lag"-Kritik ausschließlich von klinischen Pharmakologen, Vertretern von Wirtschaftsorganisationen und -verbänden sowie Außenseitern wie Clark (1980) und Wildavsky (1988) getragen wurde, stößt die neuere Kritik der präventiven Sicherheitsorientierung auf breitere Resonanz in Politik und Medienöffentlichkeit. Die Erweiterung des Lagers von eher traditionell mit Wettbewerbsnachteilen und Innovationseinbußen argumentierenden Regulierungskritikern um AIDS-Betroffene, denen im öffentlichen Diskurs keine glaubwürdigkeitsschwächenden "hidden agendas" unterstellt werden können, erhöht die *gesellschaftliche Legitimierung* in der "drug lag"-Kontroverse nur begrenzt anschlußfähiger Deregulierungsvorschläge signifikant. Das führte bereits, wie gezeigt, zu erheblichen Modifikationen.

Inwieweit Vorschläge zur Deregulierung der Arzneimittelsicherheitspolitik über das bisherige Maß hinaus durchgesetzt werden können, ist ungewiß. Denn *einerseits* kann das regulierungskritische Lager, das nach seiner Erweiterung in sich sehr heterogene und zum Teil widersprüchliche kulturelle Orientierungsmuster inkorporiert, leicht in sich zusammenfallen.[77] *Andererseits* kann die neuere, von Betroffenen und mit Konsumenteninteressen begründete Regulierungskritik weitere Kreise ziehen und den *gesamten* Grenzbereich der von vermeintlich unheilbaren Krankheiten wie Krebs, Multiple Sklerose und der Alzheimer'schen Krankheit Betroffenen erfassen. Letzteres würde auch für den *Kernbereich* der Arzneimittelregulierung nicht folgenlos bleiben.[78]

---

77 Vgl. hierzu Edgar/Rothman (1990: 120 ff.), die deutlich die unterschiedlichen Orientierungen von Protagonisten der "drug lag"-Kontroverse und AIDS-Aktivisten herausarbeiten. Während erstere auf der Basis von quantitativen Risiko- und Kosten-Nutzen-Analysen argumentieren und keine grundsätzliche Änderung des asymmetrischen Verhältnisses von Regulierungsbehörden und Ärzten zu den von Krankheit Betroffenen anstreben, steht bei letzteren eher persönliche Betroffenheit und die grundsätzliche Kritik paternalistischer Strukturen im gesellschaftlichen Umgang mit Arzneimitteln im Vordergrund.

78 Dieses Szenario erscheint zumindest für die Bundesrepublik Deutschland als wenig wahrscheinlich. Nimmt man beispielsweise die von Multiple Sklerose Betroffenen, so zeigt sich, daß ein insgesamt vertrauensvolles Verhältnis zwischen ihnen, den Regulierungsbehörden, der Ärzteschaft und den arzneimittelherstellenden Unternehmen vorherrscht. Dies belegen Form und Inhalt der Beiträge in "Aktiv", dem einflußreichen Offiziellen Mitteilungsblatt der

Die in entwickelten Industrienationen generell deutlich präventive Sicherheitsorientierung, die, wie gezeigt, historisch vor allem auf katastrophale Ereignisse im gesellschaftlichen Umgang mit Arzneimitteln zurückzuführen ist,
könnte sich dann verändern, wenn sich die politische Anreiz- und Risikoübernahmestruktur verändert. Mit der durch AIDS ausgelösten Re-Thematisierung
der präventiven Sicherheitsorientierung könnte das politische Entscheidungsrisiko einer schon zuvor angemahnten, aber politisch übermäßig riskanten
"voluntary *'de-socialization'* of risk" (Clark 1980: 310) auf ein erträgliches
Maß absenken. Die hieraus resultierenden Erschütterungen der gegenwärtigen
Regulierungspraxis blieben vermutlich nicht nur auf politische Systeme wie
dem der USA beschränkt, in denen regulative Entscheidungsträger unter hohem externen Beobachtungsdruck stehen. "Tragic choices" (Calabresi/Bobbitt
1978) im *Spannungsfeld* von *politischer Katastrophenvermeidung*
("Thalidomid") und *freiwilliger Risikoübernahme* jenseits der Politik
("AIDS") wären ein interessanter Gegenstand weiterer risikosoziologischer
Untersuchungen. Das theoretische Konzept der Risikotransformation, demzufolge der Prozeß der Risikoregulierung als Prozeß der Bewältigung politischer Entscheidungsrisiken zu verstehen ist, wäre ein für diese empirischen
Veränderungen hinreichend sensibles Instrument.

Deutsche Multiple Sklerose Gesellschaft (DMSG). Weitergehende Kritik und Forderungen,
wie sie von den von AIDS Betroffenen artikuliert werden, bilden hier die Ausnahme;
Selbstversuche mit Medikamenten werden eher ablehnend beurteilt; darüber hinaus fehlt
das 'subkulturelle' Moment der Selbstorganisation von an AIDS Erkrankten vollständig.

5. Klimapolitik

5.1. Einleitung und Problemstellung

Die politische Regulierung globaler Umweltgefährdungen, die auf anthropogene Faktoren zurückgeführt werden, ist ein historisch relativ *neuartiges Phänomen*. Während Douglas (1975: 246) hinsichtlich der Warnungen vor globalen Umweltgefährdungen noch von einer geringen institutionellen Unterstützung und dem Fehlen eines hierfür erforderlichen moralischen Konsenses sprach, lassen sich gut zwei Jahrzehnte später vielfältige politische Aktivitäten auf nationaler und internationaler Ebene identifizieren. Klimapolitik, als Teilbereich der regulativen Bewältigung globaler Umweltgefährdungen, ist ebenso wie die Arzneimittelregulierung ein hochgradig verwissenschaftlichter Politikbereich. Im Unterschied zur Arzneimittelregulierung, die auf bereits eingetretene Katastrophen reagieren mußte, entstand die Klimapolitik aufgrund wissenschaftlicher Szenarien, die *zukünftig* eintretende Katastrophen antizipieren. Die aus der Komplexität des Klimasystems resultierenden wissenschaftlichen Unsicherheiten sind spezifischer Bestandteil der Risikostruktur von Klimapolitik. Folglich wird dem Verhältnis von Wissenschaft und Politik mit einer eigenen Forschungsfrage Rechnung getragen. Mit Hilfe des Konzeptes der Risikotransformation sollen in diesem Kapitel also die folgenden Fragen beantwortet werden:

1. Was sind Funktion und Spezifika der in diesbezügliche institutionelle Arrangements eingebetteten politischen Bezugnahme auf *Wissenschaft*?
2. Durch welche Mechanismen wird die globale *Umweltgefahr* "Klimawandel" in ein politisches *Risiko* transformiert?
3. Welche spezifischen Formen der Bewältigung *dieses* Risikos bilden sich heraus, und worauf sind diese zurückzuführen?

Wenngleich die globale Umweltgefahr "Klimawandel" aus der Möglichkeit einer erst zukünftig eintretenden Katastrophe besteht, wird sie bereits in der Gegenwart in ein politisches Risiko transformiert. Das verweist auf die beiden Grundannahmen, die in den theoretischen Kapiteln entwickelt wurden.

Die in Kapitel 2 entwickelte gesellschaftstheoretische Grundannahme lautete, daß die Zukunft zunehmend in der Form des Risikos gegenwärtig zu treffender Entscheidungen erlebt wird. Dieser Entscheidungszuwachs drückt sich in der wechselseitigen Verschränkung und Steigerung von Gestaltbarkeit und Selbstverunsicherung aus. Für diesen Prozeß wurde der Begriff der *Risikovergesellschaftung* gewählt. Damit verändert sich auch der gesellschaftliche Zurechnungsmodus im Hinblick auf zukünftig möglicherweise eintretende Gefahren. Das Erleben von extern auf die Gesellschaft einwirkenden und fatalistisch hinzunehmenden Gefahren wird allmählich ersetzt. An seine Stelle tritt das Erleben einer als Entscheidungsproblem zu behandelnden *Selbstgefährdung* der Gesellschaft. Der Bezug zu globalen Umweltgefährdungen ist unmittelbar evident: Globale Umweltgefährdungen werden in der gesellschaftlichen Kommunikation nahezu ausschließlich als Folge menschlicher (Fehl-)Entscheidungen rekonstruiert. Der damit verbundene Wahrnehmungs- und Bewertungswandel vollzog sich jedoch erstaunlich rasch innerhalb der letzten zwei Jahrzehnte. Das läßt sich nur begrenzt aus der Makroperspektive der Gesellschaftstheorie erklären. Wie im Laufe dieses Kapitels zu zeigen sein wird, kann diese *Erklärungslücke* durch die Annahme einer wechselseitigen Verstärkung von wissenschaftlichen, politischen und massenmedialen Resonanzen gefüllt werden.

Wenigstens ebenso relevant ist die Grundannahme aus Kapitel 3. Sie bestand darin, von einer besonderen, aus der Verschränkung von gesellschaftlichen Außenerwartungen und interner Strukturlogik resultierenden *Exponiertheit der Politik* in der Risikogesellschaft auszugehen. Denn *einerseits* werden gesamtgesellschaftlich ungelöste Entscheidungslagen, die sich wie im Fall globaler Umweltgefährdungen darüber hinaus aufgrund von Ursachenkomplexität, Langzeitauswirkungen und unterschiedlichen Betroffenheiten einer klaren Entscheidungszurechung entziehen, über *gesellschaftliche*

Außenerwartungen als primär vom politischen System zu behandelndes Entscheidungsproblem konstituiert.[1] *Andererseits* besteht ein in der internen Strukturlogik des politischen Systems begründeter Sog der Anziehung von entscheidungsrelevanten Themen, von denen wie im Fall globaler Umweltgefährdungen hinreichende Aufmerksamkeits- und Politisierungsgrade zu erwarten sind. Das Abtasten der politischen Umwelt auf entscheidungsrelevante Themen durch die Politik selbst vollzieht sich hier nicht nur, wie in Kapitel 3 vermutet, über die durch Parteien und Personen vermittelte Differenz von Regierung und Opposition.[2] Gerade aufgrund der Globalität der Problematik entstehen *neuartige* Thematisierungschancen, Konfliktlinien und Entscheidungsrisiken. Diese bauen auf *anderen* Differenzen auf und lassen die politische Problemwahrnehmung und -bewältigung globaler Umweltgefährdungen als besonders interessant erscheinen. Vor allem beim Verlassen der nationalstaatlichen Politikebene werden Möglichkeiten der *politischen Selbstadressierung* globaler Umweltgefährdungen sichtbar, die jenseits der Differenz von Regierung und Opposition liegen, mit deren Hilfe Luhmann (1993: 55 ff.) sämtliche relevanten Kommunikationen innerhalb des politischen Systems erfaßt. Dies zeigt sich sowohl am Beispiel der Bundesrepublik Deutschland, die über die Thematisierung globaler Umweltgefährdungen die Ausdehnung ihrer Einflußchancen in der internationalen Politik anstrebt (Bares et al. 1995: 25 ff., insbesondere 27; Cavender/Jäger 1993), als auch

---

1   Vgl. hierzu nur die Analyse der FAZ-Berichterstattung zur Ozonlochproblematik von Kiese (1997), in welcher der von verschiedenen Seiten ausgehende gesellschaftliche Erwartungsdruck an die Politik herausgearbeitet wird. Interessanterweise hebt auch Luhmann (1990: 167 ff.), der ansonsten eine skeptische Position im Hinblick auf die Erfolgschancen politischer Gesellschaftssteuerung vertritt (Luhmann 1981, 1986, 1989), in kritischer Auseinandersetzung mit ökologischen und ökonomischen Ansätzen die besondere Bedeutung staatlicher Politik für die Bewältigung globaler Umweltgefährdungen hervor.

2   Die Politisierbarkeit globaler Umweltgefährdungen aufgrund der harten Differenz von Regierung und Opposition zeigte sich vor allem im Vorfeld des US-amerikanischen Präsidentschaftswahlkampfes von 1992. Ein zentraler Bestandteil der politischen Kampagne von Al Gore, seinerzeit Senator und derzeitiger US-Vizepräsident, war es, der Bush-Administration Versagen bei der Eindämmung des Treibhauseffektes vorzuwerfen und den Präsidenten an uneingelöste Wahlversprechen zum Thema zu erinnern. Vgl. Schneider (1990: 34 f.) und Oberthür (1992: 8).

am Beispiel verschiedener Entwicklungsländer, die in globalen Umweltveränderungen ein Vehikel zur Re-Thematisierung und stärkeren Verankerung von globalen Verteilungsfragen im Kontext internationaler Politikorganisationen sehen (Miller 1993).

Der Versuch, den in Kapitel 2 und 3 entwickelten Ansatz der politischen Risikotransformation zur Analyse des politischen Umgangs mit globalen Umweltgefährdungen einzusetzen, wird im folgenden *ausschließlich* auf den Bereich des *anthropogenen Klimawandels* bezogen sein. Politische Problemwahrnehmung und -bewältigung der anthropogenen Einflüsse auf die Ozonschicht bleiben ausgeklammert. Trotz der Überschneidung beider Problembereiche insbesondere durch Fluorchlorkohlenwasserstoffe[3], die zum Abbau der Ozonschicht beitragen und als klimarelevantes Treibhausgas bekannt sind, werden sie in Wissenschaft und Politik klar voneinander unterschieden. Ebenso werden die sog. natürlichen, nicht-anthropogenen Einflußfaktoren auf das Klima nicht berücksichtigt, da sie sich dem politischen Zugriff entziehen.[4]

---

3   Zur wissenschaftlichen Diskussion der Ozonlochproblematik vgl. insbesondere den überaus einflußreichen, jedoch lange umstrittenen Artikel von Molina/Rowland (1974), in dem erstmalig der Einfluß in die Atmosphäre emittierter Fluorchlorkohlenwasserstoffe auf den Ozonabbau in der Stratosphäre behauptet wurde. Die wissenschaftsinterne Kontroverse zwischen "Chemikern" wie Mario J. Molina und F. Sherwood Rowland und "Meteorologen", die den Abbau der Ozonschicht auf beobachtbare natürliche Phänomene wie Wind, Sonne und Temperaturschwankungen zurückführten, wurde ca. Mitte/Ende der 80er Jahre zugunsten der "Chemiker" geschlossen (Elzinga 1993: 15 ff., Grundmann 1997). Zur politischen Wahrnehmung und Bewältigung der Ozonlochproblematik vgl. insbesondere die auf die USA bezogene Analyse von Morone/Woodhouse (1986: 76 ff.) und die Beschreibung der politischen Aushandlungsprozesse auf der supranationalen Ebene, die 1985 zur Unterzeichnung der Wiener Konvention zum Schutz der Ozonschicht und 1987 zu ihrem Montrealer Protokoll führten, durch Benedick (1991a); zur Frage nach der Übertragbarkeit solcher Prozesse auf die Klimapolitik vgl. Benedick (1991b). In der deutschen politikwissenschaftlichen Diskussion gilt das Regime zum Schutz der Ozonschicht als ein insgesamt erfolgreiches Beispiel internationaler Umweltkooperation, dessen Erfolgsbedingungen im Hinblick auf die Klimapolitik von verschiedenen Autoren untersucht werden. Vgl. hierzu insbesondere Breitmeier (1996) und Gehring (1996).

4   Unter diesen Einflußfaktoren sind vor allem Sonnenzyklen (Fröhlich 1988), Vulkanaktivitäten (Labitzke 1988, Hupfer 1996: 128 ff.) und terrestrische Orbitalparameter (Schönwiese 1994: 124 ff., 320, 336 f.) hervorzuheben.

Klimapolitik impliziert *Risikoübernahme*, da politisch-regulative Entscheidungen hochgradig unsicherheitsbelastet sind. Das *strukturelle* Problem allen Entscheidens, sich in der Gegenwart für eine möglicherweise falsche Alternative entschieden zu haben, wird durch zwei Problemfaktoren *verschärft*, die die besondere Risikostruktur der Klimaproblematik für politische Entscheidungsträger ausmachen: erstens unsicheres wissenschaftliches Wissen und zweitens Transnationalität.

Hier geht es zunächst um den *Problemfaktor "unsicheres wissenschaftliches Wissen"*. Die politische Regulierung der Klimaproblematik zeichnet sich wie die technisch-ökologischer Probleme generell durch eine hohe Wissenschaftsabhängigkeit aus. Die wissenschaftlichen Grundlagen für politisch-regulative Entscheidungen sind zum gegenwärtigen Zeitpunkt jedoch mit erheblichen Unsicherheiten belastet und alles andere als eindeutig.[5] Sie werden in 5.2.1. ausführlicher rekonstruiert. Bereits an dieser Stelle, an der in grundlegende Probleme der Klimapolitik eingeführt werden soll, ist das hieraus resultierende *Dilemma* für politische Entscheidungsträger wichtig: Zum einen besteht das *Risiko*, auf einer unsicheren Wissensgrundlage regulative Maßnahmen zur Eindämmung des Treibhauseffektes zu verabschieden, die sich retrospektiv als unnötig herausstellen könnten. Zum anderen besteht das *Risiko*, zu einem späteren Zeitpunkt bei verbesserter Wissensgrundlage nur zu signifikant höheren Kosten aktiv werden zu können. Beide Alternativen, frühzeitige Intervention und vorläufiges Abwarten, sind für politische Entscheidungsträger gleichermaßen riskant. Nicht nur das Warnen vor einer Gefahr und der Versuch, diese abzuwenden, ist politisch riskant.[6] Auch der Versuch,

---

5   Vgl. hierzu Hammitt (1990), der das Verhältnis von unsicherheitsbelastetem wissenschaftlichen Wissen und politischer Umweltregulierung anhand verschiedener Fallstudien wie Ozonlochproblematik und Klimawandel entscheidungstheoretisch beleuchtet. Der Titel seiner Monographie ("Probability is all we have") bringt die seinen Fallstudien zugrunde liegende Problemstruktur riskanten Entscheidens in bezug auf die Umweltgefahr "Klimawandel" zwar pointiert, allerdings noch nicht drastisch genug zum Ausdruck, denn, wie in 5.2.1. zu sehen sein wird, stehen selbst Wahrscheinlichkeiten nur sehr begrenzt zur Verfügung.

6   Zu den logischen und praktischen Paradoxien des Warnens vgl. grundsätzlich Clausen/Dombrowsky (1984). Um das politische Risiko einer Fehlentscheidung abzusenken,

eine politisch riskante Entscheidung zu verzögern und erst bei verbesserter Wissensgrundlage regulative Maßnahmen zu verabschieden, kann sich in der Zukunft als falsch herausstellen und bereits in der Gegenwart als falsche Entscheidung beobachtet und kritisiert werden.[7]

Theoretisch wird das der Klimapolitik zugrunde liegende Entscheidungsdilemma als auf direktem Weg nicht auflösbares Kontrolldilemma im Rahmen der normativen Entscheidungstheorie bei Collingridge behandelt: "This is the dilemma of control. When change is easy, the need for it cannot be foreseen; when the need for change is apparent, change has become expensive, difficult and time consuming" (Collingridge 1980: 11).[8] *Praktischpolitisch* wird das Entscheidungsdilemma auch in der gegenwärtigen Diskussion von Strategien zur Eindämmung des Treibhauseffektes reflektiert (Loske

---

wird deshalb vielfach versucht, einen differenzvermindernden *"dritten Wert"* zwischen den Entscheidungsalternativen der umfassenden Alarmierung (die das Risiko der Fehlwarnung in sich birgt) und des Warnverzichts (der das Risiko der zu späten Alarmierung in sich birgt) zu etablieren. Man denke hierbei nur an winterlichen Smog und sommerliche Ozonüberschüsse, die gleichermaßen politisch risikoavers bewältigt werden, indem zwischen beide Entscheidungsalternativen der *Problembewältigungstypus "begrenzte Alarmierung"* tritt, der als differenzvermindernder "dritter Wert" präferiert wird. In bezug auf regulative Maßnahmen zur Eindämmung des Treibhauseffektes stellt sich darüber hinaus die Frage nach den Indikatoren ihres politischen Erfolges: Denn wie könnte selbst eine erfolgreiche Warn- und Interventionspolitik ihre Effektivität angesichts des überaus komplexen Klimasystems unter Beweis stellen, wie ließe sich eine Verlangsamung der Erderwärmung kurzfristig beobachten und eindeutig auf politische Entscheidungen zurechnen? Vgl. hierzu Rhodes (1992).

7   Dieser Punkt wurde theoretisch in Kapitel 2 und 3 vorbereitet: Unter den allgemeinen Prämissen von Risikogesellschaft läßt sich auch die Nicht-Entscheidung als Entscheidung rekonstruieren, was vor allem für den politischen Strukturkontext gilt, der gerade hinsichtlich technisch-ökologischer Gefährdungen unter hohem externen und internen Beobachtungsdruck steht. Hierüber geben fehlgeschlagene Versuche der Verzögerung riskanter Entscheidungen mit dem Verweis auf unsicheres wissenschaftliches Wissen Aufschluß, sei es im Bereich der Altlastensanierung, wie das "Love Canal"-Beispiel in den USA zeigt (Levine 1982), sei es im Bereich der Luftreinhaltepolitik, wie das "Saurer Regen"-Beispiel in der Bundesrepublik Deutschland zeigt (Roqueplo 1986). Auch die Klimaproblematik selbst liefert entsprechendes Anschauungsmaterial, wie im weiteren Verlauf dieses Kapitels noch zu zeigen sein wird.

8   Für eine knappe Darstellung von Collingridge (1980), der zugunsten fehlerfreundlicher und reversibler Optionen zur Abschwächung des Kontrolldilemmas argumentiert, vgl. Krücken (1990: 90 ff.).

1996: 67 ff.). Diese Diskussion ist von der grundlegenden Unterscheidung zwischen *präventiven* Maßnahmen auf der einen und *adaptiven* Maßnahmen auf der anderen Seite geprägt (Burton 1990, Schneider 1989, 1990: 249 ff.). Sie spielt vor allem in den USA eine zentrale Rolle (Rayner 1993: 23 ff.). Dabei kommt es in der *wissenschaftlichen* Diskussion politischer Strategien zu vergleichsweise eindeutigen Zuordnungen und Hypostasierungen. Sie ergeben sich aus der wahrgenommenen Dringlichkeit der Klimaproblematik und dem jeweiligen fachspezifischen Hintergrund der Beteiligten. Naturwissenschaftliche Klimaforscher wie Schneider (1989, 1990) drängen insbesondere auf präventive Maßnahmen zur Eindämmung des Treibhauseffektes, wobei adaptive Maßnahmen ebenfalls Zustimmung finden, sofern sie flankierend und nicht als Alternative eingesetzt werden. Eine moderat-adaptive Strategie, die allerdings auch einzelne präventive Maßnahmen umfassen kann, wird aufgrund ihrer vermeintlichen Nähe zu den gegebenen politischen Realitäten von Politikwissenschaftlern wie Morone/Woodhouse (1986) favorisiert. Ökonomen wie Lave (1981) und Schelling (1990) setzen demgegenüber ausschließlich auf Anpassungsmaßnahmen. Sie erteilen damit präventiven Maßnahmen aufgrund wirtschaftlicher Bedenken eine klare Absage. Sowohl Prävention als auch Adaption implizieren jedoch primär *politisch* zu übernehmende *Risiken*, die in der wissenschaftlichen Strategiediskussion kaum berücksichtigt werden: Während eine auf Prävention abzielende Strategie wie die rasche Reduzierung der CO_2-Emissionen sich dem Risiko der unnötigen Kostenbelastung ausgesetzt sieht, setzt eine auf Adaption, d.h. auf Anpassung an ein wärmeres Klima abzielende Strategie wie die Entwicklung angepaßter Getreidesorten sich dem Risiko des Verpassens effektiverer Handlungschancen aus.

Die unter den Prämissen meiner risikosoziologischen Politikanalyse relevanten *Fragen* lauten also: Wie sehen - jenseits der normativen Entscheidungstheorie und jenseits praktisch-politischer Antworten aus der wissenschaftlichen Diskussion - die von der Politik *selbst* gewählten Lösungen des der Klimapolitik zugrunde liegenden Entscheidungsdilemmas aus? Konkret: Welche Rolle spielt unsicherheitsbelastetes wissenschaftliches Wissen im

Prozeß der Risikotransformation durch Politik? Durch welche Mechanismen wird die gegenwärtig nur wissenschaftlich wahrnehmbare Umweltgefahr "Klimawandel" überhaupt erst in ein politisches Risiko transformiert? Welche Entscheidungsrisiken der Problembewältigung werden politisch übernommen, welche hingegen nicht? Mit der in ein politisches Entscheidungsdilemma hineinführenden unsicheren Wissensgrundlage ist allerdings nur der erste der beiden spezifisch-politischen Problemfaktoren im Umgang mit globalem Klimawandel benannt. Der zweite besteht in der sich in unterschiedlichen Betroffenheiten und ungeklärten Zuständigkeiten äußernden Transnationalität. Dieser Problemfaktor soll im folgenden ebenfalls stichwortartig skizziert werden.

Wurde der erste Problemfaktor in der Form eines schlichten politischen Entscheidungsdilemmas präsentiert, so verweist der zweite *Problemfaktor* auf die spezifischen Randbedingungen der politischen Bewältigung dieses Dilemmas. Aufgrund der *Transnationalität* der Klimaproblematik gibt es *weder* ein ausdifferenziertes zentrales Entscheidungssystem *noch* gar einen individuellen Entscheidungsträger, wie in dem entscheidungstheoretischen Modell von Collingridge (1980) implizit angenommen, die zur Problembewältigung zur Verfügung ständen. Stattdessen setzt sich das Feld der zur Problembewältigung erforderlichen Entscheidungssysteme aus zahlreichen Nationalstaaten zusammen, deren Bedrohungsperzeptionen, Interessenlagen und Einflußchancen zudem stark variieren (Morrisette/Plantinga 1991, Oberthür 1992, 1993, Fischer 1992). Folglich sind die Eindämmung des anthropogenen Treibhauseffektes als *Kollektivgutproblem* (Olson 1968) und die Erdatmosphäre selbst als Gemeinschaftsgut (Hardin 1968) zu bezeichnen.[9] Die Bewältigung des Kollektivgutproblems "Eindämmung des anthropogenen Treibhauseffektes" bzw. der Schutz des Gemeinschaftsgutes "Erdatmosphäre" erscheinen angesichts des Auseinanderklaffens von kurzfristig-individueller (hier: keine Einschränkungen der Treibhausgasemissionen) und langfristig-

---

9   Vgl. hierzu auch Weingart (1990: 51), Rayner (1991a: 3 f.), Soroos (1991: 115 f.) und
     Oberthür (1992: 11 f.; 1993: 21 f.), die im Sinne von Hardin (1968) die Klimaproblematik
     als "tragedy of the commons" bezeichnen.

kollektiver (hier: Abschwächung des anthropogenen Treibhauseffektes) Rationalität als kaum lösbare Aufgabe.[10]

Damit noch nicht genug. Denn in bezug auf die erwarteten gesellschaftlichen Folgen der Erderwärmung durch den anthropogenen Treibhauseffekt sprechen viele Beobachter von einer *"winners and losers"*-Konstellation (Rayner 1988: 170; Schneider 1990: 257 ff.; Fischer 1992: 41 ff.). Damit ist gemeint, daß die globale Umweltgefährdung "Klimawandel" für einzelne Regionen der Weltgesellschaft durchaus positive Folgen haben kann, während andere überproportional negativ hiervon betroffen sind. Zu den ersteren zählen insbesondere die nördlichen Teile der ehemaligen Sowjetunion sowie Kanada und Skandinavien, für die zusätzlich nutzbare landwirtschaftliche Flächen aufgrund höherer Temperaturen erwartet werden; zu den letzteren vor allem die in der AOSIS (Alliance of Small Island States) zusammengeschlossene Gruppe von kleineren Inselstaaten im Pazifik sowie Bangladesch, die von einem Meeresanstieg als Folge des Treibhauseffektes besonders negativ betroffen wären. Wenngleich die meisten Klimaforscher wie Schneider (1990: 259 f.) bei einem zusätzlichen Temperaturanstieg durch den anthropogenen Treibhauseffekt von einer globalen Gesamtverschlechterung ausgehen, ziehen andere wie Kellogg (1978: 223) gar eine insgesamt positive Bilanz.[11]

---

10   Daß sich individuelle und kollektive Rationalität auch in bezug auf kollektive bzw. gemeinschaftliche Güter zur Deckung bringen lassen, wird prinzipiell zwar nicht geleugnet, bedarf aber spezifischer Mechanismen - nach Olson (1968): Zwang, kleine Gruppen, selektive Anreize -, die im Fall der Klimapolitik allerdings kaum gegeben sind. Vgl. jedoch ergänzend die theoretische Modellierung der internationalen Klimapolitik von Hoel (1994), der von der Selbstverpflichtung einer mit dem Ziel der Emissionsreduzierung kooperierenden Staatengruppe ausgehend weitreichende Struktur- und Bindungseffekte auch für nicht-kooperierende Staaten annimmt.

11   Schneider (1990: 259 f.) argumentiert insbesondere mit den disruptiven Folgen rascher Klimaveränderungen, von denen er erwartet, daß sich die Weltbevölkerung nur schlecht darauf einstellen könne. Leggett (1992) geht noch einen Schritt weiter und sieht die Gefahr eines "Umkippens" des Klimas, welches Leben auf der Erde grundsätzlich in Frage stellen könnte; kritisch hierzu Singer (1992). Gegenüber solchen Warnungen betont Kellogg (1978: 223) in seiner - von ihm selbst als "unscientific opinion" bzw. als "value judgment" abgeschwächten - Einschätzung den möglichen Beitrag des Treibhauseffektes zur Lösung der Ernährungsprobleme einer ansteigenden Weltbevölkerung: "some will fare

Unabhängig von der Einschätzung der Gesamtbilanzierung sämtlicher Folgen erfährt die der politischen Bewältigung des Klimawandels zugrunde liegende Kollektivgut- bzw. Gemeinschaftsgutproblematik durch die "winners and losers"-Problematik eine weitere *Zuspitzung*, die internationale Vereinbarungen zur Reduzierung von Treibhausgasemissionen kaum erwarten läßt.[12] Politische Risiken für nationale Entscheidungsträger, die sich aus der Globalität der Klimaproblematik ergeben, sind evident. Sie lassen sich nicht qua eindeutiger Risiko- und Verantwortungsübernahme bzw. - zuschreibung bewältigen, da die Orientierung an einem zentralen Entscheidungssystem entfällt. Folglich finden Risikotransformationsprozesse *innerhalb* des politischen Systems statt, die es genauer zu analysieren gilt. Gerade angesichts der im Bereich der Klimapolitik offensichtlichen Verschränkung verschiedener Entscheidungsebenen ist die in Kapitel 3 abschließend entwickelte Frage nach der politikinternen Übernahme, Verteilung und Abwälzung riskanter Entscheidungen für dieses Kapitel von besonderer Bedeutung.

Fragen, die mit der solchermaßen einleitend skizzierten Problemstruktur der Klimapolitik aufgeworfen wurden, sollen im folgenden in zwei Schritten beantwortet werden. Im ersten Schritt (5.2.) werden relevante empirische Befunde zur Klimapolitik zusammenfassend dargestellt. Dabei werden zunächst die zentralen wissenschaftlichen Unsicherheiten benannt (5.2.1.), um vor diesem Hintergrund den politischen Umgang mit unsicherheitsbelastetem Wissen (5.2.2.) sowie Spezifika der politischen Problemwahrnehmung und -bewältigung herauszuarbeiten (5.2.3.). Im zweiten Schritt (5.3.) werden diese Befunde dann mit Hilfe des Konzeptes der politischen Risikotransformation interpretiert. Aus der Verknüpfung von empirischer Bestandsaufnahme und theo-

---

better, some worse, but on the whole the Earth will have a climate more favorable for feeding the increasing population". Auf die wissenschaftliche Einschätzung der Klimaproblematik und ihre Relevanz im politischen Kontext wird in 5.2. und 5.3. ausführlicher eingegangen.

12 Aus diesem Grund wird das Vorhandensein einer "winners and losers"-Konstellation auch von Politikern vehement bestritten, die, von der Dringlichkeit der Klimaproblematik überzeugt, auf internationale Vereinbarungen drängen. Vgl. hierzu die nach Schneider (1990: 258) zitierten Ausführungen des damaligen US-Senators Gore.

retischer Analyse ergibt sich eine Einschätzung gegenwärtiger Politik-
optionen, die auch im Hinblick auf die zukünftige Entwicklung des vergleichsweise neuartigen Politikfeldes "Klimapolitik" formuliert ist.

5.2. Empirische Bestandsaufnahme

5.2.1. Wissenschaftliche Unsicherheiten

Zunächst ist festzuhalten, daß das *Phänomen "Klimawandel"* wissenschaftlich
ebenso unumstritten ist wie die diesbezügliche Relevanz anthropogener Faktoren. Zum einen besteht ein hinreichend breiter *Konsens* darüber, daß während der letzten hundert Jahre weltweit ein durchschnittlicher Temperaturanstieg von 0.5 bis 0.6 Grad zu verzeichnen ist (Schneider 1990: 29; Graßl
1992: 6; GSF 1993: 6). Zum anderen ist der Treibhauseffekt im Unterschied
zu den Faktoren, die zur Abtragung der Ozonschicht beitragen, schon seit
langem empirisch *erforscht* und theoretisch *erklärt*. Nach Helm/Schneider
(1990: 266) handelt es sich hierbei um "one of the most established theories
in the atmospheric sciences". Der historische Vorlauf der modernen Klimaforschung ist beeindruckend: Bereits 1827 erklärte der französische Forscher
Jean de Fourier den natürlichen Treibhauseffekt einschließlich des Beitrags
von CO_2 (Weart 1992: 19); 1896 wurde Fouriers Erklärung durch den
schwedischen Physiker und Chemiker Svante Arrhenius dahingehend erweitert, daß auch der Anstieg der CO_2-Emissionen durch die menschliche Nut-
zung fossiler Brennstoffe berücksichtigt und ein durchschnittlicher Temperaturanstieg um 6.0 Grad bei Verdoppelung der CO_2-Emissionen prognostiziert
wurde (zit. nach Morone/Woodhouse 1986: 101). Auch in Deutschland reichen die Ursprünge der modernen Klimaforschung weit zurück. So veröffentlichte Hermann Flohn, der Pionier der deutschen Klimaforschung, 1941 einen
Beitrag unter dem Titel "Die Tätigkeit des Menschen als Klimafaktor", in

dem auf die besondere Bedeutung anthropogener Faktoren für die Entwicklung des Klimas hingewiesen wird (Flohn 1941).

Daß das Klima sich ändert und anthropogene Faktoren hierbei eine Rolle spielen, gilt in dieser *allgemeinen* Form als sicher. Die Beantwortung *spezifischer* Fragen zum anthropogenen Treibhauseffekt kann zum gegenwärtigen Zeitpunkt jedoch allenfalls in Ansätzen geleistet werden. Entsprechende Daten, Theorien und vor allem Rechenkapazitäten werden erst zu Beginn des 21. Jahrhunderts erwartet, und selbst diese Einschätzung erscheint verschiedenen Beobachtern angesichts der hohen Komplexität des Klimasystems als übermäßig optimistisch und wissenschaftlich fragwürdig.[13]

Grundlegende wissenschaftliche Unsicherheiten bestehen in vielerlei Hinsicht. Bereits die Frage nach dem *Aussagegehalt* des verzeichneten Temperaturanstiegs während der letzten hundert Jahre, der manchen als wissenschaftlicher Beleg einer drohenden Klimakatastrophe aufgrund anthropogener Faktoren gilt, muß offen bleiben. Denn zum einen läßt sich innerhalb dieses Zeitraums *keine lineare Temperaturentwicklung* beobachten. Sowohl in der nördlichen Hemisphäre insgesamt als auch in den Tropen wurde zwischen 1940 und 1970 ein leichter Temperaturrückgang bei gleichzeitiger Zunahme anthropogener Treibhausgasemissionen gemessen (GSF 1993: 7; Jastrow et al. 1990: 33 f.). Zum anderen ist es z.Zt. nicht zu klären, ob der gemessene Temperaturanstieg Teil einer langfristigen, auf anthropogene Faktoren zurückführbaren Klimaveränderung darstellt und somit möglicherweise den Beginn einer drohenden Klimakatastrophe durch den Menschen signalisiert, oder ob es sich hierbei um eine bereits für andere Zeiträume nachgewiesene *natürliche Variabilität* des Klimas handelt, die entweder durch natürliche

---

13 Vgl. hierzu die Einschätzung durch das Intergovernmental Panel on Climate Change (IPCC), demzufolge "advanced biosphere-geosphere models", mit deren Hilfe die komplexen Interaktionen zwischen physikalischen, biologischen und chemischen Prozessen zu erfassen sind, erst zu Beginn des 21. Jahrhunderts zur Verfügung stehen (McBean/McCarthy 1990: 325, zit. nach Shackley/Wynne 1996: 287 f.). Für einen Überblick über skeptische Positionen, denen diese Einschätzung als übermäßig optimistisch und wissenschaftlich fragwürdig erscheint, vgl. die zusammenfassende Auswertung von Forschungsliteratur und eigenen Interviews bei Shackley/Wynne (1996: 288 f.).

Faktoren (Sonneneinstrahlung, Vulkanaktivitäten) bedingt ist oder gar in Form einer kurzfristigen und dem Klimasystem immanenten Schwankung ohne nachweisbare Ursache auftritt.[14] Ebenfalls ist ungewiß, in welchem Maße ein anthropogen verursachter globaler Temperaturanstieg von anderen Faktoren überlagert und somit abgeschwächt wird, so zum Beispiel durch die abkühlende Wirkung von Aerosolen in der Atmosphäre.[15] Darüber hinaus ist nicht nur der Aussagegehalt, sondern die *Aussage selbst* mit wissenschaftlichen Unsicherheiten belastet. Denn erst seit den 70er Jahren dieses Jahrhunderts besteht ein weltweit gespanntes Netz der Satellitenüberwachung, das verläßliche Daten zur Verfügung stellt (Folland et al. 1992: 139). Für die zuvor gemessenen Daten ist eine Vielzahl von einzelnen Meßfehlern anzunehmen, die möglicherweise zu signifikanten Verzerrungen geführt und das insgesamt gemessene Ergebnis beeinträchtigt haben. Diese *Verzerrungsfaktoren* reichen von Veränderungen der Meßinstrumente und ihrer Bedienung über Verstädterungs- und Industrialisierungsprozesse, die für eine nicht generalisierbare lokale Erwärmung aufgrund in menschlichen Ballungsräumen überdurchschnittlich häufig angebrachten Meßstationen gesorgt haben können, bis hin zu Problemen der von Schiffen aus durchgeführten Messung von Temperaturen an der Meeresoberfläche, die in der von Schiffsmotoren erzeugten

---

14 Zur Unterscheidung von anthropogenen Klimaveränderungen und natürlicher Klimavariabilität vgl. Jastrow et al. (1990), Folland et al. (1992) und Stouffer et al. (1994). Ein Beispiel für nicht auf menschliche Aktivitäten, jedoch auf einen "external agent" (Jastrow et al. 1990: 48) bzw. "forcing factor" (Folland et al. 1992: 141) zurückführbare Klimaänderungen stellt die sog. "Kleine Eiszeit" dar, die vor ca. 400 Jahren ihren Höhepunkt erreichte und für die die Klimaforschung im Vergleich zu vorhergehenden und nachfolgenden Phasen um ca. 1.0 Grad niedrigere Temperaturen aufgrund verminderter Sonneneinstrahlung annimmt (Grove 1988; Lamb 1982: 201 ff.). Eine Studie von Hansen et al. weist auf Temperaturschwankungen von bis zu 0.3 Grad innerhalb eines Zeitraums von nur 20 Jahren hin, die sich nicht durch externe natürliche oder anthropogene Faktoren ursächlich erklären lassen und dem Klimasystem immanent sind (zitiert in: Jastrow et al. 1990: 48). Daran wird deutlich, wie problematisch es ist, in der gegenwärtig im Vergleich mit vor ca. 100 Jahren um 0.5. bis 0.6. Grad höheren Temperatur den Vorboten einer langfristig katastrophalen und auf menschliche Aktivitäten zurückführbaren Klimaentwicklung zu sehen.

15 Die Wirkung von Aerosolen bildet einen Schwerpunkt des gegenwärtigen Forschungsinteresses. Der Forschungsstand wird allgemein als defizitär beschrieben; "the impact of aerosols is still poorly known", heißt es hierzu bei Hasselmann (1997: 915).

Erwärmung und den unterschiedlichen Materialen der Meßbehälter bestehen (Adams/Woodward 1992: 262 ff.; Folland et al. 1992: 142 ff.).

Zur Erfassung langfristiger Klimaentwicklungen reichen die Beobachtung empirischer Phänomene und der Vergleich gemessener Daten nicht aus. Aus diesem Grund werden *Computermodelle* entwickelt, mit denen sich vergangene Klimaentwicklungen rekonstruieren und zukünftige Klimaentwicklungen abschätzen lassen.[16] Die Simulation langfristiger Klimaentwicklungen basiert auf verschiedenen Teilsimulationen zur Entwicklung einzelner klimarelevanter *Komponenten* wie vor allem der Atmosphäre, der Ozeane und des Eises, die dann in ein umfassendes Klimamodell integriert werden, welches die *Wechselwirkungen* dieser Komponenten abbildet. Diese umfassenden Klimamodelle, die eine Gesamttopographie des Klimasystems erstellen und seine Dynamik erfassen sollen, werden als *General Circulation Models (GCMs)* bezeichnet. Hiervon gibt es nach Elzinga (1993: 17; 1995: 242) gegenwärtig weltweit mindestens vierzehn, von denen ca. fünf als führend gelten.[17] Die Fortschritte in diesem Bereich sind beachtlich. So stellt Bengtsson (1992: 705) in dem abschließenden Beitrag zu einem der wichtigsten Sammelbände zum Thema resümierend fest: "The mathematical modeling of the climate system, as described in this volume, has undergone a spectacular development".

---

16 Aus der mittlerweile kaum noch überschaubaren Literatur zur computergestützten Modellierung von Klimaentwicklungen vgl. nur die populärwissenschaftliche Einführung von Schneider (1987), den umfangreichen Sammelband von Trenberth (1992), die im Hinblick auf die Leistungsfähigkeit von Computermodellen selbstkritische Einschätzung von Stone (1992), der das umfassende General Circulation Model (GCM) des Goddard Institute for Space Studies (GISS) mit entwickelte sowie als aktuelle Diskussionsbeiträge Cubasch et al. (1995), Skiles (1995), Schönwiese (1996) und Bengtsson (1997), in denen ebenfalls die gegenwärtigen Leistungsgrenzen betont werden.

17 GCMs wurden bislang in der Bundesrepublik Deutschland, Großbritannien, Kanada, Japan und den USA entwickelt. Als führend werden bei Elzinga (1993: 17; 1995: 242) vier US-amerikanische Modelle, die im National Center for Atmospheric Research (NCAR), dem Geophysical Fluid Dynamics Laboratory (GFDL), dem Goddard Institute for Space Studies (GISS) der NASA und der Oregon State University (OSU) entwickelt wurden, sowie das von britischen UK Meterological Office (UKMO) entwickelte Modell bezeichnet. Diese Angaben finden sich auch in Goodess/Palutikof (1992: 37). Die Festlegung der führend definierten GCMs variiert jedoch. So stellt das Deutsche Klimarechenzentrum (DKRZ) in Hamburg, welches eng mit dem dortigen Max-Planck-Institut für Meteorologie zusammenarbeitet, nach Mormont/Dasnoy (1993: 133) eines der fünf führenden dar.

Diese Aussage wird anhand der drastisch verkürzten Rechenzeiten konkretisiert und belegt (ebd.: 706 f.). Dennoch ist mit hinreichend validen Modellen erst dann zu rechnen, wenn entsprechend leistungsfähige Super-Computer zur Verfügung stehen.

Die Validität der Simulation *zukünftiger* Klimaentwicklungen durch General Circulation Models bemißt sich daran, inwiefern die einzelnen Modelle in der Lage sind, *vergangene* Klimaentwicklungen, die man bereits mit anderen Methoden rekonstruiert hat, adäquat zu simulieren.[18] Vor allem die Rekonstruktion von Eiszeiten spielt hier eine Rolle. Problematisch ist aber, daß auch die mit anderen Methoden rekonstruierten Klimaentwicklungen selbst auf umstrittenen Hypothesen und einer sehr dünnen Datenlage basieren (Broccoli 1994). Kritiker wie Wallace Broecker sprechen deshalb von einer Gleichung mit zwei Unbekannten, andere wie der Paläoklimatologe Thomas J. Crowley vom Zusammentreffen unsicherer Modellannahmen und unsicherer Datenlage (in: Culotta 1993). Wissenschaftslogisch und -praktisch stellt diese ebenso unbefriedigende wie alternativlose Vorgehensweise eine *Verlagerung* der Beweislasten dar. Für Wissenschaftsforscher wie Elzinga (1995: 247) gelten deshalb die Modelle der Klimaforschung als durch ihre empirische Datenbasis notwendigerweise *unterdeterminiert*; sie können allenfalls als heuristische Instrumente zur Bewältigung der enormen Datenmenge verstanden werden. Dem naturwissenschaftlichen Ideal der Iteration von theoretischen Modellannahmen und experimenteller Überprüfung ist somit kaum mehr zu entsprechen.[19] Das Grundproblem der empirischen Überprüfbarkeit

---

18 Der hierfür erforderliche Daten-input wird von der Paläoklimatologie zur Verfügung gestellt, die zudem in erheblichem Maße an der GCM-basierten Simulation vergangener Klimaentwicklungen beteiligt ist. Zu den Möglichkeiten und Grenzen, mit Hilfe der Paläoklimatologie nicht nur vergangene Klimaentwicklungen zu rekonstruieren, sondern auch einen Beitrag zur Abschätzung zukünftiger Klimaentwicklungen zu leisten, vgl. Street-Perrott (1994) sowie insbesondere Lorius/Oeschger (1994).

19 Nur am Rande sei angemerkt, daß von seiten der sozialkonstruktivistischen Wissenschaftsforschung das - in einem spezifischen Forschungsbereich wie der Klimaforschung nur sehr begrenzt gültige - naturwissenschaftliche Ideal der empirischen Verifizierung bzw. Falsifizierung einer theoretischen Aussage mit Hilfe des wissenschaftlichen Experiments für die naturwissenschaftliche Forschung *insgesamt* angezweifelt wird. So stellt beispielsweise Collins (1985) anhand der Analyse von wissenschaftlichen Kontroversen

von Modellen langfristiger Klimaentwicklungen bliebe also weiterhin ungelöst, selbst wenn es gelänge, die z.Zt. nur in Aussicht gestellten Super-Computer zur Bewältigung der schieren Datenmenge herzustellen (Skiles 1995).

Damit noch nicht genug. Denn der Versuch, die zukünftige Klimaentwicklung abzuschätzen, bedeutet zudem die Bereitstellung von zuverlässigen Daten und Prognosen zu klimarelevanten Aspekten *menschlichen Verhaltens*. Beispiele für menschliche Einflußfaktoren, die sich unmittelbar auf den zusätzlichen anthropogenen Treibhauseffekt auswirken, sind demographische Veränderungen, veränderte Konsumgewohnheiten, veränderter Energieverbrauch aufgrund wirtschaftlicher Entwicklung sowie nicht zuletzt Veränderungen, die aus politischen Maßnahmen zur Eindämmung des Treibhauseffektes resultieren (Schneider 1983, Clark 1989). Aufgrund der hohen Variabilität dieser Einflußfaktoren werden unterschiedliche *Szenarien* entwickelt mit dem Ziel, anstelle einer eindeutigen Prognose mehrere in der Gegenwart plausibel erscheinende Möglichkeiten zukünftiger Entwicklungspfade zu modellieren und miteinander vergleichbar zu machen.[20]

Die Aufgabe, diesen Teil des Daten-input zu leisten und darauf aufbauende Szenarien zu entwickeln, die es dann in naturwissenschaftliche Klimamodelle zu integrieren gilt, wird vielfach den *Sozial- bzw. Humanwissenschaften* zugeschrieben.[21] Die als anthropogene Faktoren zusammengefaßten klimare-

---

einen *"experimentellen Zirkel"* im Verhältnis von gemessenen Forschungsergebnissen und theoretischen Annahmen fest, der darin begründet ist, daß experimentelle Daten über wissenschaftliche Apparaturen, die selbst wiederum theoretische Annahmen inkorporieren und keine unabhängigen Meßinstrumente darstellen, generiert werden.

20 Vgl. hierzu grundsätzlich Lave/Epple (1985); konkrete Szenarien liefern Perry (1982), der sich ausschließlich auf CO_2-Emissionen bezieht, sowie Mintzer (1989) im Hinblick auf Technologieentwicklung und Energieverbrauch.

21 Diese Aufgabenzuschreibung findet jedoch primär in Form unverbindlicher Absichtserklärungen statt. Daß die Abschätzung der zukünftigen Klimaentwickung in der Regel *ausschließlich* als Domäne naturwissenschaftlicher Forschung verstanden wird, zeigt insbesondere die Arbeitsteilung innerhalb des Intergovernmental Panel on Climate Change (IPCC), dessen Arbeitsgruppe "Scientific Assessment" ausschließlich naturwissenschaftliche (Teil-)Expertisen zu einer generellen Einschätzung verdichtet. Die gemeinsame Bündelung natur- und sozialwissenschaftlichen Wissens findet demgegenüber in den anderen

levanten Aspekte menschlichen Verhaltens werden seit Mitte der 80er Jahre in internationalen und nationalen Forschungsprogrammen verstärkt berücksichtigt.[22] Mit der Intensivierung sozialwissenschaftlicher Forschung wird die ohnehin deutlich interdisziplinär ausgerichtete naturwissenschaftliche Klimaforschung signifikant erweitert.[23] Angesichts nur unzureichender Möglichkeiten der Verhaltenskontrolle und -manipulation von Individuen und sozialen Entitäten und angesichts der ernüchternden Erfahrungen in den Sozialwissenschaften mit lediglich mittelfristigen Antizipationen gesellschaftlicher Entwicklungen hat der Bedarf an Prognosen zu klimarelevanten Aspekten menschlichen Verhaltens eine zusätzliche Steigerung wissenschaftlicher Unsicherheiten zur Folge (Frederichs/Bechmann 1997). Selbst die elaborierten Versuche der 70er Jahre, theoretische Entwicklungen der Kybernetik in den Sozialwissenschaften aufzugreifen und auf dieser Grundlage gesellschaftliche Entwicklung zu antizipieren und planbar zu machen, gelten mittlerweile *allgemein* als gescheitert. Sie werden in der gegenwärtigen sozialwissenschaftli-

---

Arbeitsgruppen statt, deren Ergebnisse *nicht* in die Abschätzungsszenarien der erstgenannten Arbeitsgruppe einfließen, die hiervon unabhängig bleibt.

22 Die Institutionalisierung sozialwissenschaftlicher Klimaforschung wurde auf internationaler Ebene vor allem durch das auf Initiative verschiedener Organisationen zustande gekommene und zunächst auf 10 Jahre (1990-2000) angelegte Human Dimensions of Global Climate Change Programme (HDGCP) vorangetrieben. Vgl. hierzu Burton/Timmerman (1989). Darüber hinaus basieren zwei der drei Arbeitsgruppen des IPCC, Impacts Assessment und Response Strategies, auf der Zusammenarbeit von Natur- und Sozialwissenschaftlern. Auf nationaler Ebene ist insbesondere der Förderungsschwerpunkt "Klimafolgenforschung" des damaligen Bundesministeriums für Forschung und Technologie (BMFT) zu erwähnen, in dessen Rahmen u.a. das Potsdam-Institut für Klimafolgenforschung (PIK), eine Einrichtung der Blauen Liste, gefördert wird. Das PIK ist zwar primär naturwissenschaftlich ausgerichtet; sozialwissenschaftlich relevante Aspekte der Klimafolgenforschung sollen jedoch integraler Bestandteil der vom PIK erstellten Szenarien sein.

23 Die Klimaforschung wird deshalb im Anschluß an van den Daele et al. (1979) als "hybrid research community" (Elzinga 1993: 10) bezeichnet. Sie stellt damit für Elzinga (1993: 12 ff., 1995: 247 f.) einen exemplarischen Fall von *"post-normal science"* dar, wie es im Anschluß an Funtowicz/Ravetz (1990) heißt. Charakteristika dieses neuartigen Typus von Wissenschaft sind hohe Interdisziplinarität, Unsicherheit und Entscheidungsnähe, wodurch die Einbeziehung außerwissenschaftlicher Kriterien selbst in den Kernbereich der wissenschaftlichen Forschung begünstigt wird.

chen Planungsdiskussion nicht mehr weiterverfolgt.[24] Bezogen auf die *spezifische* Problematik des anthropogenen Treibhauseffektes besteht das Kernproblem sozialwissenschaftlicher Modelle und Prognosen vor allem in der nur sehr begrenzten Aussagekraft von *Energieverbrauchsszenarien.* Trendextrapolationen aus dem gegenwärtigen Energieverbrauch, der als Maßstab für den zukünftigen Energieverbrauch gilt, haben sich retrospektiv zumeist als falsch erwiesen (Brooks 1986).[25] Es ist fraglich, ob sich das Problem der Erstellung zuverlässiger Energieverbrauchsszenarien durch eine verbesserte Szenariotechnik lösen läßt, die, wie beispielsweise Burton/Timmerman (1989: 302) in Übereinstimmung mit der gegenwärtigen sozialwissenschaftlichen Planungsdiskussion empfehlen, Anleihen bei Theorien der Selbstorganisation, Chaostheorie und Thermodynamik zu machen hätte, um simple und in der Regel falsche Trendextrapolationen zu vermeiden.

Die hier nur knapp benannten Probleme beziehen sich allesamt lediglich auf den Themenkomplex der wissenschaftlichen *Abschätzung* des Phänomens "Klimawandel" und seiner zukünftigen Entwicklung; weder die *Auswirkungen* des Klimawandels noch hierauf aufbauende *Strategien* der Problembewältigung wurden im Hinblick auf wissenschaftliche Unsicherheiten diskutiert.[26] Im Fall der Klimaproblematik kumulieren diese Unsicherheiten. Sie erhöhen sich sukzessiv von der Abschätzung des Phänomens über seine Auswirkungen bis hin zu den Strategien der Problembewältigung.[27] Der Pro-

---

24 Vgl. hierzu Böhret (1990), Bühl (1990) und Krohn/Küppers (1990), die zum einen anstelle der Orientierung an der Leitwissenschaft "Kybernetik" auf neuere Entwicklungen in den Naturwissenschaften setzen, deren gemeinsamer Bezugspunkt bei aller Unterschiedlichkeit in der Aufweichung enger Kausalitäts- und Linearitätsannahmen besteht, zum anderen weitaus vorsichtiger hinsichtlich der Reichweite der hieraus abzuleitenden Modelle und Prognosen sind.

25 Die wissenschaftlichen und forschungspolitischen Implikationen liegen auf der Hand: "experience shows that using superficial trend-extrapolation scenarios of future emissions resulting from human processes can seriously misdirect the attention of the research community" (Clark 1989: 324 f.).

26 Diese Dreiteilung orientiert sich ersichtlicherweise an der vom IPCC gewählten Aufteilung in "Scientific Assessment" (Arbeitsgruppe I), "Impacts Assessment" (Arbeitsgruppe II) und "Response Strategies" (Arbeitsgruppe III).

27 Vgl. hierzu die Modellierung einer Wissenspyramide bei Schneider (1983), demzufolge die Unsicherheiten von oben nach unten kaskadenartig zunehmen. Zur Kritik der in der

144

blematik angemessene Aussagen zu den Themenkomplexen "Auswirkungen" und "Bewältigungsstrategien" können zum gegenwärtigen Zeitpunkt kaum geleistet werden, da sie wesentlich voraussetzungsreicher und unsicherheitsbelasteter sind als Aussagen zum Klimasystem und seiner zukünftigen Entwicklung. Einerseits stecken Versuche, die *regional* höchst unterschiedlichen Auswirkungen aus *globalen* Klimamodellen abzuleiten bzw. diese eigenständig zu modellieren, noch in den Anfängen.[28] Ebensowenig ist es andererseits möglich, selbst bei Zugrundelegung der *kontrafaktischen* Annahme der Bekanntheit der zukünftigen Klimaentwicklung und ihrer Auswirkungen, einen "one best way" der Problembewältigung qua wissenschaftlicher Expertise aufzeigen. Theoretische Modelle stoßen hier auf überraschende *Paradoxien*, die einer als politischen Entscheidungshilfe verstandenen Problemlösungsperspektive entgegenstehen, derzufolge sich klare Handlungsanweisungen zur Eindämmung des Treibhauseffektes wissenschaftlich-stringent formulieren ließen.[29]

Zusammenfassend läßt sich sagen, daß die in kritischer Auseinandersetzung mit dem technisch-naturwissenschaftlichen Risk Assessment hervorgehobene inhärente Unsicherheit der wissenschaftlichen Expertise, die vor

---

Pyramiden-Metapher zum Ausdruck kommenden Hierarchisierung des Forschungsfeldes "Klimawandel", in dem Forschungseinrichtungen an der Spitze stehen, die die vergleichsweise schwach unsicherheitsbelasteten GCMs entwickeln, vgl. Shackley/Wynne (1995), die demgegenüber die Struktur des Forschungsfeldes mit Hilfe der Netzwerk-Metapher zu erfassen versuchen.

28 Das zeigt u.a. der Report der Arbeitsgruppe II des IPCC, in dem eine Fülle möglicher regionaler Auswirkungen globalen Klimawandels aufgelistet wird - "a fairly comprehensive analysis of the range of issues" nach Schneider (1991: 28) - , ohne daß diese im Hinblick auf Intensität und Wahrscheinlichkeit abgeschätzt werden. Das diesbezügliche Grundproblem liegt in den begrenzten Möglichkeiten, regionalen Klimawandel abzuschätzen (Gates et al. 1992: 114). Dies steht in deutlichem Gegensatz zu partiell erheblich optimistischeren Annahmen, die in der Vergangenheit getroffen wurden. So zitieren Shackley/Wynne (1996: 296) einen Autor, demzufolge das Scientific Advisory Council des US-amerikanischen Präsidenten 1965 die Möglichkeit von validen regionalen Klimasimulationen innerhalb von zwei bis drei Jahren behauptete.

29 Vgl. nur als besonders drastisches Beispiel die spieltheoretische Modellierung der Folgen nationalstaatlicher Alleingänge der *Reduzierung* von CO_2-Emissionen bei Hoel (1991), die seiner Analyse zufolge im Ergebnis überraschenderweise zu einer ökologisch unerwünschten *Steigerung* des weltweiten CO_2-Gesamtausstoßes führen.

allem am Beispiel der Kernenergie deutlich wurde, in bezug auf die Klima-problematik historisch neuartige Dimensionen erreicht.[30] Angesichts der Komplexität der Klimaproblematik trifft der anonym zitierte Stoßseufzer des Entwicklers eines Computer-Programms zur Risikoabschätzung einer kern-technischen Anlage - "wir parametrisieren unsere Unwissenheit" (nach Ben-ecke 1985: 266) - auf den Versuch der Abschätzung der Klimaentwicklung in besonderem Maße zu. Zentrale Dimensionen wissenschaftlicher Unsicherheit wurden in diesem Abschnitt stichwortartig benannt. Erstaunlich ist, daß dieses hochgradig unsicherheitsbelastete Wissen an der Schnittstelle zwischen Wis-senschaft und Politik organisiert und in den politischen Entscheidungskontext einbezogen wird. Der folgende Abschnitt wird zeigen, mit Hilfe welcher Me-chanismen dies geschieht.

5.2.2. Klimaforschung und Klimapolitik: Institutionelle Arrange-ments

Institutionelle Arrangements zur Übersetzung von wissenschaftlichen und politischen Problemdefinitionen in den jeweils anderen Kontext bestehen so-wohl auf *nationaler* als auch auf *internationaler* Ebene.[31] Hier wird nun zu-nächst die nationale Ebene betrachtet.

---

30 Zu den begrenzten Möglichkeiten der antizipativen Risikoabschätzung kerntechnischer Anlagen, die aus dem Problem resultieren, sämtliche sicherheitsrelevanten Komponenten und ihre Verkettungen ex ante zu erfassen, was auch die Vorhersage und Kontrolle menschlichen Verhaltens mit einschließt, vgl. Krücken (1990: 46 ff.).

31 Unter dem Begriff *"institutionelle Arrangements"* sind im folgenden sowohl *soziale Er-wartungsstrukturen* als auch deren *organisationale Verfestigung* zu verstehen. Dem liegt ein vergleichsweise weit gefaßter Institutionenbegriff zugrunde, der die symbolisch ver-mittelte, wechselseitige Struktur von Sinn und Erwartung betont und nicht ausschließlich Organisationen als Institutionen fokussiert. Das ist allgemeines soziologisches Gedanken-gut, welches im *organisationssoziologischen Neo-Institutionalismus* eine gebotene Ak-tualisierung und konzeptionelle Erweiterung erfährt. Zu dieser Diskussion vgl. nur die Beiträge in Powell/DiMaggio (1991), insbesondere DiMaggio/Powell (1991) und Jepper-son (1991), sowie ergänzend Hasse et al. (1995: 1 ff.) und Hasse/Krücken (1996). Ein vom Erwartungsbegriff her definierter Begriff "institutioneller Arrangements", der Organi-sationen lediglich als Unterfall versteht, bietet den analytischen Vorteil, unterschiedliche

Die zeitlich am weitesten zurückreichenden, quantitativ bedeutsamsten und in ihrer Form vielfältigsten institutionellen Arrangements zur Klimaproblematik lassen sich in den *USA* beobachten. Seit 1957, dem International Geophysical Year (IGY), bestehen bereits politische Prioritäten zugunsten der Klimaforschung, die sich zunächst jedoch ausschließlich auf den Aspekt der Forschungsförderung konzentrierten.[32] Seit den frühen 70er Jahren werden dann verstärkt wissenschaftliche Forschungsberichte von seiten politischer Entscheidungsträger angefordert, wissenschaftliche Experten direkt in den politischen Entscheidungskontext einbezogen und gemischt zusammengesetzte Arbeitsgruppen und Komitees gebildet.

Dies geschieht auf beiden Seiten des in *Politik* und *Verwaltung* intern differenzierten politischen Systems, d.h. zum Teil auf Initiative des Kongresses, zum Teil auf Initiative der zuständigen Ministerien und Regulierungsbehörden. So wurden seit Mitte der 70er Jahre verschiedene Anhörungsverfahren mit wissenschaftlichen Experten von seiten des Kongresses organisiert (Schneider 1990: 123 ff., 191 f., 212 ff.); Politik und unterschiedliche Bereiche der Verwaltung gaben zahlreiche Gutachten in Auftrag (Morone/Woodhouse 1986: 106, 116); und innerhalb des Department of Energy (DoE) wurde eine eigenständige Abteilung gebildet, deren ausschließliche Aufgabe es war, Forschungen zum Treibhausgas CO_2 durchzuführen und aufzuarbeiten (Morone/Woodhouse 1986: 102). Als Reaktion auf diese politikinterne Zersplitterung wurde mit dem 1990 etablierten, großangelegten U.S. Global Change Research Program (USGCRP) die Bündelung der Aktivitäten von unterschiedlichen Ministerien, Behörden und wissenschafts- bzw. forschungspolitischen Organisationen angestrebt.[33] Dieses Programm stellt nach

---

Formen der Abstimmung von Klimapolitik und Klimaforschung unter spezifischen Problemgesichtspunkten vergleichbar zu machen. Das geschieht in 5.3. unter den für meine Arbeit relevanten Problemgesichtspunkten der Funktion und Erfolgsvoraussetzungen der politischen Bezugnahme auf Wissenschaft im Prozeß der Risikotransformation.

32 Zur historischen Rekonstruktion der US-amerikanischen Klimaforschung vgl. die umfangreiche Studie von Hart/Victor (1993), in der vor allem die Rolle von "scientific élites" in der Vermittlung zwischen Klimaforschung und Forschungspolitik näher beleuchtet wird.

33 Ausführlicher hierzu Pielke (1995) und Lambright (1997) sowie ergänzend Glasser (1995). Das USGCRP koordiniert im Kern die beiden Forschungsbereiche Klimawandel

Pielke (1995: 39) "one of the largest science programs ever conducted" dar. Doch nicht nur vom politischen System ausgehende Versuche der Organisierung und Einbeziehung wissenschaftlicher Expertisen lassen sich beobachten. Darüber hinaus ist der vom *Wissenschaftssystem* erzeugte Impuls nicht zu unterschätzen. Denn auch über die Vermittlung durch professionelle Wissenschaftsorganisationen wie der American Association for the Advancement of Science (AAAS), formale Wissenschaftsorganisationen wie dem Goddard Institute for Space Studies (GISS) der NASA und prominente Klimaforscher wie James E. Hansen und Stephen H. Schneider finden wissenschaftliche Problemdefinitionen Eingang in den politischen Kontext.[34]

Aus der Verschränkung von politischen und wissenschaftlichen Leistungserwartungen, die sich auf den jeweils anderen Kontext beziehen, resultiert ein *dichtes Netz* institutioneller Arrangements, mit deren Hilfe unsicherheitsbelastetes wissenschaftliches Wissen organisiert und in den politischen Entscheidungskontext einbezogen wird. Dies ist zum einen das Ergebnis der seit dem Zweiten Weltkrieg entstandenen Tradition der wissenschaftlichen Politikberatung in den USA, die im Vergleich mit anderen Nationen einzigartig ist.[35] Zum anderen gelten die USA auf dem Gebiet der modernen Klimaforschung seit ihrem Beginn als weltweit führende Nation, und zwar sowohl in qualitativer als auch in quantitativer Hinsicht.[36] Betrachtet man die *strategische* Ausrichtung der in den institutionellen Arrangements formulierten

---

und Ozonlochproblematik. Es beinhaltet darüber hinaus umfassendere und nicht problemspezifisch zuzuordnende Forschungsaktivitäten wie den unter dem Titel "Observing the Earth System" gefaßten Bereich, auf den sich ca. 45% der Mittel konzentrieren. Der Jahresetat des Programms stieg von 133.9 Millionen US-Dollar im Jahre 1990 auf 1.8 Milliarden US-Dollar 1995 (Lambright 1997: 42).

34 Nach Hart/Victor (1993: 644) übten die Pioniere der modernen Klimaforschung in den USA, insbesondere Robert White, Roger Revelle und Thomas Malone, Ende der 50er/Anfang der 60er Jahre eine ähnliche Übersetzungsfunktion aus wie heutzutage etwa James E. Hansen und Stephen H. Schneider.

35 Vgl. hierzu als klassischen und grundlegenden Beitrag Brooks (1964) sowie konkret auf neuere Risikoprobleme bezogen Jasanoff (1990).

36 So wurden vier der fünf weltweit führenden GCMs in US-amerikanischen Forschungseinrichtungen entwickelt (Goodess/Palutikof 1992: 37; Elzinga 1993: 17; 1995: 242), und der im einzelnen allerdings kaum aufzuschlüsselnde Etat des USGCRP stellt das weltweit größte nationale Programm zur Analyse globaler Umweltveränderungen dar.

wissenschaftlichen Politikempfehlungen, so fällt deren Heterogenität und *Wi-
dersprüchlichkeit* auf. Der Möglichkeitsspielraum für empfohlene Umgangs-
weisen mit globalem Klimawandel wird weitreichend ausgeschöpft. Eine
1983 von der Nuclear Regulatory Commission (NRC) veröffentlichte Studie
plädiert beispielsweise unter besonderer Betonung der wissenschaftlichen
Unsicherheiten zugunsten einer Intensivierung wissenschaftlicher Forschung;
politisch-regulative Maßnahmen zur Eindämmung des Treibhauseffektes sind
dieser Studie zufolge als noch *verfrüht* abzulehnen (Morone/Woodhouse
1986: 119). Demgegenüber empfiehlt eine im selben Jahr veröffentlichte
Studie der Environmental Protection Agency (EPA) mit einer ebenfalls auf
wissenschaftliche Unsicherheiten verweisenden Argumentation bereits *konkrete* politisch-regulative Maßnahmen (Morone/Woodhouse 1986: 116).[37] Als
Ergebnis läßt sich an dieser Stelle festhalten, daß der politische Rekurs auf
wissenschaftliche Experten in den USA kaum zur übergreifenden Konsensbildung oder gar zur Entpolitisierung der Klimaproblematik geführt hat
- im Gegenteil.[38] Und auch für das später etablierte USGCRP, welches u.a.
zur Konsensbildung und Entpolitisierung beitragen sollte, wird ein
"performance shortfall" (Pielke 1995: 39) konstatiert, mit dem es selbst in die
politische Auseinandersetzung geriet.

Für andere entwickelte Industrienationen ergibt sich sowohl im Hinblick
auf die formale Struktur institutioneller Arrangements als auch im Hinblick

---

37   Die eher das Risiko einer zu frühen als einer zu späten Alarmierung in Kauf nehmende
     Position der EPA in bezug auf die Klimaproblematik setzt sich auch später fort. Vgl. hier-
     zu die 1988 veröffentlichte dreibändige Studie "The Potential Effects of Climate Change
     on the United States" (Smith/Tirpak 1988), die eine umfassende Darstellung von Impact-
     Szenarien enthält, in denen verheerende Auswirkungen des Klimawandels als durchaus
     realistische Möglichkeit in Betracht gezogen und beschrieben werden. Für eine kurze Zu-
     sammenfassung wichtiger Ergebnisse dieser Studie vgl. Schneider (1990: 131 ff.).
38   Dieses Charakteristikum US-amerikanischer Umwelt- und Risikoregulierung wurde be-
     reits für andere, sozialwissenschaftlich wesentlich besser erforschte Regulierungsbereiche
     hervorgehoben. Grundsätzlich hierzu Jasanoff (1990); am Beispiel der Grenzwertfestle-
     gung für karzinogene und toxische Substanzen Brickman et al. (1985), Jasanoff (1986)
     und Graham et al. (1988); am Beispiel der Luftreinhaltepolitik Vogel (1986) und Melnick
     (1983).

auf deren inhaltliche und strategische Orientierung ein insgesamt recht *hete-rogenes Bild.*

In *Frankreich* gibt es seit den 80er Jahren vereinzelt wissenschaftliche und politische Konferenzen, die sich mit der Gefahr des anthropogenen Klimawandels beschäftigen. Im Verhältnis von Wissenschaft und Politik wird vor allem seit 1990 eine deutliche institutionelle Trennung zwischen Wissenschaft und Politik sichtbar, die zu einer doppelten Expertise führte: der wissenschaftlichen einerseits und der von der Politik unternommenen technisch-ökonomischen andererseits (vgl. Mormont/Dasnoy 1993: 87 ff., 105 f.). Parallel zueinander und mit nur einem Monat Differenz wurden 1990 der wissenschaftliche Bericht der Académie des Sciences und der politische Bericht der interministeriellen Arbeitsgruppe zum Treibhauseffekt veröffentlicht (Académie des Sciences 1990; Ministère de l'Environnement 1990). Wenngleich der Bericht der Académie in deutlicher Abgrenzung zur politischen Diskussion verfaßt wurde, forderte er, daß selbst vor dem Hintergrund größter wissenschaftlicher Unsicherheiten Maßnahmen ergriffen werden sollten, um zumindest den gravierendsten Folgen des Klimawandels zu entgehen; gleichzeitig wurde die Reichweite adaptiver Maßnahmen für die französische Landwirtschaft und die Tourismusindustrie diskutiert (Mormont/Dasnoy 1993: 91). Die Académie konzentrierte sich jedoch primär auf die Abschätzung der wissenschaftlichen Unsicherheiten, stellte diesbezügliche wissenschaftliche Kontroversen heraus und leitete daraus Elemente für eine Forschungsagenda ab. Der Bericht der interministeriellen Arbeitsgruppe entwarf hingegen politische Szenarien, die vor allem am Kriterium der Durchführbarkeit und der vermuteten Akzeptanzprobleme orientiert waren (ebd.: 96 ff.). Von seiten der Wissenschaft blieb diese 'politische Expertise' jedoch aufgrund des tiefen Mißtrauens gegenüber der politischen Sphäre weitgehend unbeachtet (Mormont/Dasnoy 1995: 52).

Demgegenüber lassen sich in *Großbritannien* engere institutionelle Verschränkungen zwischen Klimaforschung und Klimapolitik beobachten. Im Vergleich zu den USA waren die vom politischen System ausgehenden Impulse hinsichtlich der Etablierung derartiger Verschränkungen deutlich schwächer. Vielmehr ist primär die nationale und internationale Bedeutung der britischen Klimaforschung hervorzuheben, welche hier eine entscheidende Rolle spielte. Vor allem im Bereich der physikalischen Atmosphärenforschung weist die britische Klimaforschung eine lange Forschungstradition auf und ist über die Wissenschaftsorganisation des UK Meteorological Office (*UKMO*) fest institutionalisiert.[39] Im Vergleich zu Frankreich, dessen Klimaforschung nur lose vernetzt und fragmentiert ist, stellt das UKMO das unumstrittene Zentrum der britischen Klimaforschung dar (Boehmer-Christiansen 1995b, Wynne/Simmons 1996: 12 ff.). Folglich spielen vor allem Wissenschaftler des UKMO eine überragende Rolle in der wissenschaftlichen Politikberatung. Diese drückt sich weniger in konkreten Handlungsempfehlungen zur Eindämmung des Treibhauseffektes aus. Vielmehr ist den wissenschaftlichen Empfehlungen zufolge die Reduzierung wissenschaftlicher Unsicherheiten prioritär zu behandeln. Diese Ausrichtung findet sich auch in institutionellen Arrangements der wechselseitigen Übersetzung von wissenschaftlichen und politischen Problemdefinitionen. So lehnte eine Ende der 70er Jahre aus Vertretern verschiedener Ministerien, dem Direktor des UKMO und weiteren wissenschaftlichen Politikberatern zusammengesetzte "Interdepartmental Climatology Group" politisch-regulative Maßnahmen als verfrüht ab (Cabinet Office 1980). Später veränderte sich diese Ausrichtung. Wenngleich auch weiterhin vor allem forschungspolitische Maßnahmen zur Reduzierung wissenschaftlicher Unsicherheiten empfohlen werden, bleibt die Diskussion dar-

---

39 Für die britische Tradition der Klimaforschung steht insbesondere der Meteorologe G.S. Callendar, der in einem 1938 veröffentlichten Beitrag den seit Mitte des 19. Jahrhunderts gemessenen leichten Temperaturanstieg auf die zunehmende Verbrennung fossiler Brennstoffe zurückführte (Morone/Woodhouse 1986: 101). Die moderne britische Klimaforschung genießt eine international hohe Reputation. Sie verfügt über eines der fünf als weltweit führend angesehenen GCMs und spielte aufgrund ihrer Position innerhalb der World Meteorological Organisation (WMO) eine aktive Rolle bei der Gründung des IPCC, in dem sie vor allem innerhalb der Arbeitsgruppe I eine führende Position einnimmt (Boehmer-Christiansen 1994, 1995a; Weingart et al. 1995: 13 f.).

über hinausgehender politisch-regulativer Maßnahmen nicht mehr ausgeklammert.[40]

Das für die *bundesdeutsche Klimapolitik* wichtigste Instrument der wechselseitigen Erwartungsabstimmung zwischen Wissenschaft und Politik waren zwei vom Deutschen Bundestag eingesetzte *Enquete-Kommissionen,* die sich paritätisch aus Bundestagsabgeordneten und wissenschaftlichen Sachverständigen zusammensetzten.[41] Die erste Kommission ("Vorsorge zum Schutz der Erdatmosphäre") erstreckte sich über den Zeitraum von 1987 bis 1990. Ziel war es, den Wissensstand zur Klimaproblematik aufzuarbeiten und diesbezügliche nationale und internationale Maßnahmen zur Gefahrenabwehr als politische Empfehlung auszusprechen (Deutscher Bundestag 1991). Hieran schloß eine zweite Kommission ("Schutz der Erdatmosphäre") an, die 1991 konstituiert wurde und 1994 ihre Arbeit beendete. Neben der Aktualisierung des Wissensstandes ging es darum, die allgemeinen Empfehlungen zu konkretisieren, insbesondere in energiepolitischer Hinsicht (Deutscher Bundestag 1995). Während die zweite Kommission aufgrund der energiepolitischen Kontroverse zwischen Regierungs- und Oppositionsparteien unterschiedliche Handlungsempfehlungen abgab und keine weitreichenden Impulse geben konnte, war die erste Kommission eher konsensuell ausgerichtet. Sie galt als umweltpolitischer Erfolg, da der Bundestag dem ersten Zwischenbericht

---

40 Während Boehmer-Christiansen (1995a: 17 ff.; 1995b: 192) in ihrer grundlegenden Einschätzung auch neuerer Entwicklungen die primär auf Intensivierung der wissenschaftlichen Forschung und Unsicherheitsreduzierung abzielenden Empfehlungen der britischen Klimaforschung hervorhebt, berichtet Verrall (1994) von den weit darüber hinausgehenden Vorschlägen der britischen Royal Commission on Environmental Pollution, die unter dem Vorsitz des Direktors des UKMO, Sir John Houghton, im Oktober 1994 die Halbierung der britischen Straßenbauprogramme als klimapolitische Maßnahme empfahl.

41 Enquete-Kommissionen dienen der frühzeitigen Abstimmung zwischen Wissenschaft und Politik im Hinblick auf Themenbereiche, die politisch brisant *und* stark wissenschaftsabhängig sind. Versucht man die Relevanz von Enquete-Kommissionen theoretisch zu erfassen, ist es vermutlich am vielversprechendsten, sie im Rahmen der Theorie funktionaler Differenzierung als organisierte Interaktionssysteme zu verstehen, welche einen wichtigen Beitrag zur wechselseitigen Erwartungsabstimmung zwischen ausdifferenzierten Funktionssystemen leisten. Zur empirischen Aufarbeitung der Enquete-Kommissionen zur Klimaproblematik vgl. Kords (1996) und Vierecke (1994). Darüber hinaus sind in Bares et al. (1995) und Loske (1996) wichtige Einzelbeobachtungen zu finden.

einstimmig zustimmte, der eine Reduzierung der CO_2-Emissionen um 30% bis zum Jahr 2005 empfahl.

Vor dem Hintergrund der international vergleichenden Frage nach dem Verhältnis von Klimaforschung und Klimapolitik sind vor allem *zwei Aspekte* hervorzuheben, die insbesondere für die erste Enquete-Kommission gelten. *Erstens* fand in dieser gemischt zusammengesetzten "Hybridgemeinschaft" (van den Daele et al. 1979) weniger eine von Reibungsverlusten geprägte Übersetzung als vielmehr eine *wechselseitige Verstärkung* von wissenschaftlichen und politischen Problemdefinitionen und -lösungen statt. Der Wissenschaft gelang es, die Dringlichkeit der Klimaproblematik auf der politischen Agenda festzuschreiben. Der Politik gelang es, für die als Möglichkeit in Betracht gezogene Option einer aktiven Klimapolitik auf nationaler und insbesondere internationaler Ebene die notwendige wissenschaftliche Legitimation zu erhalten, ohne zugleich zu hohe Selbstverpflichtungen einzugehen.[42] *Zweitens* ist auffällig, daß wissenschaftliche Unsicherheit in bezug auf globalen Klimawandel im Unterschied zu anderen Ländern weder einen übergreifenden *Konsens*[43] über die Dringlichkeit der Klimaproblematik innerhalb der

---

42 Die für die erste Enquete-Kommission überaus relevante internationale Dimension zeigt sich vor allem in den Teilen F und G des zweiten Bandes. Da diese Kommission im Vorfeld der United Nations Conference on Environment and Development (UNCED) 1992 in Rio de Janeiro operierte, diente sie auch dazu, diesbezügliche Vorschläge zu erarbeiten und zur bundesdeutschen Positionsbestimmung beizutragen. Demgegenüber konzentrierte sich die zweite Enquete-Kommission primär auf die nationale Umsetzung von Klimaschutzmaßnahmen, wenngleich auch hier die Hoffnung betont wird, "daß wir uns der nationalen Vorreiterrolle im Klimaschutz weiterhin bewußt sind" (Bundestag 1995: VII). Darüber hinaus wurde im Frühjahr 1992 ein im Hinblick auf die Rio-Konferenz verfaßter Bericht ("Klimaänderung gefährdet globale Entwicklung") veröffentlicht.

43 Es versteht sich von selbst, daß Konsens im Rahmen der hier vorliegenden soziologisch-systemtheoretischen Problemfassung nicht im Sinne von Habermas als Telos sprachlicher Verständigung zu verstehen ist. Gegenüber diesem emphatischen Konsensbegriff, der in "soziologisierter" Form auch zahlreichen Beiträgen in Giegel (1992) zugrunde liegt, soll Konsens demgegenüber als handlungsgenerierende, da entlastende *Situationsdeutung* von Personen und sozialen Systemen verstanden werden, die weniger auf "guten Gründen" als vielmehr auf der gemeinsamen "Fiktion" (Hahn 1983) bzw. *wechselseitigen Unterstellung* von Konsens basiert. Dieser Konsensbegriff läßt sich auf sämtlichen Ebenen sozialer Systeme einsetzen - von soziologischen Studien zum Interaktionsverhalten in Kleingruppen

Wissenschaft, zwischen Wissenschaft und Politik und innerhalb der Politik verhinderte noch der Formulierung ambitionierter *Politikziele* entgegenstand. Der übergreifende Konsens steht im klaren Gegensatz zu den USA, in denen die zwischen präventiven Maßnahmen und dem ausschließlichen Setzen auf vermehrte Forschungsanstrengungen oszillierende Diskussion als offene und unabgeschlossene Kontroverse in beiden Funktionsbereichen sowie an der Schnittstelle zwischen Wissenschaft und Politik prozessiert wurde. Das ambitionierte Ziel einer Reduzierung der CO_2-Emissionen um 30% bis zum Jahr 2005 ist den vom britischen Cabinet Office 1980 veröffentlichten Empfehlungen diametral gegenübergestellt, denen zufolge eine verhaltensändernde Handlungsperspektive als wenig sinnvolle, da verfrühte Option abgelehnt wird.

Die Einbeziehung wissenschaftlicher Experten in den bundesdeutschen politischen Entscheidungskontext beschränkt sich nicht nur auf die Arbeit der Enquete-Kommissionen.[44] Weitere Beispiele sind der von der Bundesregierung 1992 einberufene Wissenschaftliche Beirat Globale Umweltveränderungen (WBGU), dessen politische Koordination gemeinsam dem Bundesministerium für Bildung, Wissenschaft, Forschung und Technologie (BMBW) und dem Bundesministerium für Umwelt, Naturschutz und Reaktorsicherheit (BMU) obliegt, sowie neugegründete Forschungsinstitute, aus denen insbesondere das vom BMBW und vom Land Brandenburg geförderte Potsdam-Institut für Klimafolgenforschung (PIK) und das vom Land Nordrhein-Westfalen geförderte Wuppertal-Institut für Klima, Umwelt, Energie

---

(Hahn 1983) bis hin zu der hier relevanten Analyse von Abstimmungsprozessen innerhalb und zwischen gesellschaftlichen Funktionssystemen.

44   Vgl. auch Jäger et al. (1994: 254 ff.) und Bares et al. (1995: 13, 52) für eine Auflistung von zeitlich vor der Etablierung der ersten Enquete-Kommission anzusiedelnden politischen Aktivitäten, die sich auf die Organisierung von Tagungen und den Bereich der Forschungsförderung konzentrierten. Herausragendes Ereignis war der Beschluß des Bundeskabinetts von 1979, ein nationales Klimaprogramm zu entwickeln, dessen Implementation aufgrund interministeriell umstrittener Zuständigkeiten allerdings deutlich verzögert wurde.

herausragen.[45] Es wäre allerdings verkürzt, ausschließlich *politische* Aktivitäten der gezielten Förderung und Inanspruchnahme wissenschaftlichen Wissens hervorzuheben. Die *vielfältigen Verflechtungen* von bundesdeutscher Klimapolitik und Klimaforschung, die es kaum erlauben, zwischen aktiver Beeinflußung und reaktiven Anpassungsleistungen zu unterscheiden, sind auch das Resultat *wissenschaftlicher* Aktivitäten. In deutlicher Nähe zu Großbritannien und den USA spielten und spielen Professionsverbände wie die Deutsche Physikalische Gesellschaft (DPG), wissenschaftliche Forschungseinrichtungen wie das Max-Planck-Institut (MPI) für Meteorologie in Hamburg und prominente Einzelwissenschaftler vom Pionier der deutschen Klimaforschung, Hermann Flohn, bis hin zum ehemaligen Direktor des Hamburger MPI für Meteorologie, Hartmut Graßl, eine entscheidende Rolle bei der Gestaltung der nationalen Agenda der Klimapolitik (vgl. Mormont/Dasnoy 1993: 131 ff.)

Betrachtet man nun das Verhältnis von Klimapolitik und Klimaforschung auf der *internationalen Ebene*, so ist zunächst für die *Europäische Union (EU)* eine auffallende Diskrepanz zu konstatieren. Einerseits betreibt die EU eine eigenständige Wissenschafts- und Forschungspolitik und nimmt eine eher aktive Rolle in supranationalen Verhandlungen ein. Andererseits werden keine eigenständigen wissenschaftlichen Abschätzungen des Phänomens "Klimawandel" und seiner Auswirkungen vorgenommen; hier dominiert die Orientierung an Studien US-amerikanischer und über die EU-Ebene hinausreichender supranationaler Einrichtungen, die als Daten-input darauf aufbauender EU-Aktivitäten fungieren.[46] Betrachtet man die Generierung dieses

---

45 Ausführlicher hierzu Engels/Weingart (1997: 103 ff.), die diese Beispiele unter dem Stichwort "Diversifizierung der wissenschaftlichen Politikberatung" behandeln. In der gesellschaftstheoretischen, vom Primat funktionaler Differenzierung ausgehenden Staatsanalyse von Willke (1992: 262 ff.) wird das dichte Netz der an der Peripherie des politischen Systems operierenden Einrichtungen des Wissenschaftssystems als "wissensbasierte Infrastruktur" (267) eines zunehmend von Informationen aus anderen Bereichen der Gesellschaft abhängigen politischen Systems soziologisch gefaßt.

46 Ausführlicher hierzu Liberatore (1994). Eine politische Initiative zum Abbau dieses Defizites stellt das 1993 von der EU etablierte European Network for Research in Global Change (ENRICH) dar (Elzinga 1995: 237). Einen Forschungsantrag zum Abbau des For-

Daten-input auf der über die EU-Ebene hinausreichenden Ebene, so gerät das *Intergovernmental Panel on Climate Change (IPCC)* in den Fokus des Interesses. Das IPCC stellt auf der *globalen* Ebene die *zentrale* wissenschaftliche Autorität zu Fragen der zukünftigen Klimaentwicklung dar und wird *direkt* in den politischen Aushandlungs- und Entscheidungsprozeß mit einbezogen. Strukturdaten und Charakteristika dieses historisch neuartigen institutionellen Arrangements zur wechselseitigen Übersetzung von wissenschaftlichen und politischen Problemdefinitionen sollen im folgenden benannt werden.

Das IPCC wurde im Auftrag der UN-Vollversammlung 1988 gemeinsam von einem Professionsverband, der World Meteorological Organization (WMO), und dem wissenschafts- und umweltpolitischen United Nations Environmental Programme (UNEP) gegründet.[47] Aufgabe des IPCC ist es, globalen Klimawandel und seine Auswirkungen *wissenschaftlich* abzuschätzen sowie *politische* Optionen der Problembewältigung zu evaluieren, um diese Ergebnisse dann zur Grundlage supranationaler Verhandlungssysteme wie der Zweiten Weltklimakonferenz 1990 in Genf, der United Nations Conference on Environment and Development (UNCED) 1992 in Rio de Janeiro und ihrer Folgekonferenz 1995 in Berlin zu machen. Umfang und Größe des IPCC sind beachtlich: Der 1. Gesamtbericht des IPCC von 1990, der die Ergebnisse von drei Arbeitsgruppen darstellt, ist das Ergebnis der Forschungsanstrengungen von mehr als 1000 Klimaforschern aus mehr als 50 Ländern.[48] Der 2. Gesamtbericht, der unter noch größerer Beteiligung eine Aktualisierung des Forschungsstandes leisten sollte, wurde Ende 1995 in Rom verabschiedet (IPCC 1995, Sardemann 1997: 54 ff.). Dabei führt das IPCC selbst *keine* kli-

---

schungsdefizites haben Weingart et al. (1995) formuliert, der auf der Auswertung nationaler Verflechtungen zwischen Wissenschaft und Politik basierend die Erfolgschancen einer integrierten EU-Klimaforschungspolitik eruieren soll. Erste Zwischenergebnisse finden sich in Borchers et al. (1997).

47 Zu Hintergrund, Struktur und Funktion des IPCC vgl. Miller (1993) und Elzinga (1995); kritisch Boehmer-Christiansen (1994).

48 Diese Zahlen folgen dem IPCC-Sekretär Sundararaman (1991: 28). Demgegenüber erscheint der Verweis auf 70 Länder bei Miller (1993: 13) als zu hoch. Zur Darstellung und Kritik der IPCC-internen Arbeitsteilung vgl. bereits die Fußnoten 21 und 26. Für eine knappe Zusammenfassung der drei Einzelberichte von 1990 vgl. Schneider (1991).

marelevante Forschung durch. Es stellt nur den gegenwärtigen Forschungs-stand in konsensuell angelegten Berichten zusammmen und vergibt zu diesem Zweck Aufträge an verschiedene Forschungseinrichtungen in der ganzen Welt, die zum Teil über große internationale Forschungsprogramme wie dem World Climate Research Programme (WCRP) und dem International Geo-sphere-Biosphere Programme (IGBP) finanziert werden.

Die prekäre Position des IPCC an der Schnittstelle zwischen Wissenschaft und Politik erfordert eine ausgewogene Balancierung unterschiedlicher Lei-stungserwartungen. Gerade *aufgrund* seiner starken Politiknähe ist das IPCC auf ein Selbstverständnis angewiesen, das es als rein wissenschaftliche Ein-richtung auszeichnet.[49] Diesem Selbstverständnis entspricht die Orientierung an wissenschaftsinternen Kriterien der Qualitätskontrolle. So wurden sämtli-che Kapitel des 1. Berichts aus Tausenden von Einzelbeiträgen international reputierter Klimaforscher zusammengestellt und einem strengen peer review-Verfahren unterzogen; in den Einzelbeiträgen und Berichtskapiteln zitierte Forschungsliteratur sollte aus ebenfalls auf peer review-Verfahren rekurrie-renden Zeitschriften entstammen, die in den jeweiligen Fachbereichen als füh-rend gelten (Bolin 1994, 1995, Elzinga 1995: 244). Die von politischen Kri-terien unbelastete wissenschaftliche *Zirkularität* dient der Herstellung eines weitreichenden *wissenschaftsinternen Konsenses*, der seinerseits die *Autorität* der IPCC-Ergebnisse *im wissenschaftsexternen Kontext* der internationalen Politik begründet. Diese Zirkularität wird allerdings in zweierlei Hinsicht *durchbrochen. Zum einen* erfolgt die Zusammensetzung der IPCC-Arbeitsgruppen und -Subgruppen auch nach Kriterien der internationalen Politik.[50] Die verstärkte Einbeziehung von Wissenschaftlern aus Entwick-lungsländern in die IPCC-Spitze und die Errichtung eines "Special Committee

---

49 Vgl. hierzu nur die heftige Reaktion des IPCC-Vorsitzenden Bolin (1995) auf die Kritik von Boehmer-Christiansen (1994), die insbesondere die Wissenschaftlichkeit der IPCC-Verfahren und -Ergebnisse in Frage stellte.

50 Vgl. hierzu nur das Schaubild in Sundararaman (1993: 143) zur Zusammensetzung des IPCC-Spitze, welche sowohl den unterschiedlichen Regionen der Weltgesellschaft als auch dem Verhältnis von entwickelten Industrienationen und Entwicklungsländern Rech-nung trägt.

on the Participation of Developing Countries" sind das Ergebnis der frühen Kritik von Vertretern aus Entwicklungsländern, die eine auch über das IPCC vermittelte politische Dominanz der entwickelten Industrienationen in internationalen Klimaverhandlungen befürchteten.[51] *Zum anderen* werden die abschließenden Plenarsitzungen des IPCC gemeinsam mit Vertretern internationaler politischer Organisationen sowie Vertretern organisierter Interessen außerhalb des politischen Kernbereichs durchführt. Die Repräsentanz organisierter Interessen reicht hierbei von umweltpolitisch engagierten Nicht-Regierungsorganisationen bis hin zu den von möglichen Regulierungsmaßnahmen betroffenen Industriesektoren. Produkte dieser langwierigen Plenarsitzungen sind die politisch brisanten und zum Teil nach heftigen Kontroversen zustande gekommenen "Policy Makers Summary" und "Executive Summary".[52]

Soweit zur institutionellen Struktur des IPCC. *Inhaltlich* werden in dem maßgeblichen IPCC-Bericht von 1990 zunächst das Vorhandensein eines natürlichen Treibhauseffektes und dessen Zunahme durch anthropogene Faktoren mit Hilfe unterschiedlicher Theorien und Methoden bestätigt. Hierauf aufbauend werden *vier Szenarien* zukünftiger Klimaentwicklung entworfen, denen unterschiedliche Mengenannahmen in bezug auf Treibhausgasemissionen wie insbesondere CO_2 zugrunde liegen (Sundararaman 1991). Nimmt man das als "Business as Usual" bezeichnete Szenario A, für das man im Unterschied zu den anderen Szenarien B, C und D eine durch politisch-regulative Maßnahmen ungebremste Emittierung von Treibhausgasen annimmt, so ergibt sich folgendes: Die globale Durchschnittstemperatur wird während der nächsten hundert Jahre um ca. 0.3 Grad pro Jahrzehnt ansteigen, was gegen Ende des nächsten Jahrhunderts eine im Vergleich zur Gegenwart um 3 Grad höhere Temperatur erwarten läßt. Eine solche Erderwärmung hätte gravierende negative Auswirkungen zur Folge. Sie reichen von der Verringe-

---

51 Ausführlicher hierzu insbesondere Lunde (1992) und Miller (1993: 13 ff.) sowie ergänzend Elzinga (1995: 240 f.) und Sundararaman (1991: 32).
52 Vgl. hierzu die Beschreibung der abschließenden dreitägigen Sitzung für den 2. Gesamtbericht in Madrid im November 1995 durch Masood (1995).

rung der biologischen Artenvielfalt über die Versteppung weiter Regionen und die Verknappung der Wasserressourcen bis hin zur Unbewohnbarkeit niedrig gelegener Inseln und Küstenzonen und den hieraus resultierenden Migrationsströmen und disruptiv auftretenden sozialen Spannungen im Weltmaßstab. Die *Katastrophenerwartung* des "Business as Usual"-Szenarios durchzieht auch die Szenarien B und C, die aufgrund der Verlangsamung der Erderwärmung eine zeitlich allerdings mehr (Szenario C) oder weniger (Szenario B) deutliche Verschiebung des Beginns katastrophaler Entwicklungen annehmen.[53]

Im *Ergebnis* bleibt festzuhalten, daß es dem IPCC sowohl aufgrund seiner institutionellen Struktur als auch aufgrund der im IPCC-Bericht von 1990 dokumentierten Abschätzungen und Szenarien gelang, die *Dringlichkeit* der Klimaproblematik auf der Agenda der internationalen Politik festzuschreiben. Das IPCC leistete den erwarteten *input* in supranationale Verhandlungssysteme und hatte einen erheblichen Anteil an der Unterzeichnung der Klima-Rahmenkonvention von Rio durch 154 Staaten und die EU, die eine Stabilisierung der Treibhausgasemissionen vorsieht.[54] Der Einfluß des IPCC reicht jedoch hierüber hinaus, denn aus seinen Analysen und Empfehlungen lassen sich auch jenseits der UN-Ebene weitergehende Forderungen nach einer Emissionsreduzierung ableiten. So beziehen sich Positionen, wie man sie auf der Ebene der EU diskutiert und in der Bundesrepublik Deutschland vertritt,

---

53 Der zweite Gesamtbericht von 1995 bestätigt die Einschätzungen des IPCC-Berichts von 1990 zwar im wesentlichen; dennoch gibt es aufgrund verbesserter Klimamodelle nicht unerhebliche Veränderungen. So werden die Prognosen hinsichtlich Temperatur- und Meeresspiegelentwicklung um ca. ein Drittel bzw. ca. ein Viertel nach unten korrigiert (IPCC 1995: 23; Sardemann 1997: 58 f.).

54 Susskind (1994: 75) bezeichnet - im Anschluß an Haas' (1989, 1990) Analysen der auf Initiative von lose vernetzten Wissenschaftshybriden mit einer gemeinsamen Problemwahrnehmung ("epistemic communities") zustande gekommenen internationalen Abkommen zur Kontrolle der Meeresverschmutzung - das IPCC als *"fragmented epistemic community"*, welches internationale Abkommen zur Klimapolitik maßgeblich beeinflußte. Im Gegensatz zu Haas (1989, 1990) warnt er jedoch vor einer zu aktiven Rolle von Wissenschaftlern in der internationalen Umweltpolitik, da dies den Status der Wissenschaft auf den einer weiteren Interessengruppe reduzieren und Mißtrauen bei politischen Entscheidungsträgern hervorrufen könnte.

explizit auf die wissenschaftliche Autorität der IPCC-Abschätzungen und -Szenarien.[55]

Die Verfahren und Ergebnisse des IPCC sind jedoch *nicht unumstritten*. Der Haupteinwand lautet, daß der unter hohem externen und durch das IPCC intern verstärktem Druck erzeugte Konsens vorhandene wissenschaftliche Kontroversen und Unsicherheiten verdeckt. Wissenschaftsjournalisten sprechen offen von "IPCC's ritual on global warming" (Nature 1994). Sozialwissenschaftliche Wissenschaftsforscher fragen darüber hinaus kritisch nach den tieferliegenden *Strukturmustern* der Konsenserzeugung und ihren *Folgen* für Wissenschaft und Politik. Clark Miller identifiziert ein ebenso neuartiges wie fragwürdiges wissenschaftliches Konsenskonzept, das herkömmliche Verfahren durch das ersetzt, was von ihm als "the best guess of a majority of scientists at any given time" (Miller 1993: 22) bezeichnet wird; Aant Elzinga (1995: 248) betont die dysfunktionalen Seiten des unter Zeitdruck zusammengestellten IPCC-Berichts, der keinen Raum für Alternativen ließ; Simon Shackley und Brian Wynne (1996: insbesondere 281 ff.) kritisieren, daß unterschiedliche Dimensionen wissenschaftlicher Unsicherheit umstandslos und ohne begrifflich-konzeptionelle Klärung aneinandergereiht werden; und Boehmer-Christiansen (1994: 402) sieht gar die Gefahr der politischen Vertrauenserosion durch "knowledge funded by soft money and created under conditions of dictated relevance". Es bleibt abzuwarten, ob diese *von außen* formulierte Kritik organisationsinternen Wandel nach sich ziehen wird.[56] Ohne in diese Auseinandersetzung eingreifen zu wollen, sollte zum Abschluß von 5.2.2. jedoch deutlich geworden sein, daß gerade auf der globalen Ebene die in 5.2.1. benannten wissenschaftlichen Unsicherheiten an der Schnittstelle zwischen Wissenschaft und Politik abgedunkelt werden bzw. sich nur in sehr

---

55 Für die EU-Ebene vgl. Liberatore (1994: 195), die die Anpassung der innerhalb der EU relevanten Abschätzung zukünftiger Klimaentwicklung und diesbezüglicher Bewältigungsoptionen an den 1. IPCC-Bericht betont; für die Bundesrepublik Deutschland vgl. Bares et al. (1995: 27), die auf die enge inhaltliche und personelle Verzahnung zwischen der 1. Enquete-Kommission und dem IPCC verweisen.

56 Gegenwärtig, so scheint es, bestimmen institutionelle Abwehrsemantiken das Bild. Vgl. Fußnote 49.

abgeschwächter Form thematisieren lassen. Das erhöht die politische Handlungsfähigkeit und wird als externe Leistungserwartung wissenschaftsintern reflektiert. Bevor die hier präsentierten institutionellen Arrangements vor dem Hintergrund der theoretischen Fragestellung ("Risikotransformation durch Politik") hinsichtlich ihrer *politischen* Funktion und Erfolgsvoraussetzungen interpretiert werden, sind zunächst die Spezifika der politischen Problemwahrnehmung und -bewältigung empirisch herauszuarbeiten.

5.2.3. Politische Problemwahrnehmung und -bewältigung

Auch im Hinblick auf die *politische Wahrnehmung* der Klimaproblematik sind die zuvor beschriebenen institutionellen Arrangements von erheblicher Bedeutung. Sie allein reichen jedoch nicht aus, um den seit ca. Mitte der 80er Jahre einsetzenden *Thematisierungsschub* innerhalb der Politik zu erklären. Er soll deshalb in pointierter Form sowohl auf der internationalen (UN, EU) als auch auf der nationalen Politikebene (USA, Bundesrepublik Deutschland) empirisch rekonstruiert werden.

Für den Bereich der internationalen Politik ist stichwortartig folgendes festzuhalten. Auf der globalen, durch die *UN* repräsentierten Ebene, trugen vor allem die bis in das neugeschaffene IPCC hineinragenden Konflikte zwischen verschiedenen Staaten bzw. Staatengruppen, die miteinander um differentielle Einflußchancen und die adäquate "Rahmung" globaler Probleme konkurrierten, zur raschen *Politisierung* und anschließenden *Dauerthematisierung* der Klimaproblematik bei. Folgt man den Analysen von Lunde (1992) und Miller (1993), verliefen diese Auseinandersetzungen primär entlang der *Konfliktlinie* zwischen entwickelten Industrienationen und Entwicklungsländern, für die globaler Klimawandel ein politisch *gleichermaßen* anschlußfähiges Thema darstellte: Während die entwickelten Industrienationen mit der Fokussierung auf eine *gemeinsam* zu bewältigende Bedrohung die Chance der Verflüssigung dieser - insbesondere nach dem Zusammenbruch der Ost/West-Konfrontation weltpolitisch zunehmend brisanten - Konfliktlinie bei *Beibehaltung* des status quo verbinden konnten, lag für die Entwicklungsländer gerade in diesem Thema ein Vehikel zur Re-Thematisierung *traditioneller* Verteilungsfragen der Weltgesellschaft, an dem man quasi-paradigmatisch die Notwendigkeit grundlegender *Veränderungen* aufzuzeigen versuchte.[57] Aktiv an der Schärfung der politischen Problemwahrnehmung auf der UN-Ebene waren darüber hinaus internationale Wissenschaftsorganisationen wie die WMO, internationale politische Organisationen wie das UNEP sowie nationale politische Entscheidungsträger und Organisationen beteiligt, denen die Klimaproblematik *neuartige* Entfaltungs- und Selbstdarstellungsmöglichkeiten bot (Boehmer-Christiansen 1994, 1995c). Betrachtet man die *EU-Ebene*, so ist auf zweierlei zu verweisen: zum einen auf die *frühzeitige*, wenngleich politisch resonanzlose Thematisierung über einzelne, miteinander unverbundene EU-Forschungsprogramme und -Organisationen, die bis in die 70er Jahre zurückreichen; zum anderen auf das Aufgreifen der Klimaproblematik durch die EG-Kommission seit 1988, wodurch sie sich, folgt man der Analyse von Liberatore (1994) und den Einschätzungen von Boehmer-Christiansen (1995d: 201) und Wynne (1993: 108), auch eine *Ausdehnung* organisationaler Entscheidungsdomänen der EU gegenüber nationalstaatlichen politischen Organisationen vor allem im Kontext der internationalen Politik versprach.[58]

---

57   Diese *holzschnittartige Gegenüberstellung* wäre bei einer genaueren Analyse in zweierlei Hinsicht zu differenzieren: Zum einen wäre die Annahme zweier homogener und intern differenzloser Blöcke durch die Annahme verschiedener Staatengruppen (wenn nicht gar: Einzelstaaten) zu ersetzen. Das leisten vor allem akteurs- und interessentheoretische Rekonstruktionen von seiten der Politikwissenschaften, die wie Morrisette/Plantinga (1991) zwischen vier, wie Oberthür (1992, 1993) zwischen sechs, oder wie Fischer (1992) zwischen acht Staatengruppen unterscheiden. Zum anderen wäre auch auf der nationalstaatlichen Ebene empirisch von der jeweils spezifischen "Rahmung" der Klimaproblematik durch unterschiedliche Akteure (Jasanoff 1993), Risikokulturen (Rayner 1991b), Diskurse (Engels/Weingart 1997) und Funktionssysteme (für Umweltprobleme generell: Luhmann 1986) auszugehen - je nach theoretischer Präferenz.

58   Ausführlicher zu beiden Aspekten der EU-Klimapolitik vgl. Liberatore (1994: insbesondere 190 ff.). Zum zweiten Aspekt vgl. ergänzend Wynne (1993: 108): "the international concern over climate change provided an opportunity for the EC to develop its own institutional presence in international environmental matters, hence foreign policy more generally."

Betrachtet man die nationale Ebene, fällt die insgesamt *sehr heterogene* politische Problemwahrnehmung auf, die nicht nur zwischen verschiedenen Staatengruppen, sondern auch innerhalb der vergleichsweise homogenen Gruppe entwickelter Industrienationen höchst unterschiedlich verläuft. International-komparative Untersuchungen heben die nur vergleichsweise schwach ausgeprägte Problemwahrnehmung in Frankreich und Großbritannien hervor, während für die Bundesrepublik Deutschland und die USA deutlichere politische Resonanzen im Hinblick auf die Umweltgefahr "Klimawandel" festgestellt werden.[59] Zugleich ist auch für die letztgenannten Länder eine sehr lange Vorlaufphase zu konstatieren, vor deren Hintergrund die Thematisierung dann allerdings sehr rasch einsetzte. Für die USA heißt es bei Mazur/Lee (1993: 693): "Perhaps no environmental issue has become as important to the public mind or to Washington as quickly as has global warming." Ebenso sprechen Jäger et al. (1994) von einem in den 80er Jahren unerwartet einsetzenden Thematisierungsschub in der Bundesrepublik Deutschland, durch den die Umweltgefahr "Klimawandel" zum "Politikum" (ebd.: 256) wurde. Versucht man die innerhalb eines kurzen Zeitraums entstandene politische Problemwahrnehmung zu rekonstruieren, so stößt man auf deutliche Ähnlichkeiten im Hinblick auf Strukturmuster und Verlaufsform.[60]

Sowohl in den *USA* als auch in der *Bundesrepublik Deutschland* läßt sich bereits seit den frühen 70er Jahren eine *öffentliche Sensibilisierung* für Umweltprobleme beobachten,[61] die sich in den 80er Jahren zunehmend auch auf

---

59 Für einen ausführlichen Vergleich zwischen Frankreich und der Bundesrepublik Deutschland vgl. Mormont/Dasnoy (1993). Zur Bundesrepublik Deutschland vgl. ergänzend Bares et al. (1995) und Cavender/Jäger (1993), zu Frankreich vgl. ergänzend Roqueplo (1993: insbesondere 48 ff.). Für Großbritannien vgl. Boehmer-Christiansen (1995b), Wynne (1993: 116 ff.), Wynne/Simmons (1996); für die USA vgl. Morone/Woodhouse (1986: 96 ff.) und Hecht/Tirpak (1995) sowie, ergänzend, die Fülle von biographisch geprägten Einzelbeobachtungen in Schneider (1990).

60 Vgl. zum folgenden auch Dunwoody/Peters (1992), die grundlegende Ähnlichkeiten der - für die politische Problemwahrnehmung überaus relevanten - Medienberichterstattung zu technischen und ökologischen Gefährdungen in den USA und der Bundesrepublik Deutschland herausarbeiten.

61 Für die USA vgl. grundlegend Dunlap (1989) sowie mit besonderem Bezug auf globale Umweltprobleme Mazur/Lee (1993); für die Bundesrepublik Deutschland vgl. grundle-

transnationale und globale Umweltprobleme erstreckte. Dies zeigt sich nicht nur am Beispiel der bundesdeutschen Diskussion um das durch den "Sauren Regen" verursachte "Waldsterben", das zwischen 1983 und 1985 zum Dauerthema auf der politischen Agenda avancieren konnte (Roqueplo 1986). Bei der Schaffung der Bedingungen politischer Problemwahrnehmung spielte insbesondere der "sister issue" (Mazur/Lee 1993: 697) des Klimawandels eine überragende Rolle: *die Ozonlochproblematik*. Vor allem die Entdeckung des bereits fortgeschrittenen Abbaus der Ozonschicht über der Antarktis 1985 wirkte dabei als Katalysator für die öffentliche Thematisierung globaler Umweltprobleme in den USA und der Bundesrepublik Deutschland.[62] Darüber hinaus zeigten die internationalen politischen Vereinbarungen zum Schutz der Ozonschicht, daß globale Umweltprobleme nicht zwangsläufig als fatalistisch hinzunehmende Gefahr erlebt werden müssen, sondern aktiv als Risiko bewältigt werden können. Da es zu semantischen Kopplungen und Verstärkungen zwischen den beiden in der öffentlichen Diskussion kaum voneinander unterschiedenen globalen Umweltproblemen "Ozonlochproblematik" und "Klimawandel" kam, ist zu vermuten, daß sich die öffentliche Thematisierung der Ozonlochproblematik und ihre politische Behandelbarkeit auf die politische Problemwahrnehmung des Klimawandels auswirkten.[63]

---

gend Kaase (1986) sowie mit besonderem Bezug auf globale Umweltprobleme Bares et al. (1995) und Bechmann/Beck (1997).

62   Dies gilt vermutlich noch deutlicher für die USA. Vgl. hierzu Kempton (1991: 335): "it appears that the ozone hole is a concept in the U.S. public's consciousness, and that the greenhouse effect is entering primarily as a subset of the ozone hole phenomenon, the closest model available."

63   Die *fehlende* Unterscheidung zwischen den Ursachen und Folgen des Abbaus der Ozonschicht und den Ursachen und Folgen des globalen Klimawandels in der öffentlichen Diskussion wird auch in den psychometrischen Untersuchungen von Bostrom et al. (1994) und Read et al. (1994) herausgestellt. Die Einschätzung der Laienwahrnehmung des Klimawandels bei Read et al. (1994: 971) als "encumbered with secondary, irrelevant, and incorrect beliefs" insbesondere aufgrund der "confusion with the problems of stratospheric ozone and difficulty in differentiating between causes and actions specific to climate and more general good environmental practice" weckt Reminiszenzen an die *frühe* Einschätzung der laienspezifischen Risikowahrnehmung der Kernenergie, deren *Sinngehalt* und interne *Struktur* einerseits und deren gesellschaftliche *Funktion* andererseits erst im weiteren Verlauf erfaßt und verstanden wurden (für einen Überblick vgl. Krücken 1990: 15 ff.). Diese *Aufklärung* steht der sich mit aufklärerischem Gestus an die Laienöffentlichkeit

Eine entscheidende Rolle bei der in den 80er Jahren einsetzenden politischen Problemwahrnehmung in den USA und der Bundesrepublik Deutschland spielten *wissenschaftliche Experten.* Über die in 5.2.2. beschriebenen direkten Kontakte zu politischen Entscheidungsträgern in institutionalisierten Netzwerken wissenschaftlicher Politikberatung hinaus trugen sie auch in *indirekter* Weise zur Schärfung der politischen Problemwahrnehmung bei. Dies geschah insbesondere durch öffentliche Verlautbarungen. Etablierte Klimaforscher bezogen eindeutig Stellung und übernahmen bereits in der Frühphase der Thematisierung der Klimaproblematik eine *gesellschaftliche Warnfunktion.* In bemerkenswertem Gegensatz zum 'mainstream' der britischen Klimaforschung, welche die frühen Warnungen eines einzelnen Forschers als grob übertrieben zurückwies (Wynne 1994a: 173 f.), warnten die Deutsche Meteorologische Gesellschaft (DMG) und die Deutsche Physikalische Gesellschaft (DPG) in einem gemeinsamen Aufruf von 1987, der in einer Auflage von 2.500 gedruckt und an Politiker, Journalisten, Wirtschaftsvertreter und Mitglieder der DMG geschickt wurde, "vor den drohenden weltweiten Klimaänderungen durch den Menschen" (DMG und DPG 1987: 347).[64] Nach der stichwortartigen Zusammenfassung wissenschaftlicher Aussagen und konkreter Handlungsempfehlungen wird zum Abschluß in aller Deutlichkeit festgestellt: "Die Klimaänderungen sind - abgesehen von einem Krieg mit Kernwaffen - eine der größten Gefahren für die Menschheit" (ebd.: 349). Für die USA lassen sich ähnliche Strukturmuster der wissenschaftlichen Thematisierung im öffentlichen Raum beobachten. Herausragendes Ereignis war hierbei eine Stellungnahme des bekannten NASA-Wissenschaftlers und Klimaforschers James E. Hansen bei einer öffentlichen Anhörung vor dem US-Senat im Frühsommer 1988.[65] Hansen behauptete, zu 99% sicher zu sein, daß die in diesem Zeitraum in den USA zu verzeichnende Hitzewelle, die zum Teil verheerende

---

wendenden psychologischen Forschung zur Wahrnehmung des Klimawandels offenbar noch bevor.

64   Diesem Warnaufruf ging bereits ein Aufruf der DPG von 1986 voraus, der anstelle von "Klimaänderungen" den drastischeren Begriff der "Klimakatastrophe" enthielt (Frankfurter Rundschau Nr. 217, 19.09.1986: 15).

65   Ausführlicher hierzu Schneider (1990: 194 ff.) und Mazur/Lee (1993: 697 f.).

Auswirkungen auf die Landwirtschaft hatte, das schon kurzfristig erfahrbare Resultat langfristiger Klimaveränderungen aufgrund anthropogener Faktoren sei. Wenngleich Hansen später seine Einschätzung relativierte, "Science" die Isolierung Hansens innerhalb der Klimaforschungs-Community mit dem Titel "Hansen vs. the world on the greenhouse effect" (Kerr 1989) drastisch zum Ausdruck brachte und selbst ein ebenfalls zu den öffentlichen Warnern zählender Klimaforscher wie Stephen H. Schneider von einem "fateful day" (1990: 195) für Hansens wissenschaftliche Reputation sprach, war das Phänomen "Klimawandel" ab diesem Zeitpunkt fest auf der politischen und massenmedialen Agenda in den USA verankert.

Massenmedien waren für die politische Problemwahrnehmung von *doppelter Relevanz*. Sie dienten *einerseits* als Resonanzboden der Wissenschaft. Das gilt nicht nur für die o.g. Beispiele spektakulärer Art, sondern auch für die veralltäglichte und routinisierte Bezugnahme auf "Scientists as Mass Media Sources" (Dunwoody/Scott 1982) sowie für die Popularisierung wissenschaftlichen Wissens durch Buchpublikationen prominenter Klimaforscher, in denen diese vor den Gefahren globaler Klimaveränderungen nachdrücklich warnten.[66] *Andererseits* entdeckten die Massenmedien aufgrund *eigener* Relevanzkriterien den Aufmerksamkeitswert der bis Mitte der 80er Jahre kaum wahrgenommenen, da vergleichsweise unspektakulären und wenig abrupt verlaufenden langfristigen Klimaveränderungen. Für die USA zeigen Mazur/Lee (1993: 695) den drastischen Anstieg der Medienberichterstattung zwischen 1987 und 1989, der zudem deutlich positiv mit Aktivitäten des Kon-

---

66 Die Erforschung der massenmedialen Bezugnahme auf Klimaforscher steckt, von der Analyse spektakulärer Fälle abgesehen, noch in den Anfängen. Vgl. hierzu den empirisch allerdings eher dünnen Vergleich zwischen Belgien, der Bundesrepublik Deutschland und Frankreich von Mormont/Dasnoy (1995). Unter der Vielzahl von Publikationen von Klimaforschern, die sich an ein breites Publikum wenden, sind für die USA Schneider (1990), für die Bundesrepublik Deutschland Bach (1982), Hennicke/Müller (1989) und Graßl/Klingholz (1990) hervorzuheben. Grundsätzlich betonen sowohl die Wissenschaftsforschung (Collins 1987, Nelkin 1987) als auch die Medienforschung (Wiedemann 1991, Dunwoody/Peters 1993) in diesem Zusammenhang das Phänomen der Abdunklung wissenschaftlicher Unsicherheiten bei der Präsentation wissenschaftlichen Wissens in den Massenmedien.

gresses korreliert. Ebenso konstatiert Wilkins (1993) einen erheblichen Anstieg zwischen 1987 und 1990. Darüber hinaus wird die vor allem während der Sommermonate gemessene Häufung von Medienberichten auf die massenmediale Herstellung eines - durch die häufig zitierte Hansen-Stellungnahme zudem mit wissenschaftlicher Dignität versehenen - unmittelbaren Zusammenhangs von *alltäglichen* Hitze- bzw. Dürreerfahrungen und langfristigen Klimaveränderungen zurückgeführt (Mazur/Lee 1993: 698; Wilkins 1993: 76). Für die Bundesrepublik Deutschland kommt eine Medienanalyse von Peter M. Wiedemann (1991) zu dem Ergebnis, daß Klimawandel erst zwischen 1986 und 1988 qua *Visualisierung* als "Klima-Apokalypse" (ebd.: 3) zum massenmedialen Dauerereignis avancieren konnte, während zuvor Desinteresse vorherrschte oder gar vor "'windigen' Wetterpropheten" (ebd.: 5) gewarnt wurde.[67] Die erst in diesem Zeitraum aufkommende massenmediale Rede von der "Klimakatastrophe" setzte sich dann im weiteren Verlauf sehr rasch in der Medienberichterstattung zum Klimawandel durch.

Das an dieser Stelle nur stichwortartig benannte *Ursachenbündel* - Kopplung mit anderen transnationalen Umweltproblemen wie insbesondere der Ozonlochproblematik; von der Klimaforschung aktiv ausgeübte Warnfunktion in der öffentlichen Diskussion; qualitativer und quantitativer Wandel der Medienberichterstattung - erzeugte in seinem Zusammenspiel und unter zusätzlicher Berücksichtigung der in 5.2.2. beschriebenen Formen wissenschaftlicher Politikberatung die *politische Problemwahrnehmung* der Umweltgefahr "Klimawandel" auf der *nationalen* Ebene in den USA und der Bundesrepublik Deutschland. Weitere Faktoren wie beginnende internationa-

---

67 Das SPIEGEL-Titelblatt vom August 1986, auf dem der aufgrund der "Klimakatastrophe", wie es dort hieß, in den Fluten versinkende Kölner Dom abgebildet war, stellte eine Zäsur innerhalb der bundesdeutschen Medienberichterstattung dar, die zu einer breiten Rezeption führte (Wiedemann 1991: 3; Jäger et al. 1994: 257 f.). Die Lernbereitschaft der Wissenschaft im Hinblick auf massenmediale Darstellungsformen der Klimaproblematik belegt das Titelblatt des Jahresberichts 1993 des Wuppertal-Instituts für Klima, Umwelt, Energie, auf dem in kaum verhohlener Analogie zum SPIEGEL-Titelblatt eine aus dem Wasser herausragende Kirchturmspitze abgebildet ist, mit der an die Dringlichkeit der Klimaproblematik erinnert wird.

le Verflechtungen und deren Rückwirkungen auf die nationale Ebene und der Einfluß klimapolitisch engagierter Umweltgruppen und -organisationen kamen in einer späteren Phase hinzu.[68] In der Frühphase spielten sie jedoch nur eine eher untergeordnete Rolle. Für die politische Problemwahrnehmung auf der *internationalen* Ebene waren hingegen vor allem der über Staatenblöcke organisierte Dauerkonflikt in der UN und die Thematisierung der Klimaproblematik durch politische und wissenschaftliche Organisationen von zentraler Bedeutung.

Nationale Differenzen bestehen nicht nur im Hinblick auf die politische Wahrnehmung, sondern auch im Hinblick auf die *politische Bewältigung* globaler Klimaveränderungen. Interessanterweise bilden die *Bundesrepublik Deutschland* und die *USA*, deren politische Problemwahrnehmung hinsichtlich ihrer Strukturmuster und Verlaufsform deutliche Parallelen aufwies, auf der politisch-programmatischen Ebene die *Antipoden* der Diskussion in entwickelten Industrienationen:

In der Bundesrepublik Deutschland dient das ambitionierte Ziel einer Reduzierung der CO_2-Emissionen um 25% bis zum Jahr 2005 als selbstgesetzte Vorgabe der nationalen Klimapolitik.[69] Die *Selbstverpflichtung*, die CO_2-Emissionen um 25% zu reduzieren, wurde von Bundeskanzler Kohl auf der Berliner Klimakonferenz von 1995 bestätigt. Da in Kohls Erklärung 1990 statt wie zuvor 1987 als Referenzjahr diente, bedeutet dies sogar eine *Ver-*

---

68 Die vergleichsweise *späte* Rezeption der Klimaproblematik durch Umweltgruppen und -organisationen ist grundsätzlich *nicht* auf Wissensdefizite, sondern auf politische Ursachen zurückzuführen. Für die USA wird vor allem die Bindung von Aufmerksamkeit und Energie durch die "Nuclear Freeze"-Bewegung zu Beginn der 80er Jahre hervorgehoben, die zwar primär friedens- und nicht umweltpolitisch ausgerichtet war, deren aktiver Kern und Mobilisierungspotential sich jedoch weitgehend mit dem der Umweltbewegung deckten (Mazur/Lee 1993: 696 f.). In der Bundesrepublik Deutschland war die Rezeption der Klimaproblematik durch umweltpolitisch engagierte Gruppen und Organisationen noch länger blockiert, da hier die Befürchtung vorherrschte, daß die Diskussion von CO_2-Emissionen indirekt zur Legitimierung der Kernenergie als Energiegewinnungsquelle in der Öffentlichkeit beitragen könne bzw. von Politik und Wirtschaft zu diesem Zweck zu instrumentalisieren sei (Jäger et al. 1994: 259 f.; Frankenberg 1990: 302).

69 Zur bundesdeutschen Programmatik, in deren Kern die Festlegung von und Orientierung an CO_2-Emissionszielen steht, vgl. Jochem (1991), Fischer (1992: 79 ff.), Deutscher Bundestag (1995: 100 ff.) und WBGU (1996: 118 f.).

schärfung der ursprünglichen Selbstverpflichtung, denn bezogen auf 1987 würde diese Zielvorgabe eine Reduzierung um 29% bedeuten (WBGU 1996: 118). Die US-amerikanische Klimapolitik zeichnet sich in ihrer Ausrichtung auf die *Vermeidung* der Festlegung von CO_2-Emissionszielen durch eine parteien- und personenunabhängige *Kontinuität* aus. Weder unter der Bush- noch unter der Clinton-Administration wurden Stabilisierungs- oder gar Reduzierungsziele im Hinblick auf CO_2 festgelegt.[70] Politische und politikwissenschaftliche Beobachter erwarteten zwar im Übergang zur Clinton-Administration eine aktivere, die Festlegung von Zielvorgaben für CO_2-Emissionen mit einschließende Klimapolitik.[71] Diese Erwartung wurde jedoch enttäuscht. Dennoch wurde, im *Unterschied* zur Bush-Administration, von der Clinton-Administration eine Rückführung der *gesamten* Treibhausgasemissionen bis zum Jahr 2000 auf das Niveau von 1990 beschlossen (Victor/Salt 1995: 280; WBGU 1996: 120).[72]

Das Verhalten anderer Staaten ist insgesamt ähnlich heterogen. Die britische Regierung sah unter der Bedingung, daß andere Staaten sich ähnlich verhielten, eine Stabilisierung der CO_2-Emissionen ebenfalls bis zum Jahr 2000 vor (Fischer 1992: 84; Wynne 1993: 116 f.). Frankreichs bis zum Jahr 2000 gesetzte Zielvorgabe läßt einen leichten Anstieg der CO_2-Emissionen zu (Fischer 1992: 85 ff.); demgegenüber verfolgen Dänemark und die Nieder-

---

70 Ausführlicher hierzu Coopei (1992), Fischer (1992: 58), Bleischwitz et al. (1993: 6 ff.) und Loske/Ott (1995: 95).

71 So etwa Oberthür (1993: 157), der sich in seiner Einschätzung vor allem auf den Einfluß des Vizepräsidenten Al Gore bezieht: "Die amerikanische internationale Klimapolitik wird sich demnach mit der Übernahme der Präsidentschaft durch Bill Clinton voraussichtlich ändern und sollte der zügigen Vereinbarung konkreter Ziele für eine Begrenzung der CO_2-Emissionen in Zukunft nicht mehr im Wege stehen."

72 Dieser sog. "comprehensive approach", der einer einseitigen Ausrichtung auf die Reduzierung von CO_2-Emissionen gegenübersteht, wird von den USA mit allerdings nur mäßigem Erfolg auch auf der supranationalen Politikebene favorisiert. Vgl. hierzu vor allem die Beschreibungen des Verlaufs der UNCED-Konferenz in Rio 1992, auf der die USA darüber hinaus jegliche Form verbindlicher Zielvorgaben ablehnten, durch Fischer (1992), Oberthür (1993) und Mintzer/Leonhard (1994) sowie, aus der Binnenperspektive des ehemaligen Delegationsleiters der USA im INC, Nitze (1994).

lande das Ziel der Emissionsreduzierung für denselben Zeitraum (Victor/Salt 1995: 28; WBGU 1996: 120).

Jenseits sämtlicher nationaler Differenzen werden nationale Alleingänge der Problembewältigung jedoch ausgeschlossen. Auch für die Bundesrepublik Deutschland, deren klimapolitisches Engagement als weithin unumstritten gilt, heißt es: "Klimaschutz darf und kann nicht an nationalen Grenzen aufhören. (...) über die(se) nationale Anstrengung hinaus muß im internationalen Verbund nach Lösungsmöglichkeiten zur Bewältigung des Klimaproblems gesucht werden." (Deutscher Bundestag 1995: VI f.) Generell findet eine *Verlagerung* politischer Problembewältigungskompetenzen auf die Ebene *supranationaler* Entscheidungssysteme statt; diese Verlagerung wirkt wiederum auf die nationalstaatliche Ebene der Problembewältigung zurück. Solche als Risikotransformation *innerhalb* des politischen Systems der Gesellschaft[73] zu charakterisierenden Prozesse sollen im folgenden, beginnend mit der supranationalen Ebene, beschrieben werden.

Im politikinternen Risikotransformationsprozeß spielt das politische Entscheidungssystem der *EU* eine wichtige Rolle, denn die EU stellt das weltweit einzige supranationale Entscheidungssystem mit rechtlich abgestützter politischer Entscheidungsmacht gegenüber nationalen Entscheidungssystemen dar.[74] In bezug auf die Klimaproblematik wurde 1990 das Ziel einer Stabili-

---

73 Theoretisch wird die Frage nach politikinternen Prozessen der Risikotransformation zwischen verschiedenen nationalen und internationalen Entscheidungssystemen durch das in Kapitel 3 entwickelte soziologisch-systemtheoretische Politikverständnis vorbereitet, dem die Einbettung und funktionale Bestimmung von Politik innerhalb einer umfassenderen Theorie der Gesellschaft zugrunde liegt. Gerade für den Bereich der Klimapolitik erscheint mir die Ablösung von einem traditionell nationalstaatlichen Politikverständnis als geboten, da sich dieser Bereich durch die Verknüpfung unterschiedlichster politischer Entscheidungssysteme auszeichnet, von denen nur ein Bruchteil auf der nationalstaatlichen Ebene angesiedelt ist. Dennoch spielen nationalstaatliche Entscheidungssysteme weiterhin eine besondere Rolle bei der Politikformulierung und -umsetzung, während supranationale Entscheidungssysteme wie die UN nur über ein von ihnen "geliehene(s) Mandat" (Strübel 1992: 240) verfügen.

74 Vgl. hierzu Hurrell/Kingsbury (1992: 35 f.): "The European Community is unique in the degree of supranational authority the member states have conferred on it." Problematisch ist jedoch der ordnungspolitische Status der EU in supranationalen Verhandlungen, da sie nur selten als eigenständiger Vertragspartner akzeptiert wird. Der uneindeutige Status der

sierung der CO_2-Emissionen bis zum Jahr 2000 auf dem Niveau von 1990 beschlossen. Diese Zielvorgabe drückt ein *"political commitment"* (Wynne 1993: 109) zugunsten der Kontrolle von CO_2-Emissionen aus, das angesichts divergierender Bedrohungsperzeptionen, Interessenlagen und Einflußchancen der einzelnen Mitgliedsstaaten formuliert wurde. Sie stellt *erstens* jedoch keine rechtsverbindliche, über Sanktionen durchsetzbare Entscheidung dar; *zweitens* wird auf die Präzisierung von Maßnahmen zur Implementierung auf der Ebene der einzelnen Mitgliedsstaaten verzichtet. Die EU ist im Bereich der Klimapolitik allerdings nicht nur ein eigenständiges Entscheidungssystem auf der supranationalen Ebene, sondern ist darüber hinaus auch in den umfassenderen Entscheidungskontext der UN eingebettet.[75]

Klimapolitische Aktivitäten auf der Ebene der *UN* lassen sich bis in die 70er Jahre zurückverfolgen. Seitdem läßt sich eine *zunehmende Handlungsorientierung* beobachten, die von der verstärkten Erforschung des Treibhauseffektes über den Appell an politische Entscheidungsträger, regulativ tätig zu werden, bis zu Verabschiedung einer völkerrechtlich bindenden Konvention reicht. Ein erster Meilenstein ist die UN-Umweltkonferenz in Stockholm 1972, die zur Gründung des United Nations Environmental Programme (UNEP) führte.[76] Hier wurde die Klimaproblematik allerdings noch ausschließlich als forschungspolitischer Gegenstand wahrgenommen. Auf einer gemeinsam vom UNEP, dem International Council of Scientific Unions

---

EU führte im Bereich der Klimapolitik dazu, daß die EU einerseits im International Negotiation Committee (INC), das als Scharnier zwischen dem IPCC und der politischen Entscheidungsebene fungierte, nicht als supranationale, sondern lediglich als internationale Organisation geführt wurde (Fischer 1992: 79). Andererseits wurde die auf der UNCED 1992 in Rio de Janeiro verabschiedete Klimarahmenkonvention von der EU als Vertragspartner unterzeichnet.

75 Zu strukturellen Voraussetzungen und inhaltlichen Positionen der "Umweltaußenpolitik" (von Prittwitz 1984) der EU im Rahmen der UN-Verhandlungen zur Klimaproblematik ausführlicher Haigh (1992: 247 ff.), Fischer (1992: 78 f.) und Oberthür (1993: 97 ff., 126 ff.).

76 Zur Entwicklung der UN-Umweltpolitik vgl. Meyer et al. (1996). Die Dynamik dieser Entwicklung wird vor allem auf das Anwachsen sog. Nicht-Regierungsorganisationen zurückgeführt, die im Umfeld der UN entstanden und Prozesse der UN-internen Organisationsbildung nach sich zogen.

(ICSU) und der World Meteorological Organization (WMO) 1985 durchgeführten Klimakonferenz im österreichischen Villach und auf der 2. Weltklimakonferenz in Genf 1990 wurde hingegen bereits die Dringlichkeit der politisch-regulativen Bewältigung globaler Klimaveränderungen betont.[77] Eine völkerrechtlich bindende Handlungsperspektive entstand dann mit der United Nations Conference on Environment and Development (UNCED) in Rio 1992.[78] Die dort zunächst von 154 Staaten und der EU unterzeichnete *Klimarahmenkonvention* (FCCC) sieht eine Stabilisierung der Treibhausgaskonzentrationen in der Atmosphäre auf einem Niveau vor, welches eine gefährliche anthropogene Störung des Klimasystems verhindert. Dieses Niveau sollte innerhalb eines Zeitraumes erreicht werden, der es Ökosystemen erlaubt, sich an Klimaveränderungen anzupassen. Sämtliche Unterzeichnerstaaten verpflichteten sich, regelmäßig nationale Berichte zur Emission von Treibhausgasen zu erstellen. Darüber hinaus verpflichteten sich entwickelte Industrie-

---

77 Um die minutiöse Rekonstruktion der verschiedenen Entwicklungslinien, die wissenschaftlich in die Gründung des IPCC und politisch in die Rio-Konferenz einmündeten, hat sich vor allem Sonja Boehmer-Christiansen verdient gemacht, vgl. nur Boehmer-Christiansen (1993, 1995c). Der *politische* Durchbruch auf der supranationalen Ebene ist ihr zufolge vor allem auf den Brundtland-Report von 1987 zurückzuführen, der unter dem Stichwort *"sustainability"* dieses Thema an entwicklungspolitische Themen ankoppelte, wodurch die Bildung neuer Allianzen und die Erweiterung von Thematisierungschancen ermöglicht wurde.

78 Zur Analyse und Kritik der Rio-Konferenz, auf der, neben der Klimarahmenkonvention, mit der Konvention zum Schutz der biologischen Vielfalt ein zweiter völkerrechtlich bindender Vertrag sowie mit der Rio-Deklaration und der Agenda 21 zwei unverbindliche Absichts- und Themenkataloge verabschiedet wurden, vgl. ausführlicher die politikwissenschaftlichen Untersuchungen von Fischer (1992) und Oberthür (1993), Mintzner/Leonhard (1994), deren Sammelband auch interessante Beiträge aus der Binnenperspektive der am Aushandlungsprozeß beteiligten Mitglieder des INC und führender Vertreter nationaler Delegationen enthält, sowie ergänzend die in den umfassenderen Kontext internationaler Umweltverhandlungen eingebettete Analyse von Susskind (1994: 30 f., 39 ff., 144 ff.). Insgesamt überwiegt eine kritische Einschätzung von Verlauf und Ergebnis der Verhandlungen zum Klimaschutz. Aufgrund der Vielzahl von Verhandlungsteilnehmern, deren Positionen sich zum Teil diametral gegenüberstanden, verlief einerseits der Verhandlungsprozeß sehr schleppend; andererseits wird vor allem die mangelnde Verbindlichkeit des Verhandlungsergebnisses moniert.

nationen und Nationen, die sich im Übergang zur Marktwirtschaft befinden[79], CO_2 und andere nicht im Montrealer Protokoll geregelte Treibhausgase[80] auf das Niveau von 1990 zu reduzieren. Eine weitere sachliche und zeitliche Konkretisierung der Zielvorgaben wurde vorläufig verschoben.

Diese Konkretisierung und die anschließende Kontrolle ihrer Einhaltung haben die sog. Vertragsstaaten-Konferenzen (Conference of the Parties: CoP) zu leisten, die alle Staaten einschließen, welche die Klimarahmenkonvention unterzeichnet haben. Die 1. Vertragsstaaten-Konferenz fand 1995 in Berlin statt, ein Jahr, nachdem die Klimarahmenkonvention in Kraft trat.[81] Wichtigstes Ergebnis der Berliner Konferenz ist die Verabschiedung des sog. *Berlin-Mandates*. In ihm wird eine über die Klimarahmenkonvention deutlich hinausgehende Reduzierung von Treibhausgasen gefordert, die konkrete und verbindliche Zielvorgaben wie etwa für die Jahre 2005, 2010 und 2020 vorsehen soll. Bis zur 3. Vertragsstaaten-Konferenz im Dezember 1997 in Kyoto soll hierzu ein völkerrechtlich bindendes Protokoll erarbeitet werden. Die Forderungen des Berlin-Mandates wenden sich - im Unterschied zur Klimarahmenkonvention von Rio - zwar ausschließlich an die Industrieländer, ihnen wird mit dem Instrument der *"joint implementation"* jedoch ein Abwälzungs- und Verteilungsmechanismus zur Verfügung gestellt, der die Anrechnung im Ausland erzielter CO_2-Reduktionen auf die jeweiligen nationalen Reduktionsziele ermöglicht.[82]

---

79 Unter den Nationen, die sich im Übergang zur Marktwirtschaft befinden, werden die (zum Teil neu entstandenen) osteuropäischen Nationalstaaten verstanden.

80 Das 1987 unterzeichnete Montrealer Protokoll zum Schutz der Ozonschicht umfaßt FCKWs, Halone, Tetrachlorkohlenwasserstoffe und Methylchloroform, deren Produktion stufenweise einzustellen ist. Für den vollständigen Text des Rahmenübereinkommens der Vereinten Nationen über Klimaänderungen vgl. BMU (1992: 9 ff.), Fischer (1992: 185 ff.) und Oberthür (1993: 173 ff.).

81 Für eine Zusammenfassung der Ergebnisse vgl. Quennet-Thielen (1996), WBGU (1996: 103 ff.), Abbott (1995) und Nature (1995).

82 Konkret ist unter "joint implementation" die gemeinsame Umsetzung von Klimaschutzprojekten wie etwa Wiederaufforstung, Substitution von Brennstoffen und Modernisierung von Kraftwerken auf freiwilliger Basis zu verstehen. Sie wird vermutlich vor allem in Entwicklungsländern und in sog. Übergangsländern durch die Kooperation mit entwickelten Industrienationen, die sich die dort erzielten CO_2-Reduktionen dann anrechnen lassen können, zustande kommen. Das Konzept der "joint implementation" wurde vor allem von

Während man also auf der UN-Ebene eine zunehmende Handlungsorientierung beobachten kann, ergibt sich ein insgesamt ernüchterndes Bild, wenn man die *Rückwirkungen* der UN-Klimapolitik auf die *nationale Ebene* betrachtet. Die vor der Berlin-Konferenz beim Vertragsstaaten-Sekretariat eingegangenen Länderberichte deuten darauf hin, daß nur wenige Staaten eine Rückführung der CO_2-Emissionen auf das Niveau von 1990 bis zum Jahr 2000 erreichen werden.[83] Für die EU-Ebene nimmt man sogar eine Steigerung der CO_2-Emissionen um 5-8 % für denselben Zeitraum an.[84] Damit würde die EU-Zielvorgabe verfehlt werden. Für die *Bundesrepublik Deutschland* ist hingegen die problemlose Erfüllung von UN-Klimarahmenkonvention und EU-Zielvorgabe zu erwarten. Mit einem Rückgang der CO_2-Emissionen um ca. 14% zwischen 1987 und 1992 erscheint selbst die Erfüllung der ambitionierten nationalen Zielvorgabe auf den ersten Blick als durchaus realistisch. Bei näherer Betrachtung zeigt sich jedoch, daß dieser Rückgang *ausschließlich* den weitreichenden De-Industrialisierungsprozessen in Ostdeutschland geschuldet ist. Dort reduzierten sich die CO_2-Emissionen um ca. 47%, während sie in Westdeutschland sogar um ca. 2% anstiegen. Da für Ostdeutschland seit Mitte der 90er Jahre eine deutliche Zunahme industrieller Aktivitäten zu verzeichnen ist, muß vom *Verfehlen* der selbstgesetzten Zielvorgabe ausgegangen werden.[85]

---

den USA favorisiert, die bereits im Vorfeld der Berlin-Konferenz erste Programme ankündigten (Verrall 1995). Zu "joint implementation" vgl. die grundlegende Analyse von Loske (1993). Die Problemlösungskapazität dieses Konzeptes wird vielfach kritisch eingeschätzt. Vgl. Loske/Oberthür (1994) im Hinblick auf die Umsetzung der Klimarahmenkonvention von 1992 sowie WBGU (1996: 104) in bezug auf das 1995 verabschiedete Berlin-Mandat.

83 Vgl. Stone (1994) und Verrall (1995). Für die USA beispielsweise, dem weltweit größten Emittenten von Treibhausgasen, wird ein deutlicher *Anstieg* konstatiert bzw. prognostiziert. Im Vergleich zu 1990 wird für 1997 eine Zunahme um 7% festgestellt, die bis zum Jahr 2010 auf voraussichtlich 25% steigen soll (Macilwain 1997: 640).

84 Vgl. Gammie (1995). Zu ähnlich skeptischen Ergebnissen gelangen die Fallstudien zu einzelnen EU-Ländern in O'Riordan/Jäger (1996) und Collier/Löfstedt (1997).

85 Die diesem Abschnitt zugrunde gelegten Zahlen entstammen der Analyse von Bach (1995). Umweltbundesamt (UBA) und Statistisches Bundesamt (StBA) kommen in den "Umweltdaten Deutschland 1995" zu ähnlichen Ergebnissen. Die dort für 1993 veröffentlichten Daten (ebd.: 16) bestätigen darüber hinaus die Zielverfehlungsannahme. Wenn-

Über die Bundesrepublik Deutschland hinaus ist grundlegend festzuhalten, daß Klimaschutz auf der nationalen Ebene gegenwärtig *kein* instrukti-
ves Politikziel darstellt. Die nationale Stabilisierung bzw. Reduzierung von
Treibhausgasemissionen wird auch in anderen Ländern allenfalls *indirekt* erreicht, sei es über die politisch nur begrenzt steuerbare wirtschaftliche Entwicklung, sei es über die Verfolgung *anderer* Politikziele.[86] In dieser Hinsicht
konvergieren - jenseits sämtlicher programmatischer Differenzen - die unterschiedlichen Formen der politischen Problembewältigung in entwickelten Industrienationen: Mit der Ausrichtung auf sog. "tie in"- bzw. "no regrets"-
Strategien wird nationenübergreifend ein Politikansatz verfolgt, der regulative
Maßnahmen zur Eindämmung des Treibhauseffektes nur dann als politische
Option in Betracht zieht, wenn diese Maßnahmen aus der Anbindung an andere Politikziele ihre Legitimation erfahren (*"tie-in"*) bzw. auch beim Aus-
bleiben der Klimakatastrophe nicht zu bereuen sind (*"no regrets"*).[87]

5.3. Politische Risikoorientierung und -bewältigung

Wie lassen sich die in diesem Kapitel vorgestellten *empirischen* Befunde vor
dem Hintergrund der *theoretischen* Fragestellung genauer erfassen? Analysiert man den Bereich der Klimapolitik mit Hilfe des Konzeptes der Risikotransformation, lassen sich die *drei* einleitend gestellten *Fragen* voneinander unterscheiden, deren Beantwortung im folgenden geleistet werden soll:

1. Was sind Funktion und Spezifika der in diesbezügliche institutionelle Arrangements eingebetteten politischen Bezugnahme auf *Wissenschaft*?

---

    gleich es nun auch in Westdeutschland zu einem vor allem konjunkturell bedingten leich-
ten Rückgang der CO_2-Emissionen gekommen ist, hat sich der Abwärtstrend im Hinblick
auf die CO_2-Gesamtemissionen deutlich abgeschwächt. Vgl. ergänzend Huber (1997).

86   Das gilt auch für die skandinavischen Länder und die Niederlande, die zwar eine nationale
Energiesteuer auf Kohleprodukte durchgesetzt haben. Diese Steuer ist nach Victor/Salt
(1995: 280) jedoch nicht auf die nationalen CO_2-Reduzierungsziele zum globalen Klimaschutz abgestimmt.

87   Zum Konzept der "tie in"-Strategie vgl. Schneider (1990: 778 f., 781); zum Konzept der
"no regrets"-Strategie vgl. Bleischwitz et al. (1993). Beide Konzepte werden mit verschiedenen Beispielen insbesondere aus dem US-amerikanischen Kontext näher erläutert.

2. Durch welche Mechanismen wird die globale *Umweltgefahr* "Klimawandel" in ein politisches *Risiko* transformiert?

3. Welche spezifischen Formen der Bewältigung *dieses* Risikos bilden sich
heraus, und worauf sind diese zurückzuführen?

Die *erste Frage* zielt vor allem auf zweierlei: zum einen auf die über den Abbau von Informations- bzw. Wissensdefiziten hinausgehende *Funktion* der
politischen Bezugnahme auf Wissenschaft, zum anderen auf die spezifischen
Erfolgsvoraussetzungen diesbezüglicher institutioneller Arrangements.

Zunächst zur Analyse der Funktion. Sozialwissenschaftliche Risiko-
studien, die sich auf das Verhältnis von Wissenschaft und Politik konzentrieren, betonen zumeist die *Doppelfunktion* der Einbeziehung von Wissenschaft
in den politischen Entscheidungskontext.[88] Diese besteht *sowohl* im entschei-
dungsvorbereitenden Abbau von politischen Informations- bzw. Wissensdefiziten *als auch* in der Legitimation der Politik durch Wissenschaft. Versucht man, die *Legitimationsfunktion* zu präzisieren, so wird der Zusammenhang von wissenschaftlicher Expertise und politischer Entscheidung entweder
darin gesehen, eine bereits getroffene politische Entscheidung ex post zu le-
gitimieren oder eine politisch übermäßig riskante Entscheidung möglichst effektiv zu verzögern. Den Aspekt der *nachträglichen Legitimierung* heben Untersuchungen zur Funktion von Wissenschaft in technologiepolitischen Kontroversen sowie Forschungen zum Verhältnis von wissenschaftlicher Risikoabschätzung und politischem Risikomanagement bei der Bewältigung nicht-
antizipierter Schadensverläufe hervor.[89] Den Aspekt der politisch risikoaver-

---

88 Grundlegend hierzu Wynne (1987) und Jasanoff (1990).

89 Zur politischen Inanspruchnahme wissenschaftlicher Experten in technologiepolitischen
Kontroversen vgl. die Untersuchung des öffentlichen Genehmigungsverfahrens bei der
Errichtung einer kerntechnischen Anlage im britischen Sellafield durch Wynne (1982).
Zum Verhältnis von Politik und Wissenschaft bei der Bewältigung nicht-antizipierter
Schadensverläufe vgl. Clarke (1989), dessen Studie sich mit den Sanierungs- und Über-
wachungsmaßnahmen im Anschluß an einen technischen Unfall beschäftigt, der sich in
einem öffentlichen Gebäude des US-amerikanischen Bundesstaates New York ereignete.
Sein Fazit lautet: "Yet, formal risk analyses proliferated only *after* competing definitions
of acceptable risk were winnowed out; instead of predicting actions, risk assessment fol-
lowed them (Hervorhebung im Original)" (ebd.: 181).

sen *Entscheidungsverzögerung* arbeiten Fallstudien zum politischen Entscheidungsverhalten bei der Bewältigung von ökologischen Krisensituationen heraus. Der Rekurs auf wissenschaftliche Expertise dient diesen Studien zufolge dazu, unmittelbaren Handlungsdruck abzuwehren, Zeit zu gewinnen und eine für politische Entscheidungsträger zum gegenwärtigen Zeitpunkt unkalkulierbare Risiko- und Entscheidungsübernahme in eine zunächst noch unbestimmte Zukunft zu verlagern.[90]

Beide unter den Prämissen dieser Arbeit gleichermaßen relevanten Aspekte der Legitimationsfunktion von Wissenschaft im politischen Entscheidungskontext konnten für den Bereich der Klimapolitik jedoch *nicht* aufgespürt werden. Weder läßt sich eine nachträgliche Legitimierung noch eine Entscheidungsverzögerung nachweisen. Im Fall der Klimapolitik ist die *aktive* Rolle der Wissenschaft bei der Gestaltung der klimapolitischen Agenda konstitutiv, weshalb hier die o.g. Annahmen zur Legitimationsfunktion von Wissenschaft eine Überschätzung der politischen Einflußchancen bedeuten würden. Dieser Befund gilt für sämtliche diskutierten institutionellen Arrangements. In einigen Fällen zeigte sich sogar das Gegenteil: Anstatt eine Entscheidungsverzögerung zu bewirken, trugen Klimaforscher sowohl in den bundesdeutschen Enquete-Kommissionen als auch im IPCC in signifikanter Weise zur *Erhöhung* des politischen Handlungsdrucks bei. Trotz weitreichender wissenschaftlicher Unsicherheiten warnten sie vor den Folgen des anthropogen induzierten Treibhauseffektes und sprachen zum Teil drastische Regulierungsmaßnahmen als politische Empfehlung aus. Darüber zu spekulieren, ob die Erhöhung des politischen Handlungsdrucks durch wissenschaftliche Experten politisch intendiert war oder eine nicht-intendierte Nebenfolge der politischen Bezugnahme auf Wissenschaft darstellt, bleibt wissenschaftlich ungedeckt. Zu viele Gründe ließen sich für jede der beiden Annahmen anführen.

---

90   Vgl. hierzu insbesondere den besonders umfassend dokumentierten, auf die Sanierung von Altlasten bezogenen "Love-Canal"-Fall (Levine 1982; Tarr/Jacobson 1987: 332 ff.) sowie die Fallstudie von Fitchen et al. (1987) zur politisch-administrativen Bewältigung einer möglicherweise gesundheitsgefährdenden Trinkwasserbelastung, die sich, ebenso wie der "Love-Canal"-Fall, im Bundesstaat New York ereignete.

Am Beispiel der Klimapolitik läßt sich hingegen ein Funktionsaspekt deutlicher nachweisen: die *Funktion* der *Vermeidung von* unkontrollierbaren und riskanten *Politisierungen*, die durch die wissenschaftsinterne Pluralisierung von Expertenurteilen ausgelöst werden. Dies geschieht durch den im Rahmen der nationalen und internationalen Politik unternommenen Versuch der *Monopolisierung* wissenschaftlicher Expertise. Das politische Risiko der gesellschaftlichen Diffusion heterogener und sich widersprechender Expertenurteile zeigte sich sowohl am Beispiel der bundesdeutschen Kernenergie-Kontroverse als auch an den zahlreichen Risikokontroversen in den USA, die nicht nur auf die Kernenergie beschränkt blieben: *Experten-Dissens* leistete einer *Dauerpolitisierung* von technisch-ökologischen Problemen Vorschub und führte im Gegenzug zur Politisierung wissenschaftlicher Expertencommunities. Im Ergebnis gerieten dadurch politische Entscheidungen und wissenschaftliche Expertisen gleichermaßen unter *Delegitimierungsdruck*.[91] Als besonders erfolgreiche institutionelle Arrangements zur Bewältigung des Risikos der unkontrollierbaren Politisierung aufgrund von Experten-Dissens im Klimabereich sind die 1. bundesdeutsche Enquete-Kommission und das IPCC hervorzuheben. Beide zeichnen sich durch eine deutliche Konsensorientierung und ein spezifisches *"boundary work"* zwischen Wissenschaft und Politik im Umgang mit zum Teil deckungsgleichen, zum Teil divergierenden Erwartungen und Lösungsansätzen aus.[92] Die Frage nach der Funktion der politischen Bezugnahme auf Wissenschaft kann nun als beantwortet gel-

---

91 Die bundesdeutsche Kernenergie-Kontroverse wurde grundlegend von Kitschelt (1980) und Wörndl (1992) analysiert. Sie reichte auch in beide Enquete-Kommissionen zur Zukunft der Kernenergiepolitik hinein (Vowe 1986: 558 ff.) und prägte das Verhältnis von Wissenschaft und Politik bei der umstrittenen Grenzwertfestlegung nach "Tschernobyl" (Krohn/Weingart 1986). Die Proliferation von Risikokontroversen in den USA und ihre Folgen für die Wissenschaft werden in zahlreichen Fallstudien von Nelkin (1979) beschrieben.

92 Der Begriff des "boundary work" entstammt der Wissenschaftssoziologie und bezeichnet den von Wissenschaftlern aktiv gestalteten Prozeß der Grenzziehung zwischen Wissenschaft und Nicht-Wissenschaft allgemein. Vgl. Gieryn (1983, 1995). Seine Übertragung auf den Prozeß der Ziehung der spezifischen Grenze zwischen Wissenschaft und Politik im Kontext der Regulierung technisch-ökologischer Gefährdungen leistet vor allem Jasanoff (1987, 1990).

ten. Im folgenden wird nun anhand der 1. bundesdeutschen Enquete-Kommission und des IPCC die Frage nach den Voraussetzungen des Erfolgs institutioneller Arrangements zwischen Klimapolitik und Klimaforschung bearbeitet.

Der Erfolg der *1. Enquete-Kommission*, die sich paritätisch aus Vertretern von Wissenschaft und Politik zusammensetzte, ist in dem erzielten *Konsens* innerhalb von Wissenschaft und Politik sowie zwischen den beiden Handlungsbereichen begründet. Dieser Konsens selbst ist wiederum das Ergebnis spezifischer Konstruktionsbedingungen und -leistungen. Das erfolgreiche "boundary work" bestand darin, wissenschaftliche Autorität zur Formulierung ambitionierter Reduktionsziele zu mobilisieren, *ohne* die Politik zu stark auf konkrete Problembewältigungsoptionen festzulegen. Damit wurde die Dringlichkeit der Klimaproblematik auf der politischen Agenda festgeschrieben. Wissenschaftliche und politische Perspektiven verstärkten sich vor dem Hintergrund einer auch für diesen Teilbereich der Umweltpolitik zunehmend sensibilisierten Öffentlichkeit.[93] Das politische *Risiko*, angesichts wissenschaftlicher Unsicherheiten und antizipierter internationaler Wettbewerbsnachteile regulative Maßnahmen zur Eindämmung des Treibhauseffektes zu implementieren und deren Folgen verantworten zu müssen, wurde ebenso vermieden wie das politische *Risiko*, sich gegenüber wissenschaftlich und öffentlich kommuniziertem Problemdruck ignorant verhalten zu haben. Die Formulierung in der *Zukunft* einzulösender Reduktionsziele stellt gegenüber diesen politisch übermäßig riskanten Entscheidungsalternativen einen politisch risikoaversen Entscheidungstypus dar, der politische Entscheidungsträger in der *Gegenwart* entlastet, weitreichenden Konsens ermöglicht und darüber hinaus die Option einer aktiven Klimapolitik auf nationaler und internationaler Ebene offenhält. Welche langfristigen Bindungseffekte und Folgeprobleme hieraus entstanden sind bzw. noch entstehen können, wird später zu diskutieren sein. Ein kurzfristiges Problem der Verlagerung kon-

---

93 Zu der seit Mitte der 80er Jahre einsetzenden Sensibilisierung der bundesdeutschen Öffentlichkeit für die Klimaproblematik vgl. nur die zu Beginn von 5.2.3. erwähnte Literatur.

sensblockierender Probleme in die Zukunft soll an dieser Stelle jedoch bereits benannt werden: der relative *Mißerfolg* der 2. Enquete-Kommission. Deren nicht eingelöste Aufgabe, ein konkretes Maßnahmenbündel zur Umsetzung des von der 1. Enquete-Kommission empfohlenen Reduktionsziels zu erstellen, ist zumindest partiell auf den durch Problemverlagerung erreichten *Erfolg* ihrer Vorgängerin zurückzuführen.[94]

Die Übersetzung von wissenschaftlichen und politischen Problemdefinitionen durch das Instrument von Enquete-Kommissionen stellt eine vergleichsweise *feste* Kopplung beider Handlungsbereiche dar, mit der eine offene und vertrauensvolle Zusammenarbeit von Wissenschaft und Politik in der Bundesrepublik Deutschland angestrebt wurde. Demgegenüber ließ sich auf der supranationalen Ebene eine nur sehr *lose* institutionelle und organisatorische Kopplung wissenschaftlicher und politischer Problemdefinitionen beobachten. Der ungleich höhere Druck zur *Dekonstruktion* wissenschaftlicher Expertisen auf der globalen Ebene, die historisch häufig unter den Verdacht der Rationalisierung politischer Voreingenommenheiten und Präferenzen gerieten, erzwang ein sehr viel sensibleres "boundary work" im Umgang mit der weltpolitisch hochbrisanten Klimaproblematik.[95] Das politische Risiko handlungs- und entscheidungsparalysierender Kontroversen, die sich vor allem entlang der Konfliktlinie von entwickelten Industrienationen und Entwicklungsländern entzünden, wurde dadurch eingedämmt, daß die facettenreiche Klimaproblematik zunächst in den wissenschaftlichen Definitionsbereich verschoben und dort thematisch eingegrenzt wurde.[96] Das zu

---

94 Weitere Ursachen, die vom Wechsel des Vorsitzenden über veränderte politische Prioritäten aufgrund der zwischenzeitlich erfolgten Wiedervereinigung der beiden deutschen Staaten bis hin zu parteipolitischen Festlegungen und Differenzen reichen, werden in Bares et al. (1995: 37) benannt.

95 Ähnliches gilt auch für den Mediterranean Action Plan (MAP), der ebenfalls auf Initiative der UNEP zustande kam. Vgl. Haas (1989, 1990) sowie Miller (1993: 5 ff.). Vgl. auch Susskind (1994: 71 ff.), der auf ähnliche Bedingungen und Folgeprobleme der Dekonstruktion wissenschaftlicher Expertisen auf der globalen Ebene und im US-amerikanischen Regulierungskontext hinweist.

96 Ausführlicher hierzu Miller (1993: 12 ff.), der diesen Ansatz im Anschluß an Jasanoff (1990) als technokratisches Modell der Bewältigung von globalen Umweltproblemen bezeichnet. Ähnlich die Einschätzung von Wynne (1994a: 172): "That IPCC equates global

diesem Zweck gegründete *IPCC* konnte als *wissenschaftliche* Organisation Kriterien der internationalen Politik in den Entscheidungsprozeß so einbeziehen und organisationsintern transformieren, daß die Aufgabe der Depolitisierung und Eingrenzung der Klimaproblematik hiervon weitgehend unberührt blieb. Der innerhalb des IPCC erzielte wissenschaftliche Konsens konnte zwar nicht in politischen Konsens transformiert werden,[97] über diesen *Umweg* wurde jedoch eine allgemeine konsentierte Verhandlungsgrundlage für die internationale Politik geschaffen, mit der ihre *Handlungs- und Entscheidungsfähigkeit* im Hinblick auf die Klimaproblematik überhaupt erst ermöglicht wurde. Wissenschaftliche Autorität durch wissenschaftsinternen Konsens ermöglicht nicht nur politische Handlungs- und Entscheidungsfähigkeit, sondern stellt diese durch den Anspruch auf wissenschaftliche Problemdefinitions- und Problemlösungskompetenz zugleich auch in Frage. Das politische Risiko diesbezüglicher *Kompetenz- und Kontrollverluste* gegenüber der Wissenschaft wurde zum einen dadurch vermieden, daß die politisch brisanten Teile der IPCC-Berichte in Abstimmung mit politischen Entscheidungsträgern formuliert wurden. Zum anderen verzichtete das IPCC als Wissenschaftsorganisation darauf, die Politik zu stark auf konkrete Bewältigungsoptionen festzulegen. So stellen nach Boehmer-Christiansen (1994:

environmental change with climate and greenhouse warming, and mainly with carbon emissions, is already a form of reductionism with political implications." Aufgrund der Opposition von Vertretern aus Entwicklungsländern konnte dieses technokratische bzw. reduktionistische Modell allerdings nur in modifizierter Form umgesetzt werden. Anzumerken ist aber, daß die Konzentration auf CO_2-Emissionen, anders als Wynne (ebd.: 172) vermutet, vor allem von den USA und gerade nicht von seiten der Entwicklungsländer kritisiert wurde.

97 Die Möglichkeiten und Grenzen der Erzeugung eines über die Wissenschaft hinausreichenden Konsenses durch Wissenschaft werden in zahlreichen wissenschaftshistorischen und -soziologischen Studien grundlegend thematisiert. In jüngster Zeit hat vor allem Schmutzer (1994) diesen Zusammenhang mit den theoretischen Mitteln der Soziologie aufgearbeitet. Seine in historischer Rekonstruktion entwickelte Kernthese, daß Wissenschaft eine soziale Innovation darstellt, deren Aufgabe die "Bereitstellung von Konsensmitteln" (ebd.: 96) für die Gesamtgesellschaft ist, führt jedoch zu einer fragwürdigen *Hypostasierung* der Wissenschaft und vernachlässigt die zum Teil weitreichenden Prozesse der *De-Institutionalisierung* von Wissenschaft. Durch diese Prozesse erodierte der gesellschaftliche Mythos des Expertenwissens und verwandelte sich in einen Mythos des wissenschaftssoziologischen Beobachters.

402) die IPCC-Berichte "important political documents and skilful exercises in scientific ambiguity" dar, die es beispielsweise dem Finanzministerium und Greenpeace in Großbritannien erlaubten, sich gleichermaßen positiv auf den denselben Bericht zu beziehen und diametral entgegengesetzte Politik-optionen hieraus abzuleiten.

Erfolgreiches "boundary work" im Prozeß der Transformation politischer Entscheidungsrisiken durch Bezugnahme auf Wissenschaft kann also, vergleicht man das IPCC mit der 1. bundesdeutschen Enquete-Kommission zur Klimaproblematik, sehr *unterschiedliche* institutionelle und organisatorische *Formen* annehmen.[98] Diese ließen sich zumindest partiell auf das unterschiedlich hohe Risiko der Dekonstruktion wissenschaftlicher Expertise zurückführen. *Gemeinsamkeiten* bestehen hingegen in den *Bedingungen* der Herstellung und Erhaltung politischer Handlungs- und Entscheidungsfähigkeit durch wissenschaftliches Wissen, welches orientierenden Charakter für politische Entscheidungsträger hatte. Zu diesem Zweck wurden die in 5.2.1. benannten wissenschaftlichen Unsicherheiten *einerseits* nur in sehr abgeschwächter Form thematisiert, ohne *andererseits* zu hohe Bindungseffekte im politischen Entscheidungskontext durch wissenschaftliche Vorgaben auszulösen. Die bruchlose, Ambiguitäten und Differenzen vollständig eliminierende Übereinstimmung von wissenschaftlichen und politischen Orientierungen im Verhältnis von Klimaforschung und Klimapolitik bleibt eine - zudem höchst fragwürdige - *Utopie*. Dieses Ergebnis der Analyse erfolgreicher institutioneller Arrangements im Klimabereich deckt sich mit sozialwissenschaftlichen Wissenschafts- und Politikanalysen, die unabhängig voneinander zu dem Ergebnis der *Funktionalität* von Ambiguitäten und Differenzen für den jeweils untersuchten Handlungsbereich gekommen sind.[99]

---

98 Zur Relevanz der Unterscheidung von Organisation und Institution vgl. Fußnote 31.

99 Für den Bereich der *Wissenschaft* vgl. grundlegend Whitley (1984: 119 ff.), der in der nur wissenschaftsintern beurteilbaren und bearbeitbaren "task uncertainty" eine wichtige Schutzfunktion für die Wissenschaft sieht; dieser Gedanke wird bei Shackley/Wynne (1996) mit Bezug auf die Klimaforschung reformuliert. Für die *Politik* vgl. Baier et al. (1988), die, in Abgrenzung von dem, was in Kapitel 3 als Implementationsmodell bezeichnet wurde, die Bedeutung von Ambiguität für den politischen Entscheidungsprozeß

Nun zur *zweiten Frage*, die sich auf die politische *Problemwahrnehmung* bezieht: Durch welche Mechanismen wird die globale Umweltgefahr "Klimawandel" in ein politisches Risiko transformiert? In der sozialwissenschaftlichen Umweltforschung ist allgemein bekannt, daß es *keinen* kausalen Zusammenhang zwischen Gefährdungen der natürlichen Umwelt und ihrer politischen Wahrnehmung gibt. Eine direkte und unvermittelte Orientierung der Politik an der natürlichen Umwelt wird theoretisch und empirisch ausgeschlossen. Aus (gesellschafts-)*theoretischer* Perspektive arbeitet Luhmann (1986) sowohl die grundlegende Selektivität der gesellschaftlichen Wahrnehmung ökologischer Gefährdungen als auch die sich von anderen Funktionssystemen unterscheidende spezifische Selektivität der politischen Problemwahrnehmung heraus. Politikwissenschaftler wie von Prittwitz (1990) stellen aus *empirischer* Perspektive die Gegenläufigkeit von wissenschaftlich beobachteten Umweltgefährdungen und ihrer politischen Wahrnehmung heraus. Diese *allgemeinen* Einsichten treffen nicht nur auch auf den vergleichsweise neuartigen Fall der Klimaproblematik zu; sie lassen sich anhand dieses Falles zudem *präzisieren*. Dabei ist zwischen politikinternen und politikexternen Faktoren zu unterscheiden, die in ihrer Verknüpfung dazu führten, die politische Problemwahrnehmung zu schärfen und die globale Umweltgefahr "Klimawandel" in ein politisches Risiko zu transformieren.

Zunächst zu den *politikinternen Faktoren*. Wie bereits in 5.1. erwähnt, geriet die Klimaproblematik insbesondere in den USA relativ rasch in die über Parteien und Personen vermittelte Auseinandersetzung zwischen Regierung und Opposition. Dieser aus dem politischen System selbst heraus erzeugte Sog der *Themenanziehung* wurde in 5.2.3. auch für die internationale Politikebene aufgezeigt. Als relevante Konfliktlinie trat anstelle derjenigen, die Regierung und Opposition voneinander trennt, die zwischen entwickelten Industrienationen und Entwicklungsländern. Beide fanden aus gegensätzlichen Perspektiven in der Klimaproblematik einen gemeinsamen thematischen Fokus. Die politische Selbstadressierung der Klimaproblematik blieb im inter-

---

hervorheben sowie Collingridge/Reeve (1986), die in verschiedenen Fallstudien die Funktionalität von Kommunikationssperren zwischen Wissenschaft und Politik herausarbeiten.

nationalen Kontext nicht auf den Modus der konflikthaften Thematisierung zwischen verschiedenen Staatengruppen beschränkt. Auch *Wachstumsimperative* politischer Organisationen, die über das Vehikel "Klimaproblematik" eine Ausdehnung des organisationalen Einflußbereiches im internationalen Kontext anstreben, spielen hierbei eine wichtige Rolle. Faßt man diese Befunde zu den politikinternen Faktoren zusammen, wird deutlich, daß politische Entscheidungsträger und Organisationen *aktiv* an der Transformation der Umweltgefahr "Klimawandel" in ein politisches Risiko beteiligt waren. Die in Forschungen zur Umweltpolitik häufig gemachte Annahme einer rein reaktiven, lediglich durch externe Störungen auf Umweltgefahren aufmerksam werdenden Politik, trifft zumindest für die Phase der politischen Problemwahrnehmung nicht zu.[100] Im Gegenteil: In der Anziehung und Thematisierung globaler Umweltgefahren liegen Chancen, die sich nur durch politische *Risikoübernahme* nutzen lassen. Wie bei der Beantwortung der dritten Frage zu zeigen ist, wird politische Risikoübernahme allerdings nur durch *komplementäre* Mechanismen der politischen *Risikoabwälzung* ermöglicht.

Nun zu den *politikexternen Faktoren.* Unter diesen Faktoren ragen *Wissenschaft* und *Massenmedien* heraus, die vor allem in ihrer *Verschränkung* zur Transformation der Umweltgefahr "Klimawandel" in ein politisches Risiko beitrugen. In den Massenmedien kam es aufgrund eigener Relevanzkriterien zu einem Thematisierungsschub, der allerdings nur durch die aktive Beteiligung von Wissenschaftlern ermöglicht wurde. Die besondere Bedeutung der Wissenschaft in diesem Transformationsprozeß resultiert darüber hinaus auch aus den in 5.2.2. beschriebenen institutionellen Arrangements zwischen Wissenschaft und Politik. Die in der Analyse herausgearbeitete *Sonderstellung der Wissenschaft* bei der Transformation der Umweltgefahr "Klimawandel" in ein politisches Risiko ist insofern bemerkenswert, als sie

---

100 Vgl. hierzu etwa Böhret (1990: 81), der im Hinblick auf "schleichende Katastrophen", worunter die Klimaproblematik zu fassen wäre, auf seiten des politischen Systems "(b)esondere Hemmnisse (...) hinsichtlich der 'vorauseilenden' Einstellung zu Spätfolgen" und "eine sehr viel geringere Wahrnehmung" im Vergleich zu anderen Problemtypen konstatiert.

gängige Forschungsannahmen und -ergebnisse der sozialwissenschaftlichen Risiko- und Umweltdiskussion in zweierlei Hinsicht erheblich relativiert.

Erstens steht der aus dem Kernbereich der Klimaforschungs-community entstammende *Thematisierungsdruck* im Gegensatz zu der für andere Risikoprobleme herausgearbeiteten Scheu des wissenschaftlichen *Establishments*, angesichts sachlicher Komplexitäten und wissenschaftlicher Unsicherheiten die Gesellschaft frühzeitig zu alarmieren. Diese *Frühwarnfunktion* im Hinblick auf technisch-ökologische Gefährdungen bleibt in der Regel wissenschaftlichen *Außenseitern* überlassen.[101] So weist Wynne (1982, 1988, 1989, 1994b) in verschiedenen Fallstudien auf die vergleichsweise enge Definition von Risikoproblemen durch die Wissenschaft hin. Die hierauf basierenden Risikokalkulationen dienen Wynne zufolge auch dem Ziel, zur Beruhigung einer für Risikoprobleme sensibilisierten Öffentlichkeit beizutragen. Studien zur Genforschung und -technik heben ebenfalls die zur Frühwarnung keinen Anlaß gebenden Risikodefinitionen und -kalkulationen des wissenschaftlichen Establishments hervor. Ihnen stehen die umfassenderen Definitionen von Risikoproblemen durch wissenschaftliche Außenseiter gegenüber (Bonß et al. 1992, Hasse/Gill 1994, van den Daele 1990). Bechmann/Gloede (1992: 126 ff.) liefern darüber hinaus eine *theoretische* Erklärung des *empirischen* Phänomens der geringen Warnbereitschaft. Sie führen diese insbesondere auf die retrospektive und analytische Vorgehensweise der klassischen Naturwissenschaften und ihrer forschungsleitenden Normen zurück. "Wechselwirkungen zwischen Mensch und Umwelt" (ebd.: 127), die zur Frühwarnung Anlaß geben könnten, lassen sich solchermaßen nur begrenzt erfassen. Ähnlich argumentiert auch Böhret (1990: 64 ff.) in seiner Analyse "schleichender Katastrophen". Da ihre Verlaufsform durch das Aufeinandertreffen einer Vielzahl von Einzelereignissen charakterisiert ist, deren Auswirkungen erst

---

101 Zu der in der Wissenschaftssoziologie eingespielten und im Weberschen Sinne als wertfrei zu verstehenden Unterscheidung von wissenschaftlichem Establishment und wissenschaftlichen Außenseitern vgl. die Beiträge in Elias et al. (1982). Das im Vergleich zu den USA und der Bundesrepublik Deutschland eher zurückhaltende Verhalten des britischen Klimaforschungs-Establishments ist zumindest *ein* relevanter Erklärungsfaktor für die nur vergleichsweise schwach ausgeprägte politische Problemwahrnehmung in Großbritannien.

retrospektiv sichtbar werden, entziehen sie sich einer "frühzeitigen und erklärenden Diagnose" (ebd.: 68). Diese Ergebnisse und Vermutungen lassen sich *nicht* auf den wissenschaftlichen Umgang mit der Klimaproblematik übertragen. Trotz der in 5.2.1. benannten enormen sachlichen Komplexitäten und wissenschaftlichen Unsicherheiten übernimmt das Klimaforschungs-Establishment, wie in 5.2.2. und 5.2.3. gezeigt, eine gesellschaftliche Frühwarnfunktion im Hinblick auf mögliche negative Auswirkungen des anthropogenen Klimawandels.

Zweitens wird, indem der entscheidende politikexterne Thematisierungsimpuls als aus dem Wissenschaftssystem resultierend identifiziert wurde, die allgemein angenommene Sonderstellung *neuer sozialer Bewegungen* bzw. politischer Protestbewegungen im Prozeß der Transformation von Umweltgefahren in politische Risiken *relativiert*. In der Zuschreibung der gesellschaftlichen Warnfunktion konvergieren ansonsten höchst unterschiedliche Ansätze: So betonen Forscher wie Rucht (1994), die sich umfassend mit dem Phänomen der neuen sozialen Bewegungen beschäftigt haben, deren "schrankenlose Thematisierungskompetenz" (ebd.: 514); akteurs- bzw. kulturtheoretischen Ansätzen, wie sie von Touraine (1988) und Douglas/ Wildavsky (1982) vertreten werden, gelten diese Bewegungen gar als der zentrale Motor institutioneller Veränderungen (Touraine 1988), die von der gesellschaftlichen Peripherie aus den gesellschaftlich zentralen Institutionen weitreichende Wahrnehmungsveränderungen im Hinblick auf technisch-ökologische Gefährdungen aufzwingen (Douglas/Wildavsky 1982); und auch in Luhmanns systemtheoretischer Fassung von Risikogesellschaft ist die "rasche Durchsetzung von Aufmerksamkeit für ökologische Fragen" der gegen die Logik der funktionalen Differenzierung gerichteten "protestierende(n) Reflexion" geschuldet (1991: 153). Für den Bereich der Klimaproblematik treffen all diese Annahmen nur sehr begrenzt zu. Zumindest in der Frühphase der Thematisierung spielten neue soziale Bewegungen bzw. politische Protestbewegungen nur eine untergeordnete Rolle.

Als *Zusammenfassung* der zur Beantwortung der zweiten Frage präsentierten Ergebnisse bleibt festzuhalten, daß zahlreiche Annahmen und Ergebnisse der sozialwissenschaftlichen Forschung zur politischen Wahrnehmung von Umweltgefahren nicht umstandslos auf den Bereich der Klimapolitik übertragbar sind. Für diesen Bereich konnten vielmehr *spezifische Charakteristika* herausgearbeitet werden, die sich nicht in allen Bereichen der Risiko- und Umweltpolitik aufspüren lassen. *Konkret* handelt es sich hierbei um das *hohe* Maß an politikinterner Bereitschaft zur Anziehung und Thematisierung der Klimaproblematik und *vor allem* um den aus dem Wissenschaftssystem resultierenden, politikexternen Thematisierungsimpuls. Dieser Thematisierungsimpuls wurde zum Teil über die Massenmedien vermittelt, zum Teil direkt durch Professionsverbände, wissenschaftliche Organisationen und als "political entrepreneurs" operierende Klimaforscher in das politische System hineingetragen. Auf die spezifische Ausprägung, Verschränkung und wechselseitige Verstärkung dieser Faktoren ist die spät einsetzende, dann jedoch rasche und leichtgängige Transformation der globalen Umweltgefahr "Klimawandel" in ein politisches Risiko zurückzuführen.

Unmittelbar an die solchermaßen geklärte Frage nach der politischen *Problemwahrnehmung* schließt sich diejenige der politischen *Problembewältigung* an (*Frage 3*). Unter den risikosoziologischen Prämissen dieser Arbeit lautet sie wie folgt: Welche spezifischen Formen der Bewältigung des politischen Risikos im Umgang mit der Umweltgefahr "Klimawandel" haben sich herausgebildet, und worauf sind diese zurückzuführen? Die Beantwortung dieser Frage erfolgt zweistufig. In einem *ersten Schritt* beschäftige ich mich mit der politischen Risikoorientierung auf der *supranationalen Ebene*. Danach werden die Gemeinsamkeiten und Differenzen der politischen Risikoorientierung auf der nationalen Ebene diskutiert.

Vor der Formulierung politisch-regulativer Optionen der Problembewältigung auf der UN-Entscheidungsebene stand zunächst die Konstruktion von gemeinsamer Betroffenheit, die auf der Abdunklung der "winners and losers"-Problematik basierte. Erst durch die *Ignoranz* gegenüber den unterschiedlichen Auswirkungen globalen Klimawandels auf die einzelnen Regionen der Weltgesellschaft wurde eine gemeinsame Programmformulierung überhaupt ermöglicht.[102] Die formulierten Programme *selbst* sind durch den Versuch charakterisiert, *einerseits* die Notwendigkeit der politisch-regulativen Bewältigung zu betonen, ohne *andererseits* zu hohe Bindungseffekte zu produzieren. Das politische Risiko besteht hierbei in der Formulierung kollektiv bindender und *damit* riskanter Entscheidungen im Hinblick auf einen so komplexen und unsicherheitsbelasteten Regulierungsgegenstand wie der Umweltgefahr "Klimawandel". Dieses Risiko wird vor allem durch zwei Problembewältigungsmechanismen auf ein Maß abgesenkt, welches politische Risikoübernahme erlaubt: "Ambiguität" und "Zeit".

Das hohe Maß an *Ambiguität*[103] läßt sich anhand der verabschiedeten Programmtexte nachweisen. Mit der UN-Konferenz in Rio 1992 kam zwar erstmalig eine völkerrechtlich bindende Handlungsperspektive zur Klimaproblematik auf der UN-Ebene zustande. Die dort verabschiedete Klimarahmenkonvention geriet in zentralen Passagen jedoch so unbestimmt, daß die hierdurch entstandenen Bindungseffekte zugleich abgeschwächt wurden.[104] Diese

---

102 Vgl. demgegenüber die diametral entgegengesetzte Einschätzung von Fischer (1992: 159): "Aber die klarere Herausarbeitung divergierender und gemeinsamer Interessen ist eine tragfähigere Grundlage für gezielte Politiken als ein graues Feld des Nichtwissens". In soziologischen Analysen wird hingegen die soziale Funktion von Ignoranz für die Herstellung von Handlungsfähigkeit herausgearbeitet. Vgl. hierzu grundlegend den klassischen Beitrag von Moore/Tumin (1949) sowie, mit explizitem Bezug auf ökologische Problemlagen, Luhmann (1992).

103 Zur Bedeutung von Ambiguität für die Politik vgl. grundlegend Baier et al. (1988). Gerade für den politischen Umgang mit der globalen Umweltgefahr "Klimawandel" kann der Stellenwert von Ambiguität kaum hoch genug eingeschätzt werden. Ambiguität war, wie bereits gezeigt, für das Verhältnis von Klimapolitik und Klimaforschung von erheblicher Bedeutung. Sie ist es auch, wie später noch gezeigt wird, im Hinblick auf die nationalstaatliche Problembewältigung.

104 Hierzu nur zwei besonders prägnante Beispiele. So lautet es in Artikel 2 der Klimarahmenkonvention, in dem das Ziel der Konvention benannt wird, daß eine gefährliche anthropogene Störung des Klimasystems zu verhindern sei ("prevent dangerous anthropogenic interference with the climate system") und daß Ökosystemen eine natürliche Anpassung an Klimawandel möglich sein müsse ("to allow ecosystems to adapt naturally to climate change"). Die vermeintlich handlungsleitenden Begriffe "gefährliche Störung" und "natürliche Anpassung" werden jedoch weder qualitativ (was ist eine gefährliche Störung?; was heißt "natürliche Anpassung"?) noch quantitativ (ab welchem Niveau anthropogener Treibhausgasemissionen wird eine gefährliche Störung erreicht bzw. die natürliche Anpassung unmöglich gemacht?) näher bestimmt. Ein weiteres Beispiel stellt die in

Tendenz zur Ambiguisierung der Zielvorgabe "Klimaschutz" verstärkt sich im Berlin-Mandat von 1995. Hier wird die Notwendigkeit der politisch-regulativen Bewältigung in noch deutlicheren Worten angemahnt und die Verschärfung der Verpflichtungen der Industrieländer gefordert, hingegen vollständig auf die Benennung von eindeutigen Zeitplänen und konkreten Maßnahmen zur Erreichung der Zielvorgabe verzichtet. Ähnliches gilt auch für das supranationale Entscheidungssystem der EU. Auch in diesem Fall wird Klimapolitik uneindeutig formuliert, da der Festlegung von Stabilisierungszielen die Nicht-Festlegung von Maßnahmen und der Verzicht auf die rechtsverbindliche Durchsetzung der EU-Klimapolitik entgegenstehen.

Der zweite Problembewältigungsmechanismus auf der supranationalen Ebene besteht in der Verwendung von *Zeit*, konkret: in der *gegenwärtigen* Entlastung politisch-regulativer Entscheidungträger durch die Formulierung *zukünftig* einzulösender Optionen, deren Zielerreichungsgrad erst mittel- und langfristig festzustellen ist. Dies zeigt sich vor allem auf der Ebene der UN bzw. auf der Ebene der Staatengemeinschaft, welche die Klimarahmenkonvention von 1992 unterzeichnet hat.[105] Hier wurden ambitionierte Zeitpläne verabschiedet (Rio 1992) bzw. noch ambitioniertere Zeitpläne in Aussicht gestellt (Berlin 1995). Ein völkerrechtlich bindendes Protokoll zur Begrenzung von Treibhausgasemissionen steht zum gegenwärtigen Zeitpunkt jedoch noch aus. Ob dieses Protokoll, wie z.Zt. vorgesehen, auf der 3. Vertragsstaaten-Konferenz im Dezember 1997 verabschiedet werden kann, ist zweifelhaft. Die Einbettung einer Problemmaterie, die wie globaler Klimawandel aufgrund der *Langfristigkeit* möglicher Schäden kaum unmittelbaren Handlungsdruck erzeugt, in einen politischen Strukturkontext, der aus internen Gründen

---

Artikel 5 festgelegte Zielvorgabe dar, die eine Emissionsreduzierung auf das Jahr 1990 vorsieht. Da kein Zeitrahmen angegeben ist, innerhalb dessen dieses Ziel zu erreichen sei, wird die Evaluierung dieses für die Klimarahmenkonvention zentralen Programmpunktes in eine unbestimmte Zukunft verschoben.

105   Ähnliches läßt sich aber auch für die EU konstatieren: Während das Ziel einer Emissions*stabilisierung* bis zum Jahr 2000 als immer unrealistischer erscheint (vgl. Fußnote 84), wurde 1997 - bei Beibehaltung des Referenzjahres 1990 - das Ziel einer Emissions*reduzierung* um 15% bis zum Jahr 2010 festgelegt (Masood 1997: 103).

zur *Verlagerung* kollektiv bindender Entscheidungen in die Zukunft tendiert, läßt diese Form der politischen Selbstbindung als eher unwahrscheinlich erscheinen.[106] Und selbst wenn dies gelänge, ist im Rahmen meiner Analyse zu vermuten, daß das Risiko zu hoher Bindungseffekte auf der supranationalen Entscheidungsebene dann über den Problembewältigungsmechanismus "Ambiguität" vermieden würde.

Auf der *nationalen Ebene* der Klimapolitik fällt nun nationenübergreifend auf, daß dem hohen Maß an politischer Thematisierungs- und Wahrnehmungsbereitschaft, welches zuvor herausgearbeitet wurde, *kein* entsprechend hohes Maß an Bereitschaft zur politisch-regulativen Problembewältigung gegenübersteht. Generell ist die Bereitschaft gering, eine eigenständige Klimapolitik zu verfolgen, die sich in konkreten, unzweideutigen und gegenwärtig instruktiven politisch-regulativen Bewältigungsoptionen niederschlägt.[107] Das politische Risiko, die Gesellschaft *gegenwärtig* und *unilateral* im Hinblick auf langfristig möglicherweise katastrophale globale Entwicklungen durch regulative Maßnahmen zu belasten,[108] kann auf der Ebene des einzelnen Natio-

---

106 Vgl. hierzu Soroos (1991: 119): "The development of environmental treaty law is a protracted, incremental process that can be expected to continue indefinitely." Er bezieht sich hier auf Erfahrungen mit internationalen Abkommen zum Schutz der Ozonschicht und zur Bewältigung des "Sauren Regens", die er versucht, auf die damals erst beginnende internationale Klimapolitik zu übertragen. Die Prozeßdynamik verläuft in der internationalen Klimapolitik jedoch noch schleppender als von ihm beschrieben, da die Klimaproblematik und ihre Bewältigung im Vergleich zu den beiden anderen Problembereichen wesentlich unsicherheitsbelasteter, komplexer und voraussetzungsreicher sind.

107 Vgl. hierzu auch Morone/Woodhouse (1986), die zwar ein insgesamt positives Fazit der politisch-regulativen Bewältigung technischer und ökologischer Gefährdungen in den USA ziehen, für den Bereich der Klimapolitik jedoch die deutlichsten Schwachstellen in ihrem Vergleich feststellen.

108 Damit soll nicht im Sinne einer wissenschaftlichen Aussage behauptet werden, daß politisch-regulative Maßnahmen zur Eindämmung des Treibhauseffektes eher eine Belastung und weniger einen "Nutzenfaktor" (von Weizsäcker 1992: 38) darstellen. Diese Frage läßt sich in einer soziologischen Politikanalyse nicht entscheiden. Unter den Prämissen dieser Arbeit entscheidet sich dies *ausschließlich* in der politischen Kommunikation; und dort stellen beide möglichen Optionen kaum gleichberechtigte Alternativen dar. Wie die gegenwärtige Diskussion um die Einführung einer Energiesteuer in der Bundesrepublik Deutschland zeigt, überwiegt zumeist die Belastungserwartung gegenüber der Nutzenerwartung.

nalstaates nicht übernommen werden.[109] Aus diesem Grund kann globaler Klimawandel nur dann als expliziter Regulierungsgegenstand auftauchen, wenn das mit politisch-regulativen Entscheidungen zu übernehmende Risiko auf ein erträgliches Maß abgesenkt wird. Das geschieht auf unterschiedliche Art und Weise.

Zunächst lassen sich auch auf der nationalen Ebene die bereits auf der supranationalen Ebene festgestellten Problembewältigungsmechanismen "Ambiguität" und "Zeit" identifizieren. Dies gilt insbesondere für die *Bundesrepublik Deutschland.* Die dort verfolgte Politik der Festlegung von CO_2-Emissionszielen kann deshalb als politisches Risiko übernommen werden, weil beide Mechanismen greifen; denn erstens erzwingt die vermeintlich klare Handlungsperspektive keine konkreten Regulierungsmaßnahmen ("Ambiguität"), und zweitens ist die in der Zukunft, d.h. bis zum Jahr 2005, einzulösende Zielvorgabe der CO_2-Emissionsreduzierung um 25% für die politische Gegenwart nur wenig instruktiv ("Zeit"). Diese - im Sinne der von Brunsson (1989) eingeführten Unterscheidung zwischen den Politikkomponenten "talk", "decision" und "action" - auf der weitreichenden *Entkopplung* von Programmformulierung (*"talk"*) und Programmimplementation (*"action"*) basierende politische Risikoübernahme ("decision") ist im US-amerikanischen Kontext nicht möglich. Die Vermeidung der politischen Formulierung ambitionierter Emissionsziele in den *USA* ist vor allem auf zwei Besonderheiten zurückzuführen: Es besteht sowohl ein höherer ökonomischer als auch ein höherer rechtlicher Beobachtungsdruck für derartige Politikprogramme. Das wirkt sich auch auf die Bereitschaft zur politischen Risikoübernahme aus. So sind *ökonomische Analysen* fester Bestandteil des politischen Prozesses in den USA.[110] Mit ihnen wird nicht nur versucht, die Kosten regulativer Maßnahmen vor ihrer Verabschiedung abzuschätzen. Sie die-

---

109 Ähnlich auch die Einschätzung von Böhret (1990: 75 ff.), daß aufgrund des limitierten Zeithorizontes des politischen Systems der Bewältigung "schleichender Katastrophen" (ebd.: 64 ff.) politikimmanente Grenzen gesetzt sind.

110 Dies gilt vor allem für den weiteren Bereich der Risiko- und Umweltpolitik, in den die Klimapolitik eingebettet ist. Vgl. hierzu nur die umfangreichen Politikanalysen von Jasanoff (1990) und Morone/Woodhouse (1986).

nen auch als Instrument in der politischen Auseinandersetzung, da selbst eher diffus bleibende Wahlversprechen und -programme auf die mit ihnen verbundenen Kosten hin thematisiert werden. Da die Kosten klimapolitischer Maßnahmen als ausgesprochen hoch eingeschätzt werden, ist das Ziel der Emissionsreduzierung, insbesondere im Hinblick auf CO_2, in der politischen Kommunikation nur sehr begrenzt anschlußfähig.[111] Demgegenüber bleibt die Kostenfrage im bundesdeutschen Kontext abgedunkelt. Dies ermöglicht die Formulierung eines ambitionierten CO_2-Emissionszieles, das eine allgemein konsentierte, politisch leichtgängige und damit wenig riskante Lösung darstellt. Der *rechtliche Beobachtungsdruck* in den USA besteht darin, daß - im Gegensatz zur Bundesrepublik Deutschland - Zielvorgaben, sofern sie politisch-administrativ festgelegt sind, gerichtlich eingeklagt werden können.[112] Dadurch entstehen vergleichsweise hohe und riskante Selbstbindungseffekte für politische Entscheidungsträger, die sich darüber hinaus dem Risiko ausgesetzt sehen, in gerichtlichen Auseinandersetzungen zu unterliegen und externe Auflagen hinnehmen zu müssen.[113] Auch aus diesem Grund scheidet die

---

111 So schätzen Manne/Richels (1990) die jährlichen, in Form einer Energiesteuer entstehenden Kosten der effektiven CO_2-Reduzierung allein für die USA auf ca. 350 Milliarden US-Dollar. Die Kostenschätzungen variieren jedoch erheblich. Vgl. hierzu die wesentlich kostengünstigere Einschätzung von Maßnahmen zur CO_2-Reduzierung bei Williams (1990). Für einen Überblick über verschiedene Modelle der Berechnung vgl. Cline (1992: 141 ff.), der selbst im übrigen, der Empfehlung der ökonomischen Entscheidungstheorie zur Risikoaversion folgend, im Hinblick auf möglicherweise katastrophale Klimaveränderungen trotz hoher Kosten umfassende Regulierungsmaßnahmen auf der nationalen und internationalen Ebene empfiehlt (ebd.: 9, 323 ff.).

112 Vgl. hierzu die Darstellung der wichtigsten gerichtlichen Auseinandersetzungen in der Geschichte der neueren US-amerikanischen Risiko- und Umweltregulierung durch Jasanoff (1990, 1995). Vor allem die Auseinandersetzungen um den Clean Air Act zur Luftreinhaltepolitik bieten entsprechendes Anschauungsmaterial zum gesellschaftlichen Umgang mit umweltpolitischen Zielvorgaben, die sich gerichtlich einklagen lassen. Hier schalteten sowohl umweltpolitisch engagierte Organisationen und Einzelpersonen als auch die von Regulierungsmaßnahmen betroffenen Unternehmen die Gerichte ein mit dem Ziel, entweder die raschere Durchsetzung emissionsreduzierender Auflagen zu erzwingen oder diese Auflagen zu verzögern bzw. ganz zu verhindern. Für einen Überblick über die zentralen, in sich sehr heterogenen Gerichtsentscheidungen zum Clean Air Act vgl. Melnick (1983).

113 Zu den in diesen Auseinandersetzungen erlittenen Niederlagen und Blessuren politisch-administrativer Entscheidungssysteme vgl. die in Fußnote 112 angegebene Literatur. Es

Festlegung eines CO_2-Emissionszieles als klimapolitische Option in den USA aus.[114]

Beide Variablen - ökonomischer und rechtlicher Beobachtungsdruck - *erklären*, warum zwei Nationen, deren politische Problemwahrnehmung so deutliche Parallelen aufwies, im Hinblick auf die politisch-programmatische Ausrichtung der Problembewältigung so stark voneinander abweichen. Der Versuch, Unterschiede der politisch-programmatischen Ausrichtung auf unterschiedliche Bedingungen der politischen Risikoübernahme zurückführen, stellt somit eine *Alternative* zu den gängigen interessentheoretischen Erklärungen der politisch-programmatischen Unterschiede dar.[115] Darüber hinaus ist festzuhalten, daß die Übernahme des politischen Risikos, in der Bundesrepublik Deutschland unilateral ein ambitioniertes CO_2-Emissionsziel zu verabschieden, nur durch komplementäre Mechanismen der politischen Risikoabwälzung ermöglicht wurde, mit denen sich zu hohe sachliche und zeitliche Selbstbindungseffekte vermeiden ließen.

Jenseits dieser Unterschiede bestehen jedoch grundlegende *Gemeinsamkeiten* in bezug auf die einzelstaatliche politische Problembewältigung, die sich wiederum auf die politische Risikoorientierung zurückführen lassen. So ist kein politisches Entscheidungssystem bereit, sich für eine weitreichende Zuständigkeits- und Risikoübernahme bei der Bewältigung der Klimaproblematik zu Verfügung zu stellen, ohne sich *politikinterner Risikoabwäl-*

---

ist zu vermuten, daß dies Spuren im Gedächtnis der Politik hinterlassen hat, die ein höheres Maß an politischer Risikoaversion hinsichtlich neu zu bewältigender Problemlagen - hier: anthropogener Klimawandel - als Lerneffekt zur Folge hatten.

114 Vgl. hierzu auch Bleischwitz et al. (1993: 7, 14), die hierin den entscheidenden Grund dafür sehen, daß der in der EU favorisierte "target oriented approach" zur CO_2-Emissionsreduzierung in den USA nicht praktikabel ist.

115 Vgl. nur die interessentheoretische Rekonstruktion der einzelstaatlichen Verhandlungspositionen während der UNCED 1992 bei Fischer (1992) und Oberthür (1993). Der tautologische Kompaktbegriff des Interesses wird hier zwar im Anschluß an von Prittwitz (1990: 116 ff.) in Verursacher-, Betroffenen- und Helferinteressen differenziert. Eine Erklärung der gravierenden Unterschiede zwischen den USA und den EU-Staaten leistet aber auch ein solchermaßen modifizierter Interessenbegriff nicht, wie Oberthür (1993: 126 ff.) selbstkritisch unter dem Stichwort "Positionsdifferenz bei Interessenkongruenz" einräumt.

zungs- und Verteilungsprozesse zu versichern. Dies geschieht gegenwärtig vor allem durch den Rekurs auf politische Entscheidungssysteme, die auf der supranationalen Ebene angesiedelt sind. Wird es allerdings zukünftig verstärkt zur Formulierung konkreter regulativer Maßnahmen zur Eindämmung des Treibhauseffektes kommen, so ist zu vermuten, daß die politikinterne Abwälzung und Verteilung der hierdurch auf der nationalen Ebene anfallenden Entscheidungsrisiken sich dann auch zunehmend auf die regionale und lokale Entscheidungsebene erstrecken wird.[116] Des weiteren wird das einleitend benannte *Warndilemma*, sich zwischen frühzeitiger Intervention und vorläufigem Abwarten im Umgang mit einer gegenwärtig stark unsicherheitsbelasteten Problemmaterie entscheiden zu müssen, *politisch risikoavers* bewältigt. Indem Maßnahmen zum Klimaschutz nationenübergreifend nur in Verbindung mit anderen Politikzielen, wie insbesondere der Erhöhung der Energieeffizienz und der Stimulierung von Technikinnovationen, in Frage kommen, wird das Risiko der Problembewältigung abgesenkt und die harte und enttäuschungsanfällige Entscheidungsalternative aufgeweicht. Dieses Problembewältigungsverhalten drückt sich in den sog. "tie in"- bzw. "no regrets"-Strategien aus. Sie stellen einerseits eine Alternative zur gegenwärtig politisch übermäßig riskanten Entscheidungsalternative "frühzeitige Intervention" dar, da die im Rahmen dieser Strategien verabschiedeten Maßnahmen auch dann nicht zu bereuen sind, wenn sich die Warnung vor der Umweltgefahr "Klimawandel" als Fehlwarnung herausgestellt haben wird. Andererseits wird die Entscheidungsalternative "vorläufiges Abwarten" dadurch

---

116   Diese Vermutung basiert auf Erfahrungen in anderen Bereichen der Risiko- und Umweltpolitik. Vor allem die der Klimapolitik verwandte Luftreinhaltepolitik liefert genügend empirisches Anschauungsmaterial. So wurden in den USA mit der Gründung der EPA 1970 zwar zunächst die Zuständigkeiten der Problembewältigung auf die nationale Ebene verlagert; diese wurden danach, zwecks Minimierung der *politischen* Kosten der Implementation regulativer Maßnahmen, wie es bei Downing/Brady (1979) heißt, zumindest partiell wieder an die regionale und lokale Ebene zurückgegeben. Gerade die in den USA und der Bundesrepublik Deutschland deutlich föderative politisch-institutionelle Struktur begünstigt vielfältige Formen der "Politikverflechtung" (Scharpf et al. 1976) zwischen politischen Entscheidungsinstanzen, welche die mit Zuständigkeiten verbundenen Entscheidungsrisiken sowohl übernehmen als auch aufeinander abwälzen und unter sich verteilen.

194

umgangen, daß aus der Verbindung mit anderen Politikzielen eine gegenwärtige Handlungsbereitschaft resultiert, auf die man sich dann beziehen kann, wenn diese Warnung sich als berechtigt herausgestellt haben wird.

Zusammenfassend ist festzuhalten, daß die für den politischen Umgang mit globalen Klimaveränderungen auf der supranationalen und nationalen Entscheidungsebene charakteristische *Gleichzeitigkeit* von Problemakzeptierung *und* Problemabwälzung auch für die Zukunft kaum durchgreifendere Klimapolitiken erwarten läßt: Zu deutlich ist die politische Bewältigung der Klimaproblematik von Ambiguitäten, zeitlichen Problemverlagerungen, politikinternen Risikotransformationen und der Orientierung an anderen Politikzielen geprägt. Will man zum Abschluß dieses Kapitels eine vorsichtige Einschätzung zur zukünftigen Entwicklung des vergleichsweise neuartigen Politikfeldes "Klimapolitik" riskieren, zeigt sich jedoch, daß der Blick auf diese Entscheidungsebenen des politischen Systems zu eingeengt ist und folglich der Erweiterung bedarf.

Es läßt sich dann sehen, daß *erstens* auf der *lokalen* Entscheidungsebene eigenständige und selbstorganisierte politische Aktivitäten zur Eindämmung des Treibhauseffektes entstehen, die weitreichende nationale und internationale Vernetzungen mit einschließen.[117] Diese Aktivitäten sind das Resultat von Rückwirkungen zwischen unterschiedlichen Entscheidungsebenen innerhalb der Politik. Sie wurden erst durch die Thematisierung der Klimaproblematik auf der nationalen und der supranationalen Entscheidungsebene ermöglicht (also nicht: "bottom up"), ohne durch diese zielgerichtet eingeleitet worden zu sein (also nicht: "top down"). *Zweitens* sind Entwicklungen an der *Schnittstelle* zwischen Politik und Gesellschaft bzw. *jenseits* des politischen Systems zu berücksichtigen, die mittel- und langfristig auch zur Veränderung der politischen Anreiz- und Risikoübernahmestruktur führen können. Hierbei lassen sich zwei gegenläufige Tendenzen beobachten. *Einerseits* finden unter dem

---

117 Fallstudien zum "Klimaschutz in der Kommune" (Hertle 1995) finden sich in Brauch (1996). Darüber hinaus wird in WBGU (1996: 44) auf ein Klima-Bündnis hingewiesen, das nicht nur ca. 350 europäische Städte miteinander vernetzt, sondern auch einen Rahmen der Zusammenarbeit mit Vertretern von indigenen Völkern der tropischen Regenwälder bildet.

Stichwort *"Ökologische Umorientierung der Industriegesellschaft"* (Simonis 1996) folgenreiche Vernetzungen zwischen politischen, wirtschaftlichen und wissenschaftlichen Entitäten sowie Teilen der Umweltbewegung statt, denen globale Klimaveränderungen als Vehikel bzw. "Medium" (Fischer 1992: 15) zur Re-Thematisierung von gesellschaftlichen Problembereichen wie Energie und Verkehr dienen.[118] Diese Vernetzungen können in Form von "Innovationsbündnissen" (Böhret 1990: 235) wieder in die Politik zurückwirken und zur Forcierung klimapolitischer Maßnahmen beitragen. *Andererseits* sind in verstärktem Maße Diskussionen feststellbar, die auf die Kritik der von der Klimaforschung entwickelten Modelle und Szenarien abzielen, welche der Klimapolitik zugrunde liegen. Die ökonomische Kritik politisch-regulativer Maßnahmen zur Eindämmung des Treibhauseffektes wird hierbei signifikant erweitert, da nun auch die wissenschaftliche Grundlage derartiger Maßnahmen einer zum Teil harschen Kritik unterzogen wird. Diese vor allem in den USA unter dem Stichwort *"backlash"* formulierte Kritik ist zwar gegenwärtig politisch nur begrenzt anschlußfähig.[119] Zu eng ist sie mit Lobbyorga-

---

118 Daß die Neuartigkeit der Bedrohung durch globale Klimaveränderungen als Vehikel zur Re-Thematisierung bereits bekannter Probleme (hier: Verteilungsfragen der Weltgesellschaft) dient, wurde bereits zu Beginn von 5.2.3. für den Bereich der internationalen Politik festgestellt. Darüber hinaus sind auf der internationalen Ebene Vernetzungen zwischen Organisationen der internationalen Politik und Teilen der Umweltbewegung feststellbar, wobei insbesondere die sog. Nicht-Regierungsorganisationen eine wichtige Übersetzungsfunktion leisten (Kamieniecki 1993). Auf der nationalen Ebene sind in besonderem Maße auch außerhalb der Politik lokalisierbare Entitäten an der Re-Thematisierung bereits bekannter Probleme (hier: Energie- und Verkehrsfragen) mit Hilfe der Klimaproblematik beteiligt. Dies gilt zum einen für die Teile der Wirtschaft, die von umfassenden Veränderungen der gegenwärtigen Energie- und Verkehrslandschaft zukünftige Positionsvorteile erwarten, zum anderen für wissenschaftliche Forschungsinstitute, die, wie das Wuppertal Institut für Klima, Umwelt, Energie, im ökologischen Strukturwandel der Gesellschaft die Antwort auf den Treibhauseffekt sehen (von Weizsäcker 1992).

119 Protagonisten dieser Debatte sind bzw. waren u.a. S. Fred Singer, Direktor des Washingtoner Science and Environmental Policy Project (SEPP), der Meteorologe Richard S. Lindzen vom Massachusetts Institute of Technology (MIT), Fred Seitz, Ex-Präsident der National Academy of Science (NAS), sowie, mit Chauncey Starr, dem Gründungspräsidenten des Electric Power Research Institute (EPRI), und Aaron Wildavsky, dem 1993 verstorbenen Politikwissenschaftler aus Berkeley, zwei bereits aus der allgemeinen Risikodiskussion bekannte Kritiker der US-amerikanischen Regulierungspraxis. Wichtige Publikationen sind Lindzen (1990), Singer (1992) und Balling (1992). In der Bundesre-

nisationen der Wirtschaft verwoben, denen in der politischen Kommunikation politisch illegitime Motive für die engagierte Beteiligung an der Auseinandersetzung zugeschrieben werden, und zu wenig Unterstützung findet sie in der auch politisch wirksamen Klimaforschungs-community.[120] Dennoch bleibt die "Schließung" der Klimakontroverse nur vorläufig.[121] Aufgrund der hohen Komplexität und Unsicherheit der Klimaproblematik stellen die in der aktuellen Diskussion dominanten Modelle und Szenarien der Klimaforschung nur sehr zerbrechliche und dissensanfällige Konstrukte dar. Ihre De-Legitimierung würde auch zur De-Legitimierung der Klimapolitik führen. Vor allem das zuletzt benannte Spannungsverhältnis von zusätzlicher Legitimierung ("Ökologische Umorientierung der Industriegesellschaft") und De-Legitimierung ("backlash") der Klimapolitik ist im Hinblick auf die zukünftige Entwicklung dieses vergleichsweise neuartigen Politikfeldes genauer zu beachten. Die *risikosoziologische Beobachtung der Politik* schärft nicht nur die Aufmerksamkeit für diese außerhalb des politischen Kernbereichs lokalisierbaren Prozesse. Sie stellt darüber hinaus mit dem Konzept der Risikotransformation ein Instrumentarium zur Verfügung, mit dem sich die hieraus resultierenden Veränderungen der politischen Anreiz- und Risikoübernahmestruktur auch theoretisch erfassen lassen.

---

publik Deutschland findet diese Debatte in dieser Form nicht statt, wenngleich sich auch hier kritische Stimmen mehren. Vgl. hierzu die durch Dirk Maxeiner (in: DIE ZEIT, Nr.31, 25.07.1997) ausgelöste Kontroverse.

120 Hauptträger der "backlash"-Debatte in den USA ist die Global Climate Coalition (GCC). Dieser Zusammenschluß wird aktiv von Öl- und Elektrizitätsgesellschaften unterstützt, die auch auf diesem Weg versuchen, einer Begrenzung von CO_2-Emissionen entgegenzuwirken. In der Klimaforschungs-community ist die in der "backlash"-Debatte geäußerte inhaltliche und methodische Kritik weitgehend marginalisiert. In der Politik bleibt sie jedoch nicht völlig wirkungslos. Folgt man den Ausführungen von Dickson (1994), plante das US State Department 1994 ein Protestschreiben an das IPCC zu richten, in dem die Verfahren des IPCC auf der Grundlage von Argumenten aus der "backlash"-Debatte kritisiert werden sollten. Die IPCC-Verfahren standen auch im Zentrum der Kontroverse um den zweiten IPCC-Gesamtbericht von 1995 (Coenen 1997: 187; Sardemann 1997: 55).

121 Studien zur "Schließung" von Kontroversen in der Wissenschaft wurden im Rahmen der sozialkonstruktivistischen Wissenschaftsforschung durchgeführt. Für einen repräsentativen Überblick vgl. Collins (1981).

6. Zusammenfassung und Diskussion

Die forschungsleitende Annahme dieser Arbeit lautete, daß der politische Umgang mit Regulierungsmaterien, die sich, wie im Fall von Arzneimitteln und Klimawandel, zugleich durch hohe Unsicherheit und durch hohe Entscheidungslasten auszeichnen, politische Risikoübernahme bedeutet. Das führte zu *zwei Forschungsfragen*, die in den empirischen Kapiteln mit Hilfe des Konzeptes der Risikotransformation beantwortet wurden: Durch welche Mechanismen werden Arzneimittelgefahren und die Gefahren des Klimawandels in politische Risiken transformiert? Welche spezifischen Formen der Bewältigung der politischen Risiken bilden sich heraus, und worauf sind diese zurückzuführen?

In bezug auf die *erste Frage* bleibt festzuhalten, daß die Politik selbst aktiv an der Transformation von Arzneimittelgefahren und Gefahren des Klimawandels in ein politisches Risiko beteiligt war. Das in beiden Fällen festgestellte hohe Maß an *politischer Resonanzfähigkeit* und Risikoübernahmebereitschaft widerspricht damit zum einen der Annahme einer rein reaktiven und für Risiko- und Umweltprobleme kaum sensibilisierbaren Politik. Zum anderen wird der für den Prozeß der Risikotransformation häufig angenommene Sonderstatus neuer sozialer Bewegungen bzw. politischer Protestbewegungen relativiert, da sie in beiden Fällen nur eine untergeordnete Rolle spielten. Für den Transformationsprozeß waren vielmehr *katastrophale Ereignisse* (Arzneimittelgefahren) und *wissenschaftliche Frühwarnungen* (Gefahren des Klimawandels) von besonderer Bedeutung, die gleichermaßen massenmedial verstärkt wurden. Als *Mechanismus der Risikotransformation* konnten die Verschränkung von politischer Themenanziehung und gesellschaftlichen Sicherheitserwartungen (Arzneimittelgefahren) bzw. die Verschränkung von politischer Themenanziehung und wissenschaftlichem Thematisierungsdruck

(Gefahren des Klimawandels) identifiziert werden. Interessante *Differenzen* bestehen dabei hinsichtlich des Verhältnisses von Wissenschaft und Politik. Während die Klimaforschung eine sehr aktive Rolle in diesem Transformationsprozeß spielte, ließ sich die ausgesprochen hohe Katastrophensensibilität der Politik im Arzneimittelbereich kaum auf wissenschaftlichen Thematisierungsdruck zurückführen; unter wissenschaftlichen Experten gilt sie immer noch als höchst umstritten.

In bezug auf die *zweite Frage* bleibt ebenfalls für beide Fälle festzuhalten, daß die unterschiedlichen Bewältigungsformen der im Regulierungsprozeß auftretenden politischen Risiken gleichermaßen auf politische Risikoaversion zurückgeführt werden konnten. *Politische Risikoaversion* schlägt sich jedoch in regulativen Entscheidungsoptionen nieder, die deutlich voneinander abweichen. Im Bereich der Arzneimittelregulierung führt sie zu einer Präferenz für *Maßnahmen präventiver Politik*. Dies gilt, wie die Analyse der US-amerikanischen Regulierungspraxis sichtbar machte, insbesondere für politische Entscheidungskontexte, die unter hohem Beobachtungsdruck stehen. Im Bereich der Klimapolitik bedeutet politische Risikoaversion hingegen keine aktive Politik der Gefahrenprävention. Vielmehr werden Entscheidungsoptionen präferiert, die kollektiv bindende Entscheidungen möglichst effektiv hinauszögern bzw. auf andere Entscheidungssysteme verlagern, um so *politisch riskante Selbstbindungen zu vermeiden*. Aus der Verschränkung mit der in bezug auf die erste Frage festgestellten aktiven Themenanziehung ergibt sich eine für die Klimapolitik charakteristische Gleichzeitigkeit von Risikoübernahme und Risikoabwälzung, die auch für die Zukunft nur begrenzt Maßnahmen präventiver Politik erwarten läßt.

Die im Anschluß an diese Arbeit zu formulierenden empirischen und theoretischen *Forschungsperspektiven* sind evident: Einerseits ist eine breitere *empirische* Fundierung anzustreben, um die in soziologisch nahezu unbekannten Forschungsterrains gewonnenen Ergebnisse auf Spezifik und Verallgemeinerungsgrad hin zu überprüfen. Andererseits ist das der empirischen Untersuchung zugrunde liegende Konzept der Risikotransformation *theoretisch* weiterzuentwickeln mit dem Ziel, zur entscheidungstheoretischen Fundierung der Soziologie beizutragen. Der Beitrag dieser Arbeit hierzu bestand in dem Versuch, das Verhältnis von Risiko und Entscheidung im Hinblick auf interne Wahrnehmungs- und Bewältigungsformen der Politik zu untersuchen. Eine soziologische Entscheidungstheorie müßte jedoch darüber hinaus den Zusammenhang von *systeminternen Entscheidungen* und *systemexternen Effekten* präzisieren. Die Arbeit schließt daher mit Vorüberlegungen zu diesem Punkt, die als Anregung für die weitere Diskussion zu verstehen sind. Dies geschieht unter den Stichworten "symbolische Politik" und "Unsicherheitsabsorption". Der bisherigen Vorgehensweise entsprechend wird dabei versucht, eine enge Verbindung von theoretischer Reflexion und empirischer Fallanalyse zu leisten. Die Überlegungen sind nicht nur für die soziologische Forschung, sondern auch für die praktisch-politische Regulierungsdiskussion von Bedeutung. Damit knüpfe ich abschließend an die Diskussion um "Lernchancen der Risikogesellschaft" (Wiesenthal 1994) an.

Zunächst zur Auseinandersetzung mit "*symbolischer Politik*". Der Begriff geht auf Arbeiten von Edelman aus den 60er und frühen 70er Jahren zurück.[1] Ihm unterliegt die Annahme, daß politische Entscheidungsträger auf *zwei* voneinander getrennten *Realitätsebenen* - symbolische Inszenierung und faktische Machtaushandlung - operieren. Wenngleich Edelmans herrschafts- und ideologiekritische Intentionen abgeschwächt bzw. ganz aufgegeben wurden, wird die analytische Grundkonzeption auch in neueren Arbeiten beibehalten, etwa mit der Unterscheidung zwischen Schau- und Entscheidungspolitik in

---

1 Vgl. Edelman (1964, 1971), dessen Beiträge 1976 in deutscher Übersetzung erschienen, die, mit einem aktuellen Vorwort versehen, 1990 neu aufgelegt wurde. Zu Wirkungsweise und Kritik vgl. Pouncy (1988) und Edelman (1990: VII-XIV). Über die dort zusammengefaßte Kritik hinaus wird in neueren Arbeiten auch die dem Ansatz zugrunde liegende Unterscheidung zwischen symbolischer und materieller Politik selbst in Frage gestellt. So betont Sarcinelli (1989) die Materialität des politischen Symbolgebrauchs, welche einer auch nur analytisch zu verstehenden Unterscheidung zwischen beiden Politikelementen entgegensteht. Im Hinblick auf die in diesem Abschnitt von mir zu diskutierenden Folgen politischer Risikotransformation erscheint die Unterscheidung jedoch als instruktiver Startpunkt zur Skizzierung theoretischer, analytischer und normativer Perspektiven, die aus meiner Politikanalyse folgen.

der Analyse des politischen Skandals bei Käsler (1991).[2] Das gilt in besonderem Maße für den Bereich der Risiko- und Umweltpolitik. So sieht beispielsweise Gill (1991) den politischen Umgang mit den Risiken der Gentechnik primär auf deren symbolische Bewältigung beschränkt, mit dem es den faktischen Politikverzicht in diesem Bereich zu kaschieren gilt, und Pehle (1991) stellt für die gesamte Umweltpolitik die Frage, ob diese wirkungsvoll *oder* symbolisch sei. Auch in soziologischen Beiträgen zur Politik in der Risikogesellschaft wird in Anlehnung an die Unterscheidung von symbolischer und materieller Politik das zunehmende Auseinandertreten von politischer Problembewältigungsrhetorik und faktischer Problembewältigungskompetenz thematisiert. Die in bezug auf diese Entwicklung angenommenen Folgen für die Politik weichen allerdings deutlich voneinander ab: Während Luhmann (1991: 175 ff.) in der Entkopplung beider Politikelemente den insgesamt wenig problematischen Versuch des politischen Systems sieht, mit wachsenden Ansprüchen aus seiner Umwelt umzugehen und sich vor zu hohen Entscheidungslasten zu schützen, betont Beck (1986: 67 ff.; 1988) die auch für die Politik selbst dysfunktionalen Folgen dieser Entwicklung, die zu schwerwiegenden und kaum wiederherstellbaren Legitimationseinbußen führt.

Für den Bereich der *Arzneimittelregulierung* ist eine vor diesem Hintergrund überraschend *feste Kopplung* von symbolischer Politik und materiellen Praktiken bzw. von politischer Problembewältigungsrhetorik und politischer Problembewältigungskompetenz festzuhalten. Demgegenüber stellt der Versuch, direkt und unter Absehung der materiellen Praxis der Katastrophenvermeidung auf symbolische Politikformen und politische Problembewältigungsrhetorik zu setzen, *keine* realistische politische Option dar. Erst durch die feste Kopplung von symbolischer Politik und materiellen Praktiken wird das für den gesellschaftlichen Umgang mit Arzneimitteln notwendige Vertrauen in die für die Katastrophenvermeidung zuständigen Instanzen der poli-

---

2 Die Arbeit von Brunsson (1989) ist in dieser Hinsicht ambivalent zu beurteilen. Sie steht einerseits mit der Unterscheidung von "talk" und "action" in der durch Edelman (1964, 1971) begründeten Tradition; andererseits bietet sie eine darüber hinausführende Perspektive, indem das Element der politischen Risikoübernahme qua Entscheidung ("decision") zwischen die Elemente "talk" und "action" tritt und deren Verknüpfung leistet.

tischen Regulierung erzeugt. Wird diese Kopplung durch katastrophale Ereignisse unterbrochen, so zerbricht auch das in die Politik gesetzte Vertrauen.[3] Die Enttäuschung der Erwartung "Problembewältigungskompetenz durch Katastrophenvermeidung" durch derartige Ereignisse führt, wie die Vergangenheit gezeigt hat, zu schweren Akzeptanz- und Vertrauenskrisen. Längerfristige Akzeptanz- und Vertrauenskrisen, wie sie für andere Bereiche der Risikoregulierung festgestellt wurden, blieben im Arzneimittelbereich jedoch aus, da sich diese Krisen durch die Demonstration politischer Problembewältigungskompetenz entschärfen ließen. Dies gilt insbesondere für die nach der Thalidomid-Katastrophe insgesamt erfolgreiche Eindämmung von Arzneimittelkatastrophen.

Einerseits sind damit die *immanenten Leistungsgrenzen* des Konzeptes "symbolische Politik" aufgezeigt. Zwar bleibt die Innenwelt politischer Entscheidungsprozesse, da ist Edelman (1964, 1971, 1990) zuzustimmen, der Öffentlichkeit zumeist verborgen. Dies gilt gerade für den Bereich der Arzneimittelregulierung, der durch ausgesprochen geringe Transparenz und scharf begrenzte Partizipationsmöglichkeiten charakterisiert ist. Hieraus auf die quasi-beliebige Manipulierbarkeit der Öffentlichkeit zu schließen, greift jedoch zu kurz, da an die Stelle der direkten Beobachtung von und Beteiligung an politischen Entscheidungsprozessen die Adressierung von enttäuschungsanfälligen Leistungserwartungen an die Politik tritt, deren mögliche Enttäuschung sich anhand externer Effekte (hier: Arzneimittelkatastrophen) auch außerhalb der Politik registrieren läßt. Das wird, wie in Kapitel 4 ausführlich dargestellt, bereits im politischen Entscheidungsprozeß reflektiert und führt zum politischen Primat der Katastrophenvermeidung.

---

3 Zu ähnlichen Ergebnissen ist auch die Risikokommunikationsforschung gelangt. Sie hat in zahlreichen Studien gezeigt, daß ein enger Konnex der nur analytisch klar trennbaren Bereiche "Risikokommunikation" und "Risikomanagement" besteht (für einen Überblick: Renn/Levine 1991). Versuche, Public Relations-Kampagnen *anstelle* von Strategien des Risikomanagements einzusetzen, verstricken sich demgegenüber vielfach in kontraproduktiven "Paradoxien der Risikokommunikation" (Otway/Wynne 1989) und erzeugen weniger Vertrauen als vielmehr Mißtrauen in politisch-institutionelle Entscheidungsträger.

Andererseits läßt sich mit dem aufgezeigten Zusammenhang von symbolischer Politik und materiellen Praktiken die risikosoziologische Diskussion der *Legitimationsproblematik* über ihren gegenwärtigen Stand hinausführen. Legitimationsprobleme entstanden im Arzneimittelbereich vor allem dann, wenn die Erwartung politischer Problembewältigungskompetenz durch katastrophale Ereignisse enttäuscht wird. Anders als man unter den risikosoziologischen Prämissen von Wynne (1983, 1987, 1988) und Beck (1986: 67 ff.; 1988) annehmen müßte, führte dies jedoch nicht zwangsläufig in eine eskalatorische und politische Lernchancen nachhaltig blockierende Dynamik der Verschärfung politischer Legitimationsprobleme.[4] Wie das Beispiel der Arzneimittelregulierung zeigt, ist die Wiederherstellung politischer Legitimation durchaus möglich. Dies gelingt allerdings nur, indem politische Problembewältigungskompetenz durch effektivere Katastrophenvermeidung unter Beweis gestellt wird und nicht durch eine verstärkte Entkopplung symbolischer und materieller Politikelemente. Es bleibt abzuwarten, was geschieht, wenn die Legitimationsgrundlage der politischen Regulierung von Arzneimittelgefährdungen deutlicher noch als in der Gegenwart unter den Druck sich widersprechender gesellschaftlicher Leistungserwartungen gerät. Die vor allem nach der Thalidomid-Katastrophe an die Politik adressierte Erwartung "Problembewältigungskompetenz durch Katastrophenvermeidung" ist zwar weiterhin dominant. Sie wird jedoch, wie gezeigt, von der vor allem mit der AIDS-Problematik ausgelösten Erwartung "freiwillige Risikoübernahme" überlagert und büßt damit an Eindeutigkeit ein. Hieraus entstanden neuartige Legitimationsprobleme für eine am Primat der Katastrophenvermeidung ori-

---

4   Die angenommene Dynamik der Verschärfung politischer Legitimationsprobleme wird damit begründet, daß das Katastrophenpotential moderner Technologien zu politischen Legitimationsproblemen führt, auf die deshalb mit überzogenen Sicherheitsversprechungen reagiert wird; werden diese Versprechungen durch das Versagen technischer Systeme gebrochen, erhöhen sich die Sicherheitsversprechungen, was wiederum zu erhöhten Legitimationsproblemen bei zukünftigen Schadensfällen führt usw. usf. Als empirische Referenz gilt in den Analysen von Wynne (1983) und Beck (1986: 67 ff.; 1988) die Kernenergie. Darüber hinaus wurde diese Argumentationsfigur anhand von Beispielen aus der Sondermüllregulierung (Wynne 1987) und des politischen Umgangs mit technischen Unfällen allgemein (Wynne 1988) empirisch unterlegt.

entierte Politik. Ihre Bewältigung zog sowohl neue Formen symbolischer Politik und materieller Praktiken als auch neue Mischungsverhältnisse und Kopplungsformen zwischen beiden Politikelementen nach sich. Auch in Zukunft, so die Vermutung, werden sich hier aufgrund sich wandelnder Legitimationsbedingungen interessante Entwicklungen beobachten lassen.

Klimapolitik scheint demgegenüber auf den ersten Blick ein Paradebeispiel für symbolische Politik zu sein: Zu weit klaffen hohe politische Thematisierungs- und Wahrnehmungsbereitschaft und niedrige regulative Problembewältigungskompetenz auseinander, und zu deutlich werden in ein und demselben Schritt politisch-regulative Programme verabschiedet und riskante Selbstbindungen vermieden. Von der für den Arzneimittelbereich konstatierten festen Kopplung von symbolischer Politik und materiellen Praktiken kann man hier wohl kaum sprechen. Die für den Bereich der Klimapolitik zu konstatierende ausgesprochen *lose Kopplung* beider Politikelemente erscheint vor dem Hintergrund einer hochgradig unsicherheitsbelasteten und transnationalen Problemmaterie, für deren regulative Bewältigung kein ausdifferenziertes politisches Entscheidungssystem zur Verfügung steht, ebenso problematisch wie alternativlos. Zudem entfällt, da es sich bei der Klimaproblematik um eine bislang nur wissenschaftlich wahrnehmbare zukünftige Katastrophe handelt, das für die Arzneimittelregulierung wichtige Korrektiv in der Öffentlichkeit wahrnehmbarer externer Effekte, die in Form katastrophaler Ereignisse auftreten. Mit dem Wegfallen dieses Korrektivs wird der Politik nicht nur eine von materiellen Praktiken entkoppelte symbolische Politik ermöglicht. Da öffentliche Kontrollmöglichkeiten im Hinblick auf die Katastrophenvermeidungskompetenz der Klimapolitik entfallen, ist darüber hinaus zu vermuten, daß sich die Entkopplung beider Politikelemente leichtgängig und reibungslos vollzieht, ohne die Politik in legitimatorischer Hinsicht zu belasten.

Symbolische Politik bleibt jedoch nicht folgenlos, auch nicht im Bereich der Klimapolitik. Vor allem organisationssoziologische Analysen belegen die *Folgewirkungen symbolischer Politik.*[5] Insbesondere die organisationsinterne

---

5 Vgl. hierzu Hasse/Japp (1997), die diese Folgewirkungen anhand verschiedener Beispiele aus dem Risiko- und Umweltbereich illustrieren.

und zunächst lediglich symbolische *Informationsbeschaffung* erzeugt diesen Analysen zufolge eine Eigendynamik, die symbolische Politik in materielle Praktiken überführen kann.[6] Überträgt man diesen Befund auf die Klimapolitik, so stößt man auf vielfältige Formen der von der Politik selbst angeregten Versorgung mit Informationen, von denen zumindest längerfristig Rückwirkungseffekte zu erwarten sind. Sie werden allerdings weniger in bereits vorhandenen Organisationen der Politik erzeugt als vielmehr durch politikexterne und neugeschaffene Organisationen. Besonders die zum Teil neugeschaffenen Organisationen des Wissenschaftssystems sind hier hervorzuheben, die - im Sinne der Zauberlehrlingsmetapher - ständig neue Informationen heranschaffen, mit denen die Politik an die Dringlichkeit der Bewältigung globalen Klimawandels erinnert wird. Sie erzeugen so, über den Mechanismus der symbolischen Informationsbeschaffung vermittelt, einen vom politischen System zu bewältigenden Handlungsdruck. Doch nicht nur über Informationsbeschaffung gerät die Politik unter selbsterzeugten Handlungsdruck. Auch *Absichtserklärungen* zur politisch-regulativen Eindämmung des Treibhauseffektes erzeugen gesellschaftliche Erwartungen, die wiederum auf die Politik zurückwirken. Die weite Spanne zwischen politisch-programmatischer Problembewältigungsrhetorik und faktischer Problembewältigungskompetenz ermöglicht die "politische Dauermobilisierung" (van den Daele 1993: 227) umweltpolitischer Gruppen und Organisationen, die auf diese Weise die nach außen gerichtete politische Symbolik in politischen Handlungsdruck transformieren. Aufgrund ihrer zunehmenden Vernetzung mit den zuvor genannten informationsbeschaffenden Organisationen und Arrangements ist darüber hin-

---

6 Ausführlicher hierzu Feldman/March (1981: 180 ff.), die die Eigendynamik der symbolischen Informationsbeschaffung am Beispiel der Errichtung von sog. "flak-catching"-Abteilungen in Organisationen, die auf den Umgang mit Kunden- bzw. Klientenkritik spezialisiert sind, darstellen. Diese Abteilungen dienen den Autoren zufolge zwar primär dazu, nach außen hin organisationales commitment zu symbolisieren und so zur Beruhigung der Organisationsumwelt beizutragen, ohne entsprechende materielle Veränderungen einzuleiten. Indem sie jedoch lernen, daß ihre organisationsinterne Relevanz von der Dauerthematisierung der externen Kritik abhängig ist, werden diesbezügliche Informationen aktiv gesucht und verbreitet sowie neue "politische Koalitionen" (March 1962) innerhalb der Organisation gebildet, die auch in materieller Hinsicht folgenreich sind.

aus eine *wechselseitige Verstärkung* beider den politischen Handlungsdruck verstärkenden Dynamiken zu erwarten. Eine Evaluierung der Rückwirkungseffekte von symbolischen Politiken erscheint zum gegenwärtigen Zeitpunkt als verfrüht. Dennoch lassen sich, wie in Kapitel 5 erwähnt, bereits jetzt schon erste Effekte in Form konkreter politischer Handlungsprogramme feststellen, die teilweise (auf der nationalen Ebene) mit klimapolitischen Notwendigkeiten zusätzlich begründet werden, teilweise (auf der lokalen Ebene) ausschließlich als Maßnahmen zum Klimaschutz konzipiert sind. Aufgrund der Neuartigkeit des Politikfeldes "Klimapolitik" sind substantiellere Aussagen zum Verhältnis von symbolischen und materiellen Politikelementen im Gegensatz zur Arzneimittelregulierung allerdings erst in Zukunft möglich.

Faßt man abschließend die Auseinandersetzung mit "symbolischer Politik" zusammen, so ist folgendes festzuhalten: *Erstens* ist weder in bezug auf die Arzneimittelregulierung noch in bezug auf die Klimapolitik von zwei miteinander völlig unverbundenen Ebenen materieller und symbolischer Politik auszugehen. Dies gilt in besonderem Maße für den Bereich der Arzneimittelregulierung, der sich durch die feste Kopplung von materieller und symbolischer Politik auszeichnet. *Zweitens* werden beide Politikelemente jedoch nicht bruchlos ineinander übersetzt. Hieraus resultieren Spannungen, die innerhalb der Politik verarbeitet werden müssen. Die theoretischen Zuspitzungen bei Luhmann (1991: 175 ff.) und Beck (1986: 67 ff.; 1988) sind gleichermaßen zu relativieren, da die Verarbeitung dieser Spannungen sich einerseits keineswegs reibungs- und problemlos vollzieht, ohne andererseits in quasi-irreversible Legitimationsverluste hineinzuführen. *Drittens* wurden unterschiedliche Vermittlungsmechanismen identifiziert, welche die Verknüpfung symbolischer und materieller Politikelemente herstellen. Im Bereich der Arzneimittelregulierung stellt die Variable "Vertrauen" den Zusammenhang zwischen beiden Politikelementen her, da das für den gesellschaftlichen Umgang mit Arzneimitteln notwendige Vertrauen in die politischen Regulierungsinstanzen auf dem Nachweis politischer Problembewältigungskompetenz aufgrund effektiver Katastrophenvermeidung basiert. Für den Bereich der Klimapolitik ist hingegen stärker von eigendynamischen

Prozessen auszugehen, die symbolische Politikformen, welche eine politisch risikoaverse Alternative zu materiellen Handlungsprogrammen darstellen, zumindest längerfristig in derartige Programme transformieren können. Als entscheidende Mechanismen wurden hier die Eigendynamiken symbolischer Informationsbeschaffung und politischer Erwartungserzeugung benannt. Und *viertens* zeigte die Auseinandersetzung mit "symbolischer Politik", daß der in den theoretischen Kapiteln dieser Arbeit geleistete Umbau der Forschungsperspektive keineswegs zur Ausblendung der Frage nach der politischen Bewältigung technischer und ökologischer Katastrophenpotentiale führt, im Gegenteil: Es konnten erhebliche externe Effekte der Bewältigung politikinterner Entscheidungsrisiken beobachtet werden. Um politisch-strategische Optionen der Bewältigung technischer und ökologischer Katastrophenpotentiale zu erfassen und miteinander zu vergleichen, braucht man also nicht, wie in der gegenwärtigen Diskussion üblich, politische Regulierungs- bzw. Steuerungsintentionen zu unterstellen, welche direkt auf die Bewältigung externer Gefahren abzielen. Politische Gefahrenbewältigung kommt, wie gezeigt, vielmehr indirekt, d.h. im Umweg über die Bewältigung politischer Entscheidungsrisiken, zustande und findet ihren Ausdruck in der Verknüpfung von symbolischen und materiellen Politikelementen. Die diesen Verknüpfungen zugrunde liegenden Regeln sind gerade im Bereich der Risiko- und Umweltpolitik noch nahezu unerforscht. Ihre soziologische Analyse, zu der diese Arbeit eine Vorstudie darstellt, könnte einen wichtigen Input in die gegenwärtig vor allem außerhalb der Soziologie geführte Regulierungsdiskussion leisten.

Die Ergebnisse dieser Arbeit erlauben über die Auseinandersetzung mit "symbolischer Politik" hinaus eine zweite Relativierung und Neubestimmung, die sich ebenfalls sowohl auf im engeren Sinne soziologische Problemstellungen als auch auf die darüber hinausführende praktisch-politische Regulierungsdiskussion bezieht. Den Ausgangspunkt des von mir entwickelten theoretischen Bezugsrahmens stellt die besondere Hervorhebung der Unsicherheitsproblematik für die moderne Gesellschaft dar. Diese Vorgehensweise sensibilisierte jedoch nicht ausschließlich für die vielfältigen Facetten der *Unsicherheitssteigerung*; komplementär hierzu konnte in den beiden empirischen Kapiteln auch etwas anderes beobachtet werden: *Unsicherheitsabsorption*. Der Begriff der Unsicherheitsabsorption wird damit von seiner Anbindung an organisationssoziologische Fragestellungen gelöst und zur soziologischen Analyse von gesellschaftlichen Phänomenen eingesetzt, die über die Organisationsebene hinausreichen. Die klassische, auch für meine Argumentation instruktive Begriffsdefinition bei March/Simon (1958: 165) lautet: "Uncertainty absorption takes place when inferences are drawn from a body of evidence and the inferences, instead of the evidence itself, are then communicated." Damit ist gemeint, daß in formalen Organisationen keine direkte Kontrolle einzelner Sachverhalte möglich ist, da jeder Sachverhalt durch vielfältige Instanzen vermittelt wird.[7] An die Stelle eigenständig kontrollierbarer Sachverhalte tritt folglich das *Vertrauen* in die Vermittlungsinstanz - und genau dies gilt m.E. unter den Bedingungen von Risikovergesellschaftung für die moderne Gesellschaft insgesamt. Bezogen auf meine Analyse stellt Unsicherheitsabsorption einerseits eine Voraussetzung, andererseits eine Folge politischer Regulierung dar. Erst durch Unsicherheitsabsorption wird die Bereitschaft zur Risikoübernahme im Umgang mit technisch-ökologischen Gefahren hergestellt. Dies ist das abschließende Ergebnis dieser Arbeit.

Unsicherheitsabsorption als *Voraussetzung politischer Regulierung* war im Bereich der Klimapolitik zu beobachten. Die Analyse der Einbeziehung

---

7 March/Simon (1958) beuten das Konzept der Unsicherheitsabsorption allerdings nur sehr begrenzt aus. Es dient ihnen lediglich als eine Variable zur Bestimmung des Kommunikationsflusses in Organisationen, mit der unter Berücksichtigung anderer Variablen die organisationale Einflußstruktur festgelegt wird. In ihrem Vorwort zur 1993 veröffentlichten Neuauflage von March/Simon (1958) wird der Begriff nicht einmal mehr erwähnt. Bei Luhmann (1964: 174 ff., 1992: 174 ff., 1993: 299 ff., 1994: 113 ff.) hingegen avanciert Unsicherheitsabsorption zu einem der zentralen Instrumente für die Analyse organisierten Entscheidens. Aufbauend auf der bereits frühzeitig geleisteten Präzisierung und Erweiterung des Begriffs, mit dem die Funktion der als Verantwortlichkeit formalisierten Verantwortungs- und Risikoübernahme für andere Organisationsmitglieder bezeichnet wird (1964: 174 ff.), wird in neueren Arbeiten die Relevanz von Unsicherheitsabsorption für die rekursive Verknüpfung von Entscheidungen als basalen Organisationselementen betont (1992: 174 ff., 1993: 299 ff., 1994: 113 ff.). Die Annahme einer über die Ebene der formalen Organisation hinausreichenden Unsicherheitsabsorption wird jedoch auch hier explizit zurückgewiesen (Luhmann 1992: 175 f.).

wissenschaftlichen Wissens in den politischen Entscheidungskontext zeigte, daß die im Hinblick auf die Klimaproblematik bestehenden Unsicherheiten frühzeitig und weitreichend absorbiert wurden. Dabei lassen sich zwei Formen der Unsicherheitsabsorption voneinander unterscheiden, die als Idealtypen die Eckpunkte eines Kontinuums diesbezüglicher institutioneller Übersetzungsarrangements bilden: Zum einen werden Unsicherheiten bereits innerhalb von Organisationen des Wissenschaftssystems wie dem auf der supranationalen Ebene angesiedelten IPCC absorbiert; das um diese Unsicherheiten bereinigte wissenschaftliche Wissen dient dann als Entscheidungsprämisse der Politik. Zum anderen findet Unsicherheitsabsorption in organisierten Interaktionssystemen der Politik statt, die sich wie die bundesdeutschen Enquete-Kommissionen aus Vertretern von Wissenschaft und Politik zusammensetzen. Beide Formen der Unsicherheitsabsorption sind im regulativen Vorfeld zu verorten und stehen noch vor der Formulierung kollektiv bindender Entscheidungen. Sie ermöglichen politische Risikoübernahme im Hinblick auf die hochgradig unsicherheitsbelastete Umweltgefahr "Klimawandel".

Die im Bereich der Klimapolitik empirisch festgestellte Absorption von Unsicherheiten erlaubt die *Relativierung des* gegenwärtig dominanten *Unsicherheitsparadigmas* in der (Risiko)Soziologie und die Neubestimmung des Verhältnisses von Unsicherheit und Gesellschaft. Gesellschaftstheoretische Beiträge zur Risikodiskussion von Beck (1986, 1988, 1993) über Bonß (1991, 1993, 1995) bis hin zu Luhmann (1990, 1991) konvergieren dahingehend, den Aspekt der gesellschaftlichen Unsicherheitssteigerung zu betonen.[8] Diese Perspektive findet darüber hinaus Unterstützung bei außerhalb der risikosoziologischen Diskussion lokalisierbaren Sozialtheoretikern wie Bauman (1992), Lash (1990) und Giddens (1991), die in der für die moderne Gesellschaft konstitutiven Unsicherheitserfahrung deren zentrales Charakteristikum sehen. Der allgemein konsentierten Gegenwartsdiagnose einer "Rückkehr der Ungewißheit in die Gesellschaft" (Bonß 1993: 20) ist sicherlich ebenso zu-

---

8 In dieser Hinsicht weniger eindeutig optierend Japp (1996).

zustimmen wie dem diesbezüglichen Versuch, die Entzauberung gesellschaftlicher Selbstgewißheiten mit den theoretischen Mitteln der Soziologie zu reflektieren. Auch dieser Arbeit lag die Grundannahme gesellschaftlicher Selbstverunsicherung zugrunde, die unter dem Begriff der Risikovergesellschaftung sogar noch weiter zugespitzt wurde. Allerdings bleibt damit die Frage noch ungeklärt, wie unter der Bedingung quasi-evolutionär anwachsender gesellschaftlicher Unsicherheit das für Entscheidungen notwendige Maß an Risikoübernahmebereitschaft hergestellt werden kann. *Eine* Antwort auf diese Frage liegt, wie am Fall der Klimapolitik gezeigt, in institutionellen Übersetzungsarrangements, die Unsicherheiten zwischen Wissenschaft und Politik absorbieren und damit die Bereitschaft zur politischen Risikoübernahme ermöglichen.

Dieses Ergebnis eröffnet nicht nur eine (risiko-)soziologische Forschungsperspektive, die sich auf das grundlegende Verhältnis von Unsicherheitssteigerung und Unsicherheitsabsorption in der modernen Gesellschaft bezieht, sondern führt auch in zwei weiteren Hinsichten über den gegenwärtigen Diskussionsstand hinaus. *Erstens* wird die im Hinblick auf ökologische Probleme von Luhmann (1986) etablierte Forschungsperspektive, mit der ausschließlich die *interne* Operationsweise gesellschaftlicher Funktionssysteme in das Blickfeld der Analyse gerät, um eine Forschungsperspektive ergänzt, mit der die vor allem organisational vermittelte Unsicherheitsabsorption *zwischen* gesellschaftlichen Funktionssystemen in den Vordergrund gerückt wird. Erst in dieser Komplementarität lassen sich die Möglichkeiten und Grenzen des gesellschaftlichen Umgangs mit technischen und ökologischen Selbstgefährdungen hinreichend erfassen. *Zweitens* wird eine Rekonzeptualisierung des Verhältnisses von *Wissenschaft und Politik* ermöglicht. Ein naives Modell dieses Verhältnisses ginge davon aus, daß durch einen kontextuell ungebrochenen Wissenstransfer zwischen Wissenschaft und Politik Unsicherheiten für politische Entscheidungsträger absorbiert würden und so Entscheidungssicherheit hergestellt werden könnte. Dieses Modell zerbricht an der Proliferation von Expertendissens, der sich gerade an politik- und entscheidungsnahen Forschungsfragen entzündet (Nelkin 1979). Doch selbst wenn man Expertenkonsens unterstellt, bleiben grundlegende Probleme des Wissenstransfers zwischen Wissenschaft und Politik ungelöst. So arbeitet Weingart (1983) die unsicherheitserzeugenden und -verstärkenden Folgen von Verwissenschaftlichungsprozessen heraus. Sie sind darin begründet, daß mit der gesellschaftlichen Diffusion wissenschaftlichen Wissens zugleich das basale Strukturmerkmal von Wissenschaft diffundiert, nämlich, "daß prinzipiell alle Aussagen widerrufbar sind" (ebd.: 228). Und Luhmann (1992) vermutet bei Umweltproblemen gar eine "Ökologie des Nichtwissens", da mit der Zunahme des Wissens um die Voraussetzungen und Folgen von Umweltproblemen insbesondere das diesbezüglich gesellschaftlich kommunizierbare Nichtwissen ansteigt. Das gemeinsame Band all dieser soziologischen Analysen besteht also darin, im Verhältnis von Wissenschaft und Politik den Aspekt der Unsicherheitssteigerung hervorzuheben. Das Ergebnis meiner Analyse verhält sich dazu komplementär. Es führt zu einer Forschungsperspektive, die im spezifischen Verhältnis von Wissenschaft und Politik die allgemein angenommene wechselseitige Verschränkung und Dynamik von Unsicherheitssteigerung und Unsicherheitsabsorption empirisch zu erfassen und theoretisch zu modellieren versucht.

Unter den praktisch-politischen Prämissen der Regulierungsdiskussion ist die im Bereich der Klimapolitik beobachtete Unsicherheitsabsorption *ambivalent* zu beurteilen. Denn *einerseits* stellt die von seiten der Wissenschaft selbst und in politischen Übersetzungsgremien geleistete Absorption von Unsicherheiten die Voraussetzung für die politische Wahrnehmung möglicherweise katastrophaler Auswirkungen globalen Klimawandels dar. Die offene Mitthematisierung der weitreichenden wissenschaftlichen Unsicherheiten in Politik und Massenmedien hätte vermutlich sowohl die Transformation der Umweltgefahr "Klimawandel" in ein politisches Risiko als auch die Ermöglichung von politischer Risikoübernahme erheblich erschwert. Die drohende Klimakatastrophe wäre folglich - wie viele andere Umweltprobleme zuvor - politisch resonanzlos geblieben bzw. von seiten der Politik erst zu spät aufgegriffen worden. *Andererseits* wird das mit Unsicherheitsabsorption entstehende Kontrolldefizit, welches darin begründet ist, daß die direkte Kontrolle einzelner Sachverhalte durch das Vertrauen in die unsicherheitsabsorbierenden Instanzen ersetzt wird, in diesem Fall zum Problem. So sieht zum Beispiel Boehmer-Christiansen die Tendenz zum "capture" (1995: 202) politischer Regulierungsinstanzen durch die Klimaforschungs-community, die politisch fragwürdige Entscheidungsprämissen setzt - und zwar nicht nur im Bereich der Forschungspolitik. Es kann im Rahmen dieser Arbeit nicht entschieden werden, ob die positiven oder negativen Folgen der Unsicherheitsabsorption zwischen Wissenschaft und Politik überwiegen. Allerdings sind überzogene Regulierungserwartungen und Manipulationsbefürchtungen *gleichermaßen zu relativieren*. Sie brechen sich an der empirisch aufgezeigten und theoretisch mit Hilfe des Konzeptes der Risikotransformation erfaßten Eigenlogik der politischen Bewältigung globalen Klimawandels. Prozesse der Unsicherheitsabsorption stellen hier zwar eine notwendige Voraussetzung der politischen Regulierung dar, indem sie die Bereitschaft zur politischen Risikoübernahme ermöglichen. Sie produzieren jedoch nur sehr schwache Bindungseffekte im Hinblick auf politisch-regulative Optionen, deren Formulierung nur durch die zur politischen Risikoübernahme komplementären Mechanismen der politischen Risikoabwälzung zustande kommt.

Noch wichtiger im Hinblick auf die praktisch-politische und die soziologische Diskussion erscheint das Ergebnis der Analyse der Arzneimittelregulierung. Hier war Unsicherheitsabsorption als *Folge politischer Regulierung* zu beobachten. Wie in Kapitel 4 ausführlich dargestellt, ist dem Einsatz von Arzneimitteln in sämtlichen entwickelten Industrienationen ein aufwendiges und engmaschiges Zulassungsverfahren vorgeschaltet. Dabei wird vor allem im Rekurs auf klassische Instrumente regulativer Politik versucht, das Gefahrenpotential von Arzneimitteln präventiv auszuschalten. Politische Gefahrenprävention ist jedoch nicht nur, wie in Kapitel 4 diskutiert, als Resultat politischer Risikoaversion von Interesse, sondern auch in seiner Bedeutung für den gesellschaftlichen Umgang mit gefahrenträchtigen Arzneimitteln. *Denn durch politische Gefahrenprävention werden Unsicherheiten für andere Entscheidungskontexte und -träger absorbiert und gesellschaftliche Risikoübernahmebereitschaften ermöglicht.* Dies gilt zum einen für den Verwendungskontext von Arzneimitteln, der sich durch vielfältige Formen der individuellen Risikoübernahme im Umgang mit Arzneimitteln auszeichnet, deren Gefahrenpotential für den einzelnen zumeist unbekannt bleibt. Zum anderen werden durch politische Gefahrenprävention auch für die arzneimittelherstellenden Unternehmen sowie für die arzneimittelverschreibenden Ärzte und Apotheker Unsicherheiten absorbiert, deren Entscheidungsrisiken in bezug auf mögliche Arzneimittelgefahren ebenfalls auf ein Maß abgesenkt werden, welches Risikoübernahme erlaubt.

Die Implikationen dieses Ergebnisses für die praktisch-politische Regulierungsdiskussion reichen weit über den spezifischen Bereich der Arzneimittelregulierung hinaus. Sie werden vor allem in der Auseinandersetzung mit dem vielbeachteten Diskussionsvorschlag von Wildavsky (1988) deutlich, der die einzelnen Kritiken an dem in der Diskussion dominanten Präventionsparadigma zu einem kohärenten Gegenentwurf verdichtet.[9] Folgt man Wildavskys Argumentation, sind gesellschaftliche Sicherheitsgewinne hinsichtlich technischer Innovationen keineswegs, wie üblicherweise angenommen, auf die Zunahme von politisch-regulativen Maßnahmen der Gefahrenprävention zurückzuführen. Im Gegenteil: Sie sind vielmehr das Resultat der Bereitschaft zur gesellschaftlichen Risikoübernahme jenseits der Politik. Dieser Perspektivenwechsel wird damit begründet, daß eine auf Gefahrenprävention durch politische Regulierung setzende Strategie Lernchancen im Umgang mit gefahrenträchtigen technischen Innovationen blockiert, die nur durch eine Strategie der gesellschaftlichen Risikoübernahme genutzt werden können. Die Argumentation von Wildavsky (1988) mündet konsequenterweise in eine klare Handlungsaufforderung zugunsten von Deregulierung und Risikoübernahme ein, die gerade für den Arzneimittelbereich weitreichende Sicherheitsgewinne verspricht. Die Frage ist jedoch, ob die von Wildavsky (1988) formulierte Erwartung der Beschleunigung gesellschaftlicher Lernprozesse durch

---

9 Für eine ausführliche Darstellung des Ansatzes von Wildavsky (1988), der in zahlreichen Beiträgen versuchte, den Gefahren einer sich abzeichnenden "preventive society" (Wildavsky 1995: 442 ff.) entgegenzusteuern, vgl. Krücken (1990: 75 ff.), Krohn/Krücken (1993: 35 ff.) sowie Kerwer (1997).

Deregulierung realistisch ist. Würde eine Strategie der "'de-socialization' of risk", wie es bei dem in dieser Hinsicht identisch argumentierenden Clark (1980: 310) heißt, tatsächlich einen "thousand flower blooming approach" (ebd.) im gesellschaftlichen Umgang mit Arzneimitteln hervorbringen?

Vor dem Hintergrund meiner um das Konzept der Unsicherheitsabsorption erweiterten Problemfassung ist diese Frage zu verneinen. Statt einer Beschleunigung gesellschaftlicher Lernprozesse durch regulativ ungehemmte Chancen der Risikoübernahme ist zu vermuten, daß die durch Deregulierung erhöhten Chancen weitgehend ungenutzt blieben; die weitreichende Lockerung präventiver Sicherheitsmaßnahmen hätte eher bremsende als beschleunigende Effekte. Denn aufgrund des Gefahrenpotentials zum Zweck der Gefahrenreduzierung eingesetzter Arzneimittel entstehen hohe gesellschaftliche Entscheidungsrisiken. Diese können nur durch das generalisierte Vertrauen in unsicherheitsabsorbierende Instanzen auf ein Maß abgesenkt werden, welches gesellschaftliche Risikoübernahme erlaubt. Im Arzneimittelbereich basiert das Vertrauen in die unsicherheitsabsorbierenden Instanzen, wie bereits in den Ausführungen zu "symbolischer Politik" dargelegt, auf der insgesamt erfolgreichen Eindämmung von Arzneimittelkatastrophen durch politische Regulierung. Damit wird eine relative *Erwartungssicherheit* für sämtliche Kontexte des gesellschaftlichen Umgangs mit Arzneimitteln hergestellt. Deregulierte Märkte stellen in dieser für gesellschaftliche Risikoübernahme basalen Hinsicht kein funktionales Äquivalent zu den unsicherheitsabsorbierenden Instanzen der Politik dar. Sie können die notwendige Erwartungssicherheit kaum herstellen und setzen folglich ein zu hohes Maß an individueller und kollektiver Risikoübernahmebereitschaft voraus.

Für die konkrete Regulierungsdiskussion ergibt sich hieraus eine Perspektive, die das Verhältnis von politischer Gefahrenprävention und gesellschaftlicher Risikoübernahme immer in ihrem Zusammenhang zu erfassen versucht. Zwar sind gerade im Arzneimittelbereich die von Wildavsky (1988) aufgezeigten *Leistungsgrenzen* einer primär auf politische Gefahrenprävention setzenden Strategie überdeutlich sichtbar. Sie zeigen sich nicht nur an den zum Teil gravierenden Folgen für die von Krankheit Betroffenen, die aus der

Nicht-Zulassung bzw. verzögerten Zulassung von Arzneimitteln resultieren können, sondern auch an der Problematik des erheblichen Arzneimittelmißbrauchs in entwickelten Industrienationen, der auch auf die mit der erfolgreichen Gefahrenbewältigung durch politische Regulierung gestiegene Risikoübernahmebereitschaft zurückzuführen ist. Dennoch ist eine primär auf gesellschaftliche Risikoübernahme setzende Strategie keine praktikable Alternative. Politische Gefahrenprävention und gesellschaftliche Risikoübernahme sind zueinander komplementäre Strategie*elemente* und keine sich wechselseitig ausschließenden Strategien. Erst der dynamische Prozeß der Verschränkung beider Elemente, der Steigerungsverhältnisse nicht aus-, sondern einschließt, ermöglicht gesellschaftliche Lernprozesse im Umgang mit gefahrenträchtigen technischen Innovationen. Damit wird die Gegenüberstellung von Regulierungs- vs. Deregulierungsvorschlägen überwunden, an der sich die gegenwärtige Diskussion strategischer Optionen festgefahren hat.[10] Sie wird durch eine alternative Problemfassung integral ersetzt, innerhalb derer Vorschläge zu entwickeln wären, die auf die *Optimierung des Zusammenhangs* von politischer Gefahrenprävention und gesellschaftlicher Risikoübernahme abzielen.

Die im Arzneimittelbereich beobachtete Unsicherheitsabsorption zwischen politischen und gesellschaftlichen Entscheidungskontexten hat jedoch nicht nur für die praktisch-politische Regulierungsdiskussion weitreichende Implikationen, sondern auch für die *soziologische Politik- und Steuerungstheorie*. Mit Hilfe des Konzeptes der Unsicherheitsabsorption ist es nun mög-

---

10 Diese schroffe Gegenüberstellung gilt in der allgemeinen sozialwissenschaftlichen Regulierungs- bzw. Steuerungsdiskussion mittlerweile als überholt. Stattdessen werden - in kritischer Abgrenzung von der in den 80er Jahren einsetzenden Deregulierungsemphase (Offe 1990, Traxler 1994) - allenfalls analytisch trennbare Verschränkungen von De- und Reregulierung empirisch untersucht (Majone 1990, 1996) bzw. gar Kombinationsgewinne von Verrechtlichung und Deregulierung betont (Vodruba 1992). Vgl. ergänzend auch die in Mayntz/Scharpf (1995a) zusammengefaßten Studien, die in unterschiedlichen Politikfeldern die besondere Relevanz von Mischformen staatlicher und selbstregulativer Regelungsstrukturen herausarbeiten. Derartige Ansätze haben in meinem Untersuchungsbereich allerdings Seltenheitswert. Für eine über den gegenwärtigen Diskussionsstand hinausführende Ausnahme vgl. jedoch Morone/Woodhouse (1986).

lich, die Frage nach der *Funktion der Politik*, die in Kapitel 3 im Anschluß an Luhmann vorläufig als Herstellung kollektiv bindender Entscheidungen definiert wurde, in einen neuen Kontext zu stellen. Diesen Kontext bildet das in Kapitel 2 von mir entwickelte Konzept der *Risikovergesellschaftung*, das eine gesellschaftliche Entwicklungsdynamik bezeichnet, deren zentrales Charakteristikum in der wechselseitigen Verschränkung und Steigerung von Gestaltbarkeit und Selbstverunsicherung besteht. Die Funktion der Politik im Prozeß der Risikovergesellschaftung kann dann darin gesehen werden, Unsicherheiten für gesellschaftliche Entscheidungskontexte zu absorbieren und damit Risikoübernahme zu ermöglichen.[11] Risikoübernahme basiert auf einem *systemübergreifenden* gesellschaftlichen Vertrauen in die unsicherheitsabsorbierenden Instanzen der Politik. Die in Kapitel 3 angenommene exponierte Stellung der Politik im Prozeß der Risikovergesellschaftung bedeutet also nicht nur besonders hohe systeminterne Entscheidungsrisiken, sondern auch eine spezifische Funktion für den gesellschaftlichen Umgang mit selbsterzeugten Gefährdungen. Denn gelänge es der Politik nicht, diese Funktion zu erfüllen, so hätte dies weitreichende gesellschaftliche Handlungs- und Entscheidungsunsicherheiten zur Folge, die im Extremfall bis zur Paralyse reichen könnten.

Die abschließende, aus der Analyse der Arzneimittelregulierung gewonnene These der Unsicherheitsabsorption durch Politik bleibt zwangsläufig eher spekulativ. Sie weist über die vorliegende Arbeit hinaus, da ihr Geltungsbereich durch die Untersuchung weiterer empirischer Forschungsterrains erst noch zu überprüfen wäre. Hielte die Annahme, daß die spezifische Funktion der Politik in der *Unsicherheitsabsorption* für andere gesellschaftliche

---

11 Der hier verwendete Funktionsbegriff erscheint vor dem Hintergrund der für Luhmanns Gesellschaftstheorie konstitutiven Differenz zwischen Funktion und Leistung zunächst als sehr hoch angesetzt. Während sich nach Luhmann die Leistungen ausdifferenzierter Funktionssysteme auf einzelne Gesellschaftsbereiche beziehen, ist die Funktion nur von *einem* System zu erfüllen und auf das Gesellschaftssystem als Einheit bezogen - für die Politik vgl. Luhmann (1981: 81 ff.). Die am Beispiel der Arzneimittelregulierung aufgezeigte politische Unsicherheitsabsorption für sämtliche relevanten gesellschaftlichen Kontexte geht über eine bloße Leistungsbeziehung hinaus, da zur Unsicherheitsabsorption durch Politik *kein* funktionales Äquivalent zur Verfügung steht, wie ich in der Auseinandersetzung mit dem Ansatz von Wildavsky (1988) aufzuzeigen versucht habe.

Entscheidungskontexte liegt, dieser Überprüfung stand, so ließe sich Luhmanns knappe Funktionsformel erweitern. Diese Erweiterung würde es erlauben, sich positiv auf Fragen der Steuerungstheorie zu beziehen, ohne deren Antworten zu übernehmen. Die grundlegende und von Scharpf (1989: 17) an Luhmann (1989) gerichtete Frage nach der gesellschaftlichen Funktion kollektiv bindender Entscheidungen - also die Frage nach der Funktion der Funktion - wäre mit Unsicherheitsabsorption zu beantworten. Die gesellschaftliche Funktion kollektiv bindender Entscheidungen bestünde demnach weder in der Fähigkeit zur Kollektivgutproduktion, wie Scharpf (ebd.) annimmt, noch gar in "Gemeinwohlorientierung" oder "effektiver Gesellschaftssteuerung", wie emphatischer lautende Konzepte der Steuerungstheorie annehmen. Derartige Ansätze konvergieren dahingehend, daß sie sowohl politische Steuerungsintentionen als auch politische Steuerungsziele unterstellen. Beide Annahmen sind gleichermaßen im Schema von Norm und Abweichung formuliert. Ihre forschungspraktischen Auswirkungen variieren jedoch. Während an der Annahme politischer Steuerungsintentionen als Norm festgehalten wird, obwohl empirische Beobachtungen immer wieder dagegen sprechen, geraten mit der Annahme politischer Steuerungsziele vor allem Abweichungen in Form von Zielverfehlungen in den Blick. Diese Vorgehensweise erscheint zum einen vor dem Hintergrund der soziologischen Theorieentwicklung als überholt, die zur Aufgabe des Schemas von Norm und Abweichung geführt hat.[12] Zum anderen provoziert sie geradezu Skepsis und Kritik im Hinblick auf die praktische Problemlösungskompetenz der Politik, die in der risikosoziologischen Diskussion von vorsichtig-distanzierten Einschätzungen (Luhmann 1991: 155 ff.) bis hin zur Forderung nach Deregulierung und Interventionsverzicht (Wildavsky 1988) reichen. Dem könnte man mit Hilfe der um das Konzept der Unsicherheitsabsorption erweiterten Annahme politi-

---

12 Das Schema von Norm und Abweichung ist in dem Maße problematisch geworden, wie soziale Erwartungsstrukturen an Eindeutigkeit und Homogenität eingebüßt haben. Dieser gesamtgesellschaftlichen Entwicklungstendenz trägt die soziologische Theorieentwicklung generell Rechnung; sie wird gegenwärtig vor allem in den theoretischen Positionen des organisationssoziologischen Neo-Institutionalismus (Powell/DiMaggio 1991) und im Konzept der "reflexiven Modernisierung" (Beck et al. 1994) reflektiert.

scher Risikotransformation entgehen. An die Stelle nach außen gerichteter Steuerungsintentionen treten nach *innen* gerichtete *Risikoorientierung und -bewältigung*. An die Stelle von direkt anzustrebenden Steuerungszielen tritt mit Unsicherheitsabsorption ein *indirekter Regulierungseffekt*, der im Umweg über die risikoaverse Bewältigung politischer Entscheidungsrisiken erzeugt wird. Ihr Stellenwert für den gesellschaftlichen Umgang mit selbsterzeugten Gefährdungen ist gar nicht hoch genug einzuschätzen. Dem vielzitierten "Steuerungspessimismus der Postmoderne" (Mayntz/Scharpf 1995b: 33) könnte unter diesen Prämissen in Theorie und Praxis begegnet werden.

Abkürzungen

AAAS	American Association for the Advancement of Science (USA)
ACT UP	AIDS Coalition to Unleash Power (USA)
AIDS	Acquired Immune Deficiency Syndrome
AMG	Arzneimittelgesetz (D)
AMI	Arzneimittelinstitut (D)
AOSIS	Alliance of Small Island States
AZT	Azydothymidin
BfArM	Bundesinstitut für Arzneimittel- und Medizinprodukte (D)
BGA	Bundesgesundheitsamt (D)
BGB	Bürgerliches Gesetzbuch (D)
BMBW	Bundesministerium für Bildung, Wissenschaft, Forschung und Technologie (D)
BMFT	Bundesministerium für Forschung und Technologie (D)
BMU	Bundesministerium für Umwelt, Naturschutz und Reaktorsicherheit (D)
BPI	Bundesverband der Pharmazeutischen Industrie (D)
CO_2	Kohlendioxid
CoP	Conference of the Parties (Vertragsstaatenkonferenz)
D	Deutschland
DKRZ	Deutsches Klimarechenzentrum (D)
DMG	Deutsche Meteorologische Gesellschaft (D)
DoE	Department of Energy (USA)
DoH	Department of Health (GB)
DPG	Deutsche Physikalische Gesellschaft (D)
EC	European Community
EMEA	European Agency for the Evalution of Medicinal Products
ENRICH	European Network for Research in Global Change

EPA	Environmental Protection Agency (USA)
EPRI	Electric Power Research Institute (USA)
EU	Europäische Union
EWG	Europäische Wirtschaftsgemeinschaft
FCCC	Framework Convention on Climate Change (Klimarahmenkonvention)
FCKWs	Fluorchlorkohlenwasserstoffe
FDA	Food and Drug Administration (USA)
FDCA	Food, Drug, and Cosmetic Act (USA)
GB	Großbritannien
GCC	Global Climate Coalition (USA)
GCM	General Circulation Model
GFDL	Geophysical Fluid Dynamics Laboratory (USA)
GISS	Goddard Institute for Space Studies (USA)
GMHC	Gay Men's Health Crisis (USA)
GSF	Forschungszentrum für Umwelt und Gesundheit GmbH (D)
HDGCP	Human Dimensions of Global Climate Change Programme
ICH	International Conference on Harmonization
ICSU	International Council of Scientific Unions
IGBP	International Geosphere-Biosphere Programme
IGY	International Geophysical Year
IIASA	International Institute for Applied Systems Analysis
INC	International Negotiation Committee
IPCC	Intergovernmental Panel on Climate Change
IRB	Institutional Review Board (USA)
KFA	Forschungszentrum Jülich GmbH (D)
MAP	Mediterranean Action Plan
MCA	Medicines Control Agency (GB)
MIT	Massachusetts Institute of Technology (USA)
MPI	Max-Planck-Institut (D)
MPS	Medizinisch-Pharmazeutische Studiengesellschaft (D)
NAS	National Academy of Science (USA)

NASA	National Aeronautics and Space Administration (USA)
NCAR	National Center for Atmospheric Research (USA)
NDA	New Drug Application (USA)
NRC	Nuclear Regulatory Commission (USA)
OECD	Organization for Economic Co-operation and Development
OSU	Oregon State University (USA)
PIK	Potsdam-Institut für Klimafolgenforschung (D)
SEPP	Science and Environmental Policy Project (USA)
StBA	Statistisches Bundesamt (D)
UBA	Umweltbundesamt (D)
UK, U.K.	United Kingdom
UKMO	United Kingdom Meterological Office (GB)
UN	United Nations
UNEP	United Nations Environmental Programme
UNCED	United Nations Conference on Environment and Development
US, U.S.	United States
USA	United States of America
USGCRP	United States Global Change Research Program (USA)
VFA	Verband Forschender Arzneimittelhersteller (D)
WBGU	Wissenschaftlicher Beirat Globale Umweltveränderungen (D)
WCRP	World Climate Research Programme
WMO	World Meteorological Organisation

Literatur zu Kapitel 1:

Calabresi, G./Bobbitt, P., 1978: Tragic Choices, New York, Norton.

Cashdan, E. (ed.), 1990: Risk and Uncertainty in Tribal and Peasant Economies, Boulder, Westview Press.

Coleman, J.S., 1995: Grundlagen der Sozialtheorie, Bd. II, Körperschaften und die moderne Gesellschaft (Studienausgabe), München/Wien, Oldenbourg (Original 1990: Foundations of Social Theory, Vol. II, Cambridge, Mass., Harvard University Press).

Di Fabio, U., 1994: Risikoentscheidungen im Rechtsstaat. Zum Wandel der Dogmatik im öffentlichen Recht, insbesondere am Beispiel der Arzneimittelüberwachung, Tübingen, J.C.B. Mohr.

Francis, J., 1993: The Politics of Regulation: A Comparative Perspective, Oxford, Blackwell.

Goodell, R., 1975: The Visible Scientist, Boston/Toronto, Little, Brown.

Kahneman, D./Slovic, P./Tversky, A. (eds.), 1982: Judgment under Uncertainty. Heuristics and Biases, Cambridge, Mass., Cambridge University Press.

Kaube, J., 1996: Rationales Handeln - Probleme seiner Theorie, in: Soziale Systeme. Zeitschrift für soziologische Theorie 2: 137-152.

Knight, F.H., 1921: Risk, Uncertainty, and Profit, Boston, Hart, Schaffner & Marx.

Luhmann, N., 1984: Soziologische Aspekte des Entscheidungsverhaltens, in: Die Betriebswirtschaft 44: 591-603.

Luhmann, N., 1991: Soziologie des Risikos, Berlin/New York, de Gruyter.

Majone, G. (ed.), 1990a: Deregulation or Re-regulation? Regulatory Reform in Europe and the United States, London, Pinter.

Majone, G., 1990b: Introduction, in: ders. (ed.), Deregulation or Re-regulation? Regulatory Reform in Europe and the United States, London, Pinter: 1-6.

Majone, G., 1996: Regulating Europe, London/New York, Routledge.

March, J.G., 1988: Decisions and Organizations, Cambridge, Mass., Basil Blackwell.

Meyer, J.W./Boli, J./Thomas, G.M., 1994: Ontology and Rationalization in the Western Cultural Account, in: Scott, W.R./Meyer, J.W. (eds.), Institutional Environments and Organizations. Structural Complexity and Individualism, Thousand Oaks et al., Sage: 9-26.

Morone, J.G./Woodhouse, E.J., 1993: Die Vermeidung von Katastrophen, in: Krohn, W./Krücken, G. (Hrsg.), Riskante Technologien: Reflexion und Regulation. Eine Einführung in die sozialwissenschaftliche Risikoforschung, Frankfurt a. M., Suhrkamp: 217-283 (Kapitel 7 und 8 aus: Morone, J.G./Woodhouse, E.J., 1986, Averting Catastrophe. Strategies for Regulating Risky Technologies, Berkeley et al., University of California Press).

Smelser, N., 1992: The Rational Choice Perspective. A Theoretical Assessment, in: Rationality and Society 4: 381-410.

Willke, Helmut., 1995: Systemtheorie III: Steuerungstheorie, Stuttgart/Jena, G. Fischer.

Wilson, J.Q. (ed.), 1980: The Politics of Regulation, New York, Basic Books.

Literatur zu Kapitel 2:

Bachrach, P./Baratz, M.S., 1963: Decisions and Nondecisions: An Analytical Framework, in: American Political Science Review 57: 632-642.

Bachrach, P./Baratz, M.S., 1970: Power and Poverty. Theory and Practice, New York, Oxford University Press.

Baecker, D., 1988: Information und Risiko in der Marktwirtschaft, Frankfurt a.M., Suhrkamp.

Baecker, D., 1991: Womit handeln Banken? Eine Untersuchung zur Risikoverarbeitung in der Wirtschaft, Frankfurt a.M., Suhrkamp.

Barber, B., 1983: The Logic and Limits of Trust, New Brunswick, Rutgers University Press.

Bechmann, G., 1993: Risiko als Schlüsselkategorie der Gesellschaftstheorie, in: ders. (Hrsg.), Risiko und Gesellschaft. Grundlagen und Ergebnisse interdisziplinärer Risikoforschung, Opladen, Westdeutscher Verlag: 237-276.

Beck, U., 1983: Jenseits von Stand und Klasse? Soziale Ungleichheiten, gesellschaftliche Individualisierungsprozesse und die Entstehung neuer sozialer Formationen und Identitäten, in: Kreckel, R. (Hrsg.), Soziale Ungleichheiten, Soziale Welt Sonderband 2, Göttingen, Schwartz: 35-74.

Beck, U., 1986: Risikogesellschaft. Auf dem Weg in eine andere Moderne, Frankfurt a.M., Suhrkamp.

Beck, U., 1988: Gegengifte. Die organisierte Unverantwortlichkeit, Frankfurt a.M., Suhrkamp.

Beck, U., 1989: Risikogesellschaft - Die neue Qualität technischer Risiken und der soziologische Beitrag zur Risikodiskussion, in: Schmidt, M. (Hrsg.), Leben in der Risikogesellschaft. Der Umgang mit modernen Zivilisationsrisiken, Karlsruhe, C.F. Müller: 13-28.

Beck, U., 1991a: Einleitung, in: ders. (Hrsg.), Politik in der Risikogesellschaft. Essays und Analysen, Frankfurt a.M., Suhrkamp: 9-29.

Beck, U., 1991b: Der Konflikt der zwei Modernen, in: Zapf, W. (Hrsg.), Die Modernisierung moderner Gesellschaften. Verhandlungen des 25. Deutschen Soziologentages in Frankfurt am Main 1990, Frankfurt a.M./New York, Campus: 40-53.

Beck, U., 1993a: Risikogesellschaft und Vorsorgestaat - Zwischenbilanz einer Diskussion, in: Ewald, F., Der Vorsorgestaat, Frankfurt a.M., Suhrkamp: 535-558.

Beck, U., 1993b: Die Erfindung des Politischen, Frankfurt a.M., Suhrkamp.

Beck, U./Beck-Gernsheim, E. (Hrsg.), 1994: Riskante Freiheiten. Individualisierung in modernen Gesellschaften, Frankfurt a.M., Suhrkamp.

Bensa, M.E., 1897: Histoire du contrat d'assurance au Moyen Age, Paris, Albert Fontemoing.

Berger, J., 1988: Modernitätsbegriffe und Modernitätskritik in der Soziologie, in: Soziale Welt 39: 224-236.

Bergmann, W., 1981: Die Zeitstrukturen sozialer Systeme. Eine systemtheoretische Analyse, Berlin, Duncker & Humblot.

Bernsdorf, W., 1969: Wörterbuch der Soziologie, 2., neubearbeitete und erweiterte Auflage, Stuttgart, Enke.

Bonß, W., 1991: Unsicherheit und Gesellschaft - Argumente für eine soziologische Risikoforschung, in: Soziale Welt 42: 258-277.

Bonß, W., 1993: Ungewißheit als soziologisches Problem, in: Mittelweg 36, 1: 15-34.

Bonß, W., 1995: "Vom Risiko". Unsicherheit und Ungewißheit in der Moderne, Hamburg, Hamburger Edition.

Boudon, R./Bourricaud, F., 1992: Soziologische Stichworte, Opladen, Westdeutscher Verlag.

Castel, R., 1991: From Dangerousness to Risk, in: Burchell, G./Gordon, C./Miller, P. (eds.), The Foucault Effect. Studies in Governmentality, London et al., Harvester-Wheatsheaf: 281-298.

Douglas, M., 1966: Purity and Danger. An Analysis of Concepts of Pollution and Taboo, London, Routledge & Kegan Paul.

Douglas, M., 1973: Natural Symbols. Explorations in Cosmology (2nd. revised ed.), London, Barrie & Jenkins.

Douglas, M., 1978: Cultural Bias, London Royal Anthropological Institute, Occasional Paper No. 35 (Neuabdruck 1982 in dies., In the Active Voice, London, Routledge & Kegan Paul: 183-254).

Douglas, M., 1985: Risk Acceptability According to the Social Sciences, New York, Sage.

Douglas, M., 1990: Risk as a Forensic Resource, in: Daedalus 119: 1-16.

Douglas, M./Wildavsky, A., 1982: Risk and Culture. An Essay on the Selection of Technological and Environmental Dangers, Berkeley et al., University of California Press.

Endruweit, G./Trommsdorff, G., 1989: Wörterbuch der Soziologie, Stuttgart, Enke.

Evers, A./Nowotny, H., 1987: Über den Umgang mit Unsicherheit. Die Entdeckung der Gestaltbarkeit von Gesellschaft, Frankfurt a.M., Suhrkamp.

Ewald, F., 1989: Die Versicherungs-Gesellschaft, in: Kritische Justiz 22: 385-393.

Ewald, F., 1991: Insurance and Risk, in: Burchell, G./Gordon, C./Miller, P. (eds.), The Foucault Effect. Studies in Governmentality, London et al., Harvester-Wheatsheaf: 197-210.

Ewald, F., 1993: Der Vorsorgestaat, Frankfurt a.M., Suhrkamp (um Teil IV gekürzte Übersetzung von Ewald, F., 1986: L'État providence, Paris, Grasset).

Fuchs, W. et al. (Hrsg.), 1978: Lexikon zur Soziologie, 2., verbesserte und erweiterte Auflage, Opladen, Westdeutscher Verlag.

Fuchs, W. et al. (Hrsg.), 1994: Lexikon zur Soziologie, 3., verbesserte und erweiterte Auflage, Opladen, Westdeutscher Verlag.

Fuller, S., 1988: Social Epistemology, Bloomington, Indiana University Press.

Fuller, S., 1993: Philosophy, Rhetoric, and the End of Knowledge. The Coming of Science and Technology Studies, Madison, University of Wisconsin Press.

Geser, H., 1986: Elemente zu einer soziologischen Theorie des Unterlassens, in: Kölner Zeitschrift für Soziologie und Sozialpsychologie 38: 643-669.

Giddens, A., 1990: The Consequences of Modernity, Stanford, Stanford University Press.

Giddens, A., 1991: Modernity and Self-Identity. Self and Society in the Late Modern Age, Stanford, Stanford University Press.

Gioia, D.A./Sims, H.P., 1986: Introduction: Social Cognition in Organizations, in: Sims, H.P./Gioia, D.A. (eds.), The Thinking Organization, San Francisco, Jossey-Bass Publishers: 1-19.

Goffman, E., 1969: Where the Action Is, in: ders., Where the Action Is. Three Essays, London, Penguin Press: 107-206.

Habermas, J., 1973: Legitimationsprobleme im Spätkapitalismus, Frankfurt a.M., Suhrkamp.

Hacking, I., 1975: The Emergence of Probability. A Philosophical Study of Early Ideas about Probability, Induction and Statistical Inference, Cambridge, Cambridge University Press.

Harrison, J.R./March, J.G., 1984: Decision Making and Postdecision Surprises, in: Administrative Science Quarterly 29: 26-42.

Hart, H.L.A., 1948/49: The Ascription of Responsibility and Rights, in: Proceedings of the Aristotelean Society 49: 171-194.

Hartfiel, G., 1972: Wörterbuch der Soziologie, 1. Auflage, Stuttgart, Kröner.

Hiller, P., 1993: Der Zeitkonflikt in der Risikogesellschaft. Risiko und Zeitorientierung in rechtsförmigen Verwaltungsentscheidungen, Berlin, Duncker & Humblot.

Hiller, P., 1994: Risiko und Verwaltung, in: Dammann, K./Grunow, D./Japp, K.P. (Hrsg.), Die Verwaltung des politischen Systems, Opladen, Westdeutscher Verlag: 108-125.

Hiller, P./Krücken, G. (Hrsg.), 1997: Risiko und Regulierung. Soziologische Beiträge zu Technikkontrolle und präventiver Umweltpolitik, Frankfurt a.M., Suhrkamp.

Hillmann, K.-H., 1994: Wörterbuch der Soziologie, 4., überarbeitete und ergänzte Auflage von Hartfiel, G., 1972: Wörterbuch der Soziologie, Stuttgart, Kröner.

Japp, K.P., 1986: Neue soziale Bewegungen und die Kontinuität der Moderne, in: Berger, J. (Hrsg.), Die Moderne - Kontinuitäten und Zäsuren, Soziale Welt Sonderband 4, Göttingen, Schwartz: 311-333.

Japp, K.P., 1989: Soziologische Risikoforschung, Ms., Bielefeld.

Japp, K.P., 1990: Das Risiko der Rationalität für technisch-ökologische Systeme, in: Halfmann, J./Japp, K.P. (Hrsg.), Riskante Entscheidungen und Katastrophenpotentiale, Opladen, Westdeutscher Verlag: 34-61.

Japp, K.P., 1992: Selbstverstärkungseffekte riskanter Entscheidungen. Zur Unterscheidung von Rationalität und Risiko, in: Zeitschrift für Soziologie 21: 31-48.

Japp, K.P., 1993: Risiken der Technisierung und die neuen sozialen Bewegungen, in: Bechmann, G. (Hrsg.), Risiko und Gesellschaft. Grundlagen und Ergebnisse interdisziplinärer Risikoforschung, Opladen, Westdeutscher Verlag: 375-402.

Japp, K.P., 1996: Soziologische Risikotheorie. Funktionale Differenzierung, Politisierung und Reflexion, Weinheim/München, Juventa.

Joas, H., 1988: Das Risiko der Gegenwartsdiagnose, in: Soziologische Revue 11: 1-6.

Johnson, B.B./Covello, V.T. (eds.), 1987: The Social and Cultural Construction of Risk, Dordrecht et al., Reidel.

Jungermann, H./Slovic, P., 1993a: Charakteristika individueller Risikowahrnehmung, in: Krohn, W./Krücken, G. (Hrsg.), Riskante Technologien: Reflexion und Regulation. Einführung in die sozialwissenschaftliche Risikoforschung, Frankfurt a.m., Suhrkamp: 79-100.

Jungermann, H./Slovic, P., 1993b: Die Psychologie der Kognition und Evaluation von Risiko, in: Bechmann, G. (Hrsg.), Risiko und Gesellschaft. Grundlagen und Ergebnisse interdisziplinärer Risikoforschung, Opladen, Westdeutscher Verlag: 167-207.

Kaufmann, F.-X., 1970: Sicherheit als soziologisches und sozialpolitisches Problem. Eine Untersuchung zu einer Wertidee hochdifferenzierter Gesellschaften, Stuttgart, Enke.

Kaufmann, F.-X., 1995: Rezension von F. Ewald, Der Vorsorgestaat, in: Soziologische Revue 18: 581-583.

Kleindorfer, P.R./Kunreuther, H.C. (eds.), 1987: Insuring and Managing Hazardous Risks. From Seveso to Bhopal and Beyond, Berlin et al., Springer.

König, R., 1967: Soziologie. Umgearbeitete und erweiterte Neuausgabe, Frankfurt a.M., Fischer.

Kosellek, R., 1975: »Fortschritt«, in: Brunner, O./Conze, W./Kosellek, R. (Hrsg.), Geschichtliche Grundbegriffe. Historisches Lexikon zur politisch-sozialen Sprache in Deutschland, Bd. 2, Stuttgart, Klett: 351-423.

Kosellek, R., 1989: »Erfahrungsraum« und »Erwartungshorizont« - zwei historische Kategorien, in: ders., Vergangene Zukunft. Zur Semantik geschichtlicher Zeiten, 2. Auflage, Frankfurt a.M., Suhrkamp: 349-375.

Krohn, W./Krücken, G., 1993: Risiko als Konstruktion und Wirklichkeit. Eine Einführung in die sozialwissenschaftliche Risikoforschung, in: dies. (Hrsg.), Riskante Technologien: Reflexion und Regulation. Einführung in die sozialwissenschaftliche Risikoforschung, Frankfurt a.M., Suhrkamp: 9-44.

Krohn, W./Weyer, J., 1989: Die Gesellschaft als Labor. Die Erzeugung sozialer Risiken durch experimentelle Forschung, in: Soziale Welt 40: 349-373.

Krücken, G., 1990: Gesellschaft/Technik/Risiko. Analytische Perspektiven und rationale Strategien unter Ungewißheit, Bielefeld, Kleine.

Krücken, G., 1994: "Risikosoziologie". Stand und Perspektiven der sozialwissenschaftlichen Risikoforschung, in: Rammert, W./Bechmann, G. (Hrsg.), Technik und Gesellschaft, Jahrbuch VII, Frankfurt a.M./New York, Campus: 207-225.

Krüger, L. et al. (eds.), 1987: The Probabilistic Revolution, 2 Bde., Cambridge, Mass., MIT Press.

Lau, C. 1989: Risikodiskurse: Gesellschaftliche Auseinandersetzungen um die Definition von Risiken, in: Soziale Welt 40: 418-436.

Lau, C., 1993: Rezension von N. Luhmann, Soziologie des Risikos, in: Soziologische Revue 16: 158-159.

Lipset, S.M./Schneider, W., 1983: The Confidence Gap. Business, Labor, and Government in the Public Mind, New York, Free Press.

Luhmann, N., 1964: Funktionen und Folgen formaler Organisationen, Berlin, Duncker & Humblot.

Luhmann, N., 1980: Temporalisierung von Komplexität: Zur Semantik neuzeitlicher Zeitbegriffe, in: ders., Gesellschaftsstruktur und Semantik, Bd. 1, Frankfurt a.M., Suhrkamp: 235-300.

Luhmann, N., 1981: Gesellschaftsstrukturelle Bedingungen und Folgeprobleme des naturwissenschaftlich-technischen Fortschritts, in: Löw, R./Koslowski, P./Kreuzer, P. (Hrsg.), Fortschritt ohne Maß: Eine Ortsbestimmung der wissenschaftlich-technischen Zivilisation, München, Piper: 113-134 (Neuabdruck 1987 in: Luhmann, N., Soziologische Aufklärung, Bd. IV, Opladen, Westdeutscher Verlag: 49-63).

Luhmann, N., 1982: The Differentiation of Society, New York, Columbia University Press.

Luhmann, N., 1984a: Soziologische Aspekte des Entscheidungsverhaltens, in: Die Betriebswirtschaft 44: 591-603.

Luhmann, N., 1984b: Soziale Systeme. Grundriß einer allgemeinen Theorie, Frankfurt a.M., Suhrkamp.

Luhmann, N., 1986: Die Welt als Wille ohne Vorstellung. Sicherheit und Risiko aus Sicht der Sozialwissenschaften, in: Die politische Meinung 229: 18-21.

Luhmann, N., 1987: Die Moral des Risikos und das Risiko der Moral, Ms., Bielefeld, abgedruckt in: Bechmann, G. (Hrsg.), 1993: Risiko und Gesellschaft. Grundlagen und Ergebnisse interdisziplinärer Risikoforschung, Opladen, Westdeutscher Verlag: 327-338.

Luhmann, N., 1988a: Die Wirtschaft der Gesellschaft, Frankfurt a.M., Suhrkamp.

Luhmann, N., 1988b: Positivität als Selbstbestimmtheit des Rechts, in: Rechtstheorie 19: 11-27.

Luhmann, N., 1990: Risiko und Gefahr, in: ders., Soziologische Aufklärung, Bd. V, Opladen, Westdeutscher Verlag: 131-169 (Neuabdruck 1993 in: Krohn, W./Krücken, G. (Hrsg.), Ris-

228

kante Technologien: Reflexion und Regulation. Einführung in die sozialwissenschaftliche Risikoforschung, Frankfurt a.M., Suhrkamp: 138-185).

Luhmann, N., 1991a: Soziologie des Risikos, Berlin/New York, de Gruyter.

Luhmann, N., 1991b: Verständigung über Risiken und Gefahren, in: Die politische Meinung 258: 86-95.

Luhmann, N., 1992: Beobachtungen der Moderne, Opladen, Westdeutscher Verlag.

Luhmann, N., 1993a: Die Paradoxie des Entscheidens, in: Verwaltungs-Archiv 84: 287-310.

Luhmann, N., 1993b: Das Recht der Gesellschaft, Frankfurt a.M., Suhrkamp.

Luhmann, N., 1995: Über Natur, in: ders., Gesellschaftsstruktur und Semantik, Bd. 4, Frankfurt a.M., Suhrkamp: 9-30.

Luhmann, N., 1996: Gefahr oder Risiko, Solidarität oder Konflikt, in: Königswieser, R. et al. (Hrsg.), Risiko-Dialog. Zukunft ohne Harmonieformel, Köln, Deutscher Instituts-Verlag: 38-46.

Luhmann, N., 1997: Die Gesellschaft der Gesellschaft, 2 Bde., Frankfurt a.M., Suhrkamp.

Lyng, S., 1990: Edgework: A Social Psychological Analysis of Voluntary Risk Taking, in: American Journal of Sociology 95: 851-886.

MacCrimmon, K.R./Wehrung, D.A., 1986: Taking Risks: The Management of Uncertainty, New York, Free Press.

Machlis, G.E./Rosa, E.A., 1990: Desired Risk: Broadening the Social Amplification of Risk Framework, in: Risk Analysis 10: 161-168.

Maihofer, W. (Hrsg.), 1965: Naturrecht oder Rechtspositivismus?, Darmstadt, Wissenschaftliche Buchgesellschaft.

Makropoulos, M., 1990: Möglichkeitsbändigungen. Disziplin und Versicherung als Konzepte zur sozialen Steuerung von Kontingenz, in: Soziale Welt 41: 407-423.

Manes, A., 1913: Versicherungswesen, 2. umgearbeitete und erweiterte Auflage, Leipzig/Berlin, Teubner.

March, J.G., 1988: Decisions and Organizations, Cambridge, Mass., Basil Blackwell.

March, J.G./Shapira, Z., 1987: Managerial Perspectives on Risk and Risk Taking, in: Management Science 33: 1404-1418.

March, J.G./ Simon, H.A., 1958: Organizations, New York et al., Wiley.

Martin, L.H./Gutman, H./Hutton, P.H. (Hrsg.), 1993: Technologien des Selbst, Frankfurt a.M., S. Fischer.

Mazur, A., 1983: Gesellschaftliche und wissenschaftliche Ursachen der historischen Entwicklung der Risikoforschung, in: Conrad, J. (Hrsg.), Gesellschaft, Technik und Risikopolitik, Berlin et al., Springer: 141-146.

McEnnis, C., 1995: Gesetzliche Regelungen auf dem Gebiet der Umwelthaftung in den USA, in: Allianz Report 68, 17-23.

Mehlhorn, P., 1990: "Caveat America" Update. Die industrielle Haftpflichtversicherung - eine Krisenbilanz, in: Versicherungswirtschaft 45: 622-626.

Nassehi, A., 1993: Die Zeit der Gesellschaft. Auf dem Wege zu einer soziologischen Theorie der Zeit, Opladen, Westdeutscher Verlag.

Nassehi, A., 1997: Risikogesellschaft, in: Kneer, G./Nassehi, A./Schroer, M. (Hrsg.), Soziologische Gesellschaftsbegriffe, München, Wilhelm Fink Verlag: 252-279.

Nehlsen-von Stryk, K., 1989: Kalkül und Hasard in der spätmittelalterlichen Seeversicherungspraxis, in: Rechtshistorisches Journal 8: 195-208.

Nowotny, H., 1989a: Eigenzeit. Entstehung und Strukturierung eines Zeitgefühls, Frankfurt a.M., Suhrkamp.

Nowotny, H., 1989b: Mind, Technologies, and Collective Time Consciousness: From the Future to the Extended Present, in: Fraser, J.T. (ed.), Time and Mind: Interdisciplinary Issues, The Study of Time IV, Madison, Conn., International Universities Press: 197-213.

Powell, W.W./ DiMaggio, P.J. (eds.), 1991: The New Institutionalism in Organizational Analysis, Chicago/ London, University of Chicago Press.

Rammstedt, O., 1975: Alltagsbewußtsein von Zeit, in: Kölner Zeitschrift für Soziologie und Sozialpsychologie 27: 47-63.

Rammstedt, O., 1981: Betroffenheit - was heißt das?, in: Klingemann, H.-D./Kaase, M. (Hrsg.), Politische Psychologie, Politische Vierteljahresschrift Sonderheft 12, Opladen, Westdeutscher Verlag: 452-463.

Rayner, S., 1986: Management of Radiation Hazards in Hospitals. Plural Rationalities in a Single Institution, in: Social Studies of Science 16: 573-591.

Rödig, J., 1969: Die Denkform der Alternative in der Jurisprudenz, Berlin et al., Springer.

Schimank, U., 1990: Dynamik wissenschaftlich-technischer Innovation und Risikoproduktion, in: Halfmann, J./Japp, K.-P. (Hrsg.), Riskante Entscheidungen und Katastrophenpotentiale. Elemente einer soziologischen Risikoforschung, Opladen, Westdeutscher Verlag: 62-91.

Schmidt, J.F.K., 1997: Politische Risikoregulierung als Risikoerzeugung? Die Bedeutung von Gefährdungshaftung und Versicherung im Rahmen gesellschaftlicher Risikobearbeitung, in: Hiller, P./Krücken, G. (Hrsg.), Risiko und Regulierung. Soziologische Beiträge zu Technik-kontrolle und präventiver Umweltpolitik, Frankfurt a.M., Suhrkamp: 279-312.

Scott, W.R., 1995: Institutions and Organizations, Thousand Oaks et al., Sage.

Slovic, P., 1992: Perception of Risk. Reflections on the Psychometric Paradigm, in: Krimsky, S./Golding, D. (eds.), Social Theories of Risk, Westport, Conn./London, Praeger: 117-152.

Sombart, W., 1916: Der moderne Kapitalismus. Historisch-systematische Darstellung des ge-samteuropäischen Wirtschaftslebens von seinen Anfängen bis zur Gegenwart, 6 Bde., Mün-chen, Duncker & Humblot.

Starr, C., 1969: Social Benefit versus Technological Risk. What Is Our Society Willing to Pay for Safety?, in: Science 165, 19 Sept.: 1232-1238.

Strohmeier, K.P., 1993: Pluralisierung und Polarisierung der Lebensformen in Deutschland, in: Aus Politik und Zeitgeschichte B 17/93: 11-22.

Thompson, M./Ellis, R./Wildavsky, A., 1990: Cultural Theory, Boulder et al., Westview Press.

van den Daele, W., 1990: Risiko-Kommunikation: Gentechnologie, in: Jungermann, H./Rohrmann, B./Wiedemann, P.M. (Hrsg.), Risiko-Konzepte, Risiko-Konflikte, Risiko-Kommunikation, Jülich, KFA (Neuauflage 1991, Berlin et al., Springer): 11-58.

Weber, M., 1922: Wissenschaft als Beruf, in: ders., Gesammelte Aufsätze zur Wissenschaftsleh-re, Tübingen, Mohr: 524-555.

Weber, M., 1924: Gesammelte Aufsätze zur Sozial- und Wirtschaftsgeschichte, Tübingen, Mohr.

Weick, K.E., 1979: The Social Psychology of Organizing, 2nd. ed., Reading, Mass., Addison-Wesley.

Weingart, P., 1981: Wissenschaft im Konflikt zur Gesellschaft - zur De-Institutionalisierung der Wissenschaft, in: von Kruedener, J./von Schubert, K. (Hrsg.), Technikfolgen und sozialer Wandel, Köln, Verlag Wissenschaft und Politik: 205-220.

Weingart, P., 1983: Verwissenschaftlichung der Gesellschaft - Politisierung der Wissenschaft, in: Zeitschrift für Soziologie 12: 225-241.

Weingart, P. (Hrsg.), 1989: Technik als sozialer Prozeß, Frankfurt a.M., Suhrkamp.

Wohlrab-Sahr, M., 1992: Über den Umgang mit biographischer Unsicherheit - Implikationen der "Modernisierung der Moderne", in: Soziale Welt 43: 217-236.

231

Wynne, B., 1982: Institutional Mythologies and Dual Societies in the Management of Risk, in: Kunreuther, H.C./Ley, E.V. (eds.), The Risk Analysis Controversy. An Institutional Perspective, Berlin et al., Springer: 127-143.

Literatur zu Kapitel 3:

Alford, R.R./Friedland, R., 1985: Powers of Theory. Capitalism, the State, and Democracy, Cambridge et al., Cambridge University Press.

Almond, G., 1988: The Return to the State, in: American Political Science Review 82: 853-874.

Antal, A.B., 1987: Comparing Notes and Learning from Experience, in: Dierkes, M./Weiler, H.N./Antal, A.B. (eds.), Comparative Policy Research. Learning from Experience, New York, St. Martin's Press: 498-515.

Baecker, D., 1989: Rationalität oder Risiko?, in: Glagow, M./Willke, H./Wiesenthal, H. (Hrsg.), Gesellschaftliche Steuerungsrationalität und partikulare Handlungsstrategien, Pfaffenweiler, Centaurus: 31-54.

Beck, U., 1986: Risikogesellschaft. Auf dem Weg in eine andere Moderne, Frankfurt a.M., Suhrkamp.

Beck, U., 1993: Die Erfindung des Politischen, Frankfurt a.M., Suhrkamp.

Berger, J., 1991: Entdifferenzierung als Perspektive für Marktwirtschaften?, in: Zapf, W. (Hrsg)., Die Modernisierung moderner Gesellschaften. Verhandlungen des 25. Deutschen Soziologentages in Frankfurt am Main 1990, Frankfurt a.M./New York, Campus: 233-247.

Bonß, W., 1991: Unsicherheit und Gesellschaft. Argumente für eine soziologische Risikoforschung, in: Soziale Welt 42: 258-277.

Brickman, D./Jasanoff, S./Ilgen, T., 1985: Controlling Chemicals. The Politics of Regulation in Europe and the United States, Ithaka/London, Cornell University Press.

Brigham, J./Brown, D.W. (eds.), 1980: Policy Implementation. Penalties or Incentives?, Beverly Hills/London, Sage.

Brunsson, N., 1989: The Organization of Hypocrisy: Talk, Decisions and Actions in Organizations, Chichester et al., Wiley.

Cambrosio, A./Limoges, C./Pronovost, D., 1990: Representing Biotechnology: An Ethnography of Quebec Science Policy, in: Social Studies of Science 20: 195-227.

Cambrosio, A./Limoges, C./Pronovost, D., 1991: Analyzing Science Policy-Making: Political Ontology or Ethnography?: A Reply to Kleinman, in: Social Studies of Science 21: 775-781.

Clarke, L., 1989: Acceptable Risk? Making Decisions in a Toxic Environment, Berkeley et al., University of California Press.

Coleman, J.S., 1974: Power and the Structure of Society, New York, Norton.

Coleman, J.S., 1982: The Asymmetric Society, Syracuse, Syracuse University Press.

Collins, R., 1968: A Comparative Approach to Political Sociology, in: Bendix, R. et al. (eds.), State and Society. A Reader in Comparative Political Sociology, Boston, Little, Brown: 42-67.

Colomy, P. (ed.), 1990a: Neofunctionalist Sociology, Aldershot, Elgar.

Colomy, P., 1990b: Introduction: The Neofunctionalist Movement, in: ders. (ed.), Neofunctionalist Sociology, Aldershot, Elgar: xi-xli.

Cyert, R.M./March, J.G., 1992: An Epilog, in: dies., A Behavioral Theory of the Firm, 2nd. ed., Cambridge, Mass., Basil Blackwell: 214-246.

Derlin, H.-U., 1984: Implementationsprobleme: Bürokratische Ineffizienz oder politische Programmfehler, in: Verwaltungsarchiv 75: 256-271.

Douglas, M., 1985: Risk Acceptability According to the Social Sciences, New York, Sage.

Evans, P./Rueschemeyer, D./Skocpol, T. (eds.), 1985: Bringing the State Back In, Cambridge, Mass., Cambridge University Press.

Friedland, R./Alford, R.R., 1991: Bringing Society Back In: Symbols, Practices, and Institutional Contradictions, in: Powell, W.W./DiMaggio, P.J. (eds.), The New Institutionalism in Organizational Analysis, Chicago/London, University of Chicago Press: 232-263.

Habermas, J., 1973: Legitimationsprobleme im Spätkapitalismus, Frankfurt a.M., Suhrkamp.

Habermas, J., 1992: Faktizität und Geltung, Frankfurt a.M., Suhrkamp.

Halfmann, J./Japp, K.P., 1981: Grenzen sozialer Differenzierung - Grenzen des Wachstums öffentlicher Sozialdienste, in: Zeitschrift für Soziologie 10: 244-255.

Hasse, R./Krücken, G., 1996: Was leistet der organisationssoziologische Neo-Institutionalismus? Eine theoretische Auseinandersetzung mit besonderer Berücksichtigung des wissenschaftlichen Wandels, in: Soziale Systeme. Zeitschrift für soziologische Theorie 2: 91-112.

Hasse, R./Krücken, G./Weingart, P., 1994: Laborkonstruktivismus. Eine wissenschaftssoziologische Reflexion, in: Rusch, G./Schmidt, S.J. (Hrsg.), Konstruktivismus und Sozialtheorie, Frankfurt a.m., Suhrkamp: 220-262.

Héritier, A. (Hrsg.), 1993: Policy-Analyse. Kritik und Neuorientierung, Politische Vierteljahresschrift (PVS) Sonderheft 24, Opladen, Westdeutscher Verlag.

Hirschman, A.O., 1980: Leidenschaften und Interessen. Politische Begründungen des Kapitalismus vor seinem Sieg, Frankfurt a.m., Suhrkamp.

Hirschman, A.O., 1986: The Concept of Interest: From Euphemis to Tautology, in: ders., Rival Views of Market Society and Other Recent Essays, New York, Viking: 35-55.

Hjern, B./Hull, C., 1982: Implementation Research as Empirical Constitutionalism, in: European Journal of Political Research 10: 105-115.

Hofmann, J., 1993: Implizite Theorien in der Politik. Interpretationsprobleme regionaler Technologiepolitik, Opladen, Westdeutscher Verlag.

Hofmann, J., 1995: Implicit Theories in Policy Discourse: An Inquiry into the Interpretation of Reality in German Technology Policy, in: Policy Sciences 28: 127-148.

Jansen, D./Schubert, K., 1995: Netzwerke und Politikproduktion: Konzepte, Methoden, Perspektiven, Marburg, Schüren.

Japp, K.P., 1992: Selbstverstärkungseffekte riskanter Entscheidungen. Zur Unterscheidung von Rationalität und Risiko, in: Zeitschrift für Soziologie 21: 31-48.

Jasanoff, S., 1986: Risk Management and Political Culture. A Comparative Study of Science in the Policy Context, New York, Sage.

Jasanoff, S., 1989: The Problem of Rationality in American Health and Safety Regulation, in: Smith, R./Wynne, B. (eds.), Expert Evidence. Interpreting Science in the Law, London/New York, Routledge: 151-183.

Jasanoff, S., 1990: The Fifth Branch. Science Advisers as Policymakers, Cambridge, Mass./London, Harvard University Press.

Jasanoff, S., 1995: Science at the Bar. Law, Science, and Technology in America, Cambridge, Mass./London, Harvard University Press.

Johnson, B.B./Covello, V.T. (eds.), 1987: The Social and Cultural Construction of Risk. Essays on Risk Selection and Perception, Dordrecht et al., Reidel.

Kaufmann, F.-X./Majone, G./Ostrom, V. (eds.), 1986: Guidance, Control, and Evaluation in the Public Sector, Berlin/New York, de Gruyter.

Kenis, P./Schneider, V., 1991: Policy Networks and Policy Analysis: Scrutinizing a New Analytical Toolbox, in: Marin, B./Mayntz, R. (eds.), Policy Networks. Empirical Evidence and Theoretical Considerations, Frankfurt a.m./New York und Boulder, Campus und Westview Press: 25-59.

Kleinman, D.L., 1991: Conceptualizing the Politics of Science: A Response to Cambrosio, Limoges and Pronovost, in: Social Studies of Science 21: 769-774.

Krücken, G., 1992: Die politische Regulierung technisch-ökologischer Risiken, in: Politische Vierteljahresschrift (PVS) 33: 479-489.

Küpper, W./Ortmann, G. (Hrsg.), 1988: Mikropolitik. Rationalität, Macht und Spiele in Organisationen, Opladen, Westdeutscher Verlag.

Lehman, E.W., 1988: The Theory of the State Versus the State of Theory, in: American Sociological Review 53: 807-823.

Linneroth, J./Davis, G., 1987: Governmental Responsibility for Risk: The Bavarian and Hessian Hazardous Waste Disposal Systems, in: Wynne, B., Risk Management and Hazardous Waste. Implementation and the Dialectics of Credibility, Berlin et al., Springer: 150-194.

Luhmann, N., 1968: Soziologie des politischen Systems, in: Kölner Zeitschrift für Soziologie und Sozialpsychologie 20: 705-733 (Neuabdruck 1970 in: ders., Soziologische Aufklärung, Bd. I, Opladen, Westdeutscher Verlag: 154-177).

Luhmann, N., 1971a: Politische Planung. Aufsätze zur Soziologie von Politik und Verwaltung, Opladen, Westdeutscher Verlag.

Luhmann, N., 1971b: Politische Planung, in: ders., Politische Planung. Aufsätze zur Soziologie von Politik und Verwaltung, Opladen, Westdeutscher Verlag: 66-90.

Luhmann, N., 1981a: Politische Theorie im Wohlfahrtsstaat, München, Olzog.

Luhmann, N., 1981b: Rechtszwang und politische Gewalt, in: ders., Ausdifferenzierung des Rechts. Beiträge zur Rechtssoziologie und Rechtstheorie, Frankfurt a.M., Suhrkamp: 154-173.

Luhmann, N., 1982: The Differentiation of Society, New York, Columbia University Press.

Luhmann, N. (Hrsg.), 1985: Soziale Differenzierung. Zur Geschichte einer Idee, Opladen, Westdeutscher Verlag.

Luhmann, N., 1986: Ökologische Kommunikation, Opladen, Westdeutscher Verlag.

Luhmann, N., 1987: Soziologische Aufklärung, Bd.IV, Beiträge zur funktionalen Differenzierung der Gesellschaft, Opladen, Westdeutscher Verlag.

Luhmann, N., 1990: Die Wissenschaft der Gesellschaft, Frankfurt a.M., Suhrkamp.

Luhmann, N., 1991: Soziologie des Risikos, Berlin/New York, de Gruyter.

Luhmann, N., 1993a: Das Recht der Gesellschaft, Frankfurt a.M., Suhrkamp.

Luhmann, N., 1993b: Die Politik der Gesellschaft, Ms., Bielefeld.

Luhmann, N., 1997a: Die Gesellschaft der Gesellschaft, 2 Bde., Frankfurt a.M., Suhrkamp.

Luhmann, N., 1997b: Grenzwerte der ökologischen Politik. Eine Form von Risikomanagement, in: Hiller, P./Krücken, G. (Hrsg.), Risiko und Regulierung. Soziologische Beiträge zu Technikkontrolle und präventiver Umweltpolitik, Frankfurt a.M., Suhrkamp: 195-221.

March, J.G., 1988: Decisions and Organizations, Cambridge, Mass., Basil Blackwell.

March, J.G., 1994: A Primer on Decision Making. How Decisions Happen, New York et al., Free Press.

March, J.G./Olsen, J.P., 1989: Rediscovering Institutions. The Organizational Basis of Politics, New York, Free Press.

March, J.G./Simon, H.A., 1993: Introduction to the Second Edition, in: dies., Organizations, 2nd. ed., Cambridge, Mass., Basil Blackwell: 1-19.

Marin, B./Mayntz, R., 1991: Introduction: Studying Policy Networks, in: dies. (eds.), Policy Networks. Empirical Evidence and Theoretical Considerations, Frankfurt a.M./New York und Boulder, Campus und Westview Press: 11-23.

Matthews, W./Bosin, M., 1989: The Public Administrator Engages Biotechnology - A Case of Multiple Roles, in: Policy Studies Review 8: 455-467.

Mayntz, R. (Hrsg.), 1978: Vollzugsprobleme der Umweltpolitik. Empirische Untersuchung der Implementation von Gesetzen im Bereich der Luftreinhaltung und des Gewässerschutzes, Stuttgart, Kohlhammer.

Mayntz, R. (Hrsg.), 1980: Implementation politischer Programme I. Empirische Forschungsberichte, Königstein, Ts., Athenäum.

Mayntz, R. (Hrsg.), 1983a: Implementation politischer Programme II. Ansätze zur Theoriebildung, Opladen, Westdeutscher Verlag.

Mayntz, R., 1983b: Zur Einleitung: Probleme der Theoriebildung in der Implementationsforschung, in: dies. (Hrsg.), Implementation politischer Programme II. Ansätze zur Theoriebildung, Opladen, Westdeutscher Verlag: 7-24.

Mayntz, R., 1987: Politische Steuerung und gesellschaftliche Steuerungsprobleme - Anmerkungen zu einem theoretischen Paradigma, in: Ellwein, T./Hesse, J.J./Mayntz, R./Scharpf, F.W.

(Hrsg.), Jahrbuch zur Staats- und Verwaltungswissenschaft, Bd. I, Baden-Baden, Nomos: 89-110.

Mayntz, R., 1990: Entscheidungsprozesse bei der Entwicklung von Umweltstandards, in: Die Verwaltung 23: 137-157.

Mayntz, R./Scharpf, F.W. (Hrsg.), 1995: Gesellschaftliche Selbstregelung und politische Steuerung, Frankfurt a.M./New York, Campus.

Münch, R., 1994: Politik und Nichtpolitik. Politische Steuerung als schöpferischer Prozeß, in: Kölner Zeitschrift für Soziologie und Sozialpsychologie 46: 381-405.

Münch, R., 1996: Risikopolitik, Frankfurt a.M., Suhrkamp.

Nordlinger, E.A., 1981: On the Autonomy of the Democratic State, Cambridge, Mass., Harvard University Press.

O'Riordan, T./Wynne, B., 1987: Regulating Environmental Risks: A Comparative Perspective, in: Kleindorfer, P.R./Kunreuther, H.C. (eds.), Insuring and Managing Hazardous Risks. From Seveso to Bhopal and Beyond, Berlin et al., Springer: 389-410 (dt. Übersetzung 1993 in: Krohn, W./Krücken, G. (Hrsg.), Riskante Technologien: Reflexion und Regulation. Einführung in die sozialwissenschaftliche Risikoforschung, Frankfurt a.M., Suhrkamp: 186-216).

Pappi, F.U., 1993: Policy-Netze: Erscheinungsformen moderner Politiksteuerung oder methodischer Ansatz?, in: Héritier, A. (Hrsg.), Policy-Analyse. Kritik und Neuorientierung, Politische Vierteljahresschrift (PVS) Sonderheft 24, Opladen, Westdeutscher Verlag: 84-94.

Parsons, T., 1959: 'Voting' and the Equilibrium of the American Political System, in: Burdick, E./Brodbeck, A. (eds.), American Voting Behavior, New York, Free Press (Neuabdruck 1969 in: ders., Politics and Social Structure, New York, Free Press: 204-240).

Perrow, C., 1989: Eine Gesellschaft von Organisationen, in: Journal für Sozialforschung 29: 3-19.

Peters, B., 1993: Die Integration moderner Gesellschaften, Frankfurt a.M., Suhrkamp.

Pressman, J.L./Wildavsky, A., 1973: Implementation. How Great Expectations in Washington are Dashed in Oakland, Berkeley et al., University of California Press.

Rayner, S., 1984: Disagreeing about Risk. The Institutional Cultures of Risk Management and Planning for Future Generations, in: Hadden, S.G. (ed.), Risk Analysis, Institutions, and Public Policy, Port Washington, Associated Faculty Press: 150-169.

237

Reese, J., 1982: Sammelbesprechung Implementationsforschung, in: Soziologische Revue 5: 37-44.

Renn, O./Levine, D., 1991: Credibility and Trust in Risk Communication, in: Kasperson, R.E./Stallen, P.J.M. (eds.), Communicating Risks to the Public, Dordrecht et al., Kluwer: 175-218.

Sabatier, P.A., 1986: What Can We Learn from Implementation Research?, in: Kaufmann, F.-X./Majone, G./Ostrom, V. (eds.), Guidance, Control, and Evaluation in the Public Sector, Berlin/New York, de Gruyter: 313-326.

Sabatier, P.A., 1993: Advocacy-Koalitionen, Policy-Wandel und Policy-Lernen, in: Héritier, A. (Hrsg.), Policy-Analyse. Kritik und Neuorientierung, Politische Vierteljahresschrift (PVS) Sonderheft 24, Opladen, Westdeutscher Verlag: 116-148.

Schwinn, T., 1995: Funktion und Gesellschaft. Konstante Probleme trotz Paradigmenwechsel in der Systemtheorie Niklas Luhmanns, in: Zeitschrift für Soziologie 24: 196-214.

Scott, W.R., 1995: Institutions and Organizations, Thousand Oaks et al., Sage.

Scott, W.R./Meyer, J.W. (eds.), 1994: Institutional Environments and Organizations. Structural Complexity and Individualism, London et al., Sage.

Sharkansky, I., 1970: The Routines of Politics, New York, Reinhold Van Norstrand.

Skocpol, T., 1985: Bringing the State Back In: Strategies of Analysis in Current Research, in: Evans, P./Rueschemeyer, D./Skocpol, T. (eds.), Bringing the State Back In, Cambridge, Mass., Cambridge University Press: 3-37.

Smith, R./Wynne, B. (eds.), 1989: Expert Evidence. Interpreting Science in the Law, London/New York, Routledge.

Thompson, M./Ellis, R./Wildavsky, A., 1990: Cultural Theory, Boulder et al., Westview Press.

Vogel, D., 1986: National Styles of Regulation. Environmental Policy in Great Britain and the United States, Ithaka/London, Cornell University Press.

Weingart, P., 1983: Verwissenschaftlichung der Gesellschaft - Politisierung der Wissenschaft, in: Zeitschrift für Soziologie 12: 225-241.

Windhoff-Héritier, A., 1980: Politikimplementation. Ziel und Wirklichkeit politischer Entscheidungen, Königstein, Ts., Hain.

Windhoff-Héritier, A., 1987: Policy-Analyse. Eine Einführung, Frankfurt a.M./New York, Campus.

Windhoff-Héritier, A., 1993: Policy Network Analysis: A Tool for Comparative Political Research, in: Keman, H. (ed.), Comparative Politics. New Directions in Theory and Method, Amsterdam, University Press: 143-160.

Wynne, B., 1987: Risk Management and Hazardous Waste. Implementation and the Dialectics of Credibility, Berlin et al., Springer.

Literatur zu Kapitel 4:

Abraham, J., 1994: Negotiation and Accomodation in Expert Medical Risk Assessment and Regulation: An Institutional Analysis of the Benoxaprofen Case, in: Policy Sciences 27: 53-76.

Abraham, J., 1995: Science, Politics and the Pharmaceutical Industry: Controversy and Bias in Drug Regulation, London/New York, UCL Press.

Andersson, F., 1992: The Drug Lag Issue: The Debate Seen from an International Perspective, in: International Journal of Health Services 22: 53-72.

Andrew, M./Jøldal, B./Tomson, G., 1995: Norway's National Drug Policy: Its Evolution and Lessons for the Future, in: Development Dialogue 1: 25-53.

Annas, G.J., 1989: Faith (Healing), Hope and Charity at the FDA: The Politics of AIDS Drug Trials, in: Villanova Law Review 34: 771-797.

Antoine, F./Vanchieri, C., 1990: President Receives Lasagna Report on Drug Approval, in: Journal of the National Cancer Institute 82: 1450-1451.

Bakke, O.M./Wardell, W.M./Lasagna, L., 1984: Drug Discontinuations in the United Kingdom and the United States, 1964 to 1983: Issues of Safety, in: Clinical Pharmacology and Therapeutics 35: 559-567.

Ballard, J., 1992: Australia: Participation and Innovation in a Federal System, in: Kirp, D./Bayer, R. (eds.), AIDS Policy in Eleven Industrialized Nations: Passions, Politics, and Policy, New Brunswick, Rutgers University Press: 134-167.

Baram, M.S., 1982: Alternatives to Regulation, Lexington, Mass., Lexington Books.

Barber, B., 1983: The Logic and Limits of Trust, New Brunswick, Rutgers University Press.

Barber, B./Lally, J.L./Makarushka, J.L./Sullivan, D., 1973: Research on Human Subjects. Problems of Social Control in Medical Experimentation, New York, Russell Sage.

239

Baumheier, U., 1993: Staat-Industrie-Beziehungen und Politikkoordination im Pharmasektor, in: Politische Vierteljahresschrift (PVS) 34: 455-473.

Bayer, R./Kirp, D.L., 1992: The United States: At the Center of the Storm, in: Kirp, D./Bayer, R. (eds.), AIDS Policy in Eleven Industrialized Nations: Passions, Politics, and Policy, New Brunswick, Rutgers University Press: 7-48.

Beck, U., 1986: Risikogesellschaft. Auf dem Weg in eine andere Moderne, Frankfurt a.M., Suhrkamp.

Beck, U., 1988: Gegengifte. Die organisierte Unverantwortlichkeit, Frankfurt a.M., Suhrkamp.

Beecher, H.E., 1966: Ethics and Clinical Research, in: New England Journal of Medicine 274: 1354-1360.

Ben-David, J., 1960: Roles and Innovations in Medicine, in: American Journal of Sociology 65: 557-568.

Betz, M./O'Connell, L., 1983: The Changing Doctor-Patient Relationship and the Rise in Concern for Accountability, in: Social Problems 31: 84-95.

Bodewitz, H.J.H.W./Buurma, H./de Vries, G.H., 1987: Regulatory Science and the Social Management of Trust in Medicine, in: Bijker, W.E./Hughes, T.P./Pinch, T.J. (eds.), The Social Construction of Technological Systems. New Directions in the Sociology and History of Technology, Cambridge, Mass./London, MIT Press: 243-259.

Brickman, D./Jasanoff, S./Ilgen, T., 1985: Controlling Chemicals. The Politics of Regulation in Europe and the United States, Ithaka/London, Cornell University Press.

Calabresi, G./Bobbitt, P., 1978: Tragic Choices, New York, Norton.

Cassel, D., 1991: Arzneimittelentwicklung in der Bundesrepublik Deutschland im Spannungsfeld von Gesundheits- und Innovationspolitik, Bonn, MPS.

Castel, R., 1991: From Dangerousness to Risk, in: Burchell, G./Gordon, C./Miller, P. (eds.), The Foucault Effect. Studies in Governmentality, London et al., Harvester-Wheatsheaf: 281-298.

Chew, R./Teeling-Smith, G./Wells, N., 1985: Arzneimittel in 7 OECD-Ländern, Mainz, MPS.

Clark, W.C., 1980: Witches, Floods and Wonder Drugs. Historical Perspectives on Risk Management, in: Schwing, R.C./Albers, W.A. (eds.), Societal Risk Assessment. How Safe Is Safe Enough?, New York, Plenum Press: 287-313.

Cohen, J., 1993a: Drug Companies Join Forces in Search for AIDS Therapy, in: Science 260, 23 April: 482.

Cohen, J., 1993b: Task Force to Speed Drug Pipeline, in: Science 262, 10 Dec.: 1641.

Comanor, W.S., 1986: The Political Economy of the Pharmaceutical Industry, in: Journal of Economic Literature 24: 1178-1217.

Commission of the European Communities, 1980: Nuclear and Non-nuclear Risk - An Exercise in Comparability. Final Report, Brussels, Commission of the European Communities.

Czwalinna, J., 1987: Ethik-Kommissionen. Forschungslegitimation durch Verfahren, Frankfurt a.M. et al., Lang.

Desveaux, J.A./Lindquist, E.A./Toner, G., 1994: Organizing for Policy Innovation in Public Bureaucracy: AIDS, Energy and Environmental Policy in Canada, in: Canadian Journal of Political Science 27: 493-528.

Development Dialogue, 1995: Making National Drug Policies a Development Priority. A Strategy Paper and Six Country Stories, 1.

Di Fabio, U., 1990: Verwaltungsentscheidung durch externen Sachverstand. Am Beispiel des arzneimittelrechtlichen Zulassungs- und Überwachungsverfahrens, in: Verwaltungsarchiv 81: 193-227.

Di Fabio, U., 1994a: Risikoentscheidungen im Rechtsstaat. Zum Wandel der Dogmatik im öffentlichen Recht, insbesondere am Beispiel der Arzneimittelüberwachung, Tübingen, J.C.B. Mohr.

Di Fabio, U., 1994b: Das Arzneimittelrecht als Repräsentant der Risikoverwaltung, in: Die Verwaltung 27: 345-360.

Dickson, D./Macilwain, C., 1993: AIDS Administrators Plan Crisis Meeting over Future of AZT, in: Nature 362, 8 April: 483.

Diener, R.M., 1992: Harmonization of Drug Safety Guidelines: A Perspective from the Pharmaceuticals Industry, in: Journal of the American College of Toxicology 11: 293-297.

Dolata, U., 1995: Übernahmewelle in der Pharmaindustrie, in: Blätter für deutsche und internationale Politik 40: 110-112.

Douglas, M., 1985: Risk Acceptability According to the Social Sciences, New York, Sage.

Douglas, M./Calvez, M., 1990: The Self as Risk Taker: A Cultural Theory of Contagion, in: Sociological Review 38: 445-464.

Drabek, T.E., 1986: Human Systems Responses to Disaster. An Inventory of Sociological Findings, Berlin et al., Springer.

Dukes, G., 1985: The Effects of Drug Regulation. A Survey Based on the European Studies of Drug Regulation, Lancaster et al., MTP.

Dukes, M.N.G., 1986: The Regulation of Drugs: Worlds of Differences, in: International Journal of Technology Assessment in Health Care 2: 629-635.

Dunlop, D., 1980: The Growth of Drug Regulation in the United Kingdom, in: Journal of the Royal Society of Medicine 73: 405-407.

Dutton, D.B., 1987: Medical Risks, Disclosure, and Liability: Slouching toward Informed Consent, in: Science, Technology, and Human Values 12: 48-59.

Dutton, D.B., 1988: Worse than the Disease: Pitfalls of Medical Progress, Cambridge, Mass. et al., Cambridge University Press.

Edgar, H./Rothman, D.J., 1990: New Rules for New Drugs: The Challenge of AIDS to the Regulatory Process, in: The Milbank Quarterly 68: 111-142.

Elbers, R./Buchwald, H., 1994: Arzneimittelzulassung in der Europäischen Union, in: Klinische Pharmakologie aktuell 5: 55-62.

Epstein, S., 1995: The Construction of Lay Expertise: AIDS Activism and the Forging of Credibility in the Reform of Clinical Trials, in: Science, Technology, and Human Values 20: 408-437.

Faden, R.R./Beauchamp, T.L., 1986: A History and Theory of Informed Consent, New York, Oxford University Press.

Faich, G.A., 1991: Resources Needed for Risk Assessment, in: Dinkel, R./Horisberger, B./Tolo, K. (eds.), Improving Drug Safety - A Joint Responsibility, Berlin et al., Springer: 80-85.

Frankenberg, G., 1992: Germany: The Uneasy Triumph of Pragmatism, in: Kirp, D./Bayer, R. (eds.), AIDS Policy in Eleven Industrialized Nations: Passions, Politics, and Policy, New Brunswick, Rutgers University Press: 99-133.

Fülgraff, G., 1978: Wie sicher sind Arzneimittel?, in: Bundesgesundheitsblatt 21, 9. Juni: 177-182.

Fülgraff, G., 1988: Votum zu Glaeske et al. 1988, in: Reich, N. (Hrsg.), Die Europäisierung des Arzneimittelmarktes - Chancen und Risiken, Baden-Baden, Nomos: 60-67.

Funtowicz, S.O./Ravetz, J.R., 1990: Uncertainty and Quality in Science for Policy, Dordrecht et al., Kluwer.

Gardner, G.T./Gould, L.C., 1989: Public Perceptions of the Risks and Benefits of Technology, in: Risk Analysis 9: 225-242.

Giddens, A., 1991: Modernity and Self-Identity. Self and Society in the Late Modern Age, Stanford, Stanford University Press.

Gillespie, B./Eva, D./Johnson, R., 1979: Carcinogenic Risk Assessment in the United States and Great Britain: The Case of Aldrin/Dieldrin, in: Social Studies of Science 9: 265-301.

Glaeske, G./Greiser, E./Hart, D., 1993: Arzneimittelsicherheit und Länderüberwachung. Konzeption zur strukturellen Optimierung der Länderüberwachung aus rechtlicher, pharmakologischer und gesundheitspolitischer Sicht, Baden-Baden, Nomos.

Glaeske, G./Hart, D./Merkel, H., 1988: Regulierung des europäischen Arzneimittelmarktes durch nationales und europäisches Zulassungs- und Nachmarktkontrollrecht, in: Reich, N. (Hrsg.), Die Europäisierung des Arzneimittelmarktes - Chancen und Risiken, Baden-Baden: Nomos: 13-32.

Golz, P., 1990: Regulierung und Innovation. Zur Beeinflußung der Neuerungsintensität von Märkten durch staatliche Regulierung - das Beispiel des deutschen Arzneimittelmarktes, Baden-Baden, Nomos.

Graham, J.D./Wiener, J.B. (eds.), 1995: Risk versus Risk. Tradeoffs in Protecting Health and the Environment, Cambridge, Mass./London, Harvard University Press.

Gray, B.A./Cooke, R.A./Tannenbaum, A., 1978: Research Involving Human Subjects, in: Science 201, 22 Sept.: 1094-1101.

Griffin, M.T., 1991: AIDS Drugs & the Pharmaceutical Industry: A Need For Reform, in: American Journal of Law and Medicine 17: 363-410.

Grinyer, A., 1994: AZT Kill or Cure? The Social Essences of Scientific Authority, in: The Sociological Review 42: 686-702.

Harrison, J.R./March, J.G., 1984: Decision Making and Postdecision Surprises, in: Administrative Science Quarterly 29: 26-42.

Hart, D., 1989: Die politische Verwaltung eines Gesetzeszwecks - Zur Entwicklung des Arzneimittelgesetzes von 1976, in: Kritische Justiz 22: 231-240.

Hiller, P., 1993: Der Zeitkonflikt in der Risikogesellschaft. Risiko und Zeitorientierung in rechtsförmigen Verwaltungsentscheidungen, Berlin, Duncker & Humblot.

Hiller, P., 1994: Risiko und Verwaltung, in: Dammann, K./Grunow, D./Japp, K.P. (Hrsg.), Die Verwaltung des politischen Systems, Opladen, Westdeutscher Verlag: 108-125.

Hohgräwe, U., 1992: Implementation der Arzneimittelsicherheitspolitik durch das Bundesgesundheitsamt, Baden-Baden, Nomos.

Hohm, K.-H., 1990: Arzneimittelsicherheit und Nachmarktkontrolle. Eine arzneimittel-, verfassungs- und europarechtliche Untersuchung, Baden-Baden, Nomos.

Horn, H.D., 1989: Experimentelle Gesetzgebung unter dem Grundgesetz, Berlin, Duncker & Humblot.

Howells, J., 1992: Pharmaceuticals and Europe 1992: The Dynamics of Industrial Change, in: Environment and Planning 24: 33-48.

Hutt, P.B., 1986: Drug Regulation in the United States, in: International Journal of Technology Assessment in Health Care 2: 619-628.

International Drug Surveillance Department, 1991: Drug Safety. A Shared Responsibility, Edinburgh et al., Churchill Livingstone.

International Journal of Technology Assessment in Health Care, 1986: Special Section: The Evaluation of Drugs: An International Perspective, 2: 615-700.

Jackson, C.O., 1970: Food and Drug Legislation in the New Deal, Princeton, Princeton University Press.

Janowsky, M.J., 1984: Accidental Disconnections from Breathing Systems. What FDA Found Out and What You Can Do about it, in: American Journal of Nursing 2: 241-244.

Jasanoff, S., 1986: Risk Management and Political Culture. A Comparative Study of Science in the Political Context, New York, Sage.

Jasanoff, S., 1987: Cultural Aspects of Risk Assessment in Britain and the United States, in: Johnson, B.B./Covello, V.T. (eds.), The Social and Cultural Construction of Risk. Essays on Risk Selection and Perception, Dordrecht et al., Reidel: 359-397.

Jasanoff, S., 1990a: The Fifth Branch. Science Advisers as Policymakers, Cambridge, Mass./London, Harvard University Press.

Jasanoff, S., 1990b: American Exceptionalism and the Political Acknowledgement of Risk, in: Daedalus 119: 61-81.

Jasanoff, S., 1995: Science at the Bar. Law, Science, and Technology in America, Cambridge, Mass./London, Harvard University Press.

Jøldal, B., 1986: The Evaluation and Control of Drugs in Norway, in: International Journal of Technology Assessment in Health Care 2: 663-672.

Kaitin, K.I./DiCerbo, P./Lasagna, L., 1991: The New Drug Approvals of 1987, 1988, and 1989: Trends in Drug Development, in: Journal of Clinical Pharmacology 31: 116-122.

Katz, J., 1972: Experimentation with Human Beings, New York, Russell Sage.

Kaufer, E., 1990: The Regulation of New Product Development in the Drug Industry, in: Majone, G. (ed.), Deregulation or Re-regulation? Regulatory Reform in Europe and the United States, London, Pinter: 153-175.

Kessler, D.A./Feiden, K.L., 1995: Faster Evaluation of Vital Drugs, in: Scientific American 272: 26-32.

Kirp, D./Bayer, R. (eds.), 1992: AIDS Policy in Eleven Industrialized Nations: Passions, Politics, and Policy, New Brunswick, Rutgers University Press.

Kitch, E.W., 1986: The Vaccine Dilemma, in: Issues in Science and Technology 2: 108-121.

Kreps, G.A., 1984: Sociological Inquiry and Disaster Research, in: Annual Review of Sociology 10: 309-330.

Kreps, G.A./Bosworth, S.L./Mooney, J.A./Russell, S.T./Myers, K.A., 1993: Organizing, Role Enactment, and Disaster: A Structural Theory, Cranbury, University of Delaware Press.

Krohn, W./Küppers, G., 1990: Selbstreferenz und Planung, in: Selbstorganisation. Jahrbuch für Komplexität in den Natur-, Sozial- und Geisteswissenschaften, Bd. 1, Berlin, Duncker & Humblot: 109-127.

Krücken, G., 1996a: Der soziologische Ansatz in der Risikoforschung, in: Banse, G. (Hrsg.), Risikoforschung zwischen Disziplinarität und Interdisziplinarität. Von der Illusion der Sicherheit zum Umgang mit Unsicherheit, Berlin, edition sigma: 185-192.

Krücken, G., 1996b: Vertrauen in Institutionen: soziologische Aspekte der Risikowahrnehmung. Beitrag zum Kolloquium "Risikowahrnehmung und Informationsverarbeitung", 18./19.01.1996, Universität Bremen, Ms., Bielefeld.

Lasagna, L./Werkø, L., 1986: International Differences in Drug Regulation Philosophy, in: International Journal of Technology Assessment in Health Care 2: 615-618.

Litchfield, J.T., 1962: Evaluation of the Safety of New Drugs by Means of Tests in Animals, in: Clinical Pharmacology and Therapeutics 3: 665-672.

Luhmann, N., 1973: Vertrauen. Ein Mechanismus zur Reduktion sozialer Komplexität. 2., erweiterte Auflage, Stuttgart, Enke.

Luhmann, N., 1988: Familiarity, Confidence, Trust: Problems and Alternatives, in: Gambetta, D. (ed.), Trust: Making and Breaking Cooperative Relations, Oxford, Blackwell: 94-107.

Luhmann, N., 1990: Risiko und Gefahr, in: ders., Soziologische Aufklärung, Bd. V, Opladen, Westdeutscher Verlag: 131-169 (Neuabdruck 1993 in: Krohn, W./Krücken, G. (Hrsg.), Riskante Technologien: Reflexion und Regulation. Einführung in die sozialwissenschaftliche Risikoforschung, Frankfurt a.M., Suhrkamp: 138-185).

Luhmann, N., 1991: Soziologie des Risikos, Berlin/New York, de Gruyter.

Macilwain, C., 1993a: Top US panel will map out fresh attack on AIDS, in: Nature 366, 2 Dec.: 395.

Macilwain, C., 1993b: Activists now urge caution on approval of new AIDS drug, in: Nature 365, 30 Sept.: 378.

Mathieu, M., 1994: New Drug Development: A Regulatory Overview, 3rd. ed., Waltham, PARAXEL International Corporation.

Mazur, A., 1985: Bias in Risk-Benefit Analysis, in: Technology in Society 7: 25-30.

McCarthy, C.R., 1983: Experiences with Boards and Commissions Concerned with Research Ethics in the United States, in: Berg, K./Tranoy, K. (eds.), Research Ethics, New York, Alan R. Liss: 111-122.

Merrill, R.A., 1973: Compensation for Prescription Drug Injuries, in: Virginia Law Review 59: 1-120.

Merrill, R.A., 1994: Regulation of Drugs and Devices: An Evolution, in: Health Affairs 13: 47-69.

Merton, R.K., 1957: Some Preliminaries to a Sociology of Medical Education, in: Merton, R.K./Reader, G.G./Kendall, P.L. (eds.), The Student-Physician. Introductory Studies in the Sociology of Medical Education, Cambridge, Mass., Harvard University Press: 2-79.

Misztal, B.A., 1996: Trust in Modern Societies. The Search for the Bases of Social Order, Cambridge/Oxford, Polity Press.

Murswiek, A., 1983: Die staatliche Kontrolle der Arzneimittelsicherheit in der Bundesrepublik und den USA, Opladen, Westdeutscher Verlag.

Nightingale, S. L., 1995: Challenges in International Harmonization, in: Drug Information Journal 29: 1-9.

Nord, D., 1979: Innovationsstrategien in der Arzneimittelforschung. Warum sind Medikamente-Innovationen rückläufig?, Mainz, MPS.

O'Riordan, T./Wynne, B., 1987: Regulating Environmental Risks: A Comparative Perspective, in: Kleindorfer, P.R./Kunreuther, H.C. (eds.), Insuring and Managing Hazardous Risks. From Seveso to Bhopal and Beyond, Berlin et al., Springer: 389-410 (deutsche Übersetzung 1993 in: Krohn, W./Krücken, G. (Hrsg.), Riskante Technologien: Reflexion und Regulation.

Einführung in die sozialwissenschaftliche Risikoforschung, Frankfurt a.M., Suhrkamp: 186-216).

OECD, 1985: The Pharmaceutical Industry. Trade Related Issues, Paris, OECD.

Peltzman, S., 1974: Regulation of Pharmaceutical Innovation, Washington, D.C., American Enterprise Institute.

Perrow, C./Guillén, M. F., 1990: The AIDS Disaster. The Failure of Organizations in New York and the Nation, New Haven/London, Yale University Press.

Piel, E., 1988: Abschied vom Experten. Wandel der Einstellung gegenüber Arzneimitteln - eine demoskopische Betrachtung, in: Baier, H. (Hrsg.), Arzneimittel im sozialen Wandel, Berlin et al., Springer: 17-33.

Preston, T.A., 1988: The Artificial Heart, in: Dutton, D.B., Worse than the Disease: Pitfalls of Medical Progress, Cambridge, Mass. et al., Cambridge University Press: 91-126.

Quirk, P.J., 1980: Food and Drug Administration, in: Wilson, J.Q. (ed.), The Politics of Regulation, New York, Basic Books: 191-235.

Rayner, S./Cantor, R., 1987: How Fair Is Safe Enough? The Cultural Approach to Societal Technology Choice, in: Risk Analysis 7: 3-9.

Rayside, D.M./Lindquist, E.A., 1992: Canada: Community Activism, Federalism, and the New Politics of Disease, in: Kirp, D./Bayer, R. (eds.), AIDS Policy in Eleven Industrialized Nations: Passions, Politics, and Policy, New Brunswick, Rutgers University Press: 49-98.

Reagan, M.D., 1987: Regulation. The Politics of Policy, Boston/Toronto, Little, Brown.

Renn, O., 1981: Wahrnehmung und Akzeptanz technischer Risiken, 6 Bde., Jülich, KFA.

Renn, O./Levine, D., 1991: Credibility and Trust in Risk Communication, in: Kasperson, R.E./Stallen, P.J.M. (eds.), Communicating Risks to the Public, Dordrecht et al., Kluwer: 175-218.

Ritov, I./Baron, J., 1990: Reluctance to Vaccinate: Omission Bias and Ambiguity, in: Journal of Behavioral Decision Making 3: 263-277.

Ritov, I./Baron, J., 1995: Outcome Knowledge, Regret, and Omission Bias, in: Organizational Behavior and Human Decision Processes 64: 119-127.

Schnieders, B., 1986: Drug Regulation in the Federal Republic of Germany, in: International Journal of Technology Assessment in Health Care 2: 643-649.

Schwartz, S./Griffin, T., 1986: Medical Thinking. The Psychology of Medical Judgment and Decision Making, New York et al., Springer.

Silverman, M./Lydecker, M./Lee, P.R., 1992: Bad Medicine. The Prescription Drug Industry in the Third World, Stanford, Stanford University Press.

Simmons, H.E., 1974: The Drug Regulatory System of the United States Food and Drug Administration. A Defense of Current Requirements for Safety and Efficacy, in: International Journal of Health Services 4: 95-107.

Slovic, P., 1993: Perceived Risk, Trust, and Democracy, in: Risk Analysis 13: 675-683.

Smith, R./Wynne, B., 1989: Introduction, in: dies. (eds.), Expert Evidence. Interpreting Science in the Law, London/New York, Routledge: 1-22.

Smith, R.J., 1981: Hayes Intends Modest Reforms at FDA, in: Science 213, 28 Aug.: 984-986.

Somers, E./Carman Kasparek, M./Pound, J., 1990: Drug Regulation - The Canadian Approach, in: Regulatory Toxicology and Pharmacology 12: 214-223.

Street, J./Weale, A., 1992: Britain: Policy-Making in a Hermetically Sealed System, in: Kirp, D./Bayer, R. (eds.), AIDS Policy in Eleven Industrialized Nations: Passions, Politics, and Policy, New Brunswick, Rutgers University Press: 185-220.

Thier, U., 1990: Das Recht des EG-Arzneimittelmarktes und des freien Warenverkehrs. Freier Warenverkehr in der EG, europäisches Arzneimittelsicherheitsrecht und das Verhältnis zu nationalem Arzneimittelpreis- und -versorgungsrecht unter besonderer Berücksichtigung des Rechts in der BRD, Frankfurt a.M. et al., Peter Lang.

Überla, K., 1984: Sicherheit und Risiko im Arzneimittelbereich - Fiktion und Realität, in: Lange, S. (Hrsg.), Ermittlung und Bewertung industrieller Risiken, Berlin et al., Springer: 238-247.

van den Daele, W./Müller-Salomon, H., 1990: Die Kontrolle der Forschung am Menschen durch Ethikkommissionen, Stuttgart, Enke.

Vogel, D., 1989: AIDS and the Politics of Drug Lag, in: The Public Interest 96: 73-85.

Vogel, D., 1990: When Consumers Oppose Consumer Protection: The Politics of Regulatory Backlash, in: Journal of Public Policy 10: 449-470.

Vogel, D., 1993: Representing Diffuse Interests in Environmental Policymaking, in: Weaver, R.K./Rockman, B.A. (eds.), Do Institutions Matter? Government Capabilities in the United States and Abroad, Washington, D.C., The Brookings Institution: 237-271.

Wardell, W.M., 1973a: Introduction of New Therapeutic Drugs in the United States and Great Britain: An International Comparison, in: Clinical Pharmacology and Therapeutics 14: 773-790.

Wardell, W.M., 1973b: Fluroxene and the Penicillin Lesson, in: Anesthesiology 38: 309-312.

Wardell, W.M., 1978: A Close Inspection of the 'Calm Look', in: Journal of the American Medical Association 239: 2004-2011.

Wardell, W.M., 1982: Deregulation of Drug Development: If Effective, Can it be Safe?, in: Auriche, M./Burke, J./Duchier, J. (eds.), Drug Safety. Progress and Controversies. Proceedings of the IVth International Congress of Pharmaceutical Physicians, North-Holland, Pergamon: 33-40.

Wardell, W.M./Lasagna, L., 1975: Regulation and Drug Development, Washington, D.C., American Enterprise Institute.

Weaver, R.K./Rockman, B.A. (eds.), 1993a: Do Institutions Matter? Government Capabilities in the United States and Abroad, Washington, D.C., The Brookings Institution.

Weaver, R.K./Rockman, B.A., 1993b: Assessing the Effects of Institutions, in: dies. (eds.), Do Institutions Matter? Government Capabilities in the United States and Abroad, Washington, D.C., The Brookings Institution: 1-41.

Wildavsky, A., 1988: Searching for Safety, New Brunswick, Transaction.

Williamson, O.E., 1981: Saccharin: An Economist's View, in: Crandell, R.W./Lave, L.B. (eds.), The Scientific Basis of Health and Safety Regulation, Washington, D.C., The Brookings Institution: 131-151.

Willke, H., 1992: Die Ironie des Staates. Grundlinien einer Staatstheorie polyzentrischer Gesellschaft, Frankfurt a.M., Suhrkamp.

Woodroffe, G./Weatherill, S., 1990: Postmarket Control of Technical Goods: Consumer Safety in the U.K., in: Micklitz, H.-W. (ed.), Post Market Control of Consumer Goods, Baden-Baden, Nomos: 259-301.

Wynne, B., 1987: Risk Management and Hazardous Waste. Implementation and the Dialectics of Credibility, Berlin et al., Springer.

Literatur zu Kapitel 5:

Abbott, A., 1995: Meeting Agrees on Need for New Targets for Greenhouse Gas Emissions, in: Nature 374, 13 April: 584-585.

Académie des Sciences, 1990: L'effet de serre et ses conséquences climatiques. Evaluation scientifique. Rapport n° 25, Paris.

Adams, J.M./Woodward, F.I., 1992: The Past as a Key to the Future: The Use of Palaeoenvironmental Understanding to Predict the Effects of Man on the Biosphere, in: Woodward, F.I. (ed.), The Ecological Consequences of Global Climate Change, London et al., Academic Press: 257-314.

Bach, W., 1982: Gefahr für unser Klima. Wege aus der CO_2-Bedrohung durch sinnvollen Energieeinsatz, Karlsruhe, C.F. Müller.

Bach, W., 1995: Coal Policy and Climate Protection. Can the Tough German CO_2 Reduction Target Be Met by 2005?, in: Energy Policy 23: 85-91.

Baier, V.E./March, J.G./Sætren, H., 1988: Implementation and Ambiguity, in: March, J.G., Decisions and Organizations, Oxford, Basil Blackwell: 150-164.

Balling, R.C., 1992: The Heated Debate: Greenhouse Predictions versus Climate Reality. With an Introduction by A. Wildavsky, San Francisco, Pacific Research Institute for Public Policy.

Bares, J./Jäger, J./Ell, R., 1995: From Laggard to Leader: Global Environmental Risk Management in Germany, Ms., o.O.

Bechmann, G./Beck, S., 1997: Zur gesellschaftlichen Wahrnehmung des anthropogenen Klimawandels und seiner möglichen Folgen, in: Kopfmüller, J./Coenen, R. (Hrsg.), Risiko Klima. Der Treibhauseffekt als Herausforderung für Wissenschaft und Politik, Frankfurt a.M./New York, Campus:119-157.

Bechmann, G./Gloede, F., 1992: Erkennen und Anerkennen: Über die Grenzen der Idee der "Frühwarnung", in: Petermann, T. (Hrsg.), Technikfolgen-Abschätzung als Technikforschung und Politikberatung, Frankfurt a.M./New York, Campus: 121-149.

Benecke, J., 1985: Die kompromittierte Wissenschaft - Erfahrungen bei der Risikoanalyse, in: Meyer-Abich, K.M./Ueberhorst, R. (Hrsg.), AUSgebrütet - Argumente zur Brutreaktorpolitik, Basel et al., Birkhäuser: 259-279.

Benedick, R.E., 1991a: Ozone Diplomacy. New Directions in Safeguarding the Planet, Cambridge, Mass./London, Harvard University Press.

Benedick, R.E., 1991b: The Diplomacy of Climate Change. Lessons from the Montreal Ozone Protocol, in: Energy Policy 19: 94-97.

Bengtsson, L., 1992: Climate System Modelling Prospects, in: Trenberth, K.E. (ed.), Climate System Modelling, Cambridge, Cambridge University Press: 705-724.

Bengtsson, L., 1997: A Numerical Simulation of Anthropogenic Climate Change, in: Ambio 26: 58-65.

Bleischwitz, R./Holzapfel, H./Koopman, G.J./Weenink, B., 1993: US and EC Climate Change Policies Compared, Wuppertal Institut für Klima, Umwelt, Energie, Wuppertal Papers 3/1993.

BMU - Bundesministerium für Umwelt, Naturschutz und Reaktorsicherheit, 1992: Konferenz der Vereinten Nationen für Umwelt und Entwicklung im Juni 1992 in Rio de Janeiro - Dokumente, Bonn, BMU.

Boehmer-Christiansen, S.A., 1993: Scientific Advice and Climate Change: The Codification of a Global Research Agenda, in: Energy and Environment 4: 362-408.

Boehmer-Christiansen, S.A., 1994: A Scientific Agenda for Climate Policy?, in: Nature 372, 1 Dec.: 400-402.

Boehmer-Christiansen, S.A., 1995a: Britain and the Intergovernmental Panel on Climate Change: Promoting Research or Managing Change?, in: Environmental Management and Health 5: 14-25.

Boehmer-Christiansen, S.A., 1995b: Britain and the International Panel on Climate Change: The Impacts of Scientific Advice on Global Warming Part II: The Domestic Story of the British Response to Climate Change, in: Environmental Politics 4: 175-196.

Boehmer-Christiansen, S.A., 1995c: Climate Change and the Politics of Fuel Choice: The Limits and Impacts of Scientific Advice on Policy. Paper to the Workshop "Climate Communication as Research Field for the Social Sciences", September, 21-23, 1995, at the Centre for Interdisciplinary Research, University of Bielefeld.

Boehmer-Christiansen, S.A., 1995d: Reflections on Scientific Advice and EC Transboundary Pollution Policy, in: Science and Public Policy 22: 195-203.

Böhret, C., 1990: Folgen. Entwurf für eine aktive Politik gegen schleichende Katastrophen, Opladen, Leske & Budrich.

Bolin, B., 1994: Next Step for Climate-Change Analysis, in: Nature 368, 10 March: 94.

Bolin, B., 1995: Politics of Climate Change, in: Nature 374, 16 March: 208.

251

Bonß, W./Hohlfeld, R./Kollek, R., 1992: Risiko und Kontext. Zur Unsicherheit der Gentechnologie, in: Bechmann, G./Rammert, W. (Hrsg.), Technik und Gesellschaft, Jahrbuch 6, Frankfurt a.M./New York, Campus: 141-174.

Borchers, J./Dresen, L./Krück, C.P./Nolin, J./Shackley, S., 1997: Climate Change Research and Its Integration Into Environmental Policy: Conditions for the Establishment of a European Political Climate Region. Progress Report, Ms., Bielefeld, Institut für Wissenschafts- und Technikforschung.

Bostrom, A./Morgan, M.G./Fischhoff, B./Read, D., 1994: What Do People Know About Global Climate Change? 1. Mental Models, in: Risk Analysis 14: 959-970.

Brauch, H.G. (Hrsg.), 1996: Klimapolitik. Naturwissenschaftliche Grundlagen, internationale Regimebildung und Konflikte, ökonomische Analysen sowie nationale Problemerkennung und Politikumsetzung, Berlin et al., Springer.

Breitmeier, H., 1996: Wie entstehen globale Umweltregime? Der Konfliktaustrag zum Schutz der Ozonschicht und des globalen Klimas, Opladen, Leske & Budrich.

Brickman, D./Jasanoff, S./Ilgen, T., 1985: Controlling Chemicals. The Politics of Regulation in Europe and the United States. Ithaka/London, Cornell University Press.

Broccoli, A.J., 1994: Learning from Past Climates, in: Nature 371, 22 Sept.: 282.

Brooks, H., 1964: The Scientific Adviser, in: Gilpin, R./Wright, C. (eds.), Scientists and National Policy-Making, New York, Columbia University Press: 73-96.

Brooks, H., 1986: The Typology of Surprises in Technology, Institutions, and Development, in: Clark, W.C./Munn, R.E. (eds.), Sustainable Development of the Biosphere, Cambridge et al., Cambridge University Press: 325-348.

Brunsson, N., 1989: The Organization of Hypocrisy: Talk, Decisions and Actions in Organizations, Chichester et al., Wiley.

Bühl, W.L., 1990: Sozialer Wandel im Ungleichgewicht: Zyklen, Fluktuationen, Katastrophen, Stuttgart, Enke.

Burton, I., 1990: To Limit and to Adjust. Some Human Dimensions of Human Global Climatic Change, in: Karpe, H.J./Otten, D./Trinidade, S.C. (eds.), Climate and Development. Climatic Change and Variability and the Resulting Social, Economic, and Technical Implications, Berlin et al., Springer: 123-140.

Burton, I./Timmerman, P., 1989: Human Dimensions of Global Change - A Review of Responsibilities and Opportunities, in: International Social Science Journal 121: 297-314.

Cabinet Office, 1980: Climate Change: Its Potential Effects on the United Kingdom and the Implications for Research, London, HMSO.

Cavender, J./Jäger, J., 1993: The History of Germany's Response to Climate Change, in: International Environmental Affairs 5: 3-18.

Clark, W.C., 1989: The Human Ecology of Global Change, in: International Social Science Journal 121: 315-346.

Clarke, L., 1989: Acceptable Risk? Making Decisions in a Toxic Environment, Berkeley et al., University of California Press.

Clausen, L./Dombrowsky, W.R., 1984: Warnpraxis und Warnlogik, in: Zeitschrift für Soziologie 13: 293-307.

Cline, W.R., 1992: The Economics of Global Warming, Washington, D.C., Institute for International Economics.

Coenen, R., 1997: Die internationale Klimapolitik und die Klimarahmenkonvention, in: Kopfmüller, J./Coenen, R. (Hrsg.), Risiko Klima. Der Treibhauseffekt als Herausforderung für Wissenschaft und Politik, Frankfurt a.M./New York, Campus:159-199.

Collier, U./Löfstedt, R.E. (eds.), 1997: Cases in Climate Change Policy. Political Reality in the European Union, London, Earthscan.

Collingridge, D., 1980: The Social Control of Technology, London, Frances Pinter.

Collingridge, D./Reeve, H., 1986: Science Speaks to Power. The Role of Experts in Policy Making, New York, St. Martin's Press.

Collins, H.M. (ed.), 1981: Knowledge and Controversy: Studies of Modern Natural Science, in: Social Studies of Science 11: 3-158.

Collins, H.M., 1985: Changing Order. Replication and Induction in Scientific Practice, London, Sage.

Collins, H.M., 1987: Certainty and the Public Understanding of Science: Science on Television, in: Social Studies of Science 17: 689-713.

Cooper, R.N., 1992: United States Policy Towards the Global Environment, in: Hurrell, A./Kingsbury, B. (eds.), The International Politics of the Environment. Actors, Interests, and Institutions, Oxford, Clarendon: 290-312.

Cubasch, U./Santer, B.D./Hegerl, G.C., 1995: Klimamodelle - wo stehen wir? Erreichtes und Probleme bei der Vorhersage und dem Nachweis anthropogener Klimaänderungen mit globalen Klimamodellen, in: Physikalische Blätter 51: 269-276.

253

Culotta, E., 1993: Is the Geological Past a Key to the (Near) Future?, in: Science 259, 12 Febr.: 906-909.

Deutsche Meteorologische Gesellschaft (DMG) und Deutsche Physikalische Gesellschaft (DPG), 1987: Warnung vor drohenden weltweiten Klimaänderungen durch den Menschen, in: Physikalische Blätter 43: 347-349.

Deutscher Bundestag (Hrsg.), 1991: Schutz der Erde. Eine Bestandsaufnahme mit Vorschlägen zu einer neuen Energiepolitik. Schlußbericht der Enquete-Kommission "Vorsorge zum Schutz der Erdatmosphäre" des 11. Deutschen Bundestages, Bonn, Economica.

Deutscher Bundestag (Hrsg.), 1995: Mehr Zukunft für die Erde. Nachhaltige Energiepolitik für dauerhaften Klimaschutz. Schlußbericht der Enquete-Kommission "Schutz der Erdatmosphäre" des 12. Deutschen Bundestages, Bonn, Economica.

Dickson, D., 1994: Discord over IPCC Meeting Reopens Climate Dispute, in: Nature 371, 6 Oct.: 467.

DiMaggio, P.J./Powell, W.W., 1991: Introduction, in: Powell, W.W./DiMaggio, P.J. (eds.), The New Institutionalism in Organizational Analysis, Chicago/London, University of Chicago Press: 1-38.

Douglas, M., 1975: Environments at Risk, in: dies., Implicit Meanings. Essays in Anthropology, London, Routledge and Kegan Paul: 230-248.

Douglas, M./Wildavsky, A., 1982: Risk and Culture. An Essay on the Selection of Technological and Environmental Dangers, Berkeley et al., University of California Press.

Downing, P.B./Brady, G.L., 1979: Constrained Self-Interest and the Formation of Public Policy, in: Public Choice 34: 15-28.

Dunlap, R.E., 1989: Public Opinion and Environmental Policy, in: Lester, J.P. (ed.), Environmental Politics and Policy: Theories and Evidence, Durham/London, Duke University Press: 88-134.

Dunwoody, S./Peters, H.P., 1992: Mass Media Coverage of Technological and Environmental Risks: A Survey of Research in the United States and Germany, in: Public Understanding of Science 1: 199-230.

Dunwoody, S./Peters, H.P., 1993: Massenmedien und Risikowahrnehmung, in: Bayerische Rück (Hrsg.), Risiko ist ein Konstrukt, München, Knesebeck: 317-341.

Dunwoody, S./Scott, B.T., 1982: Scientists as Mass Media Sources, in: Journalism Quarterly 59: 52-59.

Elias, N./Martins, H./Whitley, R. (eds.), 1982: Scientific Establishments and Hierarchies. Sociology of the Sciences. A Yearbook, Vol. VI, Dordrecht et al., Reidel.

Elzinga, A., 1993: Greenhouse Research - a Case of Post-normal Science? Paper to the Workshop "Climate Change and Political Action", October, 21-23, 1993, at the Centre for Interdisciplinary Research, University of Bielefeld.

Elzinga, A., 1995: Shaping Worldwide Consensus: The Orchestration of Global Climate Change Research, in: Elzinga, A./Landstrom, C. (eds.), Internationalism in Science, London, Taylor & Graham: 223-255.

Engels, A./Weingart, P., 1997: Die Politisierung des Klimas. Zur Entstehung von anthropogenem Klimawandel als politischem Handlungsfeld, in: Hiller, P./Krücken, G. (Hrsg.), Risiko und Regulierung. Soziologische Beiträge zu Technikkontrolle und präventiver Umweltpolitik, Frankfurt a.M., Suhrkamp: 90-115.

Fischer, W., 1992: Klimaschutz und internationale Politik. Die Konferenz von Rio zwischen globaler Verantwortung und nationalen Interessen, Aachen, Shaker.

Fitchen, J.M./Heath, J.S./Fessenden-Raden, J., 1987: Risk Perception in Community Context: A Case Study, in: Johnson, B.B./Covello, V.T. (eds.), The Social and Cultural Construction of Risk. Essays on Risk Selection and Perception, Dordrecht et al., Reidel: 31-54.

Flohn, H., 1941: Die Tätigkeit des Menschen als Klimafaktor, in: Zeitschrift für Erdkunde 9: 13-22.

Folland, C.K./Karl, T.R./Nicholls, N./Nyenzi, B.S./Parker, D.E./Vinnikov, K.Ya., 1992: Observed Climate Variability and Change, in: Houghton, J.T./Callander, B.A./Varney, S.K. (eds.), Climate Change 1992. The Supplementary Report to the IPCC Scientific Assessment, Cambridge, Cambridge University Press: 135-170.

Frankenberg, P., 1990: Risiko-Kommunikation: Anthropogen induzierte Klimaveränderungen, in: Jungermann, H./Rohrmann, B./Wiedemann, P.M. (Hrsg.), Risiko-Konzepte, Risiko-Konflikte, Risiko-Kommunikation, Jülich, KFA (Neuauflage 1991, Berlin et al., Springer): 259-308.

Frederichs, G./Bechmann, G., 1997: Zum Verhältnis von Natur- und Sozialwissenschaften in der Klimaforschung, in: Kopfmüller, J./Coenen, R. (Hrsg.), Risiko Klima. Der Treibhauseffekt als Herausforderung für Wissenschaft und Politik, Frankfurt a.M./New York, Campus: 75-118.

Fröhlich, C., 1988: Variability and the Solar "Constant", in: Wanner, H./Siegenthaler, U. (eds.), Long and Short Term Variability of Climate, Berlin et al., Springer: 6-17.

Funtowicz, S.O./Ravetz, J.R., 1990: Uncertainty and Quality in Science for Policy, Dordrecht et al., Kluwer.

Gammie, F., 1995: Europe Agrees to Seek New Climate Targets, in: Nature 374, 16 March: 203.

Gates, W.L./Mitchell, J.F.B./Boer, G.J./Cubasch, U./Meleshko, V.P., 1992: Climate Modelling, Climate Prediction and Model Validation, in: Houghton, J.T./Callander, B.A./Varney, S.K. (eds.), Climate Change 1992. The Supplementary Report to the IPCC Scientific Assessment, Cambridge, Cambridge University Press: 97-134.

Gehring, T., 1996: Das internationale Regime zum Schutz der Ozonschicht: Modell für das Klimaregime, in: Brauch, H.G. (Hrsg.), Klimapolitik. Naturwissenschaftliche Grundlagen, internationale Regimebildung und Konflikte, ökonomische Analysen sowie nationale Problemerkennung und Politikumsetzung, Berlin et al., Springer: 49-60.

Giegel, H.-J. (Hrsg.), 1992: Kommunikation und Konsens in modernen Gesellschaften, Frankfurt a.M., Suhrkamp.

Gieryn, T.F., 1983: Boundary Work and the Demarcation of Science from Non-Science: Strains and Interests in Professional Ideologies of Scientists, in: American Sociological Review 48: 781-795.

Gieryn, T.F., 1995: Boundaries of Science, in: Jasanoff, S./Markle, G.E./Petersen, J.C./Pinch, T. (eds.), Handbook of Science and Technology Studies, Thousand Oaks et al., Sage: 393-443.

Glasser, R.D., 1995: Linking Science More Closely to Policy-Making: Global Climate Change and the National Reorganization of Science and Policy Making, in: Climatic Change 29: 131-143.

Goodess, C.M./Palutikof, J.P., 1992: The Development of Regional Climate Scenarios and the Ecological Impact of Greenhouse Gas Warming, in: Woodward, F.I. (ed.), The Ecological Consequences of Global Climate Change, London et al., Academic Press: 33-62.

Graham, J.D./Green, L.C./Roberts, M.J., 1988: In Search of Safety. Chemicals and Cancer Risk, Cambridge, Mass., Harvard University Press.

Graßl, H., 1992: Der zusätzliche Treibhauseffekt und das Klima, in: Aus Politik und Zeitgeschichte B16/92: 3-8.

Graßl, H./Klingholz, R., 1990: Wir Klimamacher. Auswege aus dem globalen Treibhaus, Frankfurt a.M., S. Fischer.

Grove, J.M., 1988: The Little Ice Age, London/New York, Methuen.

Grundmann, R., 1997: Transnationale Umweltpolitik: Der Fall der Ozonschicht. Maßnahmen zum Schutz der Ozonschicht im nationalen und internationalen Maßstab. USA und Bundesrepublik Deutschland im Vergleich, 1974-1992, unveröffentlichte Habilitationsschrift, Bielefeld.

GSF, 1993: 10 Jahre deutsche Klimaforschung. Eine Bestandsaufnahme 1982-1992, München, GSF.

Haas, P.M., 1989: Do Regimes Matter? Epistemic Communities and Mediterranean Pollution Control, in: International Organization 43: 378-403.

Haas, P.M., 1990: Saving the Mediterranean: The Politics of Environmental Cooperation, New York, Columbia University Press.

Hahn, A., 1983: Konsensfiktionen in Kleingruppen. Dargestellt am Beispiel von jungen Ehen, in: König, R./Neidhardt, F./Lepsius, M.R. (Hrsg.), Gruppensoziologie. Perspektiven und Materialien. Sonderheft 25 der Kölner Zeitschrift für Soziologie und Sozialpsychologie, Opladen, Westdeutscher Verlag: 210-232.

Haigh, N., 1992: The European Community and International Environmental Policy, in: Hurrell, A./Kingsbury, B. (eds.), The International Politics of the Environment. Actors, Interests, and Institutions, Oxford, Clarendon: 228-249.

Hammitt, J.K., 1990: Probability Is All We Have. Uncertainties, Delays, and Environmental Policy Making, New York/London, Garland.

Hardin, G., 1968: The Tragedy of the Commons, in: Science 162, 13 Dec.: 1243-1248.

Hart, D.M./Victor, D.G., 1993: Scientific Élites and the Making of US Policy for Climate Change Research, 1957-1974, in: Social Studies of Science 23: 643-680.

Hasse, R./Gill, B., 1994: Biotechnological Research in Germany: Problems of Political Regulation and Public Acceptance, in: Schimank, U./Stucke, A. (eds.), Coping with Trouble. How Science Reacts to Political Disturbances of Research Conditions, Frankfurt a.M./New York, Campus/St. Martin's Press: 253-292.

Hasse, R./Krücken, G., 1996: Was leistet der organisationssoziologische Neo-Institutionalismus? Eine theoretische Auseinandersetzung mit besonderer Berücksichtigung des wissenschaftlichen Wandels, in: Soziale Systeme. Zeitschrift für soziologische Theorie 2: 91-112.

Hasse, R./Krücken, G./Weingart, P., 1995: Social Expectations and Internal Dynamics of Science. A Neoinstitutional Approach. Paper to the EASST/ERASMUS workshop "Social

Theory and Social Studies of Science", May, 9-12, 1995, Faculty of Sociology, University of Bielefeld.

Hasselmann, K., 1997: Are We Seeing Global Warming?, in: Science 276, 9 May: 914-915.

Hecht, A.D./Tirpak, D., 1995: Frameworking Agreement on Climate Change: A Scientific and Policy History, in: Climatic Change 29: 371-402.

Helm, J.L./Schneider, S.H., 1990: What To Do about CO_2, in: Technological Forecasting and Social Change 38: 265-285.

Hennicke, P./Müller, M., 1989: Die Klimakatastrophe, Bonn, J.H.W. Dietz Nachf.

Hertle, H., 1995: Klimaschutz in der Kommune, in: Blätter für deutsche und internationale Politik 40: 1008-1010.

Hoel, M., 1991: Global Environmental Problems: The Effects of Unilateral Actions Taken by One Country, in: Journal of Environmental Economics and Management 20: 55-70.

Hoel, M., 1994: Efficient Climate Policy in the Presence of Free Riders, in: Journal of Environmental Economics and Management 27: 259-274.

Huber, M., 1997: Leadership and Unification: Climate Change Policies in Germany, in: Collier, U./Löfstedt, R.E. (eds.), Cases in Climate Change Policy. Political Reality in the European Union, London, Earthscan: 65-86.

Hupfer, P., 1996: Unsere Umwelt: Das Klima. Globale und lokale Aspekte, Stuttgart/Leipzig, B.G. Teubner.

Hurrell, A./Kingsbury, B., 1992: The International Politics of the Environment: An Introduction, in: dies. (eds.), The International Politics of the Environment. Actors, Interests, and Institutions, Oxford, Clarendon: 1-47.

Intergovernmental Panel on Climate Change (ed.), 1995: IPCC Second Assessment. Climate Change 1995. Summary for Policymakers, Genf, WMO/UNEP.

Jäger, J./Bares, J.C./Ell, R., 1994: Vom Treibhauseffekt zur Klimakatastrophe: Eine Chronologie der Klimadebatte in Deutschland, in: Jahrbuch Ökologie 1994, München, Beck: 252-262.

Jasanoff, S., 1986: Risk Management and Political Culture. A Comparative Study of Science in the Policy Context, New York, Sage.

Jasanoff, S., 1987: Contested Boundaries in Policy-Relevant Science, in: Social Studies of Science 17: 195-230.

Jasanoff, S., 1990: The Fifth Branch. Science Advisers as Policymakers, Cambridge, Mass./London, Harvard University Press.

Jasanoff, S., 1993: India at the Crossroads in Global Environmental Policy, in: Global Environmental Change 3: 32-52.

Jasanoff, S., 1995: Science at the Bar. Law, Science, and Technology in America, Cambridge, Mass./London: Harvard University Press.

Jastrow, R./Nierenberg, W./Seitz, F., 1990: Greenhouse Forecasts Compared With Observations, in: dies. (eds.), Scientific Perspectives on the Greenhouse Problem, Ottawa, Illinois, Jameson Books: 31-43.

Jepperson, R.L., 1991: Institutions, Institutional Effects, and Institutionalism, in: Powell, W.W./DiMaggio, P.J. (eds.), The New Institutionalism in Organizational Analysis, Chicago/London, University of Chicago Press: 143-163.

Jochem, E., 1991: Reducing CO_2 Emissions - The West German Plan, in: Energy Policy 19: 119-126.

Kaase, M., 1986: Die Entwicklung des Umweltbewußtseins in der Bundesrepublik Deutschland, in: Wildenmann, R. (Hrsg.), Umwelt, Wirtschaft, Gesellschaft - Wege zu einem neuen Grundverständnis, Stuttgart, Staatsministerium Baden-Württemberg: 289-316.

Kamieniecki, S. (ed.), 1993: Environmental Politics in the International Arena. Movements, Parties, Organizations, and Policy, Albany, State University of New York Press.

Kellogg, W.W., 1978: Global Influences of Mankind on the Climate, in: Gribbin, J. (ed.), Climatic Change, Cambridge, Cambridge University Press: 205-227.

Kempton, W., 1991: Public Understanding of Global Warming, in: Society and Natural Resources 4: 331-345.

Kerr, R.A., 1989: Hansen vs. the World on the Greenhouse Effect, in: Science 244, 2 June: 1041-1043.

Kiese, C., 1997: Wissenschaft als Nachricht. Eine Fallstudie zur Behandlung der Ozonproblematik in der Frankfurter Allgemeinen Zeitung, Berlin, VISTAS.

Kitschelt, H., 1980: Kernenergie. Arena eines gesellschaftlichen Konflikts, Frankfurt a.M./New York: Campus.

Kords, U., 1996: Tätigkeiten und Handlungsempfehlungen der beiden Klima-Enquête-Kommissionen des Deutschen Bundestages (1987-1994), in: Brauch, H.G. (Hrsg.), Klimapolitik. Naturwissenschaftliche Grundlagen, internationale Regimebildung und Konflikte, ökonomische Analysen sowie nationale Problemerkennung und Politikumsetzung, Berlin et al., Springer: 203-214.

Krohn, W./Küppers, G., 1990: Selbstreferenz und Planung, in: Selbstorganisation. Jahrbuch für Komplexität in den Natur-, Sozial- und Geisteswissenschaften, Bd.1, Berlin, Duncker & Humblot: 109-127.

Krohn, W./Weingart, P., 1986: Tschernobyl - das größte anzunehmende Experiment, in: Kursbuch 85: 1-25.

Krücken, G., 1990: Gesellschaft/Technik/Risiko. Analytische Perspektiven und rationale Strategien unter Ungewißheit, Bielefeld, Kleine.

Labitzke, K., 1988: Vulkanismus und Klima, in: Germann, K./Warnecke, G./Huch, M. (Hrsg.), Die Erde. Dynamische Entwicklung, menschliche Eingriffe, globale Risiken, Berlin et al., Springer: 101-114.

Lamb, H.H., 1982: Climate, History and the Modern World, London/New York, Methuen.

Lambright, W.H., 1997: The Rise and Fall of Interagency Cooperation: The U.S. Global Change Research Program, in: Public Administration Review 57: 36-44.

Lave, L.B., 1981: Mitigating Strategies for CO_2 Problems, IIASA Report CP-81-14, Laxenburg, IIASA.

Lave, L.B./Epple, D., 1985: Scenario Analysis, in: Kates, R.W./Ausubel, J.H./Berberian, M., (eds.), Climate Impact Assessment. Studies of the Interaction of Climate and Society, Chichester et al., Wiley: 511-528.

Leggett, J., 1992: Global Warming: The Worst Case, in: The Bulletin of the Atomic Scientists 48: 28-33.

Levine, A.G., 1982: Love Canal: Science, Politics, and People, Lexington, Mass./Toronto, Lexington Books.

Liberatore, A., 1994: Facing Global Warming. The Interactions between Science and Policy-Making in the European Community, in: Redclift, M./Benton, T. (eds.), Social Theory and the Global Environment, London/New York, Routledge: 190-204.

Lindzen, R.S., 1990: Some Coolness Concerning Global Warming, in: Bulletin of the American Meteorological Society 71: 288-299.

Lorius, C./Oeschger, H., 1994: Paleo-Perspectives: Reducing Uncertainties in Global Change?, in: Ambio 23: 30-36.

Loske, R., 1993: Kompensationsmaßnahmen in der nationalen und internationalen Klimapolitik. Möglichkeiten und Grenzen, in: Energiewirtschaftliche Tagesfragen 43: 313-317.

Loske, R., 1996: Klimapolitik. Im Spannungsfeld von Kurzzeitinteressen und Langzeiterfordernissen, Marburg, Metropolis-Verlag.

Loske, R./Oberthür, S., 1994: Joint Implementation under the Climate Change Convention, in: International Environmental Affairs 6: 45-58.

Loske, R./Ott, H., 1995: Klimapolitik vor der Berliner Klimakonferenz, in: Geowissenschaften 13: 93-96.

Luhmann, N., 1981: Politische Theorie im Wohlfahrtsstaat, München, Olzog.

Luhmann, N., 1986: Ökologische Kommunikation, Opladen, Westdeutscher Verlag.

Luhmann, N., 1989: Politische Steuerung: Ein Diskussionsbeitrag, in: Politische Vierteljahresschrift (PVS) 30: 4-9.

Luhmann, N., 1990: Risiko und Gefahr, in: ders., Soziologische Aufklärung, Bd. V, Opladen, Westdeutscher Verlag: 131-169 (Neuabdruck 1993 in: Krohn, W./Krücken, G. (Hrsg.), Riskante Technologien: Reflexion und Regulation. Einführung in die sozialwissenschaftliche Risikoforschung, Frankfurt a.M., Suhrkamp: 138-185).

Luhmann, N., 1991: Soziologie des Risikos, Berlin/New York, de Gruyter.

Luhmann, N., 1992: Ökologie des Nichtwissens, in: ders., Beobachtungen der Moderne, Opladen, Westdeutscher Verlag: 149-220.

Luhmann, N., 1993: Die Politik der Gesellschaft, Ms., Bielefeld.

Lunde, L., 1992: Science or Politics in the Global Greenhouse, Report 1991/8, Oslo, Fridtjof Nansen Institute.

Macilwain, C., 1997: Clinton Sets a Careful Course on Climate, in: Nature 387, 12 June: 640-641.

Manne, A.S./Richels, R.G., 1990: CO_2 Emission Limits: An Economic Cost Analysis for the USA, in: The Energy Journal 11: 51-74.

Masood, E., 1995: Climate Panel Confirms Human Role in Warming, Fights Off Oil States, in: Nature 378, 7 Dec.: 524.

Masood, E., 1997: US Seeks Greenhouse Gas Cuts from the Third World, in: Nature 386, 13 March: 103.

Mazur, A./Lee, J., 1993: Sounding the Global Alarm: Environmental Issues in the US National News, in: Social Studies of Science 23: 681-720.

McBean, G./McCarthy, J., 1990: Narrowing the Uncertainties, in: Houghton, J.T./Jenkins, G.J./Ephraums, J.J. (eds.), Climate Change - the IPCC Scientific Assessment, Cambridge, Cambridge University Press.

Melnick, R.S., 1983: Regulation and the Courts: The Case of the Clean Air Act, Washington, D.C., The Brookings Institution.

Meyer, J.W./Frank, D.J./Hironaka, A./Schofer, E./Tuma, N.B., 1996: The Structuring of a World Environmental Regime, 1870-1990, Ms., Stanford.

Miller, C.A., 1993: Making Climate Change - Remaking International Relations. An Institution at the Crossroads of Science and Politics, Ms., Cornell.

Ministère de l'Environnement, 1990: Rapport du Groupe Interministériel sur l'effet de serre, Paris.

Mintzer, I.M., 1989: Technological Options and Policy Strategies to Reduce the Risk of Rapid Global Warming, in: OECD/International Energy Agency (eds.), Energy Technologies for Reducing Emissions of Greenhouse Gases. Proceedings of an Experts' Seminar, Vol. I & II, Paris, OECD: 421-440.

Mintzer, I.M./Leonhard, J.A. (eds.), 1994: Negotiating Climate Change: The Inside Story of the Rio Convention, Cambridge, Cambridge University Press.

Molina, M.J./Rowland, F.S., 1974: Stratospheric Sink for Chlorofluoromethanes: Chlorine Atom Catalysed Destruction of Ozone, in: Nature 249, 28 June: 810-812.

Moore, W.E./Tumin, M.M., 1949: Some Social Functions of Ignorance, in: American Sociological Review 14: 787-795.

Mormont, M./Dasnoy, C., 1993: L'institutionnalisation du changement climatique: France, Allemagne et Belgique, Fondation Universitaire Luxembourgeoise, Rapport au Comité Eclat, Ministère de l'Environnement.

Mormont, M./Dasnoy, C., 1995: Source Strategies and the Mediatization of Climate Change, in: Media, Culture & Society 17: 49-64.

Morone, J.G./Woodhouse, E.J., 1986: Averting Catastrophe. Strategies for Regulating Risky Technologies, Berkeley et al., University of California Press (dt. Übersetzung von Kapitel 7 und 8 1993 in: Krohn, W./Krücken, G. (Hrsg.), Riskante Technologien: Reflexion und Regulation. Einführung in die sozialwissenschaftliche Risikoforschung, Frankfurt a.M., Suhrkamp: 217-283).

Morrisette, P.M./Plantinga, A.J., 1991: Global Warming: A Policy Review, in: Policy Studies Journal 19: 163-172.

Nature, o.A., 1994: IPCC's Ritual on Global Warming, in: Nature 371, 22 Sept.: 269.

Nature, o.A., 1995: The Great Berlin Greenhouse Compromise, in: Nature 374, 27 April: 749-750.

Nelkin, D. (ed.), 1979: Controversy. Politics of Technical Decisions, Beverly Hills, Sage.

Nelkin, D., 1987: Selling Science. How the Press Covers Science and Technology, New York, Freeman.

Nitze, W.A., 1994: A Failure of Presidential Leadership, in: Mintzer, I.M./Leonhard, J.A. (eds.), Negotiating Climate Change: The Inside Story of the Rio Convention, Cambridge, Cambridge University Press: 187-200.

O'Riordan, T./Jäger, J. (eds.), 1996: Politics of Climate Change. A European Perspective, London/New York, Routledge.

Oberthür, S., 1992: Die internationale Zusammenarbeit zum Schutz des Weltklimas, in: Aus Politik und Zeitgeschichte B 16/92: 9-20.

Oberthür, S., 1993: Politik im Treibhaus. Die Entstehung des internationalen Klimaschutzregimes, Berlin, edition sigma.

Olson, M., 1968: The Logic of Collective Action. Public Goods and the Theory of Groups, Cambridge, Mass., Harvard University Press.

Perry, A.M., 1982: Carbon Dioxide Production Scenarios, in: Clark, W.C. (ed.), Carbon Dioxide Review 1982, Oxford et al., Oxford University Press: 335-363.

Pielke, Jr., R.A., 1995: Usable Information for Policy: An Appraisal of the U.S. Global Change Research Program, in: Policy Sciences 28: 39-77.

Powell, W.W./DiMaggio, P.J. (eds.), 1991: The New Institutionalism in Organizational Analysis, Chicago/London, University of Chicago Press.

Quennet-Thielen, C., 1996: Stand der internationalen Klimaverhandlungen nach dem Klimagipfel in Berlin, in: Brauch, H.G. (Hrsg.), Klimapolitik. Naturwissenschaftliche Grundlagen, internationale Regimebildung und Konflikte, ökonomische Analysen sowie nationale Problemerkennung und Politikumsetzung, Berlin et al., Springer: 75-86.

Rayner, S., 1988: Risk Communication in the Search for a Global Climate Management Strategy, in: Jungermann, H./Kasperson, R.E./Wiedemann, P.M. (eds.), Risk Communication, Jülich, KFA: 169-176.

Rayner, S., 1991a: Introduction, in: Evaluation Review 15: 3-6.

Rayner, S., 1991b: A Cultural Perspective on the Structure and Implementation of Global Environmental Agreements, in: Evaluation Review 15: 75-102.

Rayner, S., 1993: Prospects for CO_2 Emissions Reduction Policy in the USA, in: Global Environmental Change 3: 12-31.

Read, D./Bostrom, A./Morgan, M.G./Fischhoff, B./Smuts, T., 1994: What Do People Know About Global Climate Change? 2. Survey Studies of Educated Laypeople, in: Risk Analysis 14: 971-982.

Rhodes, S.L., 1992: Climate Change Management Strategies, in: Global Environmental Change 2: 205-214.

Roqueplo, P., 1986: Der saure Regen: Ein "Unfall in Zeitlupe", in: Soziale Welt 37: 402-426.

Roqueplo, P., 1993: Climats sous surveillance, Paris, Economica.

Rucht, D., 1994: Modernisierung und neue soziale Bewegung. Deutschland, Frankreich und die USA im Vergleich, Frankfurt a.M./New York, Campus.

Sardemann, G., 1997: Beeinflussung des globalen Klimas durch den Menschen: Historische Entwicklung und Stand des Wissens zum anthropogenen Treibhauseffekt, in: Kopfmüller, J./Coenen, R. (Hrsg.), Risiko Klima. Der Treibhauseffekt als Herausforderung für Wissenschaft und Politik, Frankfurt a.M./New York, Campus: 27-73.

Scharpf, F.W./Reissert, B./Schnabel, F., 1976: Politikverflechtung. Theorie und Empirie des kooperativen Föderalismus in der Bundesrepublik, Kronberg, Ts., Scriptor.

Schelling, T.C., 1990: Global Environmental Forces, in: Technological Forecasting and Social Change 38: 257-264.

Schmutzer, M.E.A., 1994: Ingenium und Individuum. Eine sozialwissenschaftliche Theorie von Wissenschaft und Technik, Wien/New York, Springer.

Schneider, S.H., 1983: CO_2, Climate and Society: A Brief Overview, in: Chen, R.S./Boulding, E./Schneider, S.H. (eds.), Social Science Research and Climate Change. An Interdisciplinary Appraisal, Dordrecht et al., Reidel: 9-15.

Schneider, S.H., 1987: Klimamodelle, in: Spektrum der Wissenschaft 7: 52-59.

Schneider, S.H., 1989: The Greenhouse Effect: Science and Policy, in: Science 243, 10 Febr.: 771-781.

Schneider, S.H., 1990: Global Warming. Are We Entering the Greenhouse Century?, New York, Vintage Books (Original 1989: San Francisco, Sierra Club Books).

Schneider, S.H., 1991: Three Reports of the Intergovernmental Panel on Climate Change, in: Environment 33: 25-30.

Schönwiese, C.-D., 1994: Klimatologie, Stuttgart: Ulmer.

Schönwiese, C.-D., 1996: Klimamodelle: Vorhersagen und Konsequenzen, in: Brauch, H.G. (Hrsg.), Klimapolitik. Naturwissenschaftliche Grundlagen, internationale Regimebildung und Konflikte, ökonomische Analysen sowie nationale Problemerkennung und Politikumsetzung, Berlin et al., Springer: 21-32.

Shackley, S./Wynne, B., 1995: Integrating Knowledges for Climate Change. Pyramids, Nets and Uncertainties, in: Global Environmental Change 5: 113-126.

Shackley, S./Wynne, B., 1996: Representing Uncertainty in Global Climate Change Science and Policy: Boundary-Ordering Devices and Authority, in: Science, Technology, and Human Values 21: 275-302.

Simonis, U.E., 1996: Ökologische Umorientierung der Industriegesellschaft, in: Aus Politik und Zeitgeschichte B 7/96: 3-13.

Singer, S.F., 1992: Warming Theories Need Warning Label, in: The Bulletin of the Atomic Scientists 48: 34-39.

Skiles, J.W., 1995: Modeling Climate Change in the Absence of Climate Change Data, in: Climatic Change 30: 1-6.

Smith, J.B./Tirpak, D. (eds.), 1988: The Potential Effect of Global Climate Change on the United States: Draft Report to Congress, Vols. 1 and 2, Washington, D.C., U.S. Government Printing Office.

Soroos, M.S., 1991: The Evolution of Global Regulation of Atmospheric Pollution, in: Policy Studies Journal 19: 115-125

Stone, P.H., 1992: Forecast Cloudy: The Limits of Global Warming Models, in: Technology Review, February/March: 32-40.

Stone, R., 1994: Most Nations Miss the Mark On Emission-Control Plans, in: Science 266, 23 Dec.: 1939.

Stouffer, R.J./Manabe, S./Vinnikov, K.Ya., 1994: Model Assessment of the Role of Natural Variability in Recent Global Warming, in: Nature 367, 17 Febr.: 634-636.

Street-Perrott, F.A., 1994: Paleo-Perspectives: Changes in Terrestrial Ecosystems, in: Ambio 23: 37-43.

Strübel, M., 1992: Internationale Umweltpolitik: Entwicklungen - Defizite - Aufgaben, Opladen, Leske & Budrich.

Sundararaman, N., 1991: Summary of the Assessment Report of the Intergovernmental Panel on Climate Change, in: WMO-Bulletin 40: 28-32.

Sundararaman, N., 1993: Intergovernmental Panel on Climate Change (IPCC). Eighth Session, Harare, Zimbabwe, 11-13 November 1992 and Task Force on IPCC Structure, Third Session, Harare, Zimbabwe, 9-10 November 1992, in: WMO-Bulletin 42: 141-144.

Susskind, L.E., 1994: Environmental Diplomacy. Negotiating More Effective Global Agreements, New York/Oxford, Oxford University Press.

Tarr, J.A./Jacobson, C., 1987: Environmental Risk in Historical Perspective, in: Johnson, B.B./Covello, V.T. (eds.), The Social and Cultural Construction of Risk. Essays on Risk Selection and Perception, Dordrecht et al., Reidel: 317-344.

Touraine, A., 1988: Return of the Actor. Social Theory in Postindustrial Society, Minneapolis, University of Minnesota Press.

Trenberth, K.E. (ed.), 1992: Climate System Modelling, Cambridge, Cambridge University Press.

UBA - Umweltbundesamt und StBA - Statistisches Bundesamt, 1995: Umweltdaten Deutschland 1995, Berlin, UBA.

van den Daele, W., 1990: Risiko-Kommunikation: Gentechnologie, in: Jungermann, H./Rohrmann, B./Wiedemann, P.M. (Hrsg.), Risiko-Konzepte, Risiko-Konflikte, Risiko-Kommunikation, Jülich, KFA (Neuauflage 1991, Berlin et al., Springer): 11-58.

van den Daele, W./Krohn, W./Weingart, P., 1979: Die politische Steuerung der wissenschaftlichen Entwicklung, in: dies. (Hrsg.), Geplante Forschung. Vergleichende Studien über den Einfluß politischer Programme auf die Wissenschaftsentwicklung, Frankfurt a.M., Suhrkamp: 11-63.

Verrall, M., 1994: Road Cuts Urged to Combat Warming, in: Nature 372, 3 Nov.: 9.

Verrall, M., 1995: Prospects Dim for Agreement on New Climate Targets, in: Nature 373, 9 Febr.: 462.

Victor, D.G./Salt, J.E., 1995: Keeping the Climate Treaty Relevant, in: Nature 373, 26 Jan.: 280-282.

Vierecke, A., 1994: Die Beratung der Technologie- und Umweltpolitik durch Enquête-Kommissionen beim Deutschen Bundestag. Ziele - Praxis - Perspektiven, München, tuduv Verlagsgesellschaft.

Vogel, D., 1986: National Styles of Regulation. Environmental Policy in Great Britain and the United States, Ithaka/London, Cornell University Press.

von Prittwitz, V., 1984: Umweltaußenpolitik: Grenzüberschreitende Luftverschmutzung in Europa, Frankfurt a.m./New York, Campus.

von Prittwitz, V., 1990: Das Katastrophenparadox. Elemente einer Theorie der Umweltpolitik, Opladen, Leske & Budrich.

von Weizsäcker, E.U., 1992: Ökologischer Strukturwandel als Antwort auf den Treibhauseffekt, in: Aus Politik und Zeitgeschichte B 16/92: 33-38.

Vowe, G., 1986: Wissen, Interesse und Macht. Zur Technikgestaltung durch Enquete-Kommissionen, in: Zeitschrift für Parlamentsfragen 17: 557-568.

WBGU - Wissenschaftlicher Beirat Globale Umweltveränderungen, 1996: Welt im Wandel: Wege zur Lösung globaler Umweltprobleme. Jahresgutachten 1995, Berlin et al.: Springer.

Weart, S., 1992: From the Nuclear Frying Pan into the Global Fire, in: The Bulletin of the Atomic Scientists 48: 18-27.

Weingart, P., 1990: Doomed to Passivity? - The Global Ecological Crisis and the Social Sciences, in: Krupp, H. (Hrsg.), Technikpolitik angesichts der Umweltkatastrophe, Heidelberg, Physika-Verlag: 48-60.

Weingart, P. et al., 1995: Climate Change Research and Its Integration Into Environmental Policy: Conditions for the Establishment of a European Political Climate Region, Ms., Bielefeld, Institut für Wissenschafts- und Technikforschung.

Whitley, R., 1984: The Intellectual and Social Organization of the Sciences, Oxford, Clarendon.

Wiedemann, P.M., 1991: Klimaveränderungen: Risiko-Kommunikation und Risikowahrnehmung. Schriftenreihe "Arbeiten zur Risiko-Kommunikation", Heft 27, Jülich, KFA.

Wilkins, L., 1993: Between Facts and Values: Print Media Coverage of the Greenhouse Effect, 1987-1990, in: Public Understanding of Science 2: 71-84.

Williams, R.H., 1990: Low-Cost Strategies for Coping with CO_2 Emission Limits, in: The Energy Journal 11: 35-59.

Willke, H., 1992: Ironie des Staates. Grundlinien einer Staatstheorie polyzentrischer Gesellschaft, Frankfurt a.M., Suhrkamp.

267

Wörndl, B., 1992: Die Kernkraftdebatte. Eine Analyse von Risikokonflikten und sozialem Wandel, Wiesbaden, Deutscher Universitäts-Verlag.

Wynne, B., 1982: Rationality and Ritual. The Windscale Inquiry and Nuclear Decisions in Britain, Chalfont St. Giles, The British Society for the History of Science.

Wynne, B., 1987: Risk Management and Hazardous Waste. Implementation and the Dialectics of Credibility, Berlin et al., Springer.

Wynne, B., 1988: Unruly Technology. Practical Rules, Impractical Discourses and Public Understanding, in: Social Studies of Science 18: 147-167.

Wynne, B., 1989: Frameworks of Rationality in Risk Management: Towards the Testing of Naive Sociology, in: Brown, J. (ed.), Environmental Threats. Analysis, Perception and Management, London, Belhaven: 33-47.

Wynne, B., 1993: Implementation of Greenhouse Gas Reductions in the European Community. Institutional and Cultural Factors, in: Global Environmental Change 3: 101-128.

Wynne, B., 1994a: Scientific Knowledge and the Global Environment, in: Redclift, M./Benton, T. (eds.), Social Theory and the Global Environment, London/New York, Routledge: 169-189.

Wynne, B., 1994b: De-Reifying Risk: Science and Social Ordering, in: Teoria Sociologica 2: 129-149.

Wynne, B./Simmons, P., 1996: Institutional Cultures and the Management of Global Environmental Risks in the UK, Ms., Lancaster.

Literatur zu Kapitel 6:

Bauman, Z., 1992: Moderne und Ambivalenz. Das Ende der Eindeutigkeit, Hamburg, Junius.

Beck, U., 1986: Risikogesellschaft. Auf dem Weg in eine andere Moderne, Frankfurt a.M., Suhrkamp.

Beck, U., 1988: Gegengifte. Die organisierte Unverantwortlichkeit, Frankfurt a.M., Suhrkamp.

Beck, U., 1993: Die Erfindung des Politischen, Frankfurt a.M., Suhrkamp.

Beck, U./Giddens, A./Lash, S., 1994: Reflexive Modernization. Politics, Tradition and Aesthetics in the Modern Social Order, Cambridge/Oxford, Polity Press.

Boehmer-Christiansen, S.A., 1995: Reflections on Scientific Advice and EC Transboundary Pollution Policy, in: Science and Public Policy 22: 195-203.

Bonß, W., 1991: Unsicherheit und Gesellschaft - Argumente für eine soziologische Risikoforschung, in: Soziale Welt 42: 258-277.

Bonß, W., 1993: Ungewißheit als soziologisches Problem, in: Mittelweg 36, 1: 15-34.

Bonß, W., 1995: "Vom Risiko". Unsicherheit und Ungewißheit in der Moderne, Hamburg, Hamburger Edition.

Brunsson, N., 1989: The Organization of Hypocrisy: Talk, Decisions and Actions in Organizations, Chichester et al., Wiley.

Clark, W.C., 1980: Witches, Floods and Wonder Drugs. Historical Perspectives on Risk Management, in: Schwing, R.C./Albers, W.A. (eds.), Societal Risk Assessment. How Safe Is Safe Enough?, New York, Plenum Press: 287-313.

Edelman, M., 1964: The Symbolic Uses of Politics, Urbana, University of Illinois Press.

Edelman, M., 1971: Politics as Symbolic Action. Mass Arousal and Quiescence, Chicago, Markham.

Edelman, M., 1990: Politik als Ritual. Die symbolische Funktion staatlicher Institutionen und politischen Handelns, Frankfurt a.M./New York, Campus.

Feldman, M.S./March, J.G., 1981: Information in Organizations as Signal and Symbol, in: Administrative Science Quarterly 26: 171-186.

Giddens, A., 1991: Modernity and Self-Identity: Self and Society in the Late Modern Age, Stanford, Stanford University Press.

Gill, B., 1991: Gentechnik ohne Politik. Wie die Brisanz der Synthetischen Biologie von wissenschaftlichen Institutionen, Ethik- und anderen Kommissionen systematisch verdrängt wird, Frankfurt a.M./New York, Campus.

Hasse, R./Japp, K.P., 1997: Dynamik symbolischer Organisationspolitik. Umwelt- und Selbstanpassung als Folgewirkung ökologischer Leistungserwartungen, in: Birke, M./Burschel, C./Schwarz, M. (Hrsg.), Handbuch Umweltschutz und Organisation. Ökologisierung - Organisationswandel - Mikropolitik, München/Wien, Oldenbourg: 134-162.

Japp, K.P., 1996: Soziologische Risikotheorie. Funktionale Differenzierung, Politisierung und Reflexion, Weinheim/München, Juventa.

Käsler, D., 1991: Der politische Skandal. Zur symbolischen und dramaturgischen Qualität von Politik, Opladen, Westdeutscher Verlag.

Kerwer, D., 1997: Mehr Sicherheit durch Risiko? Aaron Wildavsky und die Risikoregulierung, in: Hiller, P./Krücken, G. (Hrsg.), Risiko und Regulierung. Soziologische Beiträge zu Technikkontrolle und präventiver Umweltpolitik, Frankfurt a.M., Suhrkamp: 253-278.

Krohn, W./Krücken, G., 1993: Risiko als Konstruktion und Wirklichkeit. Eine Einführung in die sozialwissenschaftliche Risikoforschung, in: dies. (Hrsg.), Riskante Technologien: Reflexion und Regulation. Einführung in die sozialwissenschaftliche Risikoforschung, Frankfurt a.M., Suhrkamp: 9-44.

Krücken, G., 1990: Gesellschaft/Technik/Risiko. Analytische Perspektiven und rationale Strategien unter Ungewißheit, Bielefeld, Kleine.

Lash, S., 1990: Sociology of Postmodernism, London, Routledge.

Luhmann, N., 1964: Funktionen und Folgen formaler Organisationen, Berlin, Duncker & Humblot.

Luhmann, N., 1981: Politische Theorie im Wohlfahrtsstaat, München, Olzog.

Luhmann, N., 1986: Ökologische Kommunikation, Opladen, Westdeutscher Verlag.

Luhmann, N., 1989: Politische Steuerung: Ein Diskussionsbeitrag, in: Politische Vierteljahresschrift (PVS) 30: 4-9.

Luhmann, N., 1990: Risiko und Gefahr, in: ders., Soziologische Aufklärung, Bd. V, Opladen, Westdeutscher Verlag: 131-169 (Neuabdruck 1993 in: Krohn, W./Krücken, G. (Hrsg.), Riskante Technologien: Reflexion und Regulation. Einführung in die sozialwissenschaftliche Risikoforschung, Frankfurt a.M., Suhrkamp: 138-185).

Luhmann, N., 1991: Soziologie des Risikos, Berlin/New York, de Gruyter.

Luhmann, N., 1992: Ökologie des Nichtwissens, in: ders., Beobachtungen der Moderne, Opladen, Westdeutscher Verlag: 149-220.

Luhmann, N., 1993: Die Paradoxie des Entscheidens, in: Verwaltungs-Archiv 84: 287-310.

Luhmann, N., 1994: Organisation und Entscheidung, Ms., Bielefeld.

Majone, G. (ed.), 1990: Deregulation or Re-regulation? Regulatory Reform in Europe and the United States, London, Pinter.

Majone, G., 1996: Regulating Europe, London/New York, Routledge.

March, J.G., 1962: The Business Firm as a Political Coalition, in: Journal of Politics 24: 662-678.

March, J.G./ Simon, H.A., 1958: Organizations, New York et al., Wiley.

March, J.G./Simon, H.A., 1993: Introduction to the Second Edition, in: dies., Organizations, 2nd. ed., Cambridge, Mass., Basil Blackwell: 1-19.

Mayntz, R./Scharpf, F.W. (Hrsg.), 1995a: Gesellschaftliche Selbstregelung und politische Steuerung, Frankfurt a.m./New York, Campus.

Mayntz, R./Scharpf, F.W., 1995b: Steuerung und Selbstorganisation in staatsnahen Sektoren, in: dies. (Hrsg.), Gesellschaftliche Selbstregelung und politische Steuerung, Frankfurt a.m./New York, Campus: 9-38.

Morone, J.G./Woodhouse, E.J., 1986: Averting Catastrophe. Strategies for Regulating Risky Technologies, Berkeley et al., University of California Press (dt. Übersetzung von Kapitel 7 und 8 1993 in: Krohn, W./Krücken, G. (Hrsg.), Riskante Technologien: Reflexion und Regulation. Einführung in die sozialwissenschaftliche Risikoforschung, Frankfurt a.M., Suhrkamp: 217-283).

Nelkin, D. (ed.), 1979: Controversy. Politics of Technical Decisions, Beverly Hills, Sage.

Offe, C., 1990: Sozialwissenschaftliche Aspekte der Diskussion, in: Hesse, J.J./Zöpel, C. (Hrsg.), Der Staat der Zukunft, Baden-Baden, Nomos: 107-126.

Otway, H./Wynne, B., 1989: Risk Communication: Paradigm and Paradox, in: Risk Analysis 9: 141-145 (dt. Übersetzung 1993 in: Krohn, W./Krücken, G. (Hrsg.), Riskante Technologien: Reflexion und Regulation. Einführung in die sozialwissenschaftliche Risikoforschung, Frankfurt a.M., Suhrkamp: 101-112).

Pehle, H., 1991: Umweltpolitische Institutionen, Organisationen und Verfahren auf nationaler und internationaler Ebene: Wirkungsvoll oder symbolisch?, in: Politische Bildung 24: 47-59.

Pouncy, H., 1988: Terms of Agreement: Evaluating the Theory of Symbolic Politics' Impact on the Pluralist Research Program, in: American Journal of Political Science 12: 781-795.

Powell, W.W./DiMaggio, P.J. (eds.), 1991: The New Institutionalism in Organizational Analysis, Chicago/London, University of Chicago Press.

Renn, O./Levine, D., 1991: Credibility and Trust in Risk Communication, in: Kasperson, R.E./Stallen, P.J.M. (eds.), Communicating Risks to the Public, Dordrecht et al., Kluwer: 175-218.

Sarcinelli, U., 1989: Symbolische Politik und politische Kultur, in: Politische Vierteljahresschrift (PVS) 30: 292-309.

Scharpf, F.W., 1989: Politische Steuerung und politische Institutionen, in: Politische Vierteljahresschrift (PVS) 30: 10-21.

Traxler, F., 1994: Grenzen der Deregulierung und Defizite der Steuerungstheorien, in: Österreichische Zeitschrift für Soziologie 19: 4-19.

van den Daele, W., 1993: Sozialverträglichkeit und Umweltverträglichkeit. Inhaltliche Mindeststandards und Verfahren bei der Beurteilung neuer Technik, in: Politische Vierteljahresschrift (PVS) 34: 219-248.

Vodruba, G., 1992: Autonomiegewinne. Konsequenzen von Verrechtlichung und Deregulierung, in: Soziale Welt 43: 168-181.

Weingart, P., 1983: Verwissenschaftlichung der Gesellschaft - Politisierung der Wissenschaft, in: Zeitschrift für Soziologie 12: 225-241.

Wiesenthal, H., 1994: Lernchancen der Risikogesellschaft. Über gesellschaftliche Innovationspotentiale und die Grenzen der Risikosoziologie, in: Leviathan 22: 135-159.

Wildavsky, A., 1988: Searching for Safety, New Brunswick, Transaction.

Wildavsky, A., 1995: But Is It True? A Citizen's Guide to Environmental Health and Safety Issues, Cambridge, Mass./London, Harvard University Press.

Wynne, B., 1983: Technologie, Risiko und Partizipation: Zum gesellschaftlichen Umgang mit Unsicherheit, in: Conrad, J. (Hrsg.), Gesellschaft, Technik und Risikopolitik, Berlin et al., Springer: 156-187.

Wynne, B., 1987: Risk Management and Hazardous Waste. Implementation and the Dialectics of Credibility, Berlin et al., Springer.

Wynne, B., 1988: Unruly Technology. Practical Rules, Impractical Discourses and Public Understanding, in: Social Studies of Science 18: 147-167.